ZEIT FÜR GESCHICHTE

BAND 4 G 8

Geschichtliches Unterrichtswerk für Gymnasien

Dorothea Beck, Volker Habermaier, Michael Holste, Herbert Kohl,
Birgit Rettich-Mutschler, Stephan Schröder, Roland Wolf,
Hartmann Wunderer, Barbara Ziegeler

Schroedel

Zeit für Geschichte
Geschichtliches Unterrichtswerk
für Gymnasien
Band 4, Ausgabe G 8

bearbeitet von

Dr. Dorothea Beck, Volker Habermaier, Michael Holste,
Herbert Kohl, Birgit Rettich-Mutschler, Stephan Schröder,
Roland Wolf, Dr. Hartmann Wunderer, Barbara Ziegeler

in Zusammenarbeit mit der Verlagsredaktion

Druck A[1] / 2007

Alle Drucke der Serie A sind im Unterricht parallel verwendbar.
Die letzte Zahl bezeichnet das Jahr dieses Druckes.

Redaktion: Dr. Carsten Drecoll
Herstellung: Sabine Schmidt, Hannover
Grafik: Dirk Pfannenschmidt, Hannover
Kartographie: Theiss Heidolph, Kottgeisering
Satz: Schmiku-Repro, Schwerte
Druck: Westermann Druck GmbH, Zwickau

ISBN 978-3-507-36554-4

Inhalt

Zur Arbeit mit diesem Buch

Die folgenden Erläuterungen helfen dir, mit dem Aufbau des vierten Bandes von „Zeit für Geschichte“ vertraut zu werden und dich schnell und gezielt zurechtzufinden.

Fünf große Einheiten (Themen)
Das Buch ist in fünf Einheiten gegliedert. Die Einheiten behandeln geschichtliche Themen von der Herrschaft Stalins in Russland zu Beginn des 20. Jahrhunderts bis zur deutschen Vereinigung 1990 und den Problemen der heutigen Bundesrepublik.

Auftakt, Orientierung, Einstieg, Werkstatt
Alle Einheiten beginnen mit einer **Doppelseite**, die als **Auftakt** das Thema und die Zeit, um die es geht, in Bildern vorstellt. Dir wird sichtbar, worum es im Folgenden gehen wird.
Darauf folgt jeweils die Seite **Orientierung in Zeit und Raum**: Sie enthält eine *Karte*, die zeigt, in welchem Raum die Ereignisse und Entwicklungen stattfanden, mit denen du dich befassen wirst. Sie enthält außerdem eine *Zeittafel*, die festhält, wann und in welcher Abfolge wichtige Vorgänge stattfanden. Du kannst auf dieser Seite nachschlagen, um die Orientierung zu behalten: Wo handelten die Menschen? Wann war ein Ereignis, ein Einschnitt, wann begann oder endete eine Entwicklung?

Auf der gegenüberliegenden **Einstiegsseite** kannst du mitten ins Thema „springen“, z. B.: Wie bestimmte der Schwarzmarkt das Leben 1945? Auf den **Schauplatzseiten** kannst du das Thema des Kapitels noch einmal anhand eines konkreten Falls nachvollziehen.

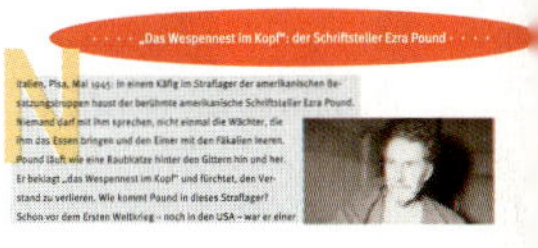

Die Einheiten enthalten besonders gestaltete **Werkstattseiten**: Du kannst erproben, wie man bestimmte Materialien (etwa Fotografien, Archivalien oder Spielfilme) auswertet. Jede Einheit wird in einem **Kompakt** noch einmal zusammengefasst.
Anhand der **Biografie**-Seiten kannst du individuelle Schicksale und Lebensläufe nachvollziehen und diese mit den historischen Ereignissen in Verbindung bringen.

Kapitel: Darstellung – Materialteil
Die Einheiten sind in durchnummerierte Kapitel eingeteilt, z. B. „1. Revolution in Deutschland – ein belasteter Neuanfang“ (S. 32). Jedes Kapitel enthält einen **Darstellungsteil**, der durch blau gedruckte Zwischenüberschriften gegliedert ist. Im Darstellungsteil geben dir die Autoren des Buches durch Text und Abbildungen Informationen über Zusammenhänge. Im folgenden **Materialteil** findest du *Quellen* (Texte und Bilder) und *Materialien* (Texte von Historikern, Karten, Schaubilder, Grafiken), die du Schritt für Schritt auszuwerten lernst, um Fragen an die Geschichte zu beantworten. Der Darstellungsteil hilft dir bei der Arbeit an den Materialien. Die Materialien sind mit **Q** (Quellen) oder **M** (z. B. Texte von Historikern) gekennzeichnet und kapitelweise durchnummeriert. Alle Abbildungen sind mit der Seitenzahl und einer laufenden Nummer gekennzeichnet (z. B. 158.2).

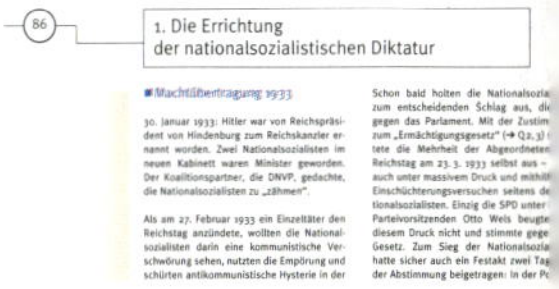

Arbeitsvorschläge
Der Materialteil enthält in einem Rahmen, farblich abgehoben, Arbeitsvorschläge. Deine Lehrerin oder dein Lehrer werden entscheiden, ob sie genau diese Vorschläge nutzen oder eigene Arbeitsaufträge geben. In den Arbeitsvorschlägen wird folgendermaßen verwiesen:
Q = Quelle, **M** = Material, **B** = Abbildung, **VT** = Verfassertext/Darstellungsteil.

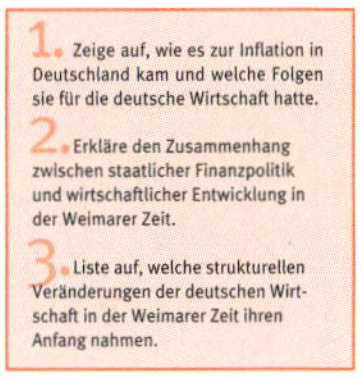
1. Zeige auf, wie es zur Inflation in Deutschland kam und welche Folgen sie für die deutsche Wirtschaft hatte.
2. Erkläre den Zusammenhang zwischen staatlicher Finanzpolitik und wirtschaftlicher Entwicklung in der Weimarer Zeit.
3. Liste auf, welche strukturellen Veränderungen der deutschen Wirtschaft in der Weimarer Zeit ihren Anfang nahmen.

Anhang
Der Anhang (S. 264 ff.) enthält Erklärungen wichtiger **Grundbegriffe**, auf die in den Kapiteln durch das Zeichen: ↗ verwiesen wird. Du findest außerdem Tipps für **geschichtliche Jugendbücher** und ein **Register**, das dir hilft, Stellen im Buch aufzusuchen, wenn du dich über eine Sache, eine Person, einen Begriff noch einmal genauer informieren willst. Querverweise sind mit → gekennzeichnet.

Gesellschaftsmodelle der Zukunft?

City Activities (Stadtleben). Ausschnitt aus dem Wandzyklus „Amerika heute“ von Thomas H. Benton, 1930.

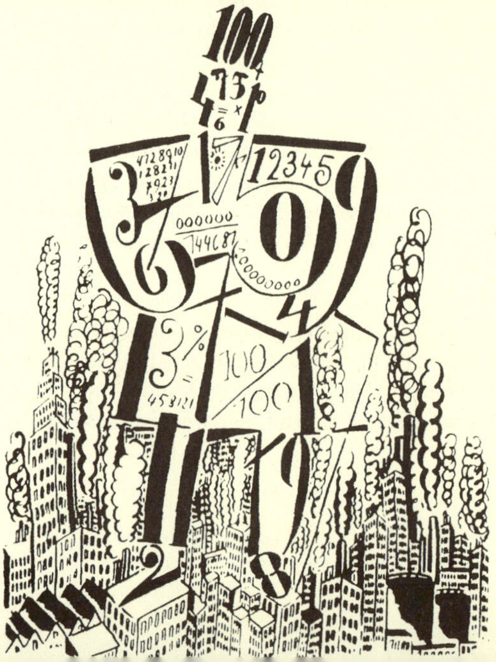

Mr. X aus den Vereinigten Staaten. Zeichnung von Frans Masereel, 1926.

er Zukunft?

Industriearbeiter und Kolchosenbäuerin. Figurengruppe aus Stahl, 1935. Die Bildhauerin Vera Mukhina schuf die 25 m hohe Statuen für den sowjetischen Pavillon auf der Weltausstellung in Paris, 1937.

Benito Mussolini bei einem Auftritt in Rom 1935: neben einer römischen Kaiserstatue.

Orientierung in Zeit und Raum

8.1 Demokratien und Diktaturen in Europa (1917–1939).

1917	In Russland beendet die Februarrevolution die Zarenherrschaft. Die bolschewistische Partei unter Lenin und Trotzkij stürzt im Oktober die provisorische Regierung (Oktoberrevolution). Bis 1921 tobt ein Bürgerkrieg.
1919	Die Sieger im Ersten Weltkrieg ordnen im Versailler Vertrag die Staaten Europas neu.
1922	Der Faschistenführer Benito Mussolini erringt die Macht in Italien.
1924	Lenin stirbt. Nach erbitterten Machtkämpfen wird Stalin sein Nachfolger.
1924 – 1929	Die Weltwirtschaft erholt sich von den Folgen des Weltkriegs: „Die Goldenen Zwanziger“.
1927	Der erste Fünfjahresplan zur Industrialisierung der UdSSR wird veröffentlicht. 1928 beginnt die Zwangskollektivierung der Landwirtschaft.
1929	Der Börsenkrach in New York löst die Weltwirtschaftskrise aus.
1932	Franklin D. Roosevelt wird zum Präsidenten der USA gewählt. Er versucht, die Wirtschaftskrise durch grundlegende Reformen, den „New Deal“, zu überwinden.
1933	Adolf Hitler (NSDAP) wird Kanzler des Deutschen Reiches.
1936 – 1938	Stalin lässt in Schauprozessen seine politischen Gegner ausschalten und zum größten Teil ermorden.
1939	Das Deutsche Reich löst durch den Überfall auf Polen den Zweiten Weltkrieg aus.

„Das Wespennest im Kopf": der Schriftsteller Ezra Pound

Italien, Pisa, Mai 1945: In einem Käfig im Straflager der amerikanischen Besatzungstruppen haust der berühmte amerikanische Schriftsteller Ezra Pound. Niemand darf mit ihm sprechen, nicht einmal die Wächter, die ihm das Essen bringen und den Eimer mit den Fäkalien leeren. Pound läuft wie eine Raubkatze hinter den Gittern hin und her. Er beklagt „das Wespennest im Kopf" und fürchtet, den Verstand zu verlieren. Wie kommt Pound in dieses Straflager?

Schon vor dem Ersten Weltkrieg – noch in den USA – war er einer der Wortführer der modernen Künste. 1924 war die Arbeit an seinem eigenen Werk ins Stocken geraten: dem „Cantos", einem Gedichtzyklus, in dem er den durch den Ersten Weltkrieg orientierungslos Gewordenen Wegweisung zu neuem Denken und Sein geben wollte. Pound siedelte mit seiner Familie nach Italien über.

Als wichtigste Ursache für den Krieg und die ihm folgende wirtschaftliche und politische Misere erschienen ihm die großen Banken. Deshalb lehnte er das demokratische und kapitalistische System seiner Heimat, der USA, ab und suchte nach einem starken Politiker, der die Probleme der Zeit lösen sollte. Zuerst neigte er dem Führer der sowjetischen Kommunisten zu: Wladimir Iljitsch Lenin. Als dieser gestorben war, schrieb er enttäuscht: „Kein Land bringt zwei Napoleons oder zwei Lenins in Folge hervor, also müssen wir davon ausgehen, dass Russland nur ziemlich langsam Utopia schaffen wird." Nun unterstützte er rückhaltlos den faschistischen Führer Italiens, Benito Mussolini. Ab 1941 hielt er im italienischen Rundfunk Reden, in denen er seinem Hass auf die Juden, die internationalen Banken und die Regierung der USA freien Lauf ließ. Aus diesem Grund wurde er 1943 in Amerika in Abwesenheit des Hochverrats angeklagt und 1945, nach der Eroberung Italiens durch die US-Truppen, festgenommen.

9.1 Der Schriftsteller Ezra Pound bei seinem Prozess wegen Hochverrats in den USA, November 1945.

Bei seinem Prozess in den USA entging Ezra Pound der drohenden Todesstrafe nur dadurch, dass er von Psychiatern für unzurechnungsfähig erklärt wurde. Die nächsten 13 Jahre verbrachte er in einem Gefängniskrankenhaus. 1958 wurde er freigelassen und kehrte nach Italien zurück, wo er am 1. November 1972, zwei Tage nach seinem 87. Geburtstag, starb.

1. Ezra Pound suchte nach dem Ersten Weltkrieg nach politischer Orientierung. Versuche seinen komplizierten Lebensweg zu erklären.

1. Die Diktatur Stalins

Die Aufschrift des Plakates lautet: „Bäuerin, kollektiviere das Dorf, tritt ein in die Reihen der roten Traktorfahrerinnen".

10.1 Sowjetisches Plakat zur Kollektivierung, 1930.

10.2 Stalin, 1879–1953. Foto.

■ Gründung der Sowjetunion

Mit dem Frieden von Brest-Litowsk endeten das Zarenreich und die russische Beteiligung an den Kämpfen des Ersten Weltkriegs. Die verheerenden Folgen dieses Krieges für Russland (militärische Niederlage, schlechte Lebensmittelversorgung, Dauer des Krieges) hatten zum Ausbruch der Revolution 1917 beigetragen. Bereits im Juni 1918 wurde die Russische Sozialistische Föderative Sowjetrepublik gegründet und erhielt eine provisorische Verfassung. Im Russischen Bürgerkrieg, 1918–1920, gelang es der von L. Trotzky gegründeten Roten Armee, die Allianz antibolschewistischer Kräfte zu besiegen, wobei man einen Zusammenbruch des Wirtschaftssystems (Kriegskommunismus) und eine Niederschlagung revolutionärer Matrosen in Kronstadt in Kauf nahm. Mit der „Neuen Ökonomischen Politik" (NEP) und dem Verbot aller Oppositionsgruppen festigte die Kommunistische Partei ihre Diktatur. 1922 wurde die UdSSR gegründet.

■ Der Stalinismus

Nach Lenins Tod 1924 setzte sich Joseph Wissarionowitsch Dschugaschwili, genannt Stalin, als Generalsekretär der KPdSU durch.

KPdSU = Kommunistische Partei der Sowjetunion

Stalin verfolgte seine Gegner mit äußerster Brutalität. Unter ihm wurde die Partei für alle Bereiche des Lebens der Bürger bestimmend. Wesentliches Herrschaftsinstrument wurde ein ungeheurer staatlicher Terror, dem zwischen 1923 und 1952 ca. 20 Millionen Menschen zum Opfer fielen. Unter den Eingesperrten und Ermordeten befanden sich auch viele überzeugte Kommunisten, führende Parteimitglieder, Offiziere der Roten Armee und Beamte. In Schauprozessen wurden die Angeklagten schuldig gesprochen. Sie wurden meist hingerichtet oder in Arbeitslager (GULAG) eingewiesen. Die beständige Bedrohung schüchterte die Bevölkerung so ein, dass oppositionelle Bewegungen sich kaum bilden konnten.

Zugleich legte Stalin großen Wert darauf, die Menschen für den Sozialismus und seine Errungenschaften zu gewinnen. Plakate, Gedichte und Lieder priesen die angeblichen Erfolge, die Weisheit und Fürsorglichkeit Stalins, sie sollten die Sowjetbürger für den Diktator einnehmen. Während des Zweiten Weltkriegs (1941–1945) mobilisierte er die Bevölkerung mit der Ausrufung des „Großen Vaterländischen Krieges" gegen das nationalsozialistische Deutschland. Statt der proletarischen Weltrevolution wurde jetzt ein Sowjetpatriotismus proklamiert, der russischnationale Gedanken der Zarenzeit wieder aufnahm.

11.1 Erste Traktoren sowjetischer Produktion. Foto 1928.

11.2 Nikolai Dormidontow, Der Bau des Dnjepr-Staudamms. Gemälde 1928.

■ Stalins Wirtschaftspolitik

Obwohl die NEP (➔ S. 10) und ihre Lockerung der Zentralwirtschaft sichtbare Erfolge gebracht hatte, entschied die Kommunistische Partei 1927, sie wieder zurückzunehmen. Stalin befürchtete, dass die UdSSR von den westlichen Industrienationen besiegt werden könnte, wenn ihre Leistungsfähigkeit nicht enorm gesteigert würde. So beschloss die Parteiführung die Kollektivierung der Landwirtschaft und eine beschleunigte Industrialisierung, um „in minimaler historischer Frist" das Niveau der „führenden kapitalistischen Länder zu erreichen und danach zu überholen".

■ Bauernland wird kollektiviert

Der Privatbesitz an Grund und Boden wurde abgeschafft; die Bauern mussten sich Staatsgütern (Sowchosen) oder gemeinsam (kollektiv) bewirtschafteten Gütern (Kolchosen) anschließen. Viele weigerten sich, die Gemeinschaftsfelder zu bestellen und ließen das Vieh verhungern. Ihr Widerstand wurde mit Gewalt gebrochen: Millionen ehemals selbstständiger Bauern (Kulaken) wurden in Arbeitslager deportiert. Eine verheerende Hungersnot forderte sechs Millionen Tote.

Das langfristige Ergebnis der Kollektivierung war die vollkommene staatliche Kontrolle der Agrarproduktion: Waren 1928 nur 2 % der Bauern kollektiv organisiert gewesen, so arbeiteten 1937 93 % in Kolchosen oder Sowchosen. Damit wurde zwar die Bearbeitung des Bodens mit Maschinen möglich und Hungersnöte gehörten bald der Vergangenheit an. Doch Fehlplanungen und Korruption erschwerten weitere Erfolge. Wegen der verordneten niedrigen Lebensmittelpreise blieb das Einkommen der Bauern hinter dem der Industriearbeiter zurück und lag 1940 noch unter dem von 1928.

■ Beschleunigte Industrialisierung

Für die Industrie wurden von einer staatlichen Behörde Fünfjahrespläne erarbeitet, die genau vorgaben, was produziert werden sollte. Die Zahl der Industriearbeiter nahm zu, ihre Löhne und damit ihr Lebensstandard stiegen zunächst. Der erste Fünfjahresplan, der 1928 in Kraft trat, sah eine Steigerung der gesamten Produktion um 168 % vor. Ein Jahr später erhöhte die KPdSU diese Vorgaben nochmals. Diese beschleunigte Industrialisierung konnte nicht mit erwirtschafteten Gewinnen finanziert werden, die Mittel dafür wurden vom Staatshaushalt aufgebracht.

12.1 In Kursen lernten Männer und Frauen auch in den Dörfern Lesen und Schreiben. Foto, 1928.

12.2 Elektrifizierung eines Dorfes.

Etwa 40 % des Nationaleinkommens mussten in die Schwerindustrie, den Maschinenbau und in die Energiewirtschaft (Stromgewinnung und Erdölförderung) investiert werden.

Die Sowjetunion machte in der Industrialisierung während der dreißiger Jahre deutliche Fortschritte und holte gegenüber den westeuropäischen Industriestaaten auf. Dies wurde durch den bedenkenlosen Verbrauch von Rohstoffen und die Disziplinierung und Ausbeutung der Arbeitskräfte erreicht; die Bevölkerung wurde gezwungen, ihren Lebensstandard wieder einzuschränken und auf Konsumgüter zu verzichten. Auch die Kritiker des Regimes, die zu Millionen in Arbeitslager verschleppt wurden (➔ S. 10 und B 13.1), mussten zur Erhöhung der ökonomischen Leistungsfähigkeit der UdSSR beitragen.

■ Die sowjetische Gesellschaft

Die Gesellschaft wandelte sich in der Zeit Stalins tief greifend: Hatten vor der Revolution nur 18 % der Bevölkerung in Städten gelebt, so stieg der Anteil der Städter bis 1939 auf 33 %. Mit 47 % bildeten die Kolchosbauern den größten Teil der Bevölkerung. Der Anteil der Angestellten verfünffachte sich zwischen 1913 und 1939 auf 15,5 %. Die Zahl der Arbeiter stieg bis 1939 von 10 % auf 32,5 %.

Unter den neuen Arbeitern, die vor allem in den Bergwerken und der Schwerindustrie beschäftigt wurden, waren die meisten bäuerlicher Herkunft und hielten noch intensiven Kontakt mit den Dörfern, aus denen sie kamen. So blieben sie häufig der Denkweise der bäuerlichen Bevölkerung verpflichtet.

■ Frauen – gleichberechtigt?

Die russische Frauenbewegung wurde, da sie aus dem Bürgertum stamme, verboten; ebenso wurden die Frauenorganisationen der Partei strikt den männlichen Parteiführern untergeordnet. In der sozialistischen Gesellschaft höre die Benachteiligung der Frauen von selbst auf, hieß es.

Doch die KPdSU erreichte ihr ursprüngliches Ziel der Gleichstellung der Frauen nur teilweise. Der Staat brauchte die Arbeitskraft der Frauen. Aber auch wenn er ihnen nun eine berufliche Tätigkeit und eine gute Ausbildung ermöglichte, blieb ihnen doch meist eine Karriere verwehrt, zumal sie oft unter der Doppelbelastung von Haushalt und Beruf litten. In den Sowjetrepubliken Mittelasiens wurden Hunderte von Frauen, die auf ihre Selbstbestimmung pochten, von ihren Familien ermordet. Nur langsam änderten sich die traditionellen Verhaltensmuster.

Schulen für alle?

Die Bildung des Volkes sollte den Aufbau des Sozialismus beschleunigen. Durch staatliche Volksschulen versuchte die Partei, die hohe Analphabetenquote von 75 % zu senken – zunächst wenig erfolgreich. Erst als die Schulpflicht, die seit 1919 bestanden hatte, in den dreißiger Jahren konsequent durchgesetzt wurde, sank der Anteil derer, die nicht lesen und schreiben konnten, auf 11 % (1939), und schließlich auf 1,5 % (1959/60). An die Stelle des gegliederten Schulsystems setzten die Sowjets das System einer Einheitsschule, das allen den gemeinsamen Besuch einer vierjährigen Grundschule zur Pflicht machte, und das vielen den Übergang zu einer sechsjährigen Mittelschule ermöglichte.

Die höhere Schulbildung stand aber nicht allen offen: Die Partei wollte zunächst vor allem den Arbeiter- und Bauernkindern den Zugang zu den Universitäten öffnen. Unter Stalin aber schickte auch die Nomenklatura[1] ihre Kinder auf die Universitäten. Gefördert wurde der Besuch der zahlreichen Fachhochschulen, die die überall dringend benötigten Ingenieure und die Verwaltungsangestellten der Staatsbetriebe sowie die Parteifunktionäre ausbildeten. An allen Schulen galt das besondere Interesse der Regierung neben der Vermittlung von fachlichen Kenntnissen dem Studium der marxistisch-leninistischen Theorie.

Sozialistische Kunst – Kunst im Dienst der Partei?

Nach dem Ende des Zarismus erhielten die Künstler, die an den Experimenten der Moderne seit 1900 beteiligt waren, nahezu völlige Freiheit. Die abstrakte Kunst, die atonale Musik und die avantgardistische Literatur entfalteten sich innerhalb weniger Jahre. Viele Künstler stellten ihre Kunst freiwillig in den Dienst der sozialistischen Umgestaltung der Gesellschaft.

Stalin jedoch schränkte die neuen Freiheiten ein, indem er zunächst alle Künstlervereinigungen verbot oder zu Parteigliederungen degradierte. 1934 gab die Partei die Losung aus, die Künstler hätten sich als „Ingenieure der Seele“ vollständig in den Dienst der Partei zu stellen. Allgemein verständlich solle die Kunst des „Sozialistischen Realismus“ sein. Missliebige Kunstwerke wurden verboten, die Künstler unterdrückt und verfolgt.

13.1 Jefrosinija Kersnowskaja musste 1948 für viele Jahre ins Arbeitslager. Das Lagerleben beschrieb sie später in einer Bilderchronik. Unter diesem Bild steht: „Ich konnte es kaum mit ansehen, wie dieses zerbrechliche Mädchen … die schwere Schubkarre mit der Betonmischung über den Steg schob. Die Temperatur betrug minus 30°, minus 35°.“

[1] Nomenklatura: Politisch-militärische Führungsschicht in der Sowjetunion

Das Ende des Stalinismus

Stalin starb am 5. März 1953. Seine letzten Jahre waren von zunehmendem Misstrauen geprägt, die nach den Massenverfolgungen der dreißiger Jahre in erneutem Terror gipfelten. Dennoch bedeutete Stalins Tod für die meisten Sowjetbürger nicht nur eine Befreiung, sondern auch den Verlust ihres allmächtigen Führers, des Siegers im „Großen Vaterländischen Krieg“.[2]

[2] Zweiter Weltkrieg

Sein Nachfolger Nikita Chruschtschow prangerte zwar 1956 die Fehler der Alleinherrschaft Stalins an, ging aber lediglich in einer Geheimrede auf sein menschenverachtendes Vorgehen ein. Erst Jahrzehnte nach Stalins Tod, als Michail Gorbatschow 1985 Parteiführer wurde, änderte sich das sowjetische System grundlegend; 1991 wurde die UdSSR aufgelöst.

M1 Wirtschaftsentwicklung 1913 – 1940

Die Angaben beruhen auf offiziellen Angaben und beziehen sich auf Russland und die Sowjetunion in ihren jeweiligen Grenzen.

	1913	1917	1928	1937	1940
Produktion im Vergleich zu 1913 (= 1)	1,0	0,7	1,3	6,0	7,7
Anteil der Investitionsgüterindustrie an der Gesamtproduktion (in %)	35,1	38,1	39,5	57,0	61,2
Elektroenergie in Mrd. kW/h	2,0	2,6	5,0	36,2	48,3
Erdöl in Mio. t	10,3	8,8	11,6	28,5	31,1
Kohle in Mio. t	29,2	31,1	35,5	128,0	166,0
Stahl in Mio. t	4,3	3,1	4,3	17,7	18,3
Traktoren in Tausend	–	–	1,3	66,5	31,5

Produktion im Jahresdurchschnitt	1913	1924 – 28	1936 – 40	1940
Getreide in Mio. t	76,5	69,3	77,4	95,6
Zuckerrüben in Mio. t	10,9	7,9	17,1	18,0
Kartoffeln in Mio. t	23,3	41,1	49,4	76,1
Fleisch in Mio. t	4,1	4,2	4,0	4,7

H.-H. Nolte, Kleine Geschichte Russlands, 1998, S. 234.

Q2 Zwangskollektivierung

Lew Kopelew (1912 – 1997) nahm als junger Offizier an den Kollektivierungen teil:

Ich sah, was durchgängige Kollektivierung bedeutete – wie sie kulakisierten[1] und entkulakisierten, wie sie im Winter 1932 / 33 den Bauern erbarmungslos alles nahmen. Ich nahm selbst daran teil, durchstreifte die Dörfer auf der Suche nach verstecktem Getreide, stocherte mit einem Stock in der Erde herum, um es zu finden. Gemeinsam mit anderen leerte ich die Vorratskisten alter Leute und verstopfte mir die Ohren, um das Geschrei der Kinder nicht anhören zu müssen. … Im schrecklichen Frühjahr 1933 sah ich, wie Menschen hungers starben. …

Ich sah all das und verlor doch nicht den Verstand. Ich verfluchte auch diejenigen nicht, die mich ausgesandt hatten, um den Bauern im Winter oder im Frühjahr das Getreide wegzunehmen und die zum Skelett abgemagerten oder aufgedunsenen Menschen, die sich kaum auf den Beinen halten konnten, zu überzeugen, auf die Felder zu gehen und den Anbauplan der Bolschewiki nach Art von Stoßbrigaden zu erfüllen.

Ich verlor auch meinen Glauben nicht. Wie bisher glaubte ich, weil ich glauben wollte.

L. Kopelew, Und schuf mir einen Götzen. Lehrjahre eines Kommunisten, 1996, S. 232.

[1] *Kulaken: selbstständige Mittel- und Großbauern.*

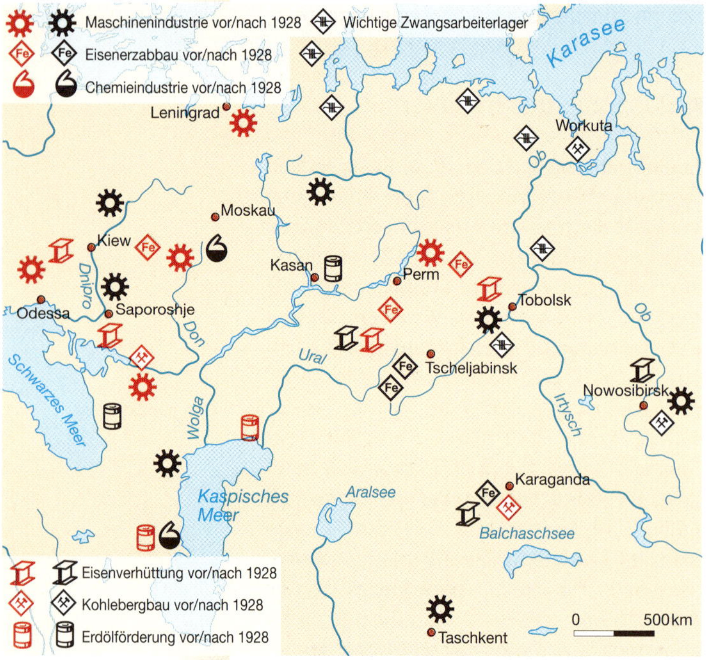

14.1 Die sowjetische Industrialisierung, 1928 – 1940.

Q3 Aus einem sowjetischen Schulbuch

Das Geschichtsbuch erschien 1938 und wurde 1945 ins Deutsche übersetzt.

Im Kampfe für die sozialistische Industrialisierung des Landes überwand die Partei in den Jahren 1926 – 1929 ungeheure innere und internationale Schwierigkeiten. Die Anstrengungen der Partei und der Arbeiterklasse führten zum Siege der Politik der sozialistischen Industrialisierung des Landes. … Gewaltig entfaltete sich der Aufbau von neuen Werken, von Sowjetwirtschaften und Kollektivwirtschaften.

Dieser Vormarsch auf dem Wege zum Sozialismus war von einer Verschärfung des Klassenkampfes innerhalb des Landes und von einer Verschärfung des innerparteilichen Kampfes begleitet. Die wichtigsten Ergebnisse dieses Kampfes waren: die Unterdrückung des Widerstands des Kulakentums … und die Verjagung der Trotzkisten aus der Partei. …

15. 1 Stalin (in der Mitte) und führende Mitglieder der Kommunistischen Partei inmitten von Kindern in einem Moskauer Park. Die Darstellung könnte das religiöse Motiv des Jesus mit den Kindern aufnehmen. Gemälde von Wassilij Swarog, 2 x 3 m, 1939.

Trotzkisten: Innerparteiliche Kritiker um Leo Trotzki, der 1940 im mexikanischen Exil vom sowjetischen Geheimdienst ermordet wurde.

Die Trotzkisten, die von der bolschewistischen Partei ideologisch geschlagen wurden und jeden Boden in der Arbeiterklasse verloren, hörten auf, eine politische Strömung zu sein, und verwandelten sich in eine prinzipienlose Karrieristenclique politischer Gauner, in eine Bande politischer Doppelzüngler.

Nachdem die Partei das Fundament der Schwerindustrie gelegt hatte, mobilisierte sie die Arbeiterklasse und die Bauernschaft zur Erfüllung des ersten Fünfjahrplans der sozialistischen Umgestaltung der Sowjetunion. Im Lande entfaltete sich der sozialistische Wettbewerb von Millionen Werktätiger, entstand ein mächtiger Arbeitsaufschwung, bildete sich eine neue Arbeitsdisziplin heraus.

Geschichte der Kommunistischen Partei der Sowjetunion. Unter Redaktion einer Kommission des Zentralkomitees der KPdSU, gebilligt vom ZK der KPdSU, 1945, S. 361f.

Q4 Junge Sowjetbürger

Die Schriftstellerin Raissa Orlowa-Kopelew über die Rede einer Schülerin 1935:

„Unsere Generation", sagte sie, „erreicht die Volljährigkeit zur gleichen Zeit wie unser Land. Der höchste Gipfel der Welt … wurde von unserem Land bezwungen. Die beste Untergrundbahn auf der Welt ist unsere Metro. Der höchste Himmel ist jener über unserem Land – die Ballonfahrer haben ihn so hoch gehoben. Das tiefste Meer ist unser Meer, unsere Taucher haben es vertieft. Besser als alle, schöner als alle wollen wir arbeiten, lernen, laufen, zeichnen, spielen. …"

Es lag auf Anjas Rede wie auch auf der ganzen damaligen Zeit ein Schimmer von Morgenröte, ein Glanz von Hoffnung. …

Wäre damals, 1935, ans Rednerpult … ein Mensch getreten, der den Mut aufgebracht hätte, über die hungernden, von Grund und Boden vertriebenen Bauern zu sprechen, über die Arbeiter, die an Seuchen und an der schweren Fronarbeit in eisigen Baracken zugrunde gingen, oder über die Konzentrationslager …, hätte dieser Mensch über die Schauprozesse gegen angebliche Saboteure, über die Verhaftung von Wissenschaftlern …, hätte er über die Zerstörungen von Kirchen und die Verfolgung der Geistlichkeit, über die Verlogenheit der Propaganda gesprochen – man hätte ihn ausgepfiffen und verflucht. … Einen solchen Wahrheitsfanatiker hätten die Jungen selbst an Ort und Stelle gelyncht. Die Staatssicherheit hätte erst gar nicht eingreifen müssen.

R. Orlowa-Kopelew, Eine Vergangenheit, die nicht vergeht. Rückblicke aus fünf Jahrzehnten, 1985, S. 95–97.

16.1 Wladimir Majakowski bei einer Dichterlesung vor Soldaten der Roten Armee.

Q5 Wladimir Majakowski, Mit aller Stimmkraft (1929)

Ein Jahr vor seinem Selbstmord überdenkt Majakowski seine Rolle als Dichter im Dienste der Politik:

Auch mir
wächst die Agitpropkunst
zum Halse heraus,
auch ich
schriebe Goldschnitt und Fliederstrauß, –
das wär was
für Scheckbuch und Seele.
Doch ich
bezwang mich,
trat
bebenden Hauchs
dem eigenen Lied
auf die Kehle.
Genossen Nachkommen,
Achtung! –
hier der Richtpunkt!
Der Agitator,
der Anführer,
der Schreihals gibt Bericht.

W. Majakowski, Werke, Bd. 2, 1974, S. 423 f.

M6 Sowjetunion und Zarenreich

Der Historiker Andreas Kappeler:

Eine ganze Reihe von Übereinstimmungen ist nicht zu übersehen, die mindestens zum Teil auf Kontinuitäten zwischen zaristischer und sowjetischer Ordnung verweisen:

- das Machtmonopol des Herrschaftsträgers, jetzt der Kommunistischen Partei, das weder Gewaltenteilung noch Rechtsstaat zulässt;
- der jetzt durch die Kommunistische Partei und die sowjetische Bürokratie verkörperte Zentralismus des Herrschaftssystems …;
- die Personalisierung der Herrschaft, extrem in der Diktatur Stalins, der selber Zaren wie Ivan IV. oder Peter den Großen als seine Vorbilder bezeichnete und dessen Kult direkt an den Zarenglauben anknüpfte;
- die Wiederaufnahme imperialer und nationaler Ideologien im Sowjetpatriotismus;
- die passive, durch den Massenterror Stalins noch in weitaus höherem Maß als unter dem Zarismus atomisierte (= vereinzelte) Gesellschaft.

Trotz dieser Kontinuitäten würde eine Gleichsetzung mit dem Zarismus das sowjetische Herrschaftssystem mit seiner viel schärferen Kontrolle und seinen menschenverachtenden Ausrottungen und Deportationen verharmlosen. Zahlreiche Wissenschaftler sehen denn auch im Sowjetsystem etwas grundsätzlich Neues. Sie betonen die Bedeutung der marxistisch-leninistischen Ideologie und der totalen Macht von Partei, Geheimpolizei und Diktator.

A. Kappeler, Russische Geschichte, 1997, S. 52.

1. Beschreibe mit B 14.1 und M 1 den Verlauf der sowjetischen Industrialisierung bis 1940.

2. Arbeite aus Q 2 heraus, wie die Kollektivierung auf dem Lande verlief. Welche Motive bestimmten das Verhalten der Bauern und Lew Kopelews?
Informiere dich über Lew Kopelew und Raissa Orlowa-Kopelew und stelle ihren Lebenslauf in der Klasse vor.

3. Beschreibe anhand der Abbildungen S. 10 bis S. 13 die Lebensbedingungen in der UdSSR zur Zeit Stalins. Nenne die menschenverachtenden Züge der stalinistischen Herrschaft.

4. Vergleiche die offizielle Darstellung des Stalinismus mit deinem Wissen über diese Zeit. Achte auf die sprachlichen Mittel des Textes. (Q 3)
Setze dich mit der Haltung der Schüler in Q 4 auseinander.

5. Beschreibe mit Q 5 und B 15.1 die Aufgabe der Künste nach der Revolution. Erörtere den Zwiespalt, den Majakowski zum Ausdruck bringt.

6. Welche Zusammenhänge zwischen Zarismus und Stalinismus sieht der Historiker Andreas Kappeler? Nimm dazu Stellung. (M 6)

2. Die USA: Demokratie und Marktwirtschaft

■ Kriegsbilanz: „Back to normalcy"

Industriell hoch gerüstet waren die USA in den Ersten Weltkrieg eingetreten. Nicht nur durch ihr militärisches Engagement hatten sie die Alliierten unterstützt, sondern auch mit Krediten. Am Ende des Krieges waren sie die größte Gläubigernation der Welt.

Das Eingreifen der Vereinigten Staaten hatte zwar den Kriegsverlauf entschieden, aber nicht zu einer dauerhaften Friedensregelung geführt. US-Präsident Wilson hatte im Januar 1918 einen Weltfrieden ohne Demütigung der besiegten Staaten befürwortet. Aber weder die europäischen Alliierten noch die Mehrheit des amerikanischen Kongresses folgte Wilsons hochfliegenden Plänen. Schnell hatte sich in der amerikanischen Bevölkerung wieder eine Tendenz zum Isolationismus etabliert. Die USA lehnten schließlich sowohl den Versailler Vertrag wie auch die Mitgliedschaft im Völkerbund ab.

Verantwortlich dafür war auch eine radikal umgeschwenkte öffentliche Meinung. Wie in Deutschland hatte auch in den USA die Kriegsindustrie zu einer Inflation mit negativen wirtschaftlichen Folgen geführt. Diese wurden von nationalistischen Kreisen dem Ausland, den Immigranten, Gewerkschaften und kommunistischen Gruppen angelastet. Eine Woge von Intoleranz schwappte über die Gesellschaft. In diesem Klima reichte der republikanischen Partei der einfache Slogan „Zurück zur Normalität" zum Wahlsieg 1920. Zum ersten Male durften damals auch alle amerikanischen Frauen wählen.

17.1 Arbeiter, USA, 20er Jahre.

■ Gewinner und Verlierer

Die Ära der Republikaner dauerte bis 1933. Sie wollten den wirtschaftlichen Aufschwung fördern, indem sie das Big Business, die Großunternehmen und Banken, möglichst wenig einschränkten.

Der Industrie gelang es, die Produktivität gewaltig zu steigern. Das verdankte sie dem Ingenieur und Erfinder Frederick W. Taylor. Dieser hatte schon um 1885 Arbeitsabläufe in der Stahlindustrie untersucht und mit der Stoppuhr die Dauer einzelner Handgriffe gemessen. Danach organisierte er die Arbeitsschritte neu, erdachte körpergerechte Maschinen, Werkzeuge und Arbeitsbewegungen und erreichte bei gleichbleibender Arbeitszeit eine Erhöhung der Leistung der Arbeiter. Sein Denkansatz zur wissenschaftlichen Betriebsführung wurde als „Taylorismus" bekannt. Da der Automobilhersteller Henry Ford als Erster die Massenproduktion am Fließband in seinem Werk einführte, nennt man diese Produktionsweise auch „Fordismus".

So wuchs deren Einfluss, der Bankier und Multimillionär Mellon war beispielsweise über vier Kabinette hinweg Finanzminister. Die amerikanische Wirtschaft begann zu boomen und verdoppelte in nur sieben Jahren von 1922 bis 1929 ihre Produktion. Das Sozialprodukt wuchs jährlich um 5 % bei Vollbe-

18.1 Philadelphia 1922: erster Lieferwagen mit Funkverbindung.

schäftigung. New York überholte London als Finanzzentrum, die Wallstreet wurde zum Symbol der weltweiten Börsenspekulation.

Verlierer waren die Farmer. Sie hatten sich mit staatlicher Unterstützung im Ersten Weltkrieg erheblich verschuldet, um ihre Anbauflächen auszuweiten. Nach Kriegsende konnten sie ihre Produkte nicht mehr verkaufen, die Preise verfielen. Zu den Verlierern zählten auch die Arbeiter. Ihre Löhne blieben zunächst hinter den Preissteigerungen zurück. Nur langsam erhöhte sich ihre Konsumkraft. Die Lohnerhöhungen in der Industrie gingen allerdings mit einer Intensivierung der Arbeit – vor allem am Fließband – einher. Die zahlenmäßig ohnehin kleinen Arbeiterorganisationen, Gewerkschaften und sozialistischen Parteien wurden scharf bekämpft.

■ Die Welt der Angestellten

Die moderne Wirtschaftsweise schuf neue Jobs im Dienstleistungsbereich, vor allem für Frauen: die Sekretärin, die Telefonistin, die Verkäuferin; allein in New York arbeiteten 6 Mio. Angestellte. Die Unternehmen verlegten ihre Zentralen in die städtischen Zentren und trieben die Bodenpreise in die Höhe. So baute man, um wenig Grundfläche zu verbrauchen, in den Himmel und schuf Wolkenkratzer, die die Skyline der Städte veränderten.

Wer es sich leisten konnte, zog in die Vorstädte, dort entstanden reine Wohnquartiere. Um die Entfernungen zwischen Arbeits- und Wohnort zu überbrücken, mussten Massentransportmittel geschaffen werden. Für das individualistische Lebensgefühl der Mittelklasse in der kapitalistischen Gesellschaft war das Automobil die ideale Lösung. Schon 1923 gab es 15 Mio. Autos, 1929 bereits 26 Mio.: Jeder fünfte Amerikaner besaß ein Auto! Henry Ford hatte mit seinem „Model T“ einen Wagen auf den Markt gebracht, der schließlich auch für Arbeiter zu kaufen war. 1924 kostete er 240 Dollar; das lag knapp unter dem Jahreseinkommen eines Arbeiters. Ford sah in den Arbeitern nicht nur billig zu bezahlende Produzenten, sondern entdeckte sie auch als Konsumenten, als Käufer. Er empörte sich über andere Unternehmer: „Das Herabdrücken der Löhne bei Absatzproblemen ist die leichteste und gleichzeitig die liederlichste Art, um einer schwierigen Situation Herr zu werden, von der Inhumanität ganz zu schweigen.“

19.1 Arbeiter beim Bau des Empire State Building, 1930. Es war mit einer Höhe von 381 m lange das höchste Gebäude der Welt. Foto von L. W. Hine.

19.2 Ein Beamter der Stadtverwaltung von Chicago zertrümmert in der Öffentlichkeit ein Bierfass. 1927 gab die Regierung bekannt, dass 21 Millionen Liter illegal gebrannter oder eingeführter Alkohol zerstört worden seien.

Die Teilnahme am „American Way of Life" reizte zu vermehrtem Kauf, wozu auch die inzwischen professionelle Werbung beitrug. Ratenkäufe nahmen zu und trieben manchen aus der amerikanischen Mittelschicht in den Ruin.

„There 's no business like showbusiness"

In den großen Städten Amerikas wurde eine Vergnügungsindustrie aufgebaut, die von der Filmindustrie in Hollywood, den Broadway-Theatern, den Revuen, der Barkultur und der salonfähig gewordenen Jazzmusik geprägt war. Das amerikanische Kino setzte neue Maßstäbe, ästhetisch wie kommerziell. Die Filme Charlie Chaplins fanden ein Massenpublikum. 1927 entstand der erste Tonfilm, „The Jazz Singer", in seinem Gefolge viele Revue- und Tanzfilme. Die Gesellschaftskomödien der Broadway-Theater boten massenweise Unterhaltung. Und die Revuen zeigten beispielsweise mit den „Tiller Girls" (→ S. 28) die Choreografie der formierten Konsumgesellschaft.

Andererseits kämpfte der Staat mit wachsender Polizeimacht für die Prohibition. Das Gesetz, das die Herstellung, den Vertrieb und Genuss von Alkohol verbot, stammte noch aus der Kriegszeit. Das Verbot entsprach einer Vorstellung von Anstand und Sitte, die vor allen Dingen durch das ländliche Amerika verkörpert wurde und von einflussreichen Frauenverbänden schon im 19. Jahrhundert gefordert worden war.

Das Gesetz war verabschiedet worden[1], um die sparsame Verwendung von Getreide im Krieg zu erreichen und Produktionsausfälle durch Trunkenheit zu verhindern. Allerdings wurde Alkohol schwarz gebrannt oder aus Kanada eingeschmuggelt und illegal in „Speakeasys" ausgeschenkt. Mit dem organisierten Verbrechen der Banden von „boot-leggers", den Lieferanten von illegalem Alkohol, schuf der Staat sich gefährliche Feinde. Der berüchtigte Al Capone mit seiner Bande von bis zu 1 000 Gangstern etwa war einer der Gewinner im Krieg der organisierten Kriminalität um die Marktanteile des illegalen Alkoholhandels. Erst 1933 fiel das Prohibitionsgesetz.

Die Jazzmusik, die Revuen, die private Mobilität durch das Automobil waren Zeichen einer Modernität, die in Europa ihresgleichen suchte und Faszination erregte. Umso härter traf das amerikanische Volk die große Depression, die mit dem Börsenkrach am Schwarzen Freitag im Oktober 1929 begann und weltweite Auswirkungen hatte.

[1] Die Prohibition wurde durch den 18. Verfassungszusatz 1919 eingeführt und durch den 21. Verfassungszusatz 1933 wieder abgeschafft.

20.1 „Rush hour" in New York. Foto 1928.

Q1 Friedenspolitik

a) Der Republikaner Henry Cabot Lodge begründet das Nein seiner Partei zum Völkerbundsbeitritt:

Wir sollten nie zulassen, dass die Vereinigten Staaten in jeden beliebigen Konflikt eines anderen Landes verwickelt werden können, gegen den Willen des amerikanischen Volkes, für das der Kongress spricht. …

Wir sollten uns vereint mit der Welt für die friedliche Beilegung zwischenstaatlicher Streitereien einsetzen. Wir sollten versuchen, das Völkerrecht weiterzuentwickeln. … Aber das Leben unserer Jugend sollte in unseren eigenen Händen, unter unserer eigenen Kontrolle bleiben.

b) Am 27. August 1928 unterzeichneten 15 Staaten auf Initiative der Außenminister Briand (Frankreich) und Kellogg (USA) einen Pakt zur Ächtung des Krieges. Bei den Nürnberger Prozessen berief man sich auf ihn.

Tief durchdrungen von ihrer erhabenen Pflicht, die Wohlfahrt der Menschen zu fördern, … um die jetzt zwischen ihren Völkern bestehenden friedlichen und freundschaftlichen Beziehungen dauernd aufrechtzuerhalten, in der Überzeugung, dass jede Veränderung in ihren gegenseitigen Beziehungen nur durch friedliche Mittel angestrebt werden und nur das Ergebnis eines friedlichen und geordneten Verfahrens sein sollte …

sind die folgenden Artikel vereinbart:

Art. 1: Die Hohen Vertrag schließenden Parteien erklären feierlich im Namen ihrer Völker, dass sie den Krieg als Mittel für die Lösung internationaler Streitfälle verurteilen und auf ihn als Werkzeug nationaler Politik in ihren gegenseitigen Beziehungen verzichten.

Art. 2: Sie vereinbaren, dass die Regelung und Entscheidung aller Streitigkeiten oder Konflikte, die zwischen ihnen entstehen könnten, welcher Art oder welchen Ursprungs sie auch sein mögen, niemals anders als durch friedliche Mittel angestrebt werden sollen.

H. Schambeck u. a., Dokumente zur Geschichte der Vereinigten Staaten von Amerika, 1993, S. 447 f.

Q2 Bei Ford in Detroit

a) Aus einem Lexikon:

Die Erfolge Henry Fords beruhen auf seinen technischen, wirtschaftlichen und sozialpolitischen Grundsätzen (Fordismus). Ziel ist die Massenanfertigung weniger Muster, gesteigerte Arbeitsteilung, ausgiebige Rationalisierung (Fließband), wirtschaftlichste Verwendung der Roh- und Abfallstoffe, zunehmende Verbilligung. Ford trat für kurze Arbeitszeit und hohe Löhne ein, lehnte aber die Gewerkschaften ab.

Brockhaus Enzyklopädie, 1968, S. 406.

b) Der Reporter Egon Erwin Kisch beschrieb in den 20er Jahren seinen Besuch in den Ford-Werken:

Beim ersten Besuch der Fordwerke fällt auf, dass fast alle Arbeiter geschwollene Wangen haben. … Um über das Fehlen der Zigaretten hinwegzukommen, kaut die Belegschaft tagsüber Tabak, sodass man glaubt, sie hätten alle geschwollene Wangen. Denn Mister Ford ist Nichtraucher.

Die Mittagspause in den Betrieben ist 15 Minuten. Etwa acht Minuten dauert es, bis man drankommt. Demnach müssen die heiße Suppe im Papierbecher, die Brötchen, der Kaffee und allenfalls ein Apfel binnen sieben Minuten verzehrt werden. Das Schlimmste, sagen die Arbeiter, sei das lay off (Ausschluss von der Arbeit). Und das ist das Schlimmste. Für einen Fehler bei der Arbeit, für ein geringfügiges Vergehen wird man abgelegt. Auf einen Tag oder länger, bis zu vierzehn Tagen. … Für einen Fordarbeiter bedeuten vierzehn Tage lay off: Hunger samt Frau und Kind, Vorwürfe, unfreiwilliges Herumlungern daheim.

Zwar könnte er Arbeit suchen, bei Chrysler-Dodge, General Motors, Packard, Studebaker, aber bevor er eine neue Arbeit findet, läuft die Karenz (Zeit der Abwesenheit) ab und er kann zurückkehren zu Ford. …

Hart an hart stehen die Arbeiter, sodass sie unter dem Arm des Nachbars nach dem heranrollenden Bestandteil greifen, knapp vor dem Gesicht des linken Nachbars die Behandlung des Stückes in Angriff nehmen, unmittelbar vor dem Gesicht des rechten Nachbars vollenden müssen. …

Warum aber ist kein Platz? Sahen wir nicht ungeheure Flächen innerhalb der Anlage?

Oh! Entfernung ist Zeitverlust.

Und Zeit ist Arbeitslohn.

Nicht eine Sekunde vom Abeitslohn geht verloren, Tag und Nacht rollt das Band, an das Menschen geflochten sind.

Ein Griff nach der Kette, Auflegen der Schraubenmutter, ein Griff nach der Kette, Einstecken der Schraube, ein Griff nach der Kette, zwei Hammerschläge, ein Griff nach der Kette, Ansetzen des autogenen Bohrers, Funken stieben, ein Griff nach der Kette, Befestigung der Bleilamelle, Paraffinpappe, eine Hülse, ein Bündel! Kerzen, eine Kurbelwelle, und immer wieder dazwischen ein Griff nach der Kette: Handbewegung und Ergebnis, Körperhaltung und Einsatz, Mensch und Maschine, immerfort gleich. Die Motoren fertig, rattern an Probeständen. …

Jetzt zeigt sich, dass das Fließband das Tempo der Arbeit bestimmt, nicht aber die Arbeit das Tempo des Bandes. …

Mehr und mehr nähert sich die Summe der Bestandteile dem Begriff Automobil. Und plötzlich schwingt sich ein Mann auf den Chauffeursitz. … Acht Inspektoren befühlen und begucken das Auto.

E. E. Kisch, Paradies Amerika, 1962, S. 265–272.

21.1 Die Börse in San Francisco. Foto, 1927.

Q3 Traumfabrik Hollywood

Zur Entwicklung der Filmindustrie:

Während der 20er Jahre des 20. Jahrhunderts begannen Einwanderer das Filmgeschäft zu beherrschen. Anders als Edison und die anderen amerikastämmigen protestantischen Geschäftsleute, die die frühe Filmindustrie kontrolliert hatten, besaßen diese eingewanderten Unternehmer ein feineres Gefühl dafür, was die Leute sehen wollten.

Die meisten kamen aus Mitteleuropa und waren Juden. … Sie waren weniger konservativ, dafür aber experimentierfreudiger. Sie kamen aus dem Kleider- und Pelzhandel, wo Moden und Trends schnell wechseln, und der erfolgreiche Geschäftsmann ist jemand, der stetig mit den neuesten Stilrichtungen vertraut ist; sie suchten der Öffentlichkeit das zu geben, was sie wollte.

Wie Samuel Goldman, einer der Filmmogule, notierte: „Wenn die Zuschauer einen Film nicht mögen, haben sie einen guten Grund dafür. Das Publikum irrt niemals. Ich halte nichts von der Meinung, dass, wenn ich einen Misserfolg habe, es daran liegt, dass das Publikum nicht das Gefühl oder die Bildung besitzt oder nicht sensibel genug ist. Das Publikum zahlt Geld. Es will unterhalten werden. Das ist alles, was ich weiß.“

22.1 Gründung der United Artists 1919, v. l. n. r.: D. W. Griffith, Mary Pickford, Charles Chaplin, Douglas Fairbanks.

In den 20er und 30er Jahren konsolidierte eine kleine Gruppe von Gesellschaften ihre Vormachtstellung. ... Mit Ausnahme von United Artists, das nur eine Verleih-Gesellschaft war, besaßen die Großen ihre eigenen Produktionsfirmen, bauten eigene weltweite Vertriebsnetze auf .... Es waren ihre Visionen – patriotisch, sentimental, freizügig und politisch generell konservativ – die Millionen von Amerikanern wöchentlich in den örtlichen Kinos gezeigt wurden.

In den frühen 20er Jahren wurde Hollywood die Filmhauptstadt der Welt. Es produzierte nahezu alle in den USA gezeigten Filme und erzielte 80% der Einkünfte aus seinen Filmen, die im Ausland gezeigt wurden. Hollywood baute seine Position als Weltführer aus. Es warb die talentiertesten europäischen Schauspieler wie Greta Garbo und Hedy Lamarr und besten Regisseure wie Ernst Lubitsch und Josef von Sternberg an, genauso wie Kameraleute, Lichttechniker und Bühnenbildner. Am Ende des Jahrzehnts beanspruchte Hollywood für sich, die fünftgrößte Industrie zu sein, die 83 Cents von jedem Dollar, der in den USA für Amüsement ausgegeben wurde, einnahm.

The Gilder Lehrman Institute of American History, 2001, Hollywoods America. Übers. S. Schröder.

1. „Frieden durch Beschwörung" höhnten Gegner des Briand-Kellogg-Paktes. Was ist daran Wahres? Erkennst du einen Zusammenhang mit dem Isolationismus von Henry Cabot Lodge? (VT, Q 1)

2. Verfasse einen Artikel für ein historisches Jugendlexikon zum Stichwort „Fordismus". (VT, Q 2)

3. Stelle ein Gewinn- und ein Verlustkonto für die Arbeiterschaft der 20er Jahre auf. (VT, Q 2, Q 3)

4. Entwerft aus wechselnder Perspektive Zeitungskommentare zum Problem der Prohibition.

5. „Das Publikum irrt niemals." Diskutiert diese These Samuel Goldmans. (Q 3)

6. Der American Way of Life ist heute sprichwörtlich geworden: Was versteht man darunter?

3. Der Faschismus in Italien

„Entweder wird uns die Macht übertragen, oder wir nehmen sie uns durch einen Angriff auf Rom.“ Dies rief Benito Mussolini am 24. Oktober 1922 in Neapel seiner ↗faschistischen Partei zu. „Nach Rom – nach Rom“, war die einstimmige Antwort seiner aufgeputschten Zuhörer. Einige Tage später brachen über 20 000 Anhänger Mussolinis in die italienische Hauptstadt auf.

Der „Marsch auf Rom“ war kein militärisches Manöver, sondern eine inszenierte Massendemonstration. Als die „Schwarzhemden“, wie die ↗Faschisten ihrer Kleidung wegen genannt wurden, in Rom ankamen, war Mussolini von König Viktor Emanuel III. bereits zum Ministerpräsidenten einer Koalitionsregierung aus Faschisten, Konservativen und Liberalen ernannt worden. Wie kam es zur Regierungsübernahme einer Partei, die den Kampf gegen das parlamentarische System Italiens zu ihrem Programm gemacht hatte?

23.1 Von faschistischen Schlägertrupps zerstörte Redaktionsräume einer sozialistischen Zeitung. Foto, 1923.

■ Der „verlorene Sieg“

Italien gehörte wie die USA zu den Siegern des Ersten Weltkriegs. Aber der Friedensvertrag von 1919 stellte eine große Enttäuschung für die Italiener dar: Außer Südtirol und Istrien war ihnen keines der von den Alliierten in Aussicht gestellten Gebiete zugesprochen worden. Die europäische Wirtschaftskrise nach dem Krieg und soziale Auseinandersetzungen zwischen Landarbeitern und Großgrundbesitzern sowie Industriearbeitern und Industriellen verschlechterten die Stimmung weiter. Schwere innere Unruhen brachen aus, das parlamentarische System geriet in eine Krise.

■ Der Werdegang Mussolinis

Benito Mussolini (1883–1945), von Beruf Volksschullehrer, war ursprünglich ein führender Funktionär der Sozialistischen Partei. Zu Beginn des Ersten Weltkriegs plädierte Mussolini leidenschaftlich für den Kriegseintritt Italiens, auch gegen das mit Italien verbündete Deutsche Reich („sacro egoismo“). Er hoffte, Italien könne in der Tradition des Römischen Reiches Gebiete rund um das Mittelmeer erwerben. Darauf schloss die Sozialistische Partei, die mehrheitlich gegen einen Kriegseintritt votierte, Mussolini aus. Dieser gründete 1921 gemeinsam mit anderen ehemaligen Sozialisten und extremen Nationalisten die „Nationalfaschistische Partei“ (PNF), der sich bald Unzufriedene aus allen politischen Lagern anschlossen. Was sie einte, war vor allem die Ablehnung der bisherigen Politik Italiens.

■ Die Sicherung der Herrschaft

Nachdem der König ihm die Regierung übertragen hatte, baute Mussolini die Macht seiner Partei und des „Duce“ aus:

Duce (ital.) = Führer. Bezeichnung für Mussolini.

- Noch im Herbst 1922 gewährte ihm das Parlament unbeschränkte Vollmachten.
- 1923 erkannte es die faschistischen Kampftruppen als Bürgerwehr an – diese waren auf Mussolini, den „Duce“, persönlich vereidigt. Die Kampfgruppen verbreiteten Angst und Schrecken und demonstrierten den Italienern, wer die Macht im Lande hatte.
- 1924 wurde nach einem neuen Wahlgesetz gewählt, es kam zu einem überwältigenden Wahlsieg der PNF Mussolinis.
- Die Ermordung des Sozialisten Giacomo Matteotti nahm Mussolini 1925 zum Anlass, die Opposition durch Verhaftungen, Verbannungen und das Verbot aller Parteien außer der PNF vollends auszuschalten.

24.1 Benito Mussolini bei einer Rede vor Bauern. Foto 1925.

24.2 Benito Mussolini. Offizielles Plakat, um 1930.

Der faschistische Staat

Vier Jahre nach Regierungsantritt hatte Mussolini den italienischen Staat gemäß seinen autoritären Vorstellungen umgeformt: Neben den König als Staatsoberhaupt trat der „Duce del Fascismo" als Regierungschef. Er war nicht mehr dem Parlament, sondern lediglich dem König verantwortlich. Die Gewaltenteilung war weitgehend aufgehoben, denn die Regierung konnte ohne Zustimmung der Legislative Dekrete mit Gesetzeskraft erlassen. 1928 wurde ein neues Wahlgesetz erlassen, das nur noch eine von den Faschisten vorgelegte Einheitsliste vorsah. Eine demokratische Wahl war damit unmöglich.

Einheitslisten: Statt der freien Wahl zwischen den Kandidaten mehrerer Parteien besteht nur die Möglichkeit, einer vorgelegten Liste von Kandidaten zuzustimmen oder sie abzulehnen.

Abessinien: Äthiopien.

„Achse Rom–Berlin" *→ S. 114.*

Mussolini hatte die Macht nicht zuletzt durch Zugeständnisse an die alten Eliten gewonnen. Die Monarchie stellte er nicht infrage. 1929 versöhnte er die katholische Kirche mit dem Faschismus, indem er die Souveränität des Papstes im Vatikanstaat, die seit der Gründung Italiens 1870 umstritten gewesen war, vertraglich anerkannte. Die Zustimmung der Bevölkerung versuchte er durch sozialpolitische Maßnahmen zu gewinnen. So ließ er Sumpfland urbar machen – ein Plan, den schon Caesar verfolgt hatte – und zahlreiche neue Straßen bauen. Bei diesen Projekten fanden in der Zeit der Weltwirtschaftkrise ab 1929 viele einen Arbeitsplatz, und neues Land wurde gewonnen, das armen Landarbeitern zur Verfügung gestellt wurde. In militärisch organisierten „Ernteschlachten" mussten alle Italiener sich für die Sicherung der Ernährung einsetzen. Fabriken, die vor dem Konkurs standen, wurden durch öffentliche Kredite saniert. Staatliche Förderung ermöglichte technische Fortschritte in der Luftfahrt und im Automobilbau.

Ein neues „Imperium Romanum"?

Bis in die Mitte der dreißiger Jahre band der Ausbau der Diktatur im eigenen Land die Kräfte der Faschisten. Danach traten die aggressiven Züge der Außenpolitik Mussolinis immer deutlicher hervor. Die Idee eines römischen Imperiums rund ums Mittelmeer veranlasste Italien, 1935 Abessinien zu überfallen, 1939 Albanien anzugreifen und 1940 Griechenland. Das Bündnis mit dem nationalsozialistischen Deutschland zur Durchsetzung seiner imperialen Ziele verband das Schicksal beider Länder („Achse Rom – Berlin"). Auf der Seite Deutschlands kämpfte Italien im Zweiten Weltkrieg gegen die Truppen Großbritanniens und der USA. 1943 landeten amerikanische Truppen in Italien und eroberten bis 1945 das Land. Mussolini wurde 1943 gestürzt, von den Deutschen befreit und wieder eingesetzt und 1945 von Partisanen getötet.

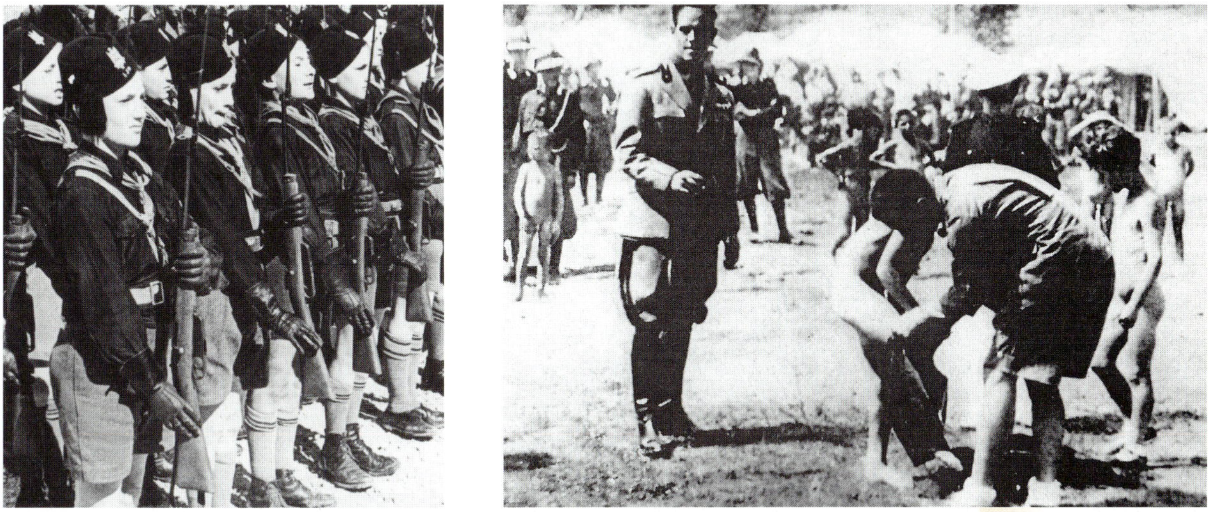

25.1 Die faschistischen Balilla-Jungen: Einkleidungszeremonie und Parade. Fotos 1925.

Q1

Programm der Faschisten

a) Mussolini gründete am 23. März 1919 einen faschistischen Kampfbund und veröffentlichte im August dessen innenpolitisches Programm:

Italiener! … Wir stellen die Vollendung der Ergebnisse des revolutionären Krieges über alle und über alles. Daher fordern wir:
– Im Hinblick auf die *politischen* Probleme: Allgemeines Wahlrecht aufgrund regionaler Listen und mit proportionaler Vertretung, Wahlrecht und Wählbarkeit von Frauen. …
– Im Hinblick auf das *soziale* Problem: Die sofortige Verkündung eines Staatsgesetzes, das für alle Arbeiter den Achtstundentag garantiert. Mindestlöhne. … Überführung von Industrien oder öffentlichen Diensten in die Verfügungsgewalt proletarischer Organisationen. …
– Im Hinblick auf das *militärische* Problem: Eine nationale Außenpolitik mit dem Ziel, die Stellung der italienischen Nation in der Welt durch friedlichen zivilisatorischen Wettbewerb zu heben.
– Im Hinblick auf die *finanziellen* Probleme: Eine starke außerordentliche und progressive Kapitalsteuer, die den Charakter einer partiellen Enteignung aller Reichtümer tragen muss.
Die … Konfiszierung von 85 Prozent der Kriegsgewinne.
Italiener! Der italienische Faschismus will in seinem neuen nationalen Leben weiterhin den Geist zur Vollendung bringen, der sich in der großen Prüfung des Krieges gebildet hat, er will – in der Form einer Anti-Partei oder einer Über-Partei – die Italiener aller Überzeugungen und produktiven Klassen geeint halten, um sie zu jenen unvermeidlichen Schlachten zu führen, die zur Vollendung des revolutionären Krieges geschlagen werden müssen.

G. A. Chiurco, Storia della rivoluzione fascista 1919–1922, Bd. 2, 1929, S. 240–242.

b) 1932 fasste Mussolini, der seit 1924 an der Macht war, die Grundgedanken des Faschismus zusammen:

Der Faschismus fordert den tätigen, mit allen Willenskräften sich einsetzenden Menschen, der bereit ist, allen Schwierigkeiten männlich entgegenzutreten und sich ihnen zu stellen. Ihm ist das Leben ein Kampf. …
Als antiindividualistische Idee tritt der Faschismus für den Staat ein. … Denn es liegt für den Faschismus alles im Staate beschlossen. … Außerhalb des Staates darf es keine Individuen noch Gruppen (politische Parteien, Vereine und Klassen) geben. …
Der Faschismus … wendet sich gegen die Demokratie, die das Volk mit Mehrheit gleichsetzt und es auf den Stand der Masse herabdrückt. Es ist die reinere Form der Demokratie, wenn man das Volk so auffasst, wie es sein soll, nämlich qualitativ und nicht quantitativ. … Der Faschismus … behauptet

Balilla-Jungen: Der Überlieferung nach soll ein Junge namens Balilla einen Volksaufstand ausgelöst haben, der 1746 die Österreicher aus dem italienischen Genua vertrieb. Nach ihm wurde die Jugendorganisation der Faschisten in Italien benannt.

26.1 Plakat aus den dreißiger Jahren. Die Übersetzung des Textes unten lautet: „Die faschistische Regierung hat mir meine Würde als Arbeiter und als Italiener wiedergegeben."

die unabänderliche, fruchtbare und heilsame Ungleichheit der Menschen, die nicht auf dem mechanischen und äußerlichen Wege wie bei dem allgemeinen Stimmrecht auf das gleiche Niveau gebracht werden können …

Vor allem glaubt der Faschismus … weder an die Möglichkeit noch an die Nützlichkeit des ewigen Friedens. … Der Krieg allein bringt alle menschlichen Energien zur höchsten Anspannung und verleiht den Völkern die Würde des Adels …

B. Mussolini, Der Geist des Faschismus, 1943, S. 2–24.

Q2 Alltag im faschistischen Italien

1932 erschien in Berlin der Bericht des jungen italienischen Kommunisten Dino Montanara über seine Erfahrungen:

Ich arbeite als Dreher in einer Fabrik, wenige Kilometer von Mailand entfernt. Ich lebe zwischen Arbeitern, lerne ihr jetziges Leben kennen …

Die Arbeit ist erschöpfend, der Lohn erbärmlich. Ein Arbeiter verdient durchschnittlich 12 Lire den Tag, und etwa 5 Lire gehen wöchentlich für Versicherungen und Syndikate (= faschistische Arbeiterorganisationen) ab. Es reicht nicht für das Notwendigste. Brot und Reis steigen im Preise. Ein Arbeiter, der das Glück hat, 300 Tage im Jahre acht Stunden zu arbeiten, hat einen Spitzenlohn von 4 800 Lire jährlich. Der einfache Soldat der faschistischen Miliz erhält für sein Nichtstun bei dienstlicher Verpflichtung 9 574 Lire. … Offiziere der Miliz verdienen etwas über das Doppelte vom Gehalt eines Universitätsprofessors oder eines Gymnasiallehrers …, nämlich zwischen 62 741 Lire bis 36 590 Lire. … In unserer Fabrik wird nur drei Tage in der Woche gearbeitet.

Die Fabrik gleicht einer Kaserne … Jegliches Sprechen untereinander ist bei der Arbeit verboten. Wir sind umgeben von Spitzeln. Sie spähen, kontrollieren, schnüffeln, fragen und hinterbringen alles, was sie, oft verzerrt und missverstanden, aufgeschnappt haben.

D. Montanara, Illegal durch Italien, 1932, S. 32.

1. Beschreibe die Selbstinszenierung Mussolinis. (B 24.1 und 2) Erörtert, wie die Bilder auf zeitgenössische Betrachter gewirkt haben.
2. Beschreibe B 25.1. Erkläre, warum sich die Jungen vollständig entkleiden mussten, bevor sie das „Schwarzhemd" erhielten und damit in die Parteijugend aufgenommen wurden.
3. Arbeite aus Q 1 a die Hauptziele der faschistischen Bewegung heraus. Vergleiche mit den dir bekannten Grundpositionen des Liberalismus und des Sozialismus.
4. Arbeite die Grundsätze des Faschismus aus Q 1 b heraus und vergleiche mit der faschistischen Programmatik von 1919 (Q 1 a).
5. Analysiere das Plakat B 26.1 und arbeite die Wirkungsabsicht heraus. Charakterisiere die Lage der Arbeiter im faschistischen Italien (VT S. 24 und Q 2).

Nach dem Ersten Weltkrieg entwickelten sich unterschiedliche Gesellschaftsmodelle. Diese Ideen haben das 20. Jahrhundert nachhaltig geprägt.

Sowjetunion

Nach der **Oktoberrevolution 1917** wurde in Russland ein kommunistisches Regime errichtet und die Sowjetunion (UdSSR) gegründet. **Josef Stalin** baute ab 1924 seine diktatorische Herrschaft auf. Durch Massenterror in der Kommunistischen Partei, dem Staatsapparat und der gesamten Gesellschaft schaltete er jegliche Opposition aus. Mehr als 20 Millionen Menschen wurden Opfer des **Stalinismus.** Konzentrationslager (GULAG) überzogen das Land.

Durch Propaganda und soziale Leistungen suchte er die Bevölkerung für den Sozialismus zu gewinnen. Der Sieg der Sowjetunion im Krieg gegen das nationalsozialistische Deutsche Reich (1941–1945) steigerte seine Anerkennung bei einem Großteil der Bevölkerung.

Die NEP (Neue Ökonomische Politik), die 1921 zu einer begrenzten ökonomischen Liberalisierung geführt hatte, wurde von Stalin beendet. Stattdessen wurden mit Gewalt die **Kollektivierung** der Landwirtschaft und der Aufbau der Schwerindustrie vorangetrieben. Durch die erzwungene Einbeziehung der gesamten Bevölkerung in die wirtschaftliche Modernisierung verringerte die UdSSR den Abstand zu den kapitalistischen Industrieländern.

Der Tod Stalins am 5. März 1953 führte zu einer begrenzten **Liberalisierung** in Staat und Gesellschaft. Doch erst 1985, mit dem Machtantritt **Michail Gorbatschows**, änderte sich das sowjetische System grundlegend; 1991 wurde die UdSSR aufgelöst.

Italien

Benito Mussolini, ursprünglich Sozialist, entwickelte den italienischen Faschismus, der sich aus der Unzufriedenheit mit Italiens Lage nach dem Ersten Weltkrieg und sozialen Spannungen speiste. 1922–1923 wurde aus Italien eine Diktatur unter dem „Duce". Ziel der italienischen Faschisten war ein neues „Imperium Romanum" sowie eine Gesellschaft, die die Ungleicheit der Menschen und den Krieg verherrlicht und sich als „antiindividualistisch" begreift.
Durch das Bündnis mit dem nationalsozialistischen Deutschland (Achse Berlin – Rom) kämpfte Italien gegen die Alliierten im Zweiten Weltkrieg. 1943 landeten die Alliierten in Sizilien, Mussolini wurde gestürzt und 1945 von Partisanen erschossen. Die italienische Regierung erklärte 1943 Deutschland den Krieg.

USA

In den USA verstärkte sich zunächst der Trend zum Isolationismus. Die USA traten nicht in den Völkerbund ein. Wirtschaftlich blieben sie eng mit Europa verknüpft (Kredite, Börse). Die USA verfügten über ausgedehnte Flächenvorräte für ihre Landwirtschaft. Bodenschätze, vor allem Kohle und Eisen, gab es genug. Eine hoch motivierte, wachsende Arbeitnehmerschaft, die sich aus Einwanderern zusammensetzte, kam mit einem risikofreudigen, am Gewinn orientierten Unternehmertum zusammen. Die Unternehmer verbanden die massenhafte Produktion von Waren mit effektiven Verkaufsstrategien bei der Werbung. Es entstanden neuartige Fabriken mit Fließbandarbeit (Ford), neue Produkte wie Elektrogeräte, Speiseeis und Coca Cola, sowie neue Industrien, vor allem die Filmindustrie (Hollywood). Für Frauen entstanden in den Büros neue Jobs als Telefonistinnen und Sekretärinnen; erstmals durften 1920 Frauen an Wahlen teilnehmen. Eine Schicht von Angestellten entstand. Die USA erlebten in den 20er Jahren einen ökonomischen Aufschwung (ihr Bruttosozialprodukt wuchs jährlich um 5 %). Nur die Farmer und Arbeiter mussten Verluste und Lohneinbußen hinnehmen, die Banken, Börsen und Großunternehmen profitierten. Die USA wurden zur führenden Macht in der Weltwirtschaft sowie zum Modell für Demokratie und Marktwirtschaft. Mit dem Börsencrash 1929 fand die wirtschaftliche Entwicklung zunächst ein Ende. Weltweite wirtschaftliche Krisen waren die Folge.

Die Republik von Weimar – Entwurf einer

Die Tiller Girls im Morgengrauen bei der Heimkehr von einer Aufführung im Berliner Admiralspalast, 1926. Sie traten zwischen 1924 und 1929 als Tänzerinnen in meist ausverkauften Shows auf.

Für die meisten blieb der eigene Wagen ein Wunschtraum. Straßenszene in Berlin, 1930.

demokratischen Gesellschaft?

ner demokratischen Gesellschaft?

Tamara de Lempicka, Autoporträt – Tamara im grünen Bugatti, 1925, Öl auf Holz.

Wahlkampf für die „Deutschvölkische Freiheitspartei" in Berlin, 1924.

Orientierung in Zeit und Raum

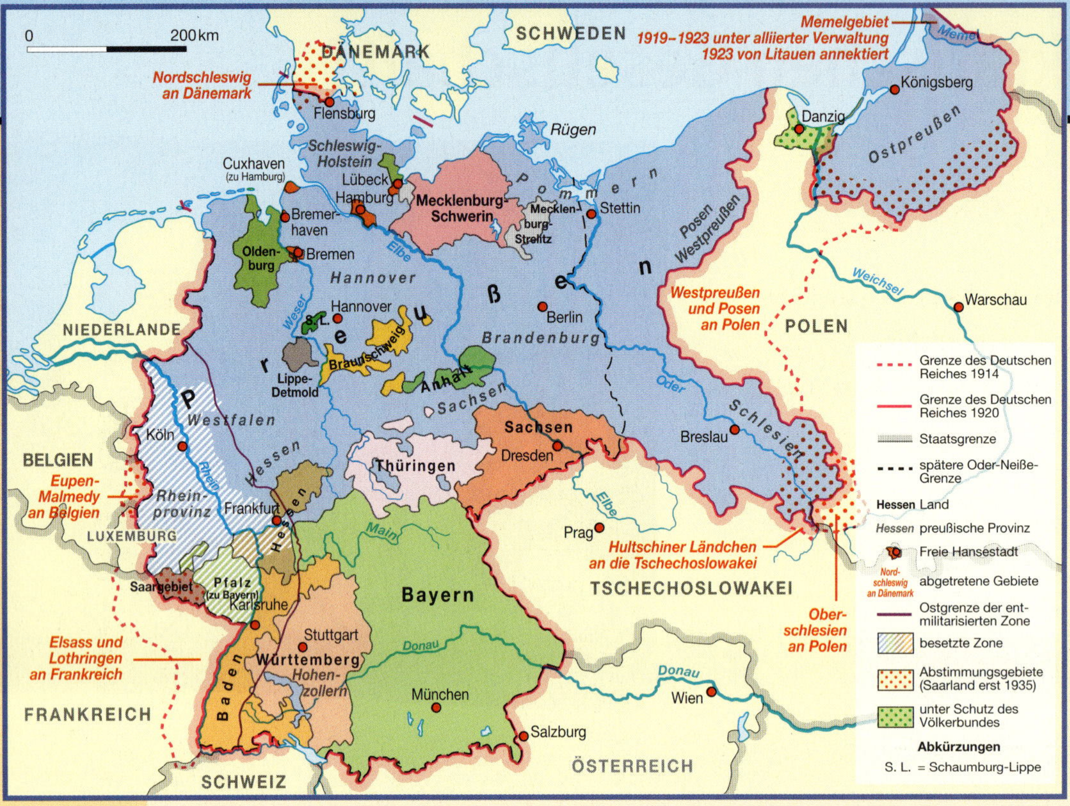

30.1 Das Deutsche Reich nach dem Frieden von Versailles.

Okt./Nov. 1918	Es kommt zu revolutionären Unruhen in Deutschland. Arbeiter- und Soldatenräte werden gebildet.
9. Nov. 1918	Deutschland wird Republik.
11. Nov. 1918	Das Deutsche Reich kapituliert. Waffenstillstand mit harten Bedingungen.
28. Jun. 1919	Der Friedensvertrag von Versailles wird von Deutschland unterzeichnet. Weitere Friedensverträge werden in den Jahren 1919 und 1920 geschlossen.
11. Aug. 1919	Die Weimarer Reichsverfassung tritt in Kraft: Deutschland ist parlamentarische Demokratie.
1920	Im Kapp-Putsch wird versucht, die Republik von rechts zu zerstören.
1923	Gegen den Einmarsch belgischer und französischer Truppen in das Ruhrgebiet proklamiert die Reichsregierung den passiven Widerstand. Die Finanzierung des Streiks führt zum Höhepunkt der seit Kriegsbeginn andauernden Inflation. In München putscht die NSDAP.
1922–1926	Die deutsche Außenpolitik bemüht sich um Wiedereingliederung Deutschlands in das europäische Staatensystem und um Aufnahme in den Völkerbund.
23. Okt. 1929	Mit dem Börsenkrach in den USA beginnt die Weltwirtschaftskrise mit erheblichen Auswirkungen auf Deutschland.
seit 1930	Reichspräsident Hindenburg ernennt Präsidialregierungen.
1930–1933	Die Weltwirtschaftskrise lässt auch in Deutschland die Zahl der Arbeitslosen steigen.
30. Jan. 1933	Hindenburg ernennt Hitler zum Reichskanzler.

Ein Querschnitt

Erich Kästner,
Die andre Möglichkeit, 1930

Wenn wir den Krieg gewonnen hätten,
mit Wogenprall und Sturmgebraus,
dann wäre Deutschland nicht zu retten
und gliche einem Irrenhaus. …

Wenn wir den Krieg gewonnen hätten,
dann wären wir ein stolzer Staat.
Und preßten noch in unsern Betten
die Hände an die Hosennaht. …

Wenn wir den Krieg gewonnen hätten,
dann wär der Himmel national.
Die Pfarrer trügen Epauletten.
Und Gott wär deutscher General.

Die Grenze wär ein Schützengraben.
Der Mond wär ein Gefreitenknopf.
Wir würden einen Kaiser haben
und einen Helm statt einem Kopf. …

Dann würde auf Befehl geboren.
Weil Menschen ziemlich billig sind.
Und weil man mit Kanonenrohren
allein die Kriege nicht gewinnt.

Dann läge die Vernunft in Ketten.
Und stünde stündlich vor Gericht.
Und Kriege gäb's wie Operetten.
Wenn wir den Krieg gewonnen hätten –
zum Glück gewannen wir ihn nicht!

Erich Kästner, Ein Mann gibt Auskunft, 1930, S. 37.

31.1 George Grosz, Querschnitt, Zeichnung aus der Mappe „Ecce Homo", die 1923 im Malik Verlag, Berlin, erschien.

1. Beschreibe das Lebensgefühl, das in dem Gedicht von Erich Kästner und in der Zeichnung von George Grosz zum Ausdruck kommt.

1. Revolution in Deutschland – ein belasteter Neuanfang

Seit dem Winter 1916/17 waren die Nahrungsmittel in Deutschland knapp; zwischen 1914 und 1918 starben ca. 750 000 Menschen an Unterernährung.

32.1 Not der Zivilbevölkerung im Krieg: Abfälle werden nach Brennbarem durchsucht. Foto, 1917.

32.2 Aufständische Matrosen und Arbeiter mit Schusswaffen Unter den Linden in Berlin, November 1919.

Niederlage und Revolution

Im Sommer 1918 zeichnete sich die Niederlage des Deutschen Reiches im Ersten Weltkrieg deutlich ab. Angesichts des bevorstehenden Zusammenbruchs schlug die Oberste Heeresleitung im September den Abschluss eines Waffenstillstands vor. Sie legte aber Wert darauf, dass er nicht von militärischer, sondern von politischer Seite angeboten und unterzeichnet wurde. So geschah es: Eine neue Regierung wurde gebildet, der erstmals auch Mitglieder der Sozialdemokratischen Partei angehörten. Sie nahm sofort Verhandlungen mit den Kriegsgegnern auf.

Als der Kriegsmarine Ende Oktober 1918 trotz laufender Verhandlungen der Befehl zum Angriff auf die britische Flotte gegeben wurde, verweigerten Matrosen in Kiel den Gehorsam. Sie bildeten Ausschüsse, sogenannte Soldatenräte, und sorgten für Verbreitung ihres Protestes, sodass innerhalb von wenigen Tagen in ganz Deutschland revolutionäre Unruhen ausbrachen. Spontan entstanden überall Arbeiter- und Soldatenräte, die die Macht übernahmen. Hatten die Matrosen zunächst nur die Verbesserung ihrer Arbeits- und Lebensbedingungen verlangt, so forderten sie nun auch vor allem die Beseitigung des undemokratischen Obrigkeitsstaates.

Am 11. November 1918 unterzeichnete der Abgeordnete der Zentrumspartei Matthias Erzberger den Waffenstillstand. Dies bot konservativen und rechten Kreisen später die Möglichkeit, den Politikern und vor allem den Revolutionären die Schuld an der Niederlage zuzuweisen. Dem im Felde unbesiegten Heer sei aus der Heimat in den Rücken gefallen worden, hieß es. Diese „Dolchstoßlegende“ diente zur Bekämpfung der Republik.

Eine neue Staatsform

Unter dem Druck der revolutionären Volksbewegung änderten sich die politischen Verhältnisse schnell und nachhaltig. Der letzte Kanzler, den Kaiser Wilhelm II. ernannt hatte, Prinz Max von Baden, erklärte am 9. November 1918 den Rücktritt Wilhelms II. und übergab das Amt des Reichkanzlers dem Sozialdemokraten ↗Friedrich Ebert. Dieser wollte als künftige Staatsform eine konstitutionelle Monarchie. Sein Parteifreund Philipp Scheidemann dagegen meinte, dass die Monarchie in Deutschland verspielt habe. Als er erfuhr, dass von kommunistischer Seite die Ausrufung einer sozialistischen Republik nach russischem Vorbild geplant wäre, rief er vom Reichstagsgebäude in Berlin die parlamentarische Republik aus.

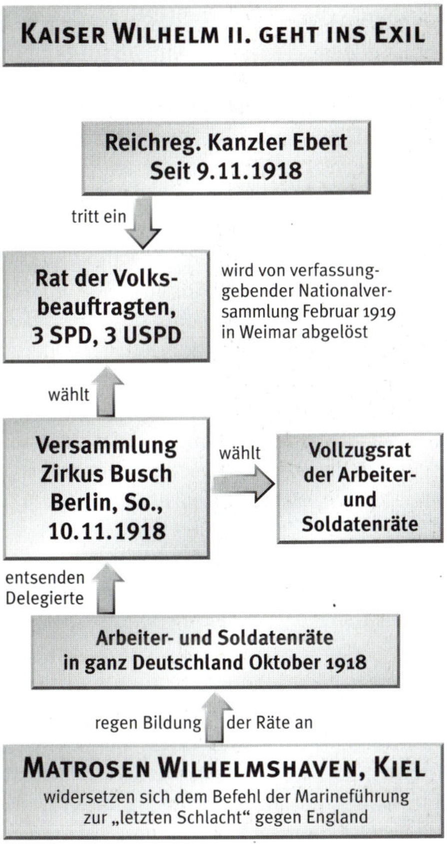

33.1 Rätesystem 1918–19.

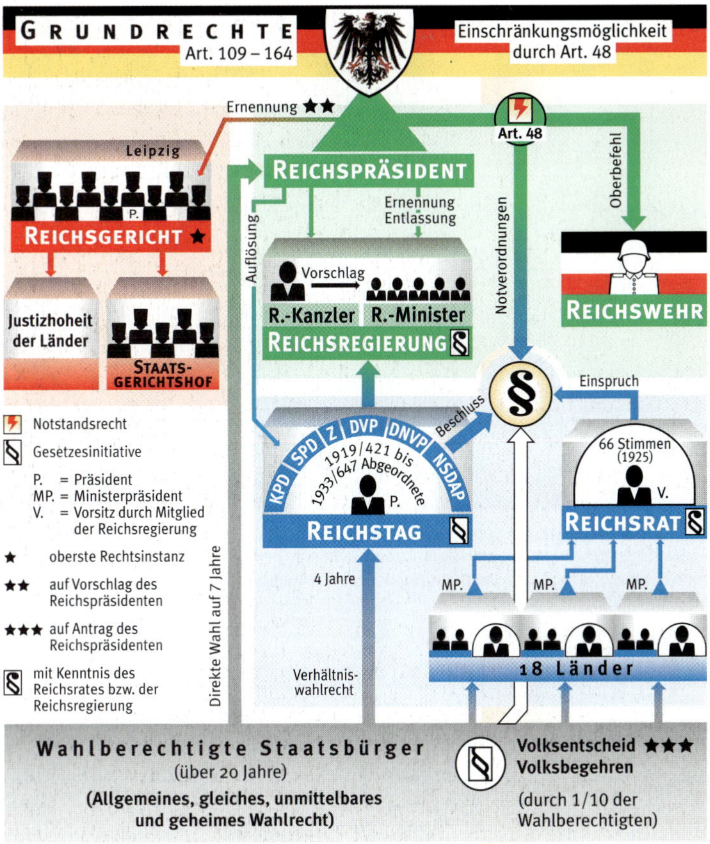

33.2 Die „Weimarer Verfassung“ 1919.

Am 10. November 1918 stellte Ebert einen „Rat der Volksbeauftragten“ als neue Regierung vor. Aber die kaisertreue Rechte sowie die sozialistische Linke lehnten die parlamentarische Republik als neue Staatsform ab. Ebert bat noch am 10. November die Armee um Unterstützung. Diese Hilfe erkaufte er mit der Zusage, dass die neue Regierung scharf gegen die politisch radikale Linke durchgreifen werde. Gleichzeitig gelang es ihm, eine Vereinbarung zwischen Unternehmern und Gewerkschaften zu vermitteln, die zentrale soziale Forderungen der Arbeiter erfüllte (→ Stinnes-Legien-Abkommen).

Ein Kongress mit Vertretern aller Arbeiter- und Soldatenräte votierte schließlich im Dezember 1918 für die parlamentarische Demokratie und gegen das Rätesystem. In der Bevölkerung gab es aber einflussreiche Kreise, die diese Entscheidung nicht mittragen wollten, weil sie der Monarchie eng verbunden blieben. Auch die extreme Linke, repräsentiert durch den Spartakusbund mit Rosa Luxemburg und Karl Liebknecht, wandte sich gegen die parlamentarische Demokratie.

■ Das Gesicht der neuen Ordnung: Die Weimarer Verfassung

Eine Nationalversammlung sollte eine Verfassung für den neuen Staat schaffen. Die Wahlen zu dieser Nationalversammlung wurden von bürgerkriegsähnlichen Auseinandersetzungen zwischen der extremen Linken und Armeeeinheiten begleitet, sodass die Volksvertreter nach Weimar auswichen. Sie schufen dort eine Verfassung, die von demokratischen Grundsätzen wie Volkssouveränität und Gewaltenteilung geprägt wurde. Erstmals in Deutschland wurde das aktive und passive Frauenwahlrecht eingeführt. Man entschied sich für das Verhältniswahlrecht, damit auch jede Stimme zählte: Auf je 60 000 Stimmen entfiel ein Mandat.

1917 hatte sich von der SPD der linke Flügel abgespalten. Diese Unabhängige Sozialdemokratische Partei (USPD) trat, im Gegensatz zu den „Mehrheitssozialdemokraten“ (MSPD), für einen sofortigen Friedensschluss und eine revolutionäre Umgestaltung Deutschlands ein (→ B 35.1).

34.1 Rat der Volksbeauftragten wie er am Sonntag, den 10. 11. 1918 in Berlin gewählt wurde. Ebert trat in diese neue Regierung ein, strebte aber eine andere Form an: die parlamentarische Demokratie, wie sie die Verfassunggebende Nationalversammlung 1919 in Weimar schaffen sollte.

Q1 Waffenstillstand und Revolution

a) Die Frankfurter Zeitung am 11. 11. 1918:

Während wir noch alle erschüttert vor den Trümmern standen, die uns die deutsche Machtpolitik und eine jammervoll niedergebrochene Kriegführung hinterlassen haben, während das deutsche Volk – seines Schutzes beraubt – voll Sorge auf die Bedingungen für den Waffenstillstand wartete, die uns der Hochmut und die Macht der siegreichen Feinde diktieren würde, ... wurde unser Blick mit jähem Ruck ins innere Deutschlands gerissen: Revolution der Soldaten und Arbeiter! Bange Stunden, fürchterlich nicht aus Angst um unser Leben und für unser Gut: Aus Sorge für die Zukunft unseres furchtbar leidenden Reiches!

Die Ereignisse überstürzten sich: Sieg der Revolutionäre an allen Orten, Abdankung des Kaisers, deutsche Republik, aber zugleich schweres Ringen um die Macht zwischen den aufsteigenden politischen Gruppen. ... Eine deutsche Republik, der freie deutsche Volksstaat, das Reich auch der sozialen und wirtschaftlichen Gerechtigkeit und Freiheit – das soll sie bringen!

So vollendet sich die deutsche Revolution. Aber nichts wäre verhängnisvoller als der Glaube, dass sie schon vollendet sei. ... Gewalt hat die alten Mächte gestürzt, und auf Gewalt beruht, was heute an der Macht ist. ... Alles hängt nun davon ab, dass die Gewalt ... so schnell wie möglich wieder auf den Weg des Rechts zurückgeführt werde.

Faksimile-Querschnitt durch die Frankfurter Zeitung, 1964, S. 98 f.

b) Aus einer Rede Friedrich Eberts am 1. Dezember 1918 (als Flugblatt verbreitet):

Die große deutsche Revolution wird keine neue Diktatur, keine Knechtschaft über Deutschland bringen, sondern die deutsche Freiheit fest begründen. Die Diktatur der Junker und des Militarismus hat unser Land ins Unglück gestürzt, eine neue Willkürherrschaft erträgt unser Volk nicht. Politische Freiheit ist Demokratie auf der festen Grundlage der Verfassung und des Rechts. Diese Demokratie unerschütterlich zu festigen ist Aufgabe der Nationalversammlung, zu der wir am 16. Februar wählen werden.

Auf Recht und Vernunft soll die junge deutsche Volksrepublik aufgebaut werden. Für die Sozialdemokratie ist damit der Weg klar vorgezeigt. ...

In grundsätzlichem sozialistischen Geiste wollen wir die Gebiete des Wirtschaftslebens vergesellschaften, die dazu reif ... sind. Der Sozialismus ist nicht Selbstzweck, auch er ist nur ein Mittel, Freiheit, Glück und Wohlstand des Volkes zu erhöhen. Nur dort, wo die sozialistische Wirtschaftsweise höhere Erträge bringt, ... ist der Sozialismus am Platze. ... Sozialistische Experimente in einzelnen Betrieben können nur zum Schaden der Arbeiter und Diskreditierung des Sozialismus ausschlagen. ...

Freiheit in Wort und Schrift, gleiches Recht für alle, das sind und bleiben unsere Grundlagen.

SPD-Zeitung Vorwärts, Nr. 331 vom 2. 12. 1918.

34.2 Friedrich Ebert eröffnet die Nationalversammlung am 6. Februar 1919 in Weimar.

Q2 Eine spätere Beurteilung der Weimarer Reichsverfassung

Wilhelm Hoegner, Sozialdemokrat, war 1930–1933 Mitglied des Reichstags. 1945 wurde er von der amerikanischen Besatzungsbehörde beauftragt, eine bayerische Verfassung vorzubereiten. 1934 schrieb er seine Darstellung „Die verratene Republik", die erst 1958 veröffentlicht werden konnte.

Man hatte … eine Reichsverfassung verabschiedet, die der Volksvertretung und der Reichsregierung die Staatsmacht in die Hand gab, aber die wirklichen Machtverhältnisse hatten sich bereits erheblich verschoben. Das Heer, das Rückgrat jeder staatlichen Macht, hatte nach der Unterzeichnung des Friedensvertrages das Vertrauen zur Reichsregierung verloren. …, für ihre Verteidigung hatte die Verfassung schlecht gesorgt. Wohl konnte sie nur durch eine Zweidrittel-Mehrheit der Volksvertretung oder durch die Mehrheit der stimmberechtigten Staatsbürger geändert werden. An einen ausreichenden Schutz der Verfassung und ihrer Einrichtungen gegen Verunglimpfung oder gewaltsame Zerstörung wurde ursprünglich nicht gedacht. Man kam nicht auf den Gedanken, dass jemand den Wert der neugewonnenen staatsbürgerlichen Freiheit bezweifeln oder das Volk zur Vernichtung seines eigenen Selbstbestimmungsrechtes gewinnen könne. Man übersah, dass die Freiheit des Einzelnen in der Freiheit aller ihre notwendige Grenze hat. So gewährte man Freiheit, die Freiheit überhaupt zu vernichten; man ließ nach den demokratischen Spielregeln auch Falschspieler mitspielen, die darauf ausgingen, das Spiel nach dem gelungenen Betrug für immer zu beenden. Im Namen der Freiheit überließ man Verbrechern den Strick, an dem sie die Freiheit henken[1] konnten. Im Namen der Freiheit gestattete man … die Aufforderung zum Bürgerkrieg und Hochverrat. Im Namen der Freiheit sah man untätig der Waffenansammlung und militärischen Bandenbildung zu. Im Namen der Freiheit ließ man das Reich schänden und den Staat des notwendigen Schutzes berauben, bis er in Trümmer sank. …

Wilhelm Hoegner, Die verratene Republik. Deutsche Geschichte 1919–1933, München 1979, S. 54, S. 58.

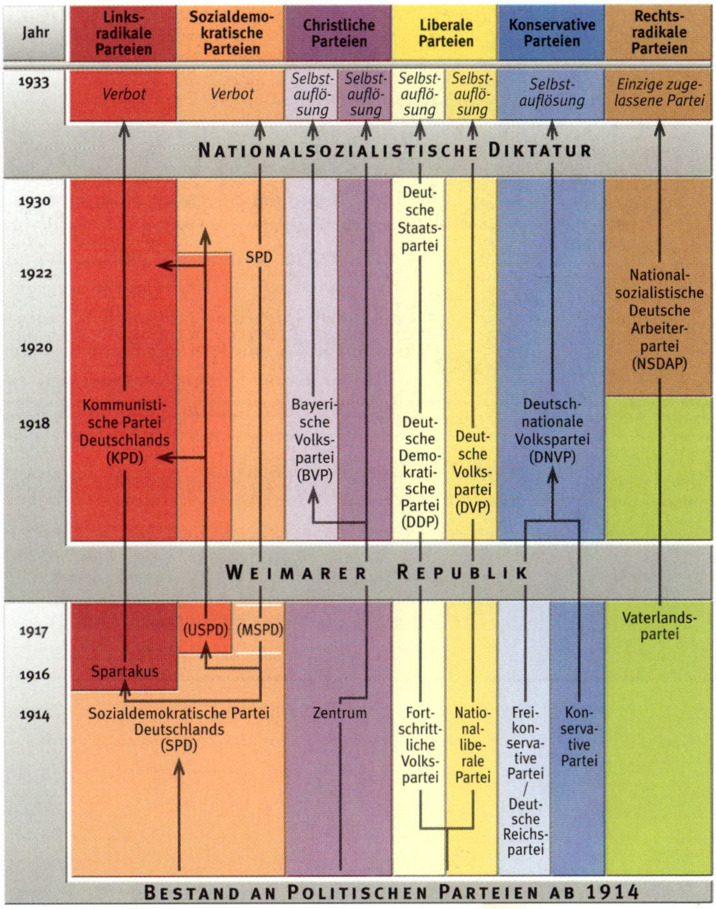

35.1 Die Entwicklung der wichtigsten Parteien in der Weimarer Republik.

1. Wie werden Waffenstillstand und Revolution in den Quellen 1 a und 1 b beurteilt? Versetze dich in die Lage von Rosa Luxemburg oder Karl Liebknecht vom kommunistischen Spartakusbund oder auch in die eines kaisertreuen Beamten und beurteile aus deren Sicht.

2. Vergleiche den Aufbau einer Rätedemokratie mit der Weimarer Reichsverfassung anhand der Schaubilder S. 33. Berücksichtige dabei besonders die Gewaltenteilung, das Wahlrecht und die Rolle der Opposition.

[1] *henken: durch den Strick hinrichten.*

Das Zeitalter der Pressefotografie beginnt

Um 1900 begannen deutsche Zeitungen Fotos zu veröffentlichen, 1914 gab es in Berlin bereits etwa 20 Firmen, die Zeitungs- und Zeitschriftenverlage mit Bildmaterial versorgten. Als in den folgenden Jahren die Kameras immer handlicher wurden, sodass nicht mehr nur Studioaufnahmen möglich waren, sondern Fotoapparate überallhin mitgenommen werden konnten, erlebte der Fotojournalismus einen großen Aufschwung.

Bild und Wahrheit

Nur wenigen Menschen werden damals angesichts der Bilderflut Zweifel gekommen sein, ob diese Fotografien Realität darstellten. Vielmehr entstand, wie ein Fachmann meint, „die irrationale kollektive Leichtgläubigkeit des Lesers gegenüber Fotos: Das ist ein Pressefoto, also ist es wahr".

Als am 9. November 1918, um 14 Uhr der Sozialdemokrat Philipp Scheidemann vom Reichstag aus die Republik ausrief, wurde ihm kein Mikrofon entgegengehalten. Die Tontechnik war noch nicht genügend entwickelt.

36.1 Scheidemann proklamiert am 9. 11. 1918 vom Reichstag aus die Republik.

Aber es liegen Fotos von diesem Ereignis vor. Eines (B 36.1 links) zeigt einen elegant gekleideten, schlanken älteren Herrn hinter einem geöffneten Fenster; er hält ein paar Blätter Papier in der linken Hand.

Es gibt ein zweites, oft veröffentlichtes Foto dieses Ereignisses (B 36.1 rechts). Es zeigt eine Hüte schwenkende Menge, über ihnen eine Gruppe von Personen auf einem Balkon eines größeren Gebäudes. Die originale Bildunterschrift behauptet, dass Philipp Scheidemann zu sehen sei, der die Republik ausrufe. Er dürfte – man kann es nicht genau erkennen – der Herr rechts oben sein, der auf der Brüstung des Balkons stehend seine rechte Hand emporstreckt, die linke in die Hüfte stemmt.

Im Vergleich mit anderen Fotos lässt sich feststellen,
1. dass die Person auf dem ersten Foto eindeutig Philipp Scheidemann ist,
2. dass es sich bei den Gebäuden im Hintergrund jeweils um den Reichstag handeln kann, wie das auch die Bildunterschriften beider Fotos vermerken.

Doch es ist befremdlich, dass die Ausrufung der Republik einmal mit einem völlig allein stehenden Scheidemann und einmal mit Menschen in seiner Begleitung fotografisch festgehalten worden sein soll. Überdies ergibt ein Vergleich der Architektur, dass offensichtlich verschiedene Fenster oder Balkone den Hintergrund bilden. Es stellt sich die Frage: Können wirklich beide Fotos am 9. November 1918 aufgenommen worden sein?

Geht man der Frage mithilfe von Forschungsliteratur nach, so ergibt sich folgender Sachverhalt: 1918 wurden keine offiziellen Fotografien gemacht. Die Fotos wurden erst später, im Jahr 1927, nachgestellt, wobei man verschiedene Inszenierungen des Ereignisses ausprobierte. Zum gleichen Zeitpunkt wurden auch Filmaufnahmen gemacht und es entstanden Tondokumente, auf denen Scheidemann eine Fassung seiner Rede vortrug, die in wesentlichen Punkten von der ursprünglichen abwich.

37.1 Originalunterschrift, 1926: „Die Prominenten des Berliner Presseballs".

37.2 Originalunterschrift, 1930: „Um der Not der Erwerbslosen und Bedürftigen Berlins entgegenzutreten, hat die Regierung in Zusammenarbeit mit Handel und Industrie eine weitere Hilfsaktion organisiert."

Tendenzfotografie

Kurt Tucholsky schrieb 1926:

Die Fotografie ist unwiderlegbar. Sie ist gar nicht zu schlagen. Was allein mit fotografischen Gegenüberstellungen zu machen ist, weiß nur der, der es einmal probiert hat. Die Wirkung ist unauslöschlich und durch keinen Leitartikel der Welt zu übertreffen. Eine knappe Zeile Unterschrift – und das einfachste Publikum ist gefangen.
Ludendorff in Zivil; das Automobil eines Bankiers, die Wohnung seines Portiers; Richtergesichter einer preußischen Strafkammer und ihre Opfer. Studenten auf der Kneipe; verhaftete Kommunisten vor und nach der Feststellung ihrer Personalien; ... eine Parade unter Wilhelm und eine unter Seeckt: Das sind Themen, die mit Worten gar nicht so treffend behandelt werden können, wie es die unretuschierte, wahrhaftige und einwandfreie Fotografie tun kann. Die erst durch die Anordnung und die Textierung zum Tendenzbild wird. Sie ist eine maßlos gefährliche Waffe. Der Zeichner kann sich etwas ausdenken. Der Fotograf nicht. ... Die Fotografien ... sind da, Dynamit und Sprengpatronen im Kampf der Seelen.

Kurt Tucholsky, Gesammelte Werke Bd. 2, 1960, S. 107.

Fotografien

Wenn wir Fotografien als Quellen benutzen, müssen wir kritisch Fragen an sie stellen:

- Wer oder was wird genau abgebildet? Was ist im Hintergrund zu erkennen?
- Wo spielt sich das Ereignis ab?
- Wann können die Bilder entstanden sein?
- Gibt es Hinweise darauf, ob die Bilder inszeniert, gestellt sind?
- Gibt es Hinweise darauf, wer die Bilder in Auftrag gegeben oder gemacht hat?
- Welche Intention hatte der Fotograf/der Texter? Welche Wirkung hatten sie wohl auf den zeitgenössischen Betrachter? Wie wirken sie heute?
- Wo wurden die Bilder veröffentlicht?
- Welche Rückschlüsse lassen diese Bilder auf die Verhältnisse der Zeit zu?

1. Untersuche, ob man B 37.1 und 2 mit den originalen Bildunterschriften als Tendenzfotografie im Sinn Tucholskys bezeichnen könnte.

2. Untersuche eine Zeitung (diese über einen längeren Zeitraum) auf „Tendenzfotografie".

3. Orientiere dich über Möglichkeiten der Bildveränderung am Computer. Stelle die Ergebnisse in der Klasse vor.

2. Der Versailler Vertrag: ein diktierter Friede

38.1 1920 Demontage eines deutschen Panzers, kolorierte Fotografie.

38.2 Matthias Erzberger, geb. 1875, am 26. August 1921 von Rechtsradikalen ermordet.

38.3 Walther Rathenau, geb. 1867, am 24. Juni 1922 von Rechtsradikalen ermordet.

Die deutsche Delegation für die Friedensverhandlungen in Versailles hatten auf einen milden Frieden gehofft, denn der amerikanische Präsident Wilson hatte im Januar 1918 in 14 Punkten die Errichtung einer Friedensordnung gefordert, die das Selbstbestimmungsrecht der Völker respektierte. Rüstungsbegrenzungen sowie die Gründung eines Völkerbundes sollten Teile dieser Ordnung sein. Es kam aber ganz anders. Im Januar 1919 begannen die Friedensgespräche in Paris, die von den Siegern formulierten Bedingungen wurden der deutschen Delegation im Mai 1919 übergeben. Die Alliierten fügten hinzu, dass Verhandlungen darüber nicht stattfänden, die Deutschen könnten allenfalls Stellung nehmen.

So mussten große Gebiete abgetreten werden; in einigen Regionen fanden Volksabstimmungen statt, in denen über die künftige staatliche Zugehörigkeit entschieden wurde. Damit verlor das Deutsche Reich Land, Bevölkerung, aber auch Bodenschätze und Teile der Schwerindustrie (→ Karte 30.1). Hart traf Deutschland auch die vorgeschriebene Abrüstung, bei der die Wehrpflicht abgeschafft und die Größe des Heeres auf 100 000 Berufssoldaten beschränkt wurde. Überdies musste Deutschland sich verpflichten, Reparationen in noch unbestimmter Höhe zu zahlen. Außerdem musste es anerkennen, dass es die alleinige Schuld am Krieg trug. (→ Q 1)

Die Bedingungen wurden in Deutschland von allen politischen Parteien und der gesamten Bevölkerung mit Bestürzung aufgenommen. Es wurde sogar erwogen, die Kriegshandlungen wieder aufzunehmen, was aber militärisch völlig aussichtslos gewesen wäre. Trotz allergrößter Bedenken stimmte die Regierung schließlich zu: Es gab keine Alternative.

■ Angriff auf die Republik

Obwohl alle politisch Denkenden wussten, dass der Vertrag von Versailles unterzeichnet werden musste, wurden diejenigen, die ihn unterschrieben hatten, und die, die ernsthaft den Vertrag zu erfüllen gedachten, mit der Bezeichnung „Erfüllungspolitiker“ oder auch „Novemberverbrecher“ diffamiert.

Matthias Erzberger (Zentrum) hatte bereits 1917 angesichts der sich abzeichnenden Niederlage gemeinsam mit anderen Abgeordneten des Zentrums, der SPD und der Liberalen einen Verständigungsfrieden vorgeschlagen. 1918 hatte er im Auftrag der Regierung den Waffenstillstand unterzeichnet und sich 1919 vehement für die Unterzeichnung des Friedensvertrages eingesetzt. Dies machte ihn zum Ziel besonders heftiger Angriffe vonseiten der politischen Rechten, die auch seine persönliche Integrität infrage stellte. Erzberger wehrte sich auf dem Rechtswege, aber das Gericht verurteilte die Beleidiger nur zu geringen Geldstrafen. Auf dem Weg zum Gerichtssaal wurde er von einem politischen Gegner angeschossen und schwer verletzt.

Kurze Zeit später – Erzberger hatte inzwischen auf alle politischen Ämter verzichtet – wurde er während eines Urlaubs im Schwarzwald von zwei Rechtsradikalen erschossen. Er blieb nicht das einzige Gewaltopfer der jungen Republik. Auch der Außenminister Walther Rathenau wurde auf offener Straße erschossen, Philipp Scheidemann überlebte ein Attentat nur knapp. Eine Statistik weist aus, dass zwischen 1918 und 1922 376 Menschen in Deutschland aus politischen Gründen ermordet wurden, davon 354 von Rechtsradikalen. Die Täter kamen mit geringen Strafen davon: Die Justiz der Weimarer Zeit beurteilte Straftäter aus dem rechten politischen Spektrum durchweg sehr viel milder als kommunistische oder sozialdemokratische Täter.

Q1

Aus dem Versailler Vertrag

Artikel 231: Die alliierten und assoziierten Regierungen erklären und Deutschland erkennt an, dass Deutschland und seine Verbündeten als Urheber für alle Verluste und Schäden verantwortlich sind, die die alliierten und assoziierten Regierungen und ihre Staatsangehörigen infolge des Krieges, der ihnen durch den Angriff Deutschlands und seiner Verbündeten aufgezwungen wurde, erlitten haben.

Geschichte in Quellen, 1914–1945, 1979, S. 134.

Q2

Zwei Nachrufe auf Erzberger

a) Kurt Tucholsky, Nachruf (1921)

Gehasst, weil du Konkursverwalter
der Pleitefirma Deutsches Reich,
liegst du zerschossen als ein kalter
und toter Mann – und Deutschland
ist das gleich.

Es kostet nichts. In Blutkapiteln
erlebten wir's – was kriegt solch Vieh?
Den Auslandspass – „Nichts zu ermitteln":
so kämpft der Geist der Monarchie.

Gehasst, weil du Zivilcourage
den Herren vom Monokel zeigst –
weil du schon Siebzehn die Blamage
der Ludendörffer nicht verschweigst.

Das kann der Deutsche nicht vertragen:
dass einer ihm die Wahrheit sagt,
dass einer ohne Leutnantskragen
den Landsknechtsgeist von dannen jagt.

So fielst du.
Hinter deiner Bahre
gehn grinsend, die den Mord gewollt:
in Uniform und im Talare
der wildgewordne Teutobold.

Und wie dein Blut die Steine netzte,
da atmet auf das Militär.
Es kondoliert, wer grad noch hetzte …
Du warst der Erste nicht –
bist nicht der Letzte.
Prost Helfferich!
Der kommt nicht mehr.

K. Tucholsky, Gesammelte Werke Bd. 3, 1975, S. 50.

39.1 „Verlust durch das Versailler Diktat", Propagandaplakat gegen die Bestimmungen des Versailler Vertrages, 1919.

39.2 In einigen Regionen (→ B 42.1) fanden Abstimmungen über die staatliche Zugehörigkeit statt. Plakat zur Volksabstimmung in Oberschlesien, 1921.

Anmerkung zu Q 3: Erich Ludendorff (1865 – 1937), führender General im Ersten Weltkrieg.

Karl Helfferich (1872–1924), 1915–1917 Staatssekretär, nach 1918 Mitglied der Deutschnationalen Volkspartei, 1920 Mitglied des Reichstages. Er organisierte Kampagnen gegen demokratische Politiker.

Bei dieser Abstimmung stimmten ca. 60 % der Wahlberechtigten für Deutschland, ca. 40 % für Polen. Bewaffnete Auseinandersetzungen, die vor allem von Polen aus gesteuert gewesen waren, führten schließlich dazu, dass Oberschlesien zwischen Deutschland und Polen geteilt wurde.

b) In der Oletzkoer Zeitung vom 27. August 1921 hieß es:

Erzberger, den „Vielgeschmähten“, hat das Schicksal ereilt, das ihm wohl die meisten national denkenden Deutschen gegönnt haben. Erzberger, der allein Schuldige an dem schmählichen Waffenstillstand, Erzberger, der Deutschland den Versailler Schandfrieden vermittelt hat, Erzberger, dessen Geist leider noch heute in so vielen Behörden, Verwaltungen und Gesetzen herrscht, hat den Lohn erhalten, der ihm als Vaterlandsverräter zukam.
Mag man über politische Morde denken, wie man will, so muss wohl die Mehrzahl des deutschen Volkes in diesem Augenblick aufatmen mit einem Gefühl der Erleichterung. Ein Mann, der wie Erzberger wohl die Hauptschuld am Unglück unseres Vaterlandes hatte, musste, solange er am Leben war, eine stete Gefahr für Deutschland bleiben. Es mag roh und herzlos klingen, solche Worte einem Toten nachzurufen, aber durch Gefühlsduselei kommen wir nicht weiter. Hass müssen wir säen! Und wie wir unsere Feinde von außen hassen lernen, so müssen wir auch die inneren Feinde Deutschlands mit unserem Hass und unserer Verachtung strafen. Vermittlungen sind unmöglich, nur durch Extreme kann Deutschland wieder das werden, was es vor dem Kriege war.

K. Epstein, Matthias Erzberger und das Dilemma der deutschen Demokratie, 1976, S. 433.

40.1 Weit verbreitetes Plakat der Deutschnationalen Volkspartei zum Waffenstillstand 1918.

Q3 Das geplante Waffenstillstandsgesuch

a) Sebastian Haffner schreibt zum Entschluss der OHL zu einem Waffenstillstand 1918:

Fest steht, dass der Gesamtplan am Vormittag des Sonntags (29. Sept. 1918) in allen Einzelheiten von Ludendorff mit dem inzwischen eingetroffenen Staatssekretär des Auswärtigen, von Hintze, erörtert wurde. … Von Ludendorffs brüsker Mitteilung, dass die Westfront jeden Augenblick zusammenbrechen könne und die Lage der Armee den sofortigen Waffenstillstand erfordere, war er „niedergeschmettert“, aber er fasste sich schnell. Ludendorffs Idee, dass das nunmehr erforderliche Waffenstillstandsgesuch unter der Verantwortung der Reichstagsmehrheit herausgehen müsse, hieß er gut, nur ging er noch einen Schritt weiter. Ludendorff hatte anscheinend zunächst nur an einen Eintritt von Vertretern der Sozialdemokraten, der Fortschrittspartei und des Zentrums in die bestehende Regierung gedacht, um das plötzliche Friedensangebot und Waffenstillstandsgesuch zu motivieren. Das genüge nicht, meinte Hintze. Angesichts der „katastrophalen Wirkung für Heer, Volk, Reich und Monarchie“, die zu befürchten sei, müsse ein vollständiger, sichtbarer, dramatischer Systemwechsel erfolgen, eine Verfassungsänderung, eine Revolution von oben.“ … Je vollständiger der Bruch mit der bisheri-

gen Regierung und Verfassung war, umso glaubwürdiger würde es sein, dass das Waffenstillstandsgesuch dem eigenen politischen Wollen der neuen Männer entsprungen sei – und dass die Armee nichts damit zu tun habe.
Hindenburg wurde zugezogen und stimmte, wie immer, zu. Man ging zum Essen. Für den Nachmittag war Vortrag beim Kaiser angesetzt.

S. Haffner, 1918/19 Eine deutsche Revolution, Reinbeck 1981, S. 34.

b) Nach den Tagebuchaufzeichnungen des Obersten von Thaer, Chef des Generalstabs beim Generalquartiermeister II im Großen Generalstab (Eintrag zum 1. Oktober 1918), erklärte Ludendorff vor dem Generalstab:

Excellenz Ludendorff fügte hinzu: „Zurzeit haben wir also keinen Kanzler. Wer es wird, steht noch aus. Ich habe aber S. M. gebeten, jetzt auch diejenigen Kreise an die Regierung zu bringen, denen wir es in der Hauptsache zu danken haben, dass wir so weit gekommen sind. Wir werden also diese Herren jetzt in die Ministerien einziehen sehen. Die sollen nun den Frieden schließen, der jetzt geschlossen werden muss. Sie sollen die Suppe jetzt essen, die sie uns eingebrockt haben!“ Die Wirkung dieser Worte auf die Hörer war unbeschreiblich! Während L. sprach, hörte man leises Stöhnen und Schluchzen, …

41.1 Ein fast unbekanntes Plakat gegen die Dolchstoßlegende aus dem Jahr 1925.

1. Finde eine Überschrift für den abgedruckten Artikel aus dem Versailler Vertrag (Q 1). Schreibe eine Stellungnahme dazu, wie sie ein Mitglied der deutschen Friedensdelegation hätte schreiben können.

2. Ordne die beiden Nachrufe auf Erzberger politischen Standpunkten zu. Erläutere anhand der beiden Texte das politische Klima in Deutschland im Jahr 1921.
Untersucht, eventuell in Zusammenarbeit mit dem Fach Deutsch, das Gedicht von Kurt Tucholsky und die darin enthaltenen Anspielungen näher.

3. Vergleiche die beiden Plakate 40.1 und 41.1 und kommentiere ihre Aussagen aufgrund deines Wissens über den Waffenstillstand 1918 und den Versailler Vertrag.

4. Fasse die Motive der Obersten Heeresleitung aus Q 3 zusammen und vergleiche sie mit den Aussagen der anderen Quellen.

42.1 1919: Grenzkontrolle an der deutsch-tschechischen Grenze durch deutsche Freiwillige.

Der Balkan und Südosteuropa

Nicht nur Deutschland veränderte sich durch die Bedingungen, die es nach dem verlorenen Krieg eingehen musste (→ S. 38), sondern Europa insgesamt. Im Staatsvertrag von St. Germain-en-Laye vom 10. Oktober 1919 zwischen Österreich und den Siegermächten musste Österreich Südtirol mit etwa 250 000 deutschsprachigen Einwohnern sowie das Gebiet um Triest an Italien abgeben. Auf ehemals österreichischem Gebiet entstand das Königreich der Serben, Kroaten und Slowenen (KSHS), das ab 1929 Jugoslawien hieß. Das staatliche Zusammenleben der drei Volksgruppen Serben, Kroaten und Slowenen ließ Schwierigkeiten voraussehen. Die Slowenen hatten eine eigene Sprache, im Südosten des Landes wurde makedonisch gesprochen, teilweise auch türkisch und albanisch. Neben Anhängern der orthodoxen Kirche lebten auch Muslime dort. Die Tschechoslowakei war ebenfalls eine staatliche Neugründung auf zuvor österreichischem Territorium. In ihrem Staatsgebiet lebten 46 % Tschechen, 13 % Slowaken, 28 % Deutsche, 8 % Magyaren sowie Ukrainer, Polen und Juden, die im slowakischen Teil des Landes vielfach jiddisch sprachen. Hier hatte es bereits vor dem Ersten Weltkrieg Machtkämpfe zwischen Deutschen und Tschechen gegeben.

Österreich musste weiterhin auf erhebliche Teile seines Staatsgebietes zugunsten des wieder gegründeten polnischen Staates verzichten. Der Zusammenschluss mit Deutschland wurde ausdrücklich verboten.

Ungarn, das mit Österreich zusammen eine Doppelmonarchie gebildet hatte, wurde im Friedensvertrag von Trianon vom 4. Juni 1920 völlig unabhängig, musste aber Gebiete an die Tschechoslowakei, an Österreich und an das Königreich der Serben, Kroaten und Slowenen sowie an Rumänien abtreten. Auf ungarischem Staatsgebiet blieb eine deutsche Minderheit (Donauschwaben). In den Karpaten lebten Siebenbürger-Sachsen
Bulgarien verlor im Vertrag von Neuilly vom 27. November 1919 kleinere Gebiete. Deutsch, ungarisch, türkisch und jiddisch sprechende Minderheiten lebten im Lande.

Der Vertrag mit dem Osmanischen Reich, der späteren Türkei, verdrängte es weitgehend aus Europa; es blieb ihm dort nur noch Istanbul mit dem dazugehörigen Hinterland. Im asiatischen Teil der Türkei wurde sie reduziert auf Kleinasien. Ihre Ländereien im Süden wurden Mandatsgebiete Frankreichs und Großbritanniens.

Polen

Neben der Tschechoslowakei und dem Königreich der Serben, Kroaten und Slowenen entstand ein weiterer neuer Staat: Polen aus Teilen Österreichs, Deutschlands und des durch die Revolution geschwächten Russlands. Der Versailler Vertrag garantierte Polens Souveränität und erklärte die Teilungen im 18. Jahrhundert für illegal. Im vormals russischen Gebiet, insbesondere in den Großstädten Lodz, Bromberg und Posen, gab es eine große Anzahl von Deutschen, die sich nach dem Friedensvertrag nicht für eine Auswanderung in das Deutsche Reich entschieden hatten. Gegen diese Deutschen und die Ukrainer auf polnischem Staatsgebiet gab es in der Zwischenkriegszeit heftige Minderheitsstreitigkeiten. Es lebten viele Juden in Polen, deren Muttersprache Jiddisch war.

43.1 Friedensverträge ordneten nach dem Ersten Weltkrieg auch die Grenzen in Vorderasien und Südosteuropa neu.

Baltikum und Sowjetunion

Die baltischen Staaten Estland, Lettland, Litauen und Finnland, die sich von Russland unabhängig erklärten, mussten sich gegen Ansprüche der Sowjetunion wehren. In Sprachinseln wurde im Baltikum deutsch gesprochen, in Litauen und Lettland auch russisch. In Litauen gab es eine polnische Oberschicht, die nach dem Krieg entmachtet wurde. Die Deutschbalten behielten ihren politischen Einfluss. In allen drei Ländern gab es jiddisch sprechende Juden.
Nur kurze Zeit existierten die Ukraine und Weißrussland. Sie wurden 1920 Teil der Sowjetunion.

Neben den Gebietsabtretungen wurden in den Verträgen auch andere Sanktionen verhängt. Bei der territorialen Neuordnung Europas durch die Siegermächte sollte das vom amerikanischen Präsidenten Wilson vertretene Prinzip der Selbstbestimmung maßgebend sein. Das wurde im Sinne der europäischen Definition von Nation so verstanden, dass man versuchte, Staaten nach ethnischen Gesichtspunkten zu bilden mit der Auflage, Minderheiten zu schützen. Der amerikanische Präsident verstand dagegen unter Selbstbestimmungsrecht primär das Recht, die eigene Staatsform zu bestimmen, nicht den Anspruch einer Ethnie, einen Staat für sich zu haben.
Die territoriale Umgestaltung Europas nach dem Ersten Weltkrieg war von Anfang an problembehaftet. Dem nationalsozialistischen Deutschland bot sie Ansatzpunkte für Revisionsforderungen bis hin zur Entscheidung für einen neuen Krieg.
Nach dem Zerfall der Sowjetunion in den 90er Jahren des 20. Jahrhunderts teilte sich die Tschechoslowakei in die beiden Staaten Tschechien und Slowakei; Jugoslawiens Einheit ging in einem blutigen, noch anhaltenden Bürgerkrieg unter; die baltischen Staaten, Weißrussland und die Ukraine, lösten sich ab und wurden wieder eigenständig.

1. Beschreibe die staatliche Entwicklung Europas nach dem Ersten Weltkrieg anhand der Karte.

2. Informiere dich über die Geschichte eines der genannten Staaten genauer. Gehe dabei insbesondere auf die Zeit zwischen den beiden Weltkriegen (Zweiter Weltkrieg: 1939–1945) ein.

3. Krisenjahre der Weimarer Republik

„Hakenkreuz am Stahlhelm,
schwarzweißrotes Band,
die Brigade Erhardt
werden wir genannt. …
Die Brigade Erhardt
schlägt alles kurz und klein,
wehe dir, wehe dir,
du Arbeiterschwein!“

Kampflied der Freikorps-Brigade Erhardt, die am 13. März 1920 als erste in Berlin einrückte.

44.1 Kapp-Putsch im März 1920: Rechte Brigaden besetzten das Zentrum Berlins.

Putsch gegen die Republik

Eine der Bestimmungen des Versailler Vertrages legte fest, dass die Wehrpflicht in Deutschland abzuschaffen und das Heer auf 100 000 Mann zu reduzieren sei. Um diese Auflage zu erfüllen, mussten Soldaten entlassen werden. Auch die Freikorps, die sich nach dem Krieg gebildet hatten, mussten aufgelöst werden. Das bedeutete für viele den Weg in die Arbeitslosigkeit. Auch fühlten sich die Soldaten in ihrer Ehre besonders getroffen.

Freikorps: Nach Auflösung der kaiserlichen Armee bildeten sich auf Betreiben der Obersten Heeresleitung aus Freiwilligen über 100 Verbände, die überwiegend im Osten eingesetzt wurden, um die Grenze zu schützen. Sie waren in der Mehrzahl republikfeindlich eingestellt.

So fanden Freikorpsoffiziere und äußerst rechts stehende Politiker Anfang 1920 zusammen, um die rechtmäßige demokratische Regierung zu stürzen. Am 13. März 1920 besetzten putschende Truppen das Regierungsviertel in Berlin. Wolfgang Kapp, ein hoher Verwaltungsbeamter, erklärte die republikanische Regierung für abgesetzt und sich selbst zum Kanzler. Um handlungsfähig zu bleiben, verlegte die rechtmäßige Regierung ihren Sitz zunächst nach Dresden, dann nach Stuttgart. Sie forderte die Reichswehr auf, den Putsch niederzuschlagen; doch diese weigerte sich, gegen die Putschisten vorzugehen, weil viele Offiziere und Soldaten auf Seiten der Putschisten standen. „Reichswehr schießt nicht auf Reichswehr“, war ihre Überzeugung. Erst ein von den Gewerkschaften ausgerufener Generalstreik, der das gesamte öffentliche Leben in Deutschland lahmlegte, beendete den Putsch. Nun wollten die streikenden Arbeiter, durch ihre bisherigen Erfolge bestärkt, auch eigene politische Ziele erreichen. In Sachsen und im Ruhrgebiet kam es zu Aufstandsbewegungen, gegen die die Reichswehr, anders als beim Kapp-Putsch, bereit war, massiv vorzugehen.

Passiver Widerstand im Ruhrgebiet

Zu Beginn des Jahres 1923 war Deutschland mit seinen Reparationszahlungen in Rückstand geraten. Deswegen besetzten französische und belgische Truppen das Ruhrgebiet. Die Reichsregierung empfand dies als Provokation und rief zum passiven Widerstand im Ruhrgebiet auf. Es wurde dort nicht gearbeitet, keine Kohle gefördert und kein Eisen verhüttet. Das verhinderte zwar den Abtransport von Wirtschaftsgütern des Ruhrgebietes nach Frankreich oder Belgien, doch gleichzeitig

45.1 Plakat der deutschen Regierung, 1923.

45.2 Nach dem Ende der Inflation: Das Inflationsgeld wird zum Spielzeug.

kostete der Streik die Reichsregierung Unsummen: Die Streikenden und die von ihrer Arbeit Abhängigen mussten finanziell unterstützt werden.

Dem besiegten Deutschland standen kaum Finanzmittel zur Verfügung. Um die Ausgaben für den Lebensunterhalt der Ruhrbevölkerung bezahlen zu können, druckte die Reichsregierung daher Geld, ohne dass Wirtschaftsgüter im entsprechenden Wert geschaffen wurden. Die dabei in Kauf genommene ↗Inflation ließ sich aber nur kurze Zeit durchhalten. Im September brach die Regierung den passiven Widerstand ab, im November führte sie eine neue Währung, die Rentenmark ein. Damit beendete sie die Inflation, der Beginn einer wirtschaftlichen und politischen Stabilisierung wurde möglich.

■ Innenpolitischer Wandel

Hatten die Befürworter der Republik bei der Wahl zur Nationalversammlung noch eine überwältigende Mehrheit von über 75 % der Stimmen erhalten, so schwand diese rasch dahin: Die politischen und wirtschaftlichen Krisen erschütterten das Vertrauen in die Weimarer Koalition von SPD, Zentrum und DDP (Deutsche Demokratische Partei). Die DVP (Deutsche Volkspartei), die mit der Republik eigentlich nicht sympathisierte, übernahm in der Reichsregierung die Verantwortung: Ihr führender Politiker Gustav Stresemann, der sich als Vernunftrepublikaner bezeichnete, wurde 1923 Kanzler einer großen Koalition und später Außenminister.

Im November 1923 – die Inflation war noch nicht besiegt – kam es in München zu einem Putsch. Eine neu gegründete rechtsradikale Partei und ihr Vorsitzender Adolf Hitler wollten die „Novemberverbrecher" in Berlin stürzen. Entgegen Hitlers Erwartungen unterstützte die bayerische Regierung seine Umsturzpläne jedoch nicht; der Putsch wurde niedergeschlagen (➔ S. 74).

Rentenmark: Um die Inflation zu beenden, führte die Reichsregierung am 1. November 1923 die Rentenmark ein (1 Rentenmark = 1 Billion Papiermark).

Der politische Rechtsruck wurde auch deutlich, als nach dem Tod des ersten Reichspräsidenten Friedrich Ebert (SPD) im Jahr 1925 Paul von Hindenburg, Generalfeldmarschall im Ersten Weltkrieg und immer noch monarchistisch gesinnt, zu seinem Nachfolger gewählt wurde.

„Speisen Sie auch mit – oder haben Sie sich belegte Brötchen mitgebracht?“

46.1 Der Deutsche in Genua. Karikatur aus dem Simplicissimus, Th. Th. Heine, 1922.

46.3 Von links nach rechts: Gustav Stresemann, Austen Chamberlain und Aristide Briand in Locarno, 1925.

Außenpolitische Herausforderungen

46.2 Gustav Stresemann, 1878–1929, Aug. bis Nov. 1923 Reichskanzler und Außenminister, danach bis zu seinem Tod Außenminister. Zeichnung des Pressezeichners Benedikt Fred Dolbin.

Die Außenpolitik der jungen Republik stand vor großen Aufgaben: Der Kriegsverlierer Deutschland war außenpolitisch isoliert, Rheinland und Ruhrgebiet waren besetzt, die Kriegsentschädigungen an die Alliierten rissen ein Loch in den Staatshaushalt.

Ähnlich geächtet wie Deutschland war die neu entstandene Sowjetunion. Walther Rathenau (DDP), Außenminister in den ersten Monaten des Jahres 1922, versuchte Deutschland in die Völkerfamilie zurückzuführen. Während einer Wirtschaftskonferenz in Genua knüpfte er Kontakte mit der sowjetischen Delegation. In dem daraus resultierenden Vertrag von Rapallo erkannten sich die Sowjetunion und Deutschland politisch an und verzichteten gegenseitig auf Erstattung von Kriegsschäden und Reparationen.

Mit Frankreich und anderen westlichen Nachbarstaaten Deutschlands schloss Reichsaußenminister Stresemann 1925 einen Vertrag ab, den man nach dem Ort der Unterzeichnung den Vertrag von Locarno nannte. Deutschland akzeptierte nunmehr freiwillig die durch den Versailler Vertrag geschaffenen Grenzen im Westen. Frankreich und Belgien waren im Gegenzug bereit, die militärische Besetzung des Rheinlandes schrittweise zu beenden. Diese Verbesserung der Beziehungen zu den Nachbarstaaten ebnete auch den Weg in den ↗Völkerbund, dessen Mitglied Deutschland im Jahr 1926 wurde.

Eine Anerkennung der Grenzziehung im Osten dagegen lehnte Deutschland ab, es verpflichtete sich aber, Streitfragen mit Polen friedlich zu klären.

Die hohen Reparationszahlungen Deutschlands belasteten das Verhältnis zu den Siegermächten. Sie erschwerten eine Gesundung der Wirtschaft. Anfängliche Forderungen sahen 20 Milliarden Goldmark bis 1921 und 269 Milliarden in 42 Jahresraten vor. Verhandlungen führten zu Erleichterungen: Mit dem Dawes-Plan (1924) und dem Young-Plan (1929) wurden die Zahlungen an der Wirtschaftskraft Deutschlands orientiert. 1931 wurde Deutschland während der Weltwirtschaftskrise ein Zahlungsaufschub gewährt, im Juli 1932 schließlich verzichteten die Siegermächte auf weitere Reparationszahlungen.

Q1 Stresemanns politische Ziele

Ein Freund berichtet:

Stresemann redete sich sein Leid von der Seele: Alle machten sich über ihn lustig, er sei ein Europäer ohne Gefolgschaft! …
Gewiss, er sei monarchisch von Haus aus gewesen, ja, … er sei im Weltkrieg ein Machtpolitiker gewesen, … aber dann habe er sich doch von den „National-Liberalen" getrennt. …
Er wolle nichts anderes, als dass die politischen Kleinkrämergeschäfte endlich ein Ende fänden. … Er wolle die „industrielle Gesellschaft", mit ihr Europa gestalten, das sei dann wirklich eine „neue Zeit". Aber er würde angeflegelt, beschimpft, missverstanden, er habe den Mut zur Unpopularität, es sei ihm auch vorgeworfen worden, dass er in den Völkerbund eintrat. … Vermittler zwischen Ost und West habe Deutschland zu sein.

W. von Molo, So wunderbar ist das Leben. Erinnerungen und Begegnungen, 1957, S. 236 f.

47.1 Plakat der Deutschnationalen Volkspartei (DNVP) aus dem Jahr 1928. Das Plakat nimmt Bezug auf eine Äußerung Stresemanns, der den Vertrag von Locarno als „einen Silberstreifen am Horizont" bezeichnete.

M2 Das Urteil eines Historikers

In der grundsätzlichen Zielrichtung – Revision und Wiederherstellung der deutschen Großmachtstellung – unterschied sich Stresemann, im Weltkrieg leidenschaftlicher Annexionist, nicht von den Vertretern der nationalistischen Rechten. Er unterschied sich darin, dass er die gleichen außenpolitischen Ziele flexibler und prinzipiell mit friedlichen Mitteln verfolgte (wobei allerdings fraglich erscheint, ob die angestrebte Revision der deutsch-polnischen Grenze mit nichtkriegerischen Mitteln ein realistisches Ziel bildete).
Stresemann hatte erkannt, dass Deutschland, da ihm in der gegebenen Situation keine militärischen Machtmittel zur Verfügung standen, seine Lage nur im Rahmen eines globalen Interessenausgleichs verbessern konnte, wobei es in erster Linie seine Stellung innerhalb des Weltwirtschaftssystems – Hauptschuldner und zugleich potenzielles Zielland für Waren- und Kapitalexport – ausspielen musste.
Dabei zeichneten ihn konzeptioneller Weitblick, Realitätssinn und Kompromissbereitschaft aus, zudem seine Fähigkeit, sich auf der internationalen Bühne als verlässlicher und flexibler Ansprechpartner zu präsentieren und nicht zuletzt seine Bereitschaft, sich für seine Politik mit großem persönlichem Engagement, bis zur völligen Zerrüttung seiner Gesundheit, einzusetzen.

P. Longerich, Deutschland 1918–1933. Die Weimarer Republik, 1995, S. 155.

1. Interpretiert das Plakat der DNVP (B 47.1).

2. Sammelt Informationen über Gustav Stresemann durch Recherche in Lexika, im Internet und in historischen Darstellungen.
Vergleicht eure Ergebnisse mit dem Selbstverständnis Stresemanns (Q 1), der Kritik seiner Zeitgenossen (Q 1, B 47.1) und dem Bild des Historikers (M 2).

3. Gustav Stresemann – ein Vernunftrepublikaner. Erstellt unter dieser Überschrift eine Wandzeitung oder kleine Broschüre, in der ihr eure Ergebnisse zusammenfasst.

4. Wirtschaft und Gesellschaft im Wandel: eine trügerische Stabilität?

■ Erblast: der verlorene Krieg

Zwischen 1914 und 1918 war die deutsche Wirtschaft durch eine starke staatliche Lenkung auf den Krieg ausgerichtet worden. Die Menschen spürten das durch die Einführung von Lebensmittelkarten, mit deren Hilfe die knappen Nahrungsmittel gerecht verteilt werden sollten. 1918 übernahmen die republikanischen Politiker nicht nur die Verantwortung für das politische Schicksal Deutschlands, sondern auch für die zukünftige wirtschaftliche Entwicklung.

48.1 Aufruf zum Kauf von Kriegsanleihen. Kriegsanleihen sind Wertpapiere, die der Staat verkauft, um mit dem Erlös den Krieg zu finanzieren. Nach einer vereinbarten Frist muss der Staat die Wertpapiere zurückkaufen. Der Käufer leiht dem Staat dadurch Geld.

Finanziert worden war der Krieg nicht durch Steuern, sondern durch Kriegsanleihen, die die Bürger in der Hoffnung auf einen Sieg gekauft hatten. Als das Geld dennoch nicht ausreichte, hatte die Reichsregierung zusätzlich Geld drucken lassen. Diese Vermehrung der Geldmenge führte, zumal bei einem verringerten Angebot an Konsumgütern, zur Geldentwertung, zur Inflation. 1918 war die Mark nur noch halb so viel wert wie 1913, die Schulden des Reiches betrugen 154 Milliarden Mark. Die erwarteten Eroberungen und Reparationen der Kriegsgegner sollten die Rückzahlung ermöglichen. Da der Krieg aber verloren wurde, war dies nicht möglich; die Geldentwertung setzte sich vielmehr fort, weil der neue Staat die Folgelasten des Krieges tragen musste: Reparationen und Versorgung der Kriegsopfer (Invaliden-, Witwen- und Waisenrenten). Gleichzeitig musste die Kriegsproduktion auf eine Friedenswirtschaft umgestellt werden.

Eine ↗Sozialisierung der Wirtschaft hielt die SPD-Führung für undurchführbar: Sie wollte sich nicht damit belasten, für das Scheitern von wirtschaftlich nicht leistungsfähigen, aber sozialisierten Betrieben verantwortlich zu sein. Auch zu einer ↗Währungsreform konnten sich die Politiker der ersten Stunde nicht durchringen. Erst Ende 1923 wurde – letztlich erzwungen durch die infolge des Ruhrkampfes galoppierende Inflation – eine stabile Währung geschaffen: die Rentenmark (→ S. 45), seit 1924 die Reichsmark.

■ Verlierer und Gewinner

Verlierer der Inflation waren alle, die Vermögenswerte in festen Geldbeträgen angelegt hatten, beispielsweise die Zeichner von Kriegsanleihen. Unter ihnen waren viele mittelständische Handwerker und Kaufleute. Ebenso verlor Geld auf Sparbüchern fast völlig seinen Wert. Verlierer waren auch die Bezieher von Renten und Pensionen, weil die Erhöhung dieser Leistungen mit der Inflation nicht Schritt hielt. Eine Verarmung weiter Bevölkerungskreise war die Folge.

Gewinner waren alle, die Schulden hatten und diese mit entwertetem Geld zurückzahlten. Dazu gehörte auch der Staat, was der Historiker Hagen Schulze mit einem erstaunlichen Beispiel erläutert: „Am 15. November 1923 haben die gesamten inneren Kriegschulden des Deutschen Reichs in Höhe von 154 Milliarden Mark nur noch den Wert von 15,4 Pfen-

	Wert eines Geldvermögens von 100 000,00 Mark von 1914	Wertverlust in % gegenüber 1914 (gerundet)	Entwicklung des Preises für 1 kg Roggenbrot	
Juni 1914	100 000,00 Mark	0,0 %	Dez. 1914	0,32 Mark
Jan. 1919	47 190,00 Mark	52,8 %	Dez. 1920	2,37 Mark
Jan. 1920	6 480,00 Mark	93,5 %	Dez. 1922	163,15 Mark
Jan. 1921	6 468,00 Mark	93,5 %	Juli 1923	3.465,00 Mark
Jan. 1922	2 189,00 Mark	97,8 %	Sept. 1923	1.512.000,00 Mark
Juli	851,00 Mark	99,1 %	Okt. 1923	201.000.000.000,00 Mark
Jan. 1923	23,46 Mark	100,0 %		
Juli	1,19 Mark	100,0 %		
Sept.	0,00 Mark	100,0 %		
Nov.	0,00 Mark	100,0 %		

48.2 Die Inflation 1914 bis 1923. Links: Karikatur von Karl Arnold aus dem Simplicissimus, 1923.

49.1 Modern gestaltete Anzeige, 1928. Kleidung „von der Stange" war ein Element des Massenkonsums.

49.2 Großprojekte wie das Verkehrsflugzeug „Dornier DO X" (hier über New York) demonstrierten die Leistungsfähigkeit der deutschen Industrie.

nig des Jahres 1914 ! Finanzpolitisch gesehen ist der Erste Weltkrieg der billigste Krieg, der je geführt wurde."

Ein Beispiel für einen Inflationsgewinnler war der Industrielle Hugo Stinnes. Mit den staatlichen Entschädigungsgeldern für seine Werke in Elsass-Lothringen und Bankkrediten kaufte er, was immer zu bekommen war: Banken, Hotels, Fabriken, Zeitungen. Schließlich gehörten ihm fast 5 000 Betriebe. Die Schulden bei den Banken konnte er wegen der inflationären Entwicklung leicht zurückzahlen. Auch andere Industrielle nutzten die Inflation, um mit billigen Krediten Betriebe zuzukaufen, ihre Fabriken zu modernisieren oder ihre Produktion umzustellen. Dies lohnte sich, weil deutsche Produkte wegen der Inflation preisgünstig im Ausland angeboten werden konnten.

Neuorientierung der Wirtschaft

Die Verhandlungen zwischen den Siegern und Deutschland nach dem Ende des passiven Widerstandes mussten zum Ziel haben, Deutschland wirtschaftlich so stark zu machen, dass es überhaupt Reparationszahlungen leisten konnte. Das ging nur mithilfe der Wirtschaft. So wurden Deutschland ab 1924 ausländische Kredite dafür zur Verfügung gestellt.

Die Schwerindustrie (Kohle und Stahl) hatte in Deutschland nicht zuletzt durch die Bestimmungen des Versailler Vertrages stark an Bedeutung verloren. Die deutsche Wirtschaft setzte daher auf neue Produktbereiche: Chemie, Feinmechanik, Optik, Elektroindustrie, Maschinen- und Apparatebau. Gleichzeitig führte man neue Fertigungsmethoden wie die Fließbandarbeit ein.

Dass in und unmittelbar nach der Inflation viele Klein- und Mittelbetriebe aufgeben mussten, verstärkte den bereits vorhandenen Trend zur Konzentration von Fabriken und Handelshäusern zu Konzernen. Der bedeutendste Konzern wurde die IG-Farben, in der 90 Prozent der deutschen Chemieunternehmen zusammengeschlossen waren. Auch Warenhauskonzerne wie beispielsweise Karstadt wurden damals gegründet. Kartellbildungen, d. h. Preisabsprachen zwischen den Unternehmern einer Branche, die seit dem Beginn der Industrialisierung üblich waren, nahmen nun staatlich kaum kontrollierbare

IG = Interessengemeinschaft.

50.1 Wahlkampfplakat der NSDAP im Jahr 1932.

Ausmaße an. Erfolg versprach dieses System für Zeiten wirtschaftlicher Blüte, es erwies sich aber in Krisen als schwerfällig und inflexibel: Die Umstellung auf neue Märkte oder andere Produkte konnte nicht schnell genug geleistet werden.

■ Krisenstimmung

Die meist verschuldeten Landwirte waren bei der Inflation ihre Schulden losgeworden. Sie profitierten aber nicht lange davon, denn es gab starke Konkurrenz aus dem Ausland. Dasselbe galt für die Schwerindustrie. Der Staat subventionierte beide Wirtschaftszweige, obwohl ihre volkswirtschaftliche Bedeutung abnahm. Auch Einzelhandel und Handwerk waren, soweit sie die Inflation durchgestanden hatten, in einer schlechten Lage. Viele verbitterte Inhaber gaben den kreditgebenden Banken und den Warenhäusern die Schuld daran. Radikale Parteien boten sich ihnen als Interessenvertreter an und fanden Zulauf.

Der wirtschaftliche Aufschwung der zweiten Hälfte der 20er Jahre erwies sich als trügerisch. Dazu trug auch staatliches Handeln bei. Der Weimarer Staat verstand sich als Sozialstaat. Die Regierung finanzierte das soziale Netz eine Zeit lang durch Kredite, die sie im Ausland aufgenommen hatte. Die Empfänger der staatlichen Sozialleistungen, die Bürger, gaben das Geld aus, steigerten dadurch Nachfrage und Produktion. Dieser Konsum mit geliehenem Geld führte zur Katastrophe, als infolge eines New Yorker Börsenkrachs 1929 (→ S. 66) sowohl dem Deutschen Reich als auch der deutschen Industrie die sofortige Rückzahlung kurzfristiger Kredite abgefordert wurde: Es war kein Geld mehr da für Sozialleistungen, gleichzeitig stieg die Zahl der Bedürftigen an, weil Entlassungen in der Industrie unvermeidlich waren.

■ Gesellschaftlicher Wandel?

Die Weimarer Demokratie hatte allen Deutschen gleiche politische Rechte gegeben, doch die gesellschaftliche Struktur wurde durch die neue Staatsform nur bedingt verändert. Der krasse Unterschied zwischen Armen und Reichen blieb trotz aller sozialpolitischen Bemühungen des Staates bestehen. Die 14 Jahre der Weimarer Republik reichten bei der ungünstigen wirtschaftlichen Ausgangslage und den ständig erneut auftretenden wirtschaftlichen und politischen Krisen nicht aus, um soziale Stabilität zu schaffen. Mühsam und nur bedingt erfolgreich war das Bemühen, die Untertanenmentalität des Kaiserreiches zu einer demokratischen Grundeinstellung zu verändern.

Der gesellschaftliche Einfluss des im Kaiserreich privilegierten Adels und Militärs wurde kleiner, jedoch nicht völlig ausgeschaltet. Eine führende Rolle nahmen wie zuvor auch die Unternehmer ein. Die Arbeiterschaft fand in ihren Parteien und ihren Gewerkschaften zu einem stärkeren Selbstbewusstsein. Dies war auch in der Politik spürbar. So wurde 1919 die Sozialversicherung in der Verfassung verankert, und selbst als die Sozialdemokratie als politische Kraft an Einfluss verlor, gelang 1927 noch die Einführung der Arbeitslosenversicherung. Unternehmer wie Arbeiterschaft trugen maßgeblich zum – wenngleich nicht dauerhaft stabilen – wirtschaftlichen Aufbau des besiegten Deutschland bei. In der Weimarer Republik wurde das Fundament für eine Zusammenarbeit zwischen Gewerkschaften und Unternehmen gelegt, die wir heute mit dem Begriff der Sozialpartnerschaft bezeichnen.

Q1 Leben in der Inflation

Eine Frau beschreibt das Leben 1923:

Die fürchterliche Geldentwertung, die ständig wachsende Zahl der Erwerbslosen, die aus dem Stadtsäckel gespeist werden müssen, … das tägliche weitere Sinken des materiellen und geistigen Lebensniveaus, die stete Beschäftigung mit der Frage: „Wie hoch steht der Dollar?“, da von dessen Stande alle unsere Preise abhängen, oder vielmehr das Sinken unserer Währung sich am deutlichsten vom ständigen Höherklettern des Dollars ablesen lässt – das Bemühen eines jeden Menschen, … morgens um zehn einen Dollar zu kaufen, den man dann um elf mit einem Gewinn wieder verkaufen kann – diese einzige Beschäftigung fast aller Menschen, sich mit diesem … entnervenden Börsenspiel kärglich am Leben zu erhalten – wobei die Heimlichkeit das ihrige zu dem das Verbrecherische streifenden Gehaben von uns allen beiträgt, die öffentlich geheimen Börsen auf dem Bahnhofsplatz und vor großen Bankhäusern, dies Ganze verbraucht die Energie der Menschen, besonders aber die der Hausfrauen. …

H. Eulenberg, Im Doppelglück von Kunst und Leben, 1953, S. 339 f.

Q2 Eine Warnung

Außenminister Gustav Stresemann auf einer Pressekonferenz am 14. November 1928:

Ich möchte Sie bitten, bei Ihren Beurteilungen der wirtschaftlichen Lage Deutschlands den Gedanken zugrunde zu legen, dass wir in Deutschland in den letzten Jahren von gepumptem Geld gelebt haben.
Wenn einmal eine Krise bei uns kommt und die Amerikaner ihre kurzfristigen Kredite abrufen, dann ist der Bankrott da. Was wir an Steuern erheben, geht bis an die Grenze dessen, was ein Staat überhaupt tun kann. Ich weiß nicht, woher neue Steuern geholt werden können. Wir sind nicht nur militärisch entwaffnet, wir sind auch finanziell entwaffnet. Wir haben keinerlei eigene Mittel mehr.

G. Stresemann, Vermächtnis, Bd. 3, 1933, S. 385.

51.1 Dezember 1922: Andrang zum subventionierten Butterverkauf (1 Pfund für 68 Mark). 1923 brachen in einigen Städten Teuerungsunruhen aus, Hausfrauen plünderten Lebensmittelläden.

51.2 Die gespaltene Gesellschaft: Oben: Ein privates Fest in Berlin, Foto, 1928. Unten: 50 km von Berlin entfernt haben obdachlose Familien in Erdlöchern Unterkunft gefunden. Foto aus der Bildreportage „Das Dorf unter der Erde“ von Willi Ruge, 1930.

M3 Eine Bildreportage bei Opel

Die um die Mitte des 19. Jahrhunderts gegründete Firma Opel in Rüsselsheim stellte zunächst Nähmaschinen und Fahrräder her. Die Automobilproduktion begann 1899. Während des Ersten Weltkrieges produzierte sie mit 4 500 Arbeitern, darunter 1 500 Frauen und 600 Kriegsgefangenen, Lastwagen und Flugzeugmotoren.

1924 wurde bei Opel – nach dem Vorbild der amerikanischen Firma Ford und erstmalig in Europa – die Fließbandarbeit eingeführt. → S. 21 Das erste Fließband war 45 Meter lang, 1929 betrug die Gesamtlänge der Fließbänder in der Fabrik 2 000 Meter.

Als erster Großserienwagen wurde der „Laubfrosch" am Band hergestellt; insgesamt wurden über 100 000 Stück produziert. Mit der Bandarbeit wurde das Gruppenakkordsystem eingeführt: Jeder Arbeiter baute im Schnitt sieben Wagen pro Jahr, während es vorher zwei waren.

Doch 1928 führte die wirtschaftliche Krise zu einem Einbruch der Verkäufe, Massenentlassungen waren die Folge. 1929 musste Opel schließlich an General Motors, Detroit, verkauft werden.

Eine Fotoreportage beschrieb um 1927 die Arbeit bei Opel. Aus ihr stammen die unten auf S. 53 abgedruckten Bilder mit den originalen Bildunterschriften.

Q4 Arbeit „am laufenden Band": zwei Stimmen dazu

a) Erinnerungen von Alois H., Schweißer bei Opel (1927):

Und da mussten wir den Tag 85 Rahmen schweißen. ... Das musste alles so geschweißt sein, dass die Schleifer wieder mit dem Akkord zurechtgekommen sind. ... Und wann sich einer gut angelassen hatte, den ersten Tag hat man vielleicht 15 oder 16 Rahmen gepackt. Den zweiten Tag kam man vielleicht auf 20, 21. Und dann ist man auf 26, 27 gekommen. Dann kam mal ein Tag, da ist man wieder zurückgefallen auf

52.1 „Blick in den Montageraum. Man sieht die fertig geprägten Stahlteile zusammengeschichtet, sie werden hier nachgearbeitet und dann im Hintergrund am laufenden Band zur Karosserie zusammenmontiert."

52.2 „Die Karosserie gelangt auf dem laufenden Band in den Spritzraum. Quecksilber-Lampen von großer Leuchtkraft werden bei dieser Arbeit benutzt, bei der es auf exakte Durchführung ankommt."

53.1 „Die Karosserie wird hier noch einmal überprüft, nachkontrolliert und genau abgenommen, ehe sie zum Versand zugelassen wird.“

18, 19. Es hat einfach nicht geklappt den Tag, gell. Durft man machen, was man wollte! Und dann ist der Vorarbeiter angefangen: „Mensch, du wirst als schlechter! Mach nur so weiter! Da bist du keine drei Tage mehr da … .“ So ist das gegangen, nicht.

P. Schirmbeck, „Morgen kommst du nach Amerika“, 1988, S. 58 f.

b) Bericht eines Ingenieurs bei Opel, 1928:

Arbeitsprozesse sind nunmehr bis auf die einfachsten Handgriffe planmäßig zerlegt und jeder Arbeiter erhält nur noch die Ausführung eines Handgriffs angewiesen. Die Basis dieser Arbeitsweise ist das berühmte „laufende Band“, auf welchem das Werkstück in abgemessenen Zeiteinheiten von einem Arbeiter zum anderen wandert, nicht nur sichtbar, sondern sozusagen rhythmisch wachsend, um am Ende einer langen Arbeitskette als ein fertiger Organismus hervorzugehen.
Es ist klar, dass der so spezialisierte Arbeiter seinen einfachen, stets wiederholten Handgriff zu vollendeter Meisterschaft entwickelt. …

K. A. Kroth, Das Werk Opel, 1928, S. 71.

1. Zeige auf, wie es zur Inflation in Deutschland kam und welche Folgen sie für die deutsche Wirtschaft hatte.

2. Erkläre den Zusammenhang zwischen staatlicher Finanzpolitik und wirtschaftlicher Entwicklung in der Weimarer Zeit.

3. Liste auf, welche strukturellen Veränderungen der deutschen Wirtschaft in der Weimarer Zeit ihren Anfang nahmen.

4. Q 4 a und b kommentieren die Rationalisierung bei Opel aus verschiedenen Perspektiven. Was wird jeweils betont? Was könnte ein Kunde sagen?
Informiere dich über die Veränderungen, die der Einsatz moderner Technologien heute mit sich bringt, und vergleiche.

5. „Grundsätzlich gleichberechtigt" – Frauen in der Weimarer Republik

54.1 Ein neues Bild in Deutschland: Frauen werben um Stimmen. Vor dem Bahnhof Zoo, Januar 1919.

Politische Gleichberechtigung

Am 19. Januar 1919 gingen bei den Wahlen zur Nationalversammlung zum ersten Mal in Deutschland Frauen zur Wahl. In einem Aufruf an das deutsche Volk hatte der Rat der Volksbeauftragten bereits am 12. November 1918 erklärt, dass künftig „alle mindestens 20 Jahre alten männlichen und weiblichen Personen" wahlberechtigt sein sollten. Die Weimarer Verfassung schrieb dann das aktive und passive Wahlrecht für Frauen fest. Damit war ein wichtiges Ziel sowohl der bürgerlichen wie auch der sozialistischen Frauenbewegung erreicht.

An den Wahlen zur Nationalversammlung beteiligten sich 82% der Frauen; sie wählten mehrheitlich konservative Parteien. 41 der 423 Abgeordneten (das heißt 9,6%) waren weiblich, bereits im ersten Reichstag verringerte sich der Frauenanteil auf 8%. Die meisten weiblichen Abgeordneten wurden von den linken Parteien gestellt.

54.2 Eine Parlamentarierin der ersten Stunde: Dr. Marie-Elisabeth Lüders. Zeichnung von B. F. Dolbin.

Als Tochter eines preußischen Beamten 1878 geboren, besuchte Marie-Elisabeth Lüders eine höhere Töchterschule, anschließend eine Wirtschaftsschule für Frauen. Sie unterrichtete danach an einem Mädchenpensionat und leistete ehrenamtlich soziale Arbeit in Mädchen- und Frauengruppen. 1909 gründete sie einen „Verband für handwerksmäßige und fachgewerbliche Ausbildung der Frau", gleichzeitig begann sie als eine der ersten Frauen Preußens ein Studium der Staatswissenschaften, das sie 1912 mit der Promotion abschloss. 1912 bis 1918 war sie Mitarbeiterin verschiedener öffentlicher und privater Institutionen im Sozialbereich, so z. B. der Kriegsfürsorgestelle in Berlin und des Vereins für Säuglings- und Mütterfürsorge im Kreis Düsseldorf. Im besetzten Belgien leitete sie eine „Soziale Hilfsstelle für Belgische Frauen", danach übernahm Marie-Elisabeth Lüders im preußischen Kriegsministerium die Aufgabe, den Arbeitseinsatz von Frauen im Kriege zu organisieren. Der Gesundheitsschutz der ihr anvertrauten Frauen war ihr dabei besonders wichtig. Nach Kriegsende lehrte sie an der Niederrheinischen Frauenakademie in Düsseldorf.
Sie schloss sich im November 1918 der liberalen DDP an und vertrat diese Partei zwischen 1919 und 1932 in der Nationalversammlung und im Reichstag, wo sie sich für sozialpolitische Belange einsetzte und in den Ausschüssen für Rechts- und Wirtschaftspolitik mitarbeitete.
Aus Protest gegen die Zusammenarbeit ihrer Partei mit der NSDAP kandidierte sie 1932 nicht mehr für den Reichstag. Die Nationalsozialisten belegten sie 1933 mit Berufs- und Publikationsverbot. 1937 wurde sie für vier Monate in Einzelhaft gesetzt.
Nach dem Zweiten Weltkrieg gehörte Dr. Marie-Elisabeth Lüders zwischen 1953 und 1961 als Abgeordnete der FDP dem Deutschen Bundestag an; sie setzte sich auch jetzt vor allem für den Kinder- und Jugendschutz sowie für die Gleichberechtigung der Frauen ein. 1966 starb sie in Berlin.

55.1 Margarethe von Wrangell leitete ein botanisches Forschungsinstitut an der Hochschule in Hohenheim.

55.2 In der Industrie arbeiteten Frauen vorwiegend am Fließband. Hier montieren sie Rundfunkröhren in der Elektrofirma AEG in Berlin. Foto, 1930.

Berufliche Emanzipation

Das Wahlrecht gab den Frauen nur die politische Gleichberechtigung, die rechtliche und gesellschaftliche Emanzipation musste weiter erkämpft werden. Einige wenige Frauen schafften es, sich in den Jahren nach dem Ersten Weltkrieg im Bildungs- und Wissenschaftsbereich durchzusetzen und damit in Männerberufen erfolgreich zu sein. Dazu gehören die Botanikerin Margarete von Wrangell sowie die Soziologin und Pädagogin Mathilde Vaerting, die 1923 als erste Frauen in Deutschland zu Universitätsprofessorinnen ernannt wurden. Die Künstlerin Käthe Kollwitz und die Physikerin Lise Meitner sind bis heute bekannt, z. B. durch Schulnamen.

Die meisten berufstätigen Frauen waren als Angestellte und Arbeiterinnen oder in der Landwirtschaft tätig. Die Kriegswirtschaft hatte hier eine Entwicklung gefördert, die bereits im 19. Jahrhundert begonnen hatte. In der Weimarer Zeit setzte sich die Eroberung des Büros als Frauenarbeitsplatz fort, auch die Zahl der Frauen, die in der Fabrik arbeiteten, stieg. Insbesondere im Bereich der Feinmechanik und in der Elektroindustrie wurden Frauen bevorzugt eingestellt, weil sie sich als besonders geschickt erwiesen und 10 bis 20% weniger Bezahlung erhielten als die Männer.

Ganz selbstverständlich gingen Frauen wie Männer davon aus, dass die berufstätige Ehefrau und Mutter auch die Hausarbeit zu leisten habe. Es gab Ansätze, die Mühen dieser Arbeit durch elektrische Haushaltsgeräte oder eine rational eingerichtete Küche zu vermindern. Aber nur wenige konnten sich die teuren Geräte leisten; durch die Zulassung von Ratenzahlung versuchten die Firmen die Hausfrauen als Käuferinnen zu gewinnen.

55.3 Die „Frankfurter Küche", von Margarete Schütte-Lihotzky 1926 entworfen, um durch eine praktische Einrichtung die berufstätige Hausfrau bei der Hausarbeit zu entlasten.

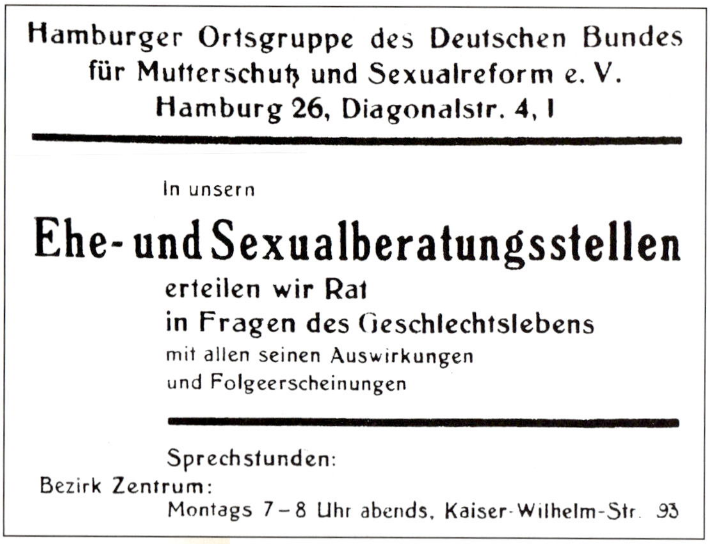

56.1 Die Hamburger Gruppe des Mutterschutzbundes warb mit solchen Plakaten für ihre Beratungsstellen.

56.3 Die Fliegerin Elly Beinhorn wurde zum Idol junger Frauen, die nach Unabhängigkeit strebten.

Während der Weltwirtschaftskrise (→ S. 66 bis 72) geriet die berufliche Emanzipation der Frauen ins Stocken, weil oft zuerst die verheirateten Frauen entlassen wurden. Die ersten Jahre des nationalsozialistischen Regimes verstärkten diesen Trend weiter.

■ Befreiung der Frau?

Kurze Haare, Bubikopf, Kleider mit kurzen (also knielangen) Röcken, geschminkt, so stellt sich die Frau der 20er Jahre in überlieferten Fotografien dar. Sie durfte in der Öffentlichkeit rauchen und im Varieté oder als Filmschauspielerin stellte sie ihre Reize zur Schau. An den olympischen Spielen 1928 nahmen erstmals Frauen teil.

56.2 Die Abgeordneten Lore Agnes (USPD), Clara Zetkin (KPD) und Mathilde Wurm (USPD) vor dem Reichstag. Auch sie waren „moderne Frauen" – ohne Bubikopf und kurzes Kleid.

Die selbstbewussteren jungen Frauen wollten auch nicht mehr auf die eigene Bestimmung über ihren Körper verzichten. Sexual- und Eheberatungsstellen entstanden, deren Ziel es war, erfülltes Sexualleben und geplante Mutterschaft zu ermöglichen. Frauen forderten eine gezielte Aufklärung der jungen Mädchen und die Abschaffung des Paragrafen 218 des Strafgesetzbuches, der die Abtreibung bei Gefängnisstrafe verbot. Sie konnten diese Forderung aber nicht durchsetzen. Auf Fraueninitiative gelang es, 1927 den Mutterschutz für berufstätige Frauen auszuweiten: Schwangeren durfte nicht gekündigt werden, zusätzlich zum Arbeitsverbot sechs Wochen nach der Geburt konnten Frauen nun auch sechs Wochen vor der Geburt eine Schonzeit in Anspruch nehmen. Sie erhielten in dieser Zeit ein „Wochengeld", das allerdings unter dem Durchschnittsverdienst lag.

Selbst gleichgeschlechtliche Liebe wurde nicht mehr völlig tabuisiert. So gab es beispielsweise Zeitschriften „für die ideale Frauenfreundschaft" und einen lesbischen Stadtführer für Berlin, der aber 1931 als „Schmutz- und Schundliteratur" verboten wurde.

M1 Von Parlamentarierinnen initiierte Sozialgesetze

- Gesetz über die religiöse Kindererziehung (1921)
- Jugendwohlfahrtsgesetz (1922)
- Gesetz über die Zulassung der Frauen zu den Ämtern und Berufen der Rechtspflege, d. h., Frauen können Rechtsanwältinnen oder Richterinnen werden. (1922)
- Heimarbeitsgesetz zur Regelung der Mindestlöhne und Einbeziehung der Heimarbeit in die Sozialversicherung (1924)
- Gesetz zum Schutz der Frau nach der Niederkunft (1927)
- Gesetz zur Bekämpfung der Geschlechtskrankheiten (1927)

A. Kuhn (Hrsg.), Die Chronik der Frauen, 1992, S. 437.

Q2 Die Sekretärin

Mascha Kaléko (1907 – 1975) aus einer jüdischen Familie aus Galizien, lebte bis 1938 in Deutschland. Sie schrieb hauptsächlich Lyrik. In einer ihrer Prosageschichten erzählt sie 1932 vom „Mädchen an der Schreibmaschine“:

Die Maschine heißt Continental, römisch zwei. Das Mädchen: Fräulein Siebert. Zumindest zwischen neun und fünf. Nach Feierabend gibt es auch noch einen Vornamen, Inge, Lore oder Elisabeth. Die haben nichts zu suchen zwischen Stenogrammblock, Firmenbogen und Kohlepapier. ... Punkt neun Uhr beginnt der „Betrieb“. Neun Uhr zehn, ausgeschlafen oder müde, keinen geht das an, klappern die schmalen Finger des Mädchens schon herum auf der stählernen Schreibkiste. Tipp tipp tick ... tipp tipp tick, ein sanftes Klingeln, ping. Wir zeichnen mit vorzüglicher Hochachtung ...

Im ersten Brief kommt ein Gähnen auf je ein Komma. Beim zweiten beginnt man den Ärger über die prall gefüllte U-Bahn langsam zu verwinden. Beim dritten aber ist man schon ganz mittendrin. ...

Der Chef. Na! „Fräulein Siebert, zum Diktat!“ Schlachtruf. Stenoblock, zwei messerscharfe Kopierstifte, rasch den Kamm durchs Haar, kein Kohlepapierfleck auf der Nase? ... „Schreiben Sie!“ Alle Chefs diktieren ein einwandfreies Deutsch ... erstklassiger Stil ... „Und schrieben wir Ihnen letzthin auf Ihr Wertes vom 4., ... dass Sie nicht akzeptieren müssen, wenn wir mehr wie die Konkurrenz in Rechnung stellen ...“ Wünschen keinerlei Stilkorrekturen. Auch wenn ein mittelkluger Quartaner schon begriffen hat, dass es nach dem Komparativ ‚als‘ heißt und dass ... und dass ... und dass ...

Und sie stützt ihren Kopf verzweifelt in die Hände, ... so öde ist dieses Büro. ... Für dieses lächerliche Gehalt ... Vergisst, dass es einen Büroschluss gibt, Feierabend geheißen ... Montag bis Freitag findet Alltag statt. Sonnabend mittag um zwei aber fängt der Sonntag an.

M. Kaléko, in: Das lyrische Stenogrammheft, Reinbek 1974.

57.1 Links: Die „moderne Frau“ der zwanziger Jahre: Eine junge Frau mit kurzen Haaren („Bubikopf“) und knielangem Rock. Schreibmaschinenwerbung, 1925. Rechts: Werbung für Waschmaschinen, 1925.

M3 Erwerbstätigkeit von Frauen in Deutschland

Die Historikerinnen Ute Frevert und Angelika Willms untersuchten die Veränderungen in der Erwerbsarbeit von Frauen zwischen 1880 und 1980. Dabei verstanden sie unter Erwerbsarbeit entlohnte Arbeit; daneben steht die unbezahlte Arbeit der Frauen in Haushalt und Familie. Für die Landwirtschaft basieren ihre Zahlen auf der Annahme, dass auf jeden verheirateten selbstständigen Bauern eine mithelfende, erwerbstätige Familienangehörige entfiel. (Ab 1961: Westdeutschland)

	1882	1907	1925	1939	1961	1980
Weibliche Wohnbevölkerung (in Mio.)	23,07	31,26	32,21	35,40	29,77	32,18
davon erwerbstätig (in Mio.)	7,79	9,74	11,48	12,80	9,94	10,48
Von 100 erwerbstätigen Frauen waren tätig als:						
mithelfende Familienangehörige (in %)	40,7	35,2	36,0	36,3	22,1	7,9
Hausangestellte (in %)	17,9	16,1	11,4	10,5	3,4	–
Arbeiterinnen in Industrie und Handel (in %)	11,8	18,3	23,0	24,8	30,9	31,0
Arbeiterinnen in der Landwirtschaft (in %)	15,5	14,5	9,2	6,2	1,1	0,4
Angestellte / Beamtinnen (in %)	1,7	6,5	12,6	15,6	29,8	55,9
Selbstständige (in %)	12,3	9,2	7,7	6,4	7,3	4,8

U. Frevert, Frauen-Geschichte. Zwischen Bürgerlicher Verbesserung und Neuer Weiblichkeit, 1986, S. 290 f.

58.1 Ein Charleston-Kleid, das die für den Tanz notwendige Bewegungsfreiheit ließ.

1. Ermittle den Prozentanteil von Frauen im Deutschen Bundestag in vergangenen und in der laufenden Legislaturperiode und vergleiche mit der Weimarer Republik.

2. M.-E. Lüders wurde als Politikerin vorgestellt. Auf dem Foto B 56.2 sind drei weitere Parlamentarierinnen abgebildet. Informiere dich über ihr politisches Leben. (Nachschlagewerke, Internetrecherche, Fachbücher zur Weimarer Republik)

3. Überlege, was den Frauenarbeitsplatz Büro in der Weimarer Republik kennzeichnete. Was könnte ihn für viele Frauen attraktiv gemacht haben? (Q 2)

4. Untersuche die Veränderungen im Bereich der Erwerbstätigkeit der Frau mithilfe der Tabelle M 3 und formuliere deine Beobachtungen.

5. Vergleicht in Zusammenarbeit mit dem Fach Gemeinschaftskunde die gesellschaftliche Rolle der Frauen in der Weimarer Republik mit derjenigen in der heutigen Bundesrepublik.

6. Kunst in der Weimarer Zeit: kultureller Aufbruch?

59.1 Ernst Ludwig Kirchner, Zwei Frauen auf der Straße, Ölgemälde, 1914, Kunstsammlung Nordrhein-Westfalen, Düsseldorf.

59.2 Der Einsteinturm auf dem Telegrafenberg bei Potsdam, entworfen vom Architekten Erich Mendelsohn, 1924. In ihm ist ein Sonnenobservatorium untergebracht.

59.3 Der Architekt Erich Mendelsohn, seit 1911 in München und Berlin tätig, 1933 Emigration nach England, dann Palästina, ab 1941 in den USA. Pressezeichnung von B. F. Dolbin.

■ Kontinuität

Vieles von dem, was als kulturelle Errungenschaft der Weimarer Republik gilt, hatte seine Wurzeln im Kaiserreich, entsprach aber nicht dem allgemeinen Kunstgeschmack dieser Zeit. In der bildenden Kunst und Literatur entwickelte sich zu Beginn des 20. Jahrhunderts der Expressionismus: Junge Künstler wollten nicht nur das Sichtbare wiedergeben oder beschreiben, sondern auch das, was hinter den Dingen steht, und ihre Gefühle in eindrücklich wirkenden Bildern, Formen und Texten darstellen. Der Expressionismus äußerte sich auch im Bereich der Musik und des Films. Ebenso gab es moderne Architekten, die mit sachlicher Funktionalität auf den überladenen Dekor der Bauten des Kaiserreiches reagierten.

Der freiheitliche Rahmen der Weimarer Republik brachte die neuen Kunstrichtungen zum Blühen: Hatte Käthe Kollwitz mit ihren Plakaten gegen Hunger, Wohnungselend und Krieg im Kaiserreich Schwierigkeiten bekommen, so war es nun möglich, dass sie, aber auch andere wie George Grosz, gesellschaftskritische Bilder ohne staatliche Eingriffe in die Freiheit der Kunst malen konnten.

Gleichwohl blieb den meisten Bürgern diese Kunst fremd, geschätzt wurde sie – wie zuvor in der Kaiserzeit auch – allenfalls von einem kleinen Kreis von Intellektuellen. Das Lebensgefühl der Mehrheit fand seinen Ausdruck eher in anderen kulturellen Bereichen. Schlager und Jazz, die Comedian Harmonists mit ihren witzigen, aber auch gefühlvollen Liedern, Charleston-Tanz und Charleston-Kleider, Kabarett, Varieté und das Kino machten die Goldenen zwanziger Jahre aus.

■ Kunst, Kitsch und Propaganda im Kino

„Hätte ich das Kino" – unter diesem Titel erschien 1920 ein Aufsatz des jungen SPD-Politikers Carlo Mierendorff. Er skizzierte die Möglichkeiten, mit diesem Medium über alle gesellschaftlichen Schranken hinweg ein großes Publikum anzusprechen. Die Bildsprache des Films schien ihm besonders geeignet zur politischen Mobilisierung, ja zur propagandistischen Beeinflussung in einer Massengesellschaft. 1925 entstand mit der Ufa-Woche die erste Wochenschau, eine für das Kino hergestellte Filmreportage.

60.1 Neues Theater: Szenenfoto aus der Generalprobe für die Uraufführung von Bertolt Brechts Dreigroschenoper in Berlin, 1928.

Der Film als Werbung für politische Parteien hat seine Anfänge in der Weimarer Republik: Linke und Rechte nutzten ihn gleichermaßen, mit besonderem manipulativen Geschick die NSDAP, die zwischen 1933 und 1945 schließlich alle Sparten des Films, Dokumentar- und Unterhaltungsfilme ebenso wie Wochenschauen, für sich zu nutzen wusste.

Die bewegten Bilder der ersten Weimarer Kinojahre waren noch stumm, sie lernten das Sprechen erst gegen Ende der 20er Jahre. Aber auch stumm oder mit Musikbegleitung faszinierten sie ihr Publikum, dem sie Träume und Albträume vorführten (→ Q 1). 1930 drehte Joseph von Sternberg einen der ersten deutschen Tonfilme nach dem 1905 erschienenen Roman „Professor Unrat oder Das Ende eines Tyrannen" von Heinrich Mann. Der Regisseur wählte als Titel „Der blaue Engel". Der Film wurde berühmt, nicht zuletzt durch die Schauspielerin Marlene Dietrich, die damit ihren Durchbruch erzielte (→ Q 2).

60.2 Neues Theater: Der Regisseur Leopold Jessner (1878–1945), 1904–1915 am Thalia-Theater in Hamburg und seit 1919 Intendant in Berlin, war ein Vertreter des expressionistischen Regiestils, seine Inszenierungen erregten immer wieder Skandale. Er emigrierte 1933 zuerst nach Palästina, dann in die USA. Pressezeichnung von B. F. Dolbin.

Verfilmungen von historischen Stoffen und von Theaterstücken, Kriminalfilme, als Aufklärungsfilme kaschierte Sexfilme, Gruselfilme, alles das wurde in Deutschland gedreht. Auch ausländische Filme beispielsweise mit Charlie Chaplin wurden gezeigt. Die Kinos wurden die Paläste der neuen Zeit, zu denen alle Gesellschaftsschichten Zutritt hatten. Auch in kleineren Städten gab es Lichtspielhäuser.

■ Das Theater

Das Theater beschritt bei der Inszenierung der klassischen Stücke neue Wege. Ein junger, aus München nach Berlin gezogener Autor namens Bertolt Brecht entwickelte neue Theorien für das Theater: das epische Theater. Seine Überarbeitung eines älteren Textes zur Dreigroschenoper wurde ein großer, wenngleich umstrittener Theatererfolg. Das Drama „Die Weber" von Gerhard Hauptmann stellte den Aufstand der sächsischen Weber gegen die Einführung der Webmaschinen, die ihnen die Arbeit wegnahmen, dar – und ist Schullektüre bis heute.

■ Sachlichkeit und Funktionalität

Die Architektur der Sachlichkeit prägte in Berlin und anderswo die Wohnbebauung der 20er und 30er Jahre. Auch Unternehmer ließen Verwaltungsgebäude und Produktionsstätten in diesem Stil bauen. 1919 wurde eine neue Kunsthochschule, das Bauhaus, gegründet; bereits das Gebäude des Bauhauses, von dem Architekten Walter Gropius entworfen, machte das Programm deutlich (→ B 61.3). Neu war, dass hier die Trennung zwischen freier und angewandter Kunst aufgehoben werden sollte: Kunst, Handwerk und Industrie sollten zusammenarbeiten. In diesem Sinne wurden am Bauhaus moderne Architektur und Design gelehrt und Prototypen für die Serienfertigung entworfen.

61.1 Der Architekt Walter Gropius (1883 – 1969). 1919 Gründung des Bauhauses, das er bis 1928 leitete. 1934 Emigration nach England, dann USA. Er entwarf u. a. die Fagus-Schuhleisten-Fabrik in Alfeld an der Leine (1911), das Bauhaus in Dessau (1925) und die Wohnsiedlung in Berlin-Siemensstadt (1929). Zeichnung: B. F. Dolbin.

61.3 Das Gebäude des Bauhauses in Dessau, entworfen von Walter Gropius, 1925. Die Kunsthochschule war 1919 in Weimar gegründet worden, doch auf Druck konservativer Parteien und Künstler wurde ihr Etat von der thüringischen Regierung gekürzt, sodass die Arbeit des Bauhauses bedroht war. 1925 zog das Bauhaus in das anhaltinische Dessau. Es wurde am 11. April 1933 von den Nationalsozialisten geschlossen.

61.2 Plakat links: 1927 fand in Stuttgart die Ausstellung „Die Wohnung“ statt. 17 Architekten stellten hier ein modernes Wohnprogramm vor. Veranstaltet wurde die Ausstellung vom Werkbund, einem Zusammenschluss von Architekten und Industriellen.
Rechts: Ein Luftbild der Weißenhofsiedlung aus dem Jahr 1939: Nach den Grundsätzen des Werkbundes wurde in Stuttgart dieses neue Wohngebiet entworfen. Die Architekten wollten den modernen Menschen viel Freiheit lassen. Helle, lichtdurchflutete und klar strukturierte Häuser sollten Gesundheit und Lebensfreude gewährleisten. Die Innenwände der Wohnungen waren flexibel und konnten so unterschiedlichen Familienformen angepasst werden.
Die Bauformen und Inneneinrichtung der 21 Häuser mit insgesamt 63 Wohnungen sind auf die geometrischen Grundfiguren (Kasten, Zylinder, Würfel und Kugel) reduziert und lehnen verschnörkelte Stilelemente ab, wie sie für das 19. Jahrhundert und den Beginn des 20. Jahrhunderts charakteristisch waren.

62.1 Filmplakat, 1919.

Q1 „Das Cabinet des Dr. Caligari"

1920 schrieb Kurt Tucholsky eine Kritik des Stummfilms:

Seit Jahren ... habe ich nicht so aufmerksam im Kino gesessen ... Dieser Film ... ist etwas ganz Neues. Der Film spielt – endlich! endlich! – in einer völlig unwirklichen Traumwelt. Ein Wahnsinniger erzählt einem Kollegen ... sein Schicksal. Das Ganze unheimlich aufgebaut, verwischt. ...

Fast jedes Bild ist gelungen: namentlich eine kleine Stadt auf dem Berge (alle Szenerien sind gemalt, nichts spielt vor wirklichen Dingen), ein Platz mit Karussells, merkwürdige Zimmer, entzückend stilisierte Amtsräume, in denen ... Beamte auf spitzen Stühlen sitzen und regieren. Verzwackt die Gebärden, verzwickt Licht und Schattenspiel an den Wänden. Die Fabel vom Missbrauch des Somnambulen (= Schlafwandler) eben nicht neu – aber höchst einprägsam gemacht. Manche Bilder haften: Der Mörder in seiner hohen Zelle, Straßen mit laufenden Leuten, eine dunkle Gasse – man muss an Wunder glauben, um das gestalten zu können. ...

Ein Mord wird sichtbar – als Schattenspiel an einer grauen Wand. Und zeigt wieder, wie das Geahnte schrecklicher ist als alles Gezeigte. Mit unserer Fantasie kann kein Kino mit. Und dass in diesem (Stumm-) Film, von einer geraubten Frau, ein Schrei ertönt, den man hört, wirklich hört (wenn man Ohren hat) – das soll ihm unvergessen sein. ...

Die größte von allen Seltenheiten: ein guter Film.

K. Tucholsky, Dr. Caligari, in: Gesammelte Werke Bd. 2, 1975, S. 292.

Q2 „Der Blaue Engel"

1930 sah Carl von Ossietzky den Film:

Der „Blaue Engel" hat mit Heinrich Manns „Professor Unrat" so wenig zu tun wie der amerikanische Sintflut-Film mit der richtigen Sintflut. ...

Bei der Verfilmung ist aus der funkelnden Satire die sentimentale Katastrophe einer gutbürgerlichen Existenz geworden. ... Nichts ist geblieben von der stickigen Luft des alten humanistischen Gymnasiums, nichts von dem Hass, nichts von der Bangigkeit, nichts von der muffigen Pubertätslüsternheit der Schülerschaft. ...

Dafür wird uns Unrat „menschlich näher gebracht", der sich nunmehr, traun fürwahr, als ein wunderlicher älterer Herr in Glanz und Elend vorstellt. Er ist also ... ein durchaus mitleidwürdiger, lebensfremder Biedermann, der einer späten Passion verfällt und vom Kleinstadtklatsch und von dem halb unbewussten Dummenjungensadismus seiner Primaner zu Tode gehetzt wird.

Das Ereignis bleibt nur Marlene Dietrich. Weiß Gott, ob dieser Frau ein zweites Mal so etwas gelingen wird, aber dies hier macht ihr in den Filmateliers einiger Kontinente niemand nach. Dieses herrlich laszive Gesicht, diese hagere stelzende Gestalt mit den schäbigen Seidenhöschen und den unwahrscheinlichen schwarzen Gummistrumpfbändern gehört zu den wenigen wirklich großen Filmeindrücken seit Jahren. Die Dietrich allein verteidigt den Geist Heinrich Manns in diesem Film.

C. von Ossietzky, in: Rechenschaft 1913 – 1933, 1972, S. 127 f.

Q3 „Im Westen nichts Neues" – Filmzensur der besonderen Art

a) Der 1929 erschienene Roman von Erich Maria Remarque „Im Westen nichts Neues", der die Erlebnisse eines Abiturienten im Ersten Weltkrieg schildert, erreichte in drei Monaten eine Auflage von über 600 000 Exemplaren. Er wurde verfilmt. Hier ein Bericht von der deutschen Erstaufführung:

Wie die Partei es befohlen hatte, ließen die Nazis weiße Mäuse im Zuschauerraum los, das Publikum flüchtete kreischend und schreiend, nicht nur die Damen, auch ausgewachsene Männer, die sonst vor einem Bullen keine Angst haben. Der lautstarke Leiter dieser Aktion war Arnolt Bronnen ..., der die pfeifenden und buhenden SA-Burschen antrieb. Als auch noch Stinkbomben geworfen wurden, leerte sich das Kino. Die Polizei griff nicht ein. ...

An diesem Abend herrschte in den Berliner Künstlerlokalen gedrückte Stimmung. Man sprach kaum über den Vorfall, man schaute sich nur gegenseitig betroffen an. ... Ein unheimlicher Druck breitete sich über die Menschen aus, ein Druck, den man noch gar nicht richtig definieren konnte.

Von diesem Tag an war Berlin nicht mehr das, was es gewesen war.

G. von Cziffra, Kauf Dir einen bunten Luftballon, 1975, S. 345.

b) Die nationalsozialistische Zeitung „Der Angriff" schrieb am 12. Dezember 1930:

Remarque ist beseitigt, aber es starrt noch von jüdischem Unrat in der gesamten deutschen Öffentlichkeit; hier gilt es auszumisten. Unser eiserner Besen heißt Kampf. Wir werden ihn legal und durchaus verfassungsmäßig führen. Aber wir lassen auch keinen Zweifel darüber, dass jedes Mittel, das uns die Demokratie so huldvoll zur Verfügung stellt, von uns auch in Anspruch genommen wird.

Unsere Parteigenossen und das gesamte nationalbewusste Berlin, das sich in diesen Tagen hinter unsere Fahnen gestellt hat, sie alle wissen, dass die nationalsozialistische Bewegung in ihrem Aufbegehren gegen den demokratischen Unrat nicht erlahmen wird.

Der Angriff, 12. Dez. 1930.

63.1 Szene aus dem Film „Der Blaue Engel" mit Marlene Dietrich in der Rolle der Lola.

1. Werte die Filmkritiken Q 1 und Q 2 aus. Informiere dich über die Autoren der Filmkritiken sowie über Heinrich Mann und seinen Roman „Professor Unrat".
Was erwarten Tucholsky und Ossietzky vom Kino in ihrer Zeit?

2. Finde heraus, welche der in deinem Deutschbuch vertretenen Autorinnen und Autoren in der Zeit der Weimarer Republik publiziert haben. Welche waren ihre Themen? Kann man einen Zeitbezug erkennen? Wer Interesse an Musik, Architektur oder bildender Kunst hat, kann auch in diesen Bereichen (→ Bilder S. 59–63) Informationen sammeln.

3. Erkläre die bedrückte Stimmung, die Géza von Cziffra (Q 3 a und b) beschreibt.

4. Projekt: Veranstaltet eine lange Filmnacht mit Filmen aus der Weimarer Zeit. Auf Handzetteln könnt ihr den Zuschauern zentrale Informationen über die Entstehung der Filme und ihre Wirkung vermitteln. (Quelle: Landes-, Kreis- oder Stadtmedienstellen)

Referate vorbereiten und präsentieren

64.1 Neue Medien können bei Vorbereitung und Vortrag eines Referates verwendet werden.

Ein Referat ist vor allem dann wirklich gut, wenn es die Zuhörerschaft aktiviert. Dazu muss das Thema interessant und spannend sein und die Vortrags- und Präsentationstechnik muss die Zuhörer ansprechen. Für gute Präsentationen gibt es viele Regeln und Techniken, sowohl für die Form des Vortrags als auch für die Möglichkeiten der Präsentation und Visualisierung.

In der Regel wird dir deine Lehrerin/dein Lehrer bei der Materialsuche behilflich sein. Recherchemöglichkeiten gibt es in der Schul- und Stadtbibliothek, im Internet oder in Archiven (z. B. im Archiv der Lokalpresse). Zudem können Zeitzeugen befragt werden.
Nach den ersten Recherchen wirst du dir eine vorläufige Gliederung entwickeln, die sich allerdings während der Arbeit am Referat verändern kann. Wahrscheinlich wirst du deine Gliederung mit der Fachlehrerin/dem Fachlehrer besprechen.

Thema

Mögliche Themen können sein:
- Spuren der Weltwirtschaftskrise in den Zeitungen meines Heimatortes
- Erinnerungen an den Schwarzmarkt ... (Recherche in der Lokalpresse, Zeitzeugen)
- Die Wohnungssituation nach 1945 in ... (Recherche in der Lokalpresse, Zeitzeugen)
- Schulraumnot in ... (Recherche in der Lokalpresse, Zeitzeugen)
- Die Zuwanderung von Gastarbeitern in ... während der 60er und 70er Jahre des 20. Jahrhunderts. Wohn-, Lebens- und Arbeitsbedingungen von Migranten damals. Vergleich mit der Gegenwart.
- Wie haben sich Reise- und Urlaubsziele seit den 50er Jahren des 20. Jahrhunderts verändert? Ursachen und Folgen der steigenden Massenmobilität.
- Welche Folgen hatte die Wiedervereinigung Deutschlands für unsere Region?

Mögliche Gliederung am Beispiel des Themas Schwarzmarkt

Thema: Chancen und Probleme des Schwarzmarkts in der Nachkriegszeit

Einleitung: Illegale Praktiken waren in der Nachkriegszeit weit verbreitet. Beispiele für die verbreitete Kleinkriminalität

Hauptteil: Der Schwarzmarkt – Notwendigkeiten und Chancen
Welche Produkte wurden auf dem Schwarzmarkt gehandelt?
Welche Tauschmittel wurden aus welchen Gründen eingesetzt?
Warum ging die Polizei gegen den Schwarzmarkt vor?
Gründe für die Auflösung des Schwarzmarkts seit der Währungsreform

Zusammenfassung: Bedeutung des Schwarzmarkts für die Menschen in der Nachkriegszeit
(Recherchemöglichkeiten: Schulbuch, Enzyklopädien, Befragung von Zeitzeugen, Lokalpresse)

Möglichkeiten der Präsentation

Grundsätzlich gilt bei Visualisierungen: Bilder und Text müssen sorgfältig ausgewählt sein. Es sollte nicht zu viel Material gezeigt werden.

1. Plakat

- Ein Plakat enthält neben dem Vortragsthema gut gegliedert die zentralen Gliederungspunkte und/oder zentrale Thesen des Vortrags.
- Die einzelnen Sätze sollten sehr knapp formuliert sein, sie sollten mit einem Blick erfasst werden können.
- Die Schriftfarbe sollte sich von der Farbe des Plakats deutlich abheben.
- Vergewissere dich, dass man auch in der hintersten Reihe die Schrift noch gut lesen kann.
- Die Textmenge und vor allem die Länge der Sätze des Absatzes zum Thema „Plakat", den du eben gelesen hast, ist für ein Plakat schon zu umfangreich! Du musst kurz und pointiert formulieren. Die Leserin/der Leser will auf einen Blick informiert werden.

2. Handout/Thesenpapier

Das Handout oder ein Thesenpapier, das zentrale Themenstellungen und inhaltliche Aussagen zum Problem enthält, kann verschiedenen Zwecken dienen:

- Das Handout enthält oben außer dem Namen der Referentin/des Referenten das genaue Thema, ferner Angaben zur Jahrgangsstufe, dem Schuljahr, den Namen der betreuenden Lehrerin oder des Lehrers.
- Die Referentin/der Referent kann dieses Papier als Grundlage für ihren/seinen frei gesprochenen Vortrag nutzen. Daher sollte es übersichtlich und klar gegliedert sein. Es sollte nicht zu viel Text präsentieren, einige Visualisierungen (Schaubilder, Strukturskizzen, Abbildungen) bieten. Der Umfang sollte nicht länger als zwei Seiten sein.
- Das Handout dient den Zuhörerinnen und Zuhörern als „Fahrplan" durch den Vortrag, es wird daher zu Beginn des Referats zum Mitlesen ausgeteilt. Es sollte nicht nur die Gliederung enthalten, sondern auch die zentralen Aussagen oder Thesen des Referats dokumentieren.
- Ein gutes Thesenpapier leistet wichtige Dienste bei der Vorbereitung von Tests oder Klausuren und später auch fürs schriftliche und mündliche Abitur.
- Wichtige Literatur, die zur Erstellung des Referats herangezogen wurde, kann am Ende zitiert werden.

3. Power Point

Hier gelten grundsätzlich ähnliche Regeln wie für die Plakatgestaltung. Dem Publikum werden im Verlauf und parallel zum Vortrag mittels eines Beamers eine Reihe von Plakaten und Visualisierungen präsentiert, die rasch erfasst werden können. Die Schriftgröße sollte mindestens 18 pt betragen. Farben und Animationen sollten zurückhaltend verwendet werden, um nicht abzulenken.

Wie zitiert man Literatur?

a) Bücher: Name des Autors, Vorname: Titel des Werks. Untertitel. Erscheinungsort, Erscheinungsjahr, Seitenangabe.

Beispiel: Schildt, Axel: Die Republik von Weimar, Deutschland zwischen Kaiserreich und „Drittem Reich" (1918–1933), Erfurt 1997, S. ...

b) Aufsätze in Zeitungen oder Fachzeitschriften: Name des Autors, Vorname: Aufsatztitel, in: Name der Zeitung/der Zeitschrift, Heftnummer und Erscheinungsjahr, Seitenangabe.

Beispiel: Albig, Jörg-Uwe: Vervielfache das Wissen!, in: Geo 6/2006, S. 28–50.

c) Internet: Name des Autors, Vorname (sofern namentlich gekennzeichnet): Titel des Artikels, Erstellungsdatum des Artikels (sofern vorhanden), Erstellungsort (sofern vorhanden), Datum, wann dieser Artikel aus dem Internet geholt wurde.

Beispiel: Lüttwitz-Kapp-Putsch: http://www.dhm.de/lemo/html/weimar/gewalt/kapp/index.html (4.6.2006)

7. Ohnmächtiger Staat? Die Weltwirtschaftskrise

66.1 Straßenszene in New York im November 1929 (stock market = Aktienbörse).

66.3 Franklin D. Roosevelt versprach im Wahlkampf 1932 „A New Deal for the American people". Karikatur 1932.

Der Börsenkrach in den USA

Am 25. Oktober 1929 erlebte die Börse in New York einen dramatischen Kurseinbruch, Aktien verloren in wenigen Tagen 90% ihres Wertes. Vorausgegangen war diesem „Schwarzen Freitag" (→ S. 19) ein jahrelanges Spekulationsfieber in den USA. Viele Menschen, vom Arbeiter bis zum Unternehmer, hatten sich bei Banken verschuldet, um mit dem geliehenen Kapital an der Börse Aktien zu kaufen. Sie hofften, durch rasche Kursgewinne ihre Schulden mühelos begleichen und gleichzeitig einen satten Gewinn einstreichen zu können. Man glaubte an einen immerwährenden Wirtschaftsaufschwung.

66.2 Franklin D. Roosevelt war von 1933 bis 1945 Präsident der USA, er siegte in den Wahlen von 1932, 1936, 1940 und 1944.

New Deal = (wörtlich) Neuverteilung der Karten beim Kartenspiel.

Vor dem Kurseinbruch gab es kleinere Kurskorrekturen nach unten, die zu immer hektischeren Aktienverkäufen und schließlich zum Börsencrash führten. Bald wurden viele Banken zahlungsunfähig. Wohlhabende Menschen, die ihr Vermögen in Aktien angelegt hatten, wurden innerhalb weniger Tage völlig mittellos. Ein Teufelskreis setzte ein: Die Nachfrage nach Konsumgütern sank drastisch, Unternehmen drosselten ihre Produktion, senkten die Löhne oder entließen Mitarbeiter, die ihrerseits ihren Konsum einschränken mussten. In nahezu allen Industriezweigen kam es zu Massenentlassungen. Die Krise traf auch die Farmer intensiv, die schon vorher unter einer agrarischen Überproduktion gelitten hatten.

Wirtschaft und Politik wussten nicht, wie sie reagieren sollten. Gemäß den Grundsätzen der liberalen amerikanischen Wirtschaftstheorie durfte der Staat nicht regulierend in Wirtschaftsabläufe eingreifen und dadurch die Freiheit des Einzelnen einschränken. Doch allein die Erhöhung der Einfuhrzölle zum Schutz der heimischen Industrie vor billigeren Importen konnte das Problem nicht lösen. Denn auch das Ausland antwortete mit Schutzzöllen gegen amerikanische Waren. Durch diesen Handelskrieg schrumpfte der Welthandel massiv und dies verschärfte die Wirtschaftskrise zusätzlich.

Entwicklung des Interventionsstaates: der „New Deal"

Der Ende 1932 zum Präsidenten gewählte Franklin D. Roosevelt trat angesichts des wachsenden Elends für staatliche Interventionen ein. Der Staat habe – so erklärte er – die Aufgabe, ordnend und regulierend in die Wirtschaft einzugreifen, um Krise und Elend zu beheben. Er entwickelte eine neue Politik, den ↗„New Deal": Er veranlasste Hilfsmaß-

67.1 Abhängigkeiten: die amerikanische und die deutsche Wirtschaft. Karikatur aus dem Jahr 1929.

67.2 Viele Banken und Sparkassen gerieten 1931 in Schwierigkeiten und stellten ihre Zahlungen ein. Besorgte Sparer vor einer Berliner Bank, 1931.

nahmen für die von der Krise getroffene Landwirtschaft, schuf Gesetze, mit denen Mindestlöhne festgesetzt und Preise reguliert werden sollten, beschränkte die Arbeitszeit für Industriearbeiter und Angestellte und schuf Ansätze einer Altersrente und Arbeitslosenversicherung. Diese Maßnahmen stellten einen Bruch mit dem tief verwurzelten „Pioniergeist" der USA dar, der auf Individualismus, Eigenverantwortlichkeit und Eigeninitiative vertraute und soziales Elend als Ausdruck mangelnden Arbeitswillens und fehlender Initiative verstand.

In der historischen Forschung ist umstritten, inwieweit diese neue Politik tatsächlich erfolgreich war. Gewiss, sie sicherte wiederholt Roosevelts Wiederwahl und gab einer tief verunsicherten Nation neue Hoffnung. Auch wurde eine – wenn auch recht beschränkte – soziale Fürsorge des Staates Teil des amerikanischen Alltags. Aber die Arbeitslosenzahlen sprechen eine eigene Sprache (→ M 1 und M 4). Auch blieben die nichtorganisierten und verachteten Gruppen, die Schwarzen und andere ethnische Minderheiten ausgeschlossen. Ihre schwierige Lage verbesserte sich durch die neue Politik nicht. Aber im Gegensatz zu manchen europäischen Staaten, in denen an der ökonomischen Krise das demokratische System zerbrach und Diktaturen entstanden, blieb in den USA das demokratische System erhalten.

Folgen für das Deutsche Reich

Die Weltwirtschaftskrise trug wesentlich zum Scheitern der Weimarer Republik bei. Deutschland war als Handelspartner eng mit den USA verbunden. Damit es seinen Reparationsverpflichtungen nachkommen konnte, hatten amerikanische Banken Deutschland überdies seit 1923/24 großzügig Kredite gewährt. Diese forderten sie in der Weltwirtschaftskrise zurück, wodurch viele deutsche Banken in eine existenzielle Krise gerieten. Dieser Prozess wurde durch die Inflation weiter verschärft.

Ähnlich wie in den USA kam es zu einem dramatischen ökonomischen Einbruch: Die rasch wachsende Zahl von Arbeitslosen ließ die Kaufkraft immer größerer Teile der Bevölkerung sinken, darunter litten nicht nur die Arbeiter, es traf auch den Mittelstand, etwa die Bäcker und Metzger, sowie die gesamte industrielle Produktion. Bereits vor der Weltwirtschaftskrise waren angesichts des Überangebots die Preise für Agrarprodukte gefallen. Wie in den USA traf die Krise die deutschen Bauern daher besonders hart; Tausende Bauernhöfe wurden versteigert.

68.1 Um die größte Not zu mildern, wurden öffentliche Suppenküchen für die Hungernden eingerichtet.

Auf der Suche nach politischen Lösungen

Wegen der Wirtschaftskrise gingen die Steuereinnahmen des Staates zurück. Umgekehrt stiegen aber die staatlichen Ausgaben für die arbeitslos gewordenen Menschen. Die Regierung des Reichskanzlers Heinrich Brüning vom Zentrum (1930–1932) wollte keine Schulden aufnehmen; um jeden Preis sollte eine inflationistische Politik vermieden werden. Die schreckliche Erfahrung von 1914–1923, in der die Sparbücher, die Rentenansprüche und das Geld völlig entwertet worden waren, war noch im Bewusstsein der Menschen lebendig.

68.2 Die Arbeitslosigkeit traf auch den Mittelstand: Arbeitsloser der Hotelbranche.

Daher versuchte Brüning die Staatsausgaben drastisch zu drosseln. Dazu wurden beispielsweise die Beamtengehälter um insgesamt 23% gekürzt und die Sozialausgaben um 14% herabgesetzt, umgekehrt Steuern und Abgaben erhöht. Auf diese Weise wurde aber auch die Kaufkraft der Menschen noch weiter verringert. Dadurch sanken die Einnahmen der Bauern und mittelständischer Betriebe weiter. Industriebetriebe mussten ihre Produktion noch mehr einschränken, Arbeitnehmer entlassen und für die verbliebenen die Löhne kürzen. Die staatlichen Steuereinnahmen gingen auf diese Weise noch stärker zurück.

Die Gewerkschaften und die SPD forderten in dieser Zeit staatliche Arbeitsbeschaffungsmaßnahmen, um auf diese Weise die Arbeitslosenzahl zu verringern, die Kaufkraft der Arbeitnehmer zu stärken und die Einnahmen der Bauern und des Mittelstandes zu erhöhen. Davon hätte auch der Staat durch höhere Steuereinnahmen profitiert. Aber Brüning nahm die negativen sozialen und wirtschaftlichen Folgen seiner Politik bewusst in Kauf. Er verfolgte das politische Ziel, dem Ausland zu demonstrieren, dass Deutschland nicht in der Lage war, seinen Reparationszahlungen nachzukommen. Tatsächlich wurde 1931 Deutschland ein Zahlungsaufschub gewährt und 1932 wurde das Deutsche Reich von den Zahlungen bis auf Weiteres befreit.

Aber zu diesem Zeitpunkt hatte sich die ökonomische längst zu einer politischen Krise ausgeweitet. Die Kräfte, die noch an einem parlamentarisch-demokratischen System festhalten wollten, verloren immer mehr ihrer Anhänger. Als die Reparationsfrage um den Preis der Massenarbeitslosigkeit gelöst war, wollte in Deutschland nur noch eine schwindende Minderheit für die demokratische Ordnung eintreten.

69.1 Mitglieder der „Internationalen Arbeiterhilfe" zogen von Geschäft zu Geschäft, um Lebensmittel für die Notküchen streikender Berliner Metallarbeiter einzusammeln. Foto, Oktober 1930.

Sozialökonomische Daten zur Weltwirtschaftskrise in Deutschland

1930:

- Februar: Die Zahl der Arbeitslosen steigt auf 2,6 Millionen.
- Oktober: In Berlin streiken 130 000 Metallarbeiter wegen einer geplanten 15 %igen Lohnsenkung. Der Streik wird ergebnislos abgebrochen.
- Dezember: 4 433 000 Arbeitslose sind bei Arbeitsämtern gemeldet.
- Ein 7-wöchiger Streik im Mansfelder Kupferbergbau gegen einen von den Unternehmern geplanten 15 %igen Lohnabbau; Ergebnis: eine Lohnkürzung von 9,5 % muss von den Arbeitern in Kauf genommen werden.

1931:

- Januar: 4,9 Millionen Arbeitslose.
- Juli: Eine der größten deutschen Banken, die Darmstädter und Nationalbank, stellt ihre Zahlungen ein.
- Im Laufe des Jahres müssen die Arbeiter in vielen Branchen Lohnkürzungen zwischen 6 und 12 % hinnehmen.
- Mit einer Notverordnung Brünings zur „Sicherung von Wirtschaft und Finanzen" werden Lohn- und Gehaltssenkungen durchgeführt und die Leistungen der Arbeitslosenhilfe und der Sozialversicherung gekürzt.
- Über 100 000 Jugendliche werden im „freiwilligen Arbeitsdienst" in Arbeitslagern beschäftigt.
- Die Zahlungen der Arbeitslosenversicherung werden von 26 auf 20 bzw. 16 Wochen gekürzt.

1932:

- Für den Autobahnbau werden lediglich 3 Millionen RM ausgegeben.
- Juni: Durch eine Notverordnung der gerade erst gebildeten Regierung von Papen werden Fürsorge- und Sozialleistungen herabgesetzt.
- 47,4 % der Mitglieder des Deutschen Metallarbeiterverbandes sind arbeitslos, 29,1 % leisten Kurzarbeit, 23,5 % sind noch vollbeschäftigt.
- Die deutsche Industrieproduktion beträgt noch 53 % des Standes von 1929.
- Der Aktienindex ist von 148 Punkten im Jahr 1928 auf 54 Punkte gesunken.

Nach R. Herbig, Notizen aus der Sozial-, Wirtschafts- und Gewerkschaftsgeschichte, 1978, S. 202–205.

M1 Arbeitslosigkeit in Zahlen

Arbeitslosigkeit in Deutschland in Prozent der erfassten Gewerkschaftsmitglieder

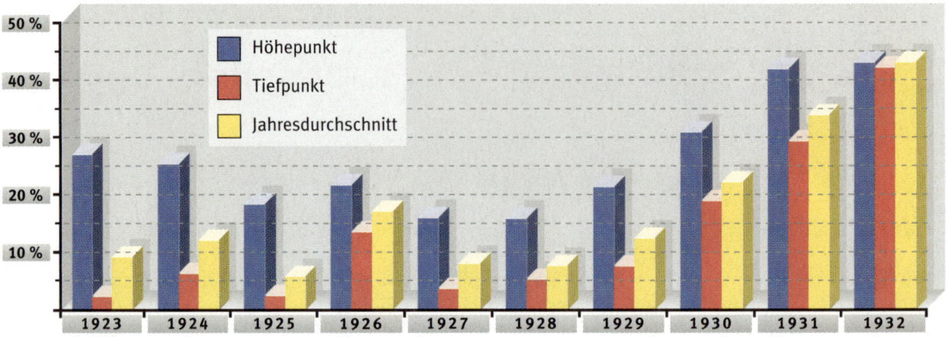

Durchschnittliche Jahresarbeitslosigkeit in den USA, Deutschland und Grossbritannien in Prozent

Die Angaben sind nur bedingt vergleichbar, da die Arbeitslosenzahl in den verschiedenen Ländern auf unterschiedliche Weise erhoben wurde.

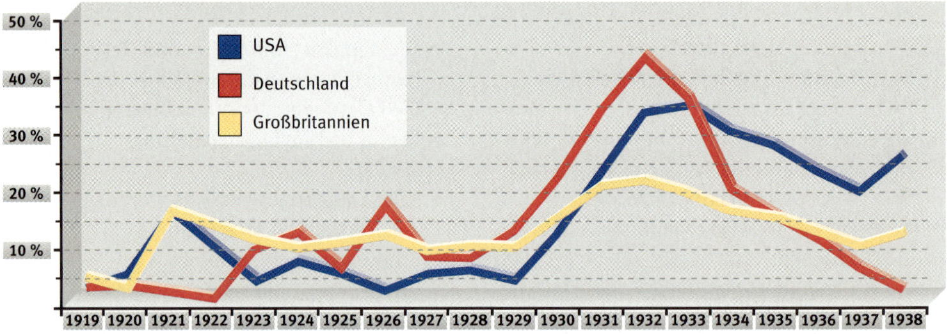

E. C. Schöck, Arbeitslosigkeit und Rationalisierung, 1977, S. 166 und D. Petzina, Arbeitslosigkeit in der Weimarer Republik, in: W. Abelshauser (Hrsg.), Die Weimarer Republik als Wohlfahrtsstaat, 1987, S. 242.

M2 Der „New Deal"

Zwei Gesetze vom Beginn des New Deal:

Agricultural Adjustment Act

Das Gesetz sollte durch freiwillige, in späteren Jahren auch gesetzlich vorgeschriebene Anbaubeschränkungen die Preise für landwirtschaftliche Produkte in die Höhe treiben. Für das, was der Farmer nicht anbaute oder aufzüchtete, erhielt er überdies Ausgleichsprämien. Baumwolle, Weizen, Mais, Tabak, Roggen, Gerste, Zuckerrüben, Milchvieh, Schweine- und Rindfleisch wurden in dieses Programm zur Verknappung des Angebots einbezogen. Als Sofortmaßnahmen pflügte man im August 1933 10 Millionen acres Baumwolle unter und schlachtete 6 Millionen Ferkel.

Tennessee Valley Authority

Der vielleicht erfolgreichste Versuch des Staates, in großem Stil planend in die Wirtschaft einzugreifen, war die Sanierung eines alten Notstandsgebietes, des Tennessee Stromtales. Durch die Tennessee Valley Authority (TVA) wurden Wasserkraftwerke gebaut, billige Energie bereitgestellt, Flüsse reguliert, Bodenerosion gebremst, die Malaria ausgerottet, die Landwirtschaft modernisiert, Industrie angesiedelt, die Schifffahrt aktiviert und neue Arbeitsplätze geschaffen. Der Erfolg dieser Regionalplanung blieb aber ein Beispiel ohne Nachahmung. Roosevelt appellierte 1937 vergeblich an den Kongress, sechs weitere Planungsprojekte zu bewilligen.

D. Junker, Weltwirtschaft, New Deal, Zweiter Weltkrieg, 1925–1945, in: Länderbericht USA I, 1992, S. 169, S. 171.

71.1 Im Hof des Hannoveraner Arbeitsamtes stehen Arbeitssuchende Schlange, Foto aus dem Jahr 1930. Der Fotograf Karl Ballhause war selbst arbeitslos geworden. Er dokumentierte mit einer geliehenen Kamera den Alltag seiner Mitbürger.

Wie verändert Arbeitslosigkeit den Alltag eines Menschen?

Beobachtungen von Sozialwissenschaftlern in den frühen 1930er Jahren:

Mann, Frau, zwei Kinder … Schrebergartenbesitzer. Aus dem Hausbesuchsprotokoll: Die Frau ist sehr nervös, weint gleich, macht einen furchtbar deprimierten Eindruck. Die Wohnung – Zimmer, Kabinett, Küche – ist sehr schön und sauber gehalten, die Kleider aller Familienmitglieder machen einen guten, sauberen Eindruck. Der Mann wünscht bei der Kleiderverteilung Sachen für die Kinder. Er sagt: Das Schrecklichste ist, dass man den Kindern nichts bieten kann. Fürchtet, dass sie zurückbleiben.

Aus der Lebensgeschichte des Mannes: Er hat immer sehr hohe Ansprüche ans Leben gestellt, will überall in die Höhe kommen, voller Selbstvertrauen gewesen und Familienstolz. Er lernt und arbeitet und setzt sich überall durch, sodass er bis zum Beginn der Arbeitslosigkeit überzeugt ist, dass ihm nichts geschehen kann. Auch in den ersten Monaten glaubt er noch, dass ein Mann von seinen Fähigkeiten nicht zugrunde gehen kann. Er schreibt im ersten Jahr 130 Offerten, die alle unbeantwortet bleiben. Jetzt kann er nicht mehr. Er erzählt, dass er den halben Tag im Bett liegt, weil er dadurch Frühstück und Heizung spart, verlässt nie das Haus. Völlig verzweifelt.

Aus Gesprächen: „Besser wird's nicht, nur ärger“. Wünscht sich, dass alles endgültig zusammenbricht. „Ich würde ja gern alles tragen, wenn man's nur den Kindern ersparen könnte.“

Aus Beobachtungen: Von früher sind noch gute Kleidungsstücke vorrätig, die Frau schaut sehr auf die Kinder, die auch regelmäßig in ein Kinderheim geschickt werden. Der Mann sitzt den ganzen Tag zu Hause und macht überhaupt nichts.

M. Jahoda, P. F. Lazarsfeld u. a., Die Arbeitslosen von Marienthal, 1975, S. 69.

72.1 Plakat der Staatlichen Industrie-Förderung, 1933.

M4 Wie die Krise überwinden?

Eine historische Einschätzung wägt die Rolle, die der New Deal und die Aufrüstung bei der Krisenbewältigung spielten, gegeneinander ab:

Als 1936 einige Maßnahmen des New Deal für verfassungswidrig erklärt wurden, war niemand mehr traurig darüber. Die Bedeutung des New Deal wird auch heute nicht so sehr in ihrer Wirkung der Krisenüberwindung als in einer neuen Einstellung des Staates gegenüber der Wirtschaft gesehen, als Übergang vom Laissez-faire-Kapitalismus zum modernen Interventionsstaat. …

Tatsächlich erfolgte die wirkliche wirtschaftliche Erholung erst mit der Aufrüstungspolitik und dem Ausbruch des Zweiten Weltkriegs. In Deutschland stieg der Anteil der Rüstungsausgaben am Budget von 1,5 Prozent (1932) auf 19 Prozent (1938) an. Im Sog dieser Entwicklung waren auch die anderen Industriestaaten früher oder später genötigt, hier nachzuziehen, wollten sie nicht militärisch ins Hintertreffen gelangen.

Und in den Vereinigten Staaten war dieser Zusammenhang zwischen Krisenüberwindung und Aufrüstung besonders deutlich. Die Arbeitslosenrate sank tatsächlich erst mit der Aufrüstung und dem Kriegseintritt Amerikas. Die durchschnittliche Arbeitslosenrate betrug noch im Zeitraum 1933–1938 in Großbritannien 15 Prozent, in Schweden 16 Prozent, in Dänemark 22 Prozent und in den USA 20 Prozent.

Es ist eine der deprimierendsten Aussagen der Wirtschaftsgeschichte, dass man keinen friedlichen wirtschaftspolitischen Weg gefunden hat, die Weltwirtschaftskrise zu überwinden. Weder über alte noch neue wirtschaftspolitische Maßnahmen, sondern erst durch das ökonomische „Großprojekt" Weltkrieg kam in die wirtschaftliche Entwicklung wieder Dynamik. Weder New Deal noch Arbeitsbeschaffung brachten einen Ausweg, sondern erst der Ausbruch des Kriegs hat den Kapitalismus gerettet. Nur dafür waren die Regierungen gewillt, jene großen Summen an öffentlichen Mitteln einzusetzen, die man für das zur Überwindung der Krise notwendige gigantische Arbeitsbeschaffungsprogramm nicht aufzuwenden bereit war.

H. Matis, D. Stiefel, Die Weltwirtschaft. Struktur und Entwicklung im 20. Jahrhundert, 1991, S. 140 ff.

1. Stelle den ökonomischen „Teufelskreis" der Weltwirtschaftskrise in einem Schaubild dar.

2. Welche Rückschlüsse erlauben die Angaben zum Höchst- und Tiefstand der jährlichen Arbeitslosigkeit über die Arbeitsplatzsicherheit und die Lage der Arbeiter während der sogenannten Goldenen zwanziger Jahre? (M 1)

3. Vergleiche die Arbeitslosigkeit in den ausgewählten Ländern. Stelle deine Beobachtungen in Thesenform dar. (M 1)

4. Liste einzelne Maßnahmen der New-Deal-Politik auf und erkläre deren ökonomischen Sinn. Warum stellten sie einen radikalen Bruch in der amerikanischen Wirtschaftspolitik dar? (M 2)

5. Stelle mithilfe des VT die Maßnahmen zusammen, mit denen die deutsche Regierung auf die Wirtschaftskrise reagierte. Erläutere, warum diese Maßnahmen eher krisenverschärfend wirkten. Gab es Alternativen?

6. Diskutiert, inwiefern die amerikanische New-Deal-Politik erfolgreich war oder gescheitert ist. Was könnte man dem wissenschaftlichen Text M 4 entgegenhalten? (vgl. VT)

7. Überlege, warum die Weltwirtschaftskrise die demokratischen Kräfte und vor allem die Arbeiterbewegung schwächte. (Q 3)

8. Niedergang und Ende der Weimarer Republik

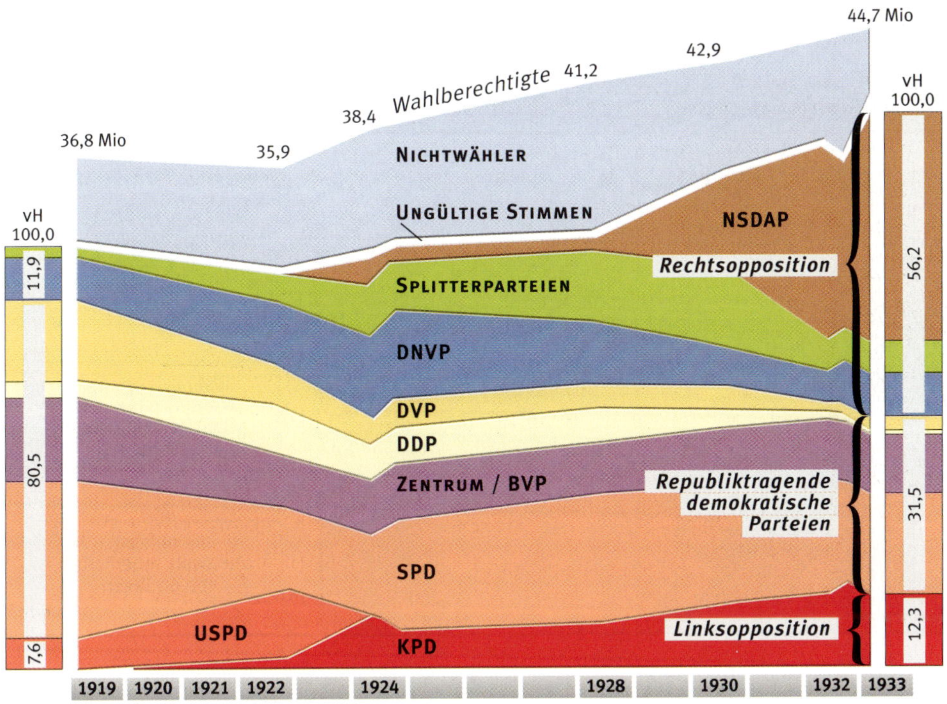

73.1 Die Ergebnisse der Wahlen zur Nationalversammlung und zum Reichstag zwischen 1919 und 1933.

■ Krise der Demokratie

Die Weltwirtschaftskrise zog Deutschland – anders als die USA – auch in einen politischen Strudel. Es war aber nicht allein die ökonomische Krise, die die Demokratie zerstörte. Vielmehr waren bereits zuvor viele Unternehmer, Großgrundbesitzer (vornehmlich im Osten des Reiches), die Reichswehrführung und auch die Berater des Reichspräsidenten entschlossen gewesen, den Reichstag zu entmachten, die Regierung unabhängig vom Parlament zu machen und zu einem autoritären ↗Präsidialregime überzugehen.

Einen Anlass hierzu bot ein eher geringfügiger Streitpunkt in der 1928 gebildeten Großen Koalition. Diese wurde von der SPD mit Reichskanzler Hermann Müller geführt, beteiligt waren neben der SPD das Zentrum, die liberale DDP, die BVP und die unternehmerfreundliche DVP. Die koalierenden Parteien konnten sich nicht über eine Erhöhung des Beitrags zur Arbeitslosenversicherung um 0,5 Prozentpunkte einigen, die Koalition zerbrach. Es sollte die letzte Regierung der Weimarer Republik gewesen sein, die im Parlament eine Mehrheit hatte.

■ Präsidialkabinette

Nach dem Rücktritt der Regierung am 27. März 1930 wurde gar nicht mehr der Versuch unternommen, eine neue mehrheitsfähige Koalition zu bilden. Vielmehr beauftragte Reichspräsident Paul von Hindenburg den Vorsitzenden des Zentrums, Heinrich Brüning, mit der Bildung einer vom Parlament unabhängigen Regierung. Brünings Ziel war die Revision des Versailler Vertrags und die Wiederherstellung der Monarchie. Sollte er im Parlament für seine Gesetzesvorhaben keine Mehrheit finden, wollte er seine Pläne mithilfe des Notverordnungsrechts des Reichspräsidenten gemäß Artikel 48 der Weimarer Verfassung in Kraft setzen (→ B 74.1). Da Brüning im Reichstag keine Unterstützung fand, löste Hindenburg den Reichstag auf.

Die Ergebnisse der Neuwahlen am 14. September 1930 lösten in Deutschland und im Ausland einen Schock aus: Die NSDAP, bislang eine rechtsradikale Splitterpartei, konnte ihren Stimmenanteil von 2,6 % auf 18,3 % erhöhen und wurde damit die zweitstärkste Fraktion im Parlament. Wie kam es zu diesem politischen Erdrutsch?

Präsidialregime:
Bei einem Präsidialregime liegt die Macht bei dem vom Volk direkt gewählten Präsidenten, der die Regierung unabhängig vom Vertrauen des Parlaments bildet.

Das Ende der Großen Koalition, März 1930:
Der Streit um die Erhöhung der Arbeitslosenversicherung machte die grundsätzliche mangelnde Bereitschaft aller Beteiligten, die Koalition aufrechtzuerhalten, deutlich: Die SPD wollte keinen Sozialabbau mehr mittragen, die bürgerlichen Parteien wollten keinen weiteren sozialen Ausgleich durch Umverteilung.

Die Präsidialregierungen bzw. Präsidialkabinette beruhten auf der Kombination der Art. 48 und 25 der Weimarer Verfassung. Durch Androhung und gegebenenfalls Anwendung beider Artikel wurde das Parlament als Entscheidungszentrum ausgeschaltet.

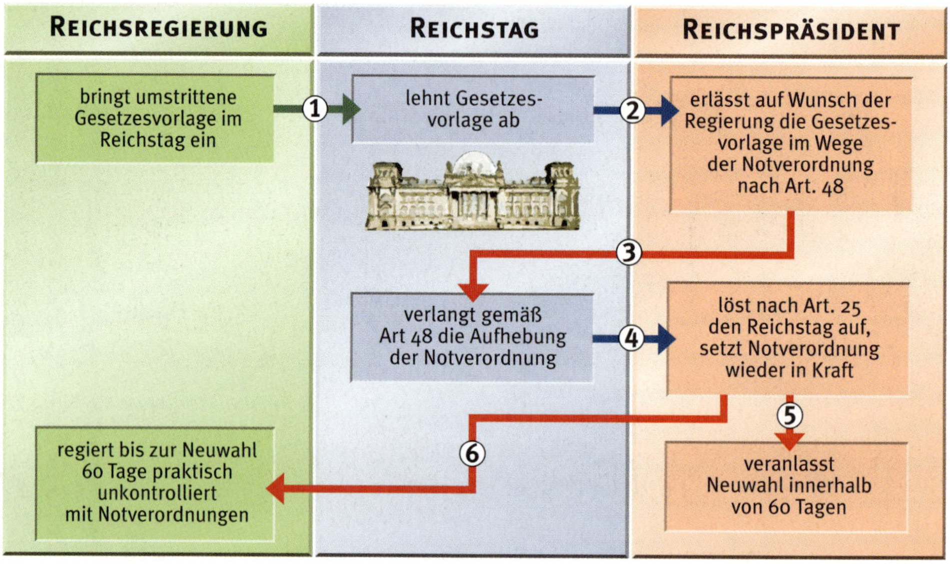

74.1 Die Präsidialregierungen: das Regieren mit Notverordnungen 1930 bis 1933.

Die Anfänge der NSDAP

Die NSDAP war eine der nach dem Ersten Weltkrieg entstandenen rechtsradikalen Parteien. Ihr Vorsitzender Adolf Hitler hetzte hemmungslos gegen das „Weimarer System“, gegen den Versailler Vertrag, gegen die „Erfüllungspolitik“ der demokratischen Regierungen und die Juden, die er für das Unglück Deutschlands verantwortlich machte.

74.2 Wahlplakat der NSDAP, 1926.

Auf dem Höhepunkt der Nachkriegskrise, im November 1923, sah Hitler seine Stunde gekommen: In München erklärte er die „Regierung der Novemberverbrecher“ in Berlin für abgesetzt. Gemeinsam mit General Ludendorff bildete er eine „provisorische deutsche Nationalregierung“. Allerdings blieb die erhoffte Unterstützung für dieses waghalsige Unternehmen aus und der Putsch scheiterte kläglich. Hitler wurde verhaftet und zu einer fünfjährigen Festungshaft verurteilt, aber er wurde – wie so manche anderen Straftäter aus dem nationalistischen Lager – vorzeitig aus der Haft entlassen. Anders als Linksextremisten billigte die aus dem Kaiserreich übernommene konservativ eingestellte Justiz Angeklagten aus dem rechten Spektrum auch bei schweren Verbrechen häufig ehrenvolle „nationale Motive“ zu.

Der Aufstieg der NSDAP

Als das nach dem Putsch verhängte NSDAP-Verbot 1925 wieder aufgehoben wurde, ging Hitler daran, die Partei nun reichsweit straff zentralistisch nach dem Prinzip von Befehl und Gehorsam zu organisieren. Dabei wurde das Legalitätsprinzip betont; Hitler erklärte, die Partei wolle kein Recht brechen, sie ver-

75.1 Der Hitlerputsch am 9. November 1923 in München. Links: Bewaffnete SA-Männer errichten Barrikaden vor dem Kriegsministerium, unter ihnen Heinrich Himmler mit der Reichsflagge aus dem Kaiserreich. Rechts: der Stoßtrupp Hitler, die Keimzelle der späteren SS. Fotos, 1923.

folge keine putschistischen Absichten, sie wolle vielmehr durch ständige Agitation ihre Anhängerschaft verbreitern.

1926 wurde eine Jugendabteilung gegründet, aus der später die Hitler-Jugend hervorging. Bei den zahllosen Parteiveranstaltungen der NSDAP bediente sich die Partei modernster Werbemittel, z. B. des Films; Hitler reiste häufig mit dem Flugzeug zu seinen Reden an. Die NSDAP inszenierte sich als junge, dynamische und entschlossene Bewegung, die in ihren eigenen Reihen die Klassengegensätze überwunden glaubte. Eine Sturmabteilung (SA) sollte die eigenen Veranstaltungen schützen und die gegnerischen stören. Saalschlachten mit den politischen Gegnern gehörten zum Alltag der Weimarer Republik, nicht selten floss dabei Blut, wobei die eigenen Opfer zu „Märtyrern der Bewegung" stilisiert wurden.

In dieser Zeit konnte Hitler eine Reihe von Gefolgsleuten gewinnen, die ihm bis 1945 fast bedingungslos ergeben waren. Schon bald entwickelte sich ein Führerkult um die Person Hitlers. Vor allem an Hochschulen gewann die Partei rasch Anhänger, aber auch bei kleinen Selbstständigen, Angestellten und Volksschullehrern, die sich in ihrer ökonomischen und sozialen Situation bedroht sahen. In protestantischen Schichten fand die Partei leichter Anhänger als in katholischen, die der Zentrumspartei treu blieben. Unterrepräsentiert waren Frauen und Arbeiter.

Finanziell wurde die NSDAP von einigen großbürgerlichen Gönnern sowie von kleineren und mittleren Betrieben unterstützt. Spenden von Großunternehmen erhielt die NSDAP erst nach ihrem Anwachsen zu einer Massenpartei; sie ermöglichten der Partei aufwendig betriebene Propagandafeldzüge.

Die Parteiarbeit der NSDAP führte in den Krisenjahren zu Wahlerfolgen. Einen politischen Durchbruch erzielte Hitler im Oktober 1931, als sich in Bad Harzburg die konservative nationale Opposition versammelte: DNVP, Teile der DVP, vaterländische Verbände und Repräsentanten der Wirtschaft (darunter der frühere Reichsbankpräsident Hjalmar Schacht) schlossen ein Bündnis mit der NSDAP. Die „Harzburger Front" wollte Druck auf den Reichspräsidenten Hindenburg ausüben, endlich den Reichskanzler Brüning fallen zu lassen. Dazu entschloss sich der Reichspräsident aber erst 1932.

76.1 Das Kabinett Hitler: in der Mitte die drei Nationalsozialisten Göring, Hitler (beide sitzend) und (hinter Hitler stehend) Frick. Zur Linken Hitlers sitzt von Papen, am rechten Bildrand der Pressezar Hugenberg. Foto, 1933.

76.2 Reichspräsident Paul von Hindenburg in Uniform. Der ehemalige General des Ersten Weltkrieges wurde 1933 86 Jahre alt. Foto, 1933.

■ Das Ende der Republik

In der Zwischenzeit gewann Hitler auch Zugang zu führenden Unternehmern. Er wurde auf diese Weise zunehmend „salonfähig" gemacht. Aber die Reichswehrführung und Reichspräsident von Hindenburg selbst behielten noch ihre Vorbehalte gegenüber dem demagogisch und aggressiv auftretenden Hitler und vor allem gegenüber der SA, die auf den Straßen nicht nur lärmte, sondern vor brutaler Gewaltanwendung nicht zurückschreckte. Schließlich kandidierte Hitler bei der Reichspräsidentenwahl 1932 gegen Hindenburg, der nur mit den Stimmen der ihm eigentlich verhassten Sozialdemokraten wiedergewählt werden konnte.

Ende Mai 1932 entließ Hindenburg Brüning, ihm folgten Präsidialregierungen unter Franz von Papen und General von Schleicher, die ebenfalls keine Mehrheit im Reichstag hatten und die politische und ökonomische Krise nicht in den Griff bekamen.

Bei zwei aufeinanderfolgenden Reichstagswahlen im Juli und im November 1932 wurde die NSDAP mit weitem Abstand die stärkste Partei (mit Verlusten im November), an zweiter Stelle lagen die Sozialdemokraten, fast alle bürgerlichen und konservativen Parteien erlitten Verluste (➔ B 73.1). Hindenburg bot Hitler beide Male in einem Koalitionskabinett die Vizekanzlerschaft an, doch der lehnte ab, forderte vielmehr die ganze Macht. Eine Reihe von Industriellen unterstützte ihn in seiner Forderung; sie erwarteten eine von den Mehrheitsverhältnissen im Parlament unabhängige Regierung, die der Wirtschaft neue Impulse, etwa durch Rüstungsaufträge, geben konnte und die Stärke der Arbeiterbewegung noch weiter beschränken würde.

Als die Pläne des Reichskanzlers von Schleicher scheiterten, für seine Politik eine Mehrheit im Reichstag zu finden, ernannte Hindenburg Hitler am 30. Januar 1933 zum Reichskanzler. Eine Koalition von NSDAP und DNVP wurde gebildet. Neben Hitler gab es nur zwei weitere nationalsozialistische Minister, die Mehrheit der Regierungsmitglieder stellten die Nationalkonservativen.

Der zum Vizekanzler ernannte Franz von Papen, der diese Lösung eingefädelt hatte, soll gejubelt haben: „In drei Monaten haben wir Hitler so an die Wand gedrückt, dass er quietscht." Aber nicht nur er unterschätzte den skrupellosen Machtwillen der Nationalsozialisten und ihres Führers.

Q1 Wie wirbt die NSDAP?

Aus Geheimberichten der politischen Polizei Offenbachs über Vorgänge aus den Jahren 1929 und 1930:

a) Am 29. 10. 1929 fand in Offenbach abermals ein öffentlicher Sprechabend der Nationalsozialisten statt. In der von 32 Personen besuchten Versammlung sprach der Gaugeschäftsführer der NSDAP, Franz Woweries, über „Marxismus, Sozialismus und Kapitalismus".
Woweries bemängelte, dass seiner, an die Mitglieder gegebenen Weisung, zu jedem Sprechabend einen Sympathisierenden mitzubringen, nicht nachgekommen werde. Entweder fehle den Parteigenossen das Interesse an der Sache oder sie seien mit dem Parteiprogramm nicht genügend vertraut. So könnte der Nationalsozialismus nicht verbreitet werden. Wenn dies nicht besser werde, müsse er vom „Sprechabend" zum „Schulungsabend" übergehen und die Parteigenossen mit dem Programm der NSDAP eingehend vertraut machen.
Der Nationalsozialismus habe überall Fortschritte gemacht und das müsse auch in Offenbach möglich sein.

b) Die Sturmabteilung der NSDAP, Ortsgruppe Offenbach, veranstaltete am 26. 1. 1930 einen Propagandamarsch in Offenbach für eine öffentliche Versammlung, die am 27. 1. 1930 stattfinden sollte.
Gegen 13 Uhr marschierten etwa 185 Personen unter Vorantritt des Spielmannszuges und unter Führung des bekannten Friedrich Weitzel – Frankfurt am Main. … Der bekannte Jugendführer hielt eine äußerst scharfe Ansprache: …
In Offenbach mache sich der Fluch des verführerischen marxistischen Klassenkampfes von Tag zu Tag deutlicher bemerkbar. … Die Schaffenden aller Stände, Arbeiter der Faust und der Stirn müssten einmal erkennen, dass die jüdisch-marxistische Bonzenwirtschaft nicht zum Ziele führen könne. Auch der Offenbacher Bürger möge nun endlich aus seinem Schlaf erwachen. Die Sturmtrupps und die Kolonnen im Braunhemd kämpften gegen Sowjet-Judäa und für die Befreiung des deutschen Volkes.
Der Zug wurde durch nicht uniformierte Frankfurter Anhänger der Bewegung beiderlei Geschlechts auf den Fußsteigen begleitet. Das Auftreten dieser Begleiter war äußerst herausfordernd.

c) Am 19. 6. 1930 um 8.30 Uhr fand ein Feldgottesdienst statt, an dem alle SA-Leute und etwa 200 Personen aus den umliegenden Ortschaften teilnahmen. Pfarrer Uhl von Preungesheim hielt die Predigt.
Anschließend weihte der Gauleiter Ringshausen die Fahnen der Ortsgruppen. …
Während die Kapelle den Fahnenmarsch spielte, schritt er die Front der SA-Leute ab. Nach dieser Veranstaltung marschierten die SA-Leute nach dem Clubhaus zurück. Nachmittags hielten Geyser-Fett und andere … nochmals Ansprachen vor etwa 1000 Personen.

B. Klemm (Hrsg.), „… durch polizeiliches Einschreiten wurde dem Unfug ein Ende gemacht." Geheime Berichte der politischen Polizei über Linke und Rechte in Offenbach 1923 – 1930, 1982, S. 274, 287 f., 315.

77.1 Adolf Hitler spricht in einer Versammlung von SA-Leuten in München. Foto von Heinrich Hoffmann, 1932.

Q2 „Wir stehen als Sieger auf den Trümmern“

Joseph Goebbels, Propagandaleiter der NSDAP, notierte am 28. 5. 1932 in sein Tagebuch:

Im Plenum des preußischen Landtags kommt es zum Ausbruch der bis zur Siedehitze angespannten Erregung. Einer von uns wird von den Kommunisten als Mörder beschimpft. Der bolschewistische Fraktionsführer Pieck provoziert auf das maßloseste von der Rednertribüne herab.

Ein Kommunist schlägt einem Parteigenossen mitten ins Gesicht. Das ist das Signal zur Abrechnung. Sie ist kurz und bündig und wird mit Tintenfässern und Stühlen ausgefochten. In drei Minuten sind wir allein im Saal. Die Kommunisten sind herausgeprügelt, während die Mittelparteien (gemeint sind die bürgerlichen Parteien) in der vorzeitigen Flucht ihr Heil gesucht haben. Unsere Fraktion singt das Horst-Wessel-Lied (= Kampflied der NSDAP). Acht Schwerverletzte aus verschiedenen Parteien. Das war ein warnendes Beispiel. So allein kann man sich Respekt verschaffen. Das Plenum bietet den Anblick einer grauenhaften Verwüstung. Wir stehen als Sieger auf den Trümmern.

Wir diktieren gleich den Bericht für die Presse. Wir müssen den anderen zuvorkommen. Brachialgewalt gegen Provokation, das ist das Einzige, was imponiert. Scheu und voll Achtung schleichen die jüdischen Journalisten um die Trümmer und Blutlachen herum. Wie wird ihnen zumute sein?

J. Goebbels, Vom Kaiserhof zur Reichskanzlei, 1934, S. 100 f.

M3 Generationskonflikt als Faktor in der NS-Bewegung?

Ein Historiker versucht eine Einschätzung:

Für die Altersgruppe der in den 20er Jahren 15- bis 35-Jährigen wurde die Niederlage der Väter zur Katastrophe, als die Soldaten Ende 1918 heimkamen und ihren verwirrten Kindern begegneten. Jene von ihnen, die in den Kampf ziehen wollten, aber noch zu jung gewesen waren, erlitten einen Schock. „Mein Vater kehrte zurück … krank und geistig schwach, unfähig einen Plan zu fassen oder mich irgendwie nachhaltig zu beeinflussen“, schrieb ein künftiger Gefolgs-

78.1 Wahlplakat der SPD, 1932.

78.2 Wahlplakat der NSDAP, 1928.

79.1 Saalschlacht: Die SA in Zivil versucht eine Versammlung der KPD in Berlin zu sprengen. Foto, 1932.

79.2 Notverordnung. Karikatur aus dem Simplicissimus aus dem Jahr 1932.

mann Hitlers Jahre später. Viele dachten, was Peter Suhrkamp 1932 für sie in Worte fasste: „Die Alten haben den Krieg verloren, sie haben 1918 nur halbe Sache gemacht, sie haben die nationale Ehre verraten.“

Eines Morgens im November 1918 ertappte Ernst von Salomon seine Mutter dabei, wie sie die Achselstücke vom Uniformrock seines Vaters abtrennte. Wortlos nähte Ernst sie wieder an, verließ das Elternhaus und ging zu einem Freikorps. …

Bestenfalls ließ man das „System“ allein: „Dieser Staat geht uns nichts an.“ Man sah ihn als eine von internationalen Interessen gebeutelte und von Kommunisten und Juden regierte Spottgeburt der Niederlage. Die parlamentarische Demokratie und das ihr zugrunde liegende Prinzip des Liberalismus wurden verachtet, die politischen Parteien schier endlos verhöhnt und Beamte beleidigt. Das abstrakte Konzept einer „Verfassung“ wurde von vornherein verworfen, weil sie der alten wilhelminischen Ordnung künstlich aufgepfropft worden sei, aber auch deshalb, weil sie der Chimäre [= Traumbild] eines neuen Reiches entgegenstand.

M. H. Kater, Generationskonflikt als Entwicklungsfaktor in der NS-Bewegung vor 1933, in: Geschichte und Gesellschaft 11 (1985), S. 220, 223 f.

1. Informiere dich über die Biografie Hitlers bis 1919 (Kurzreferat).

2. Untersuche die Bildsprache und die Botschaft der Wahlplakate S. 78 und des Porträts des Reichspräsidenten Hindenburg (B 76.2).

3. Kommentiere Goebbels Verhältnis zur Gewalt in der politischen Auseinandersetzung. (Q 2)

4. Überlege, warum die Werbemethoden der NSDAP so erfolgreich waren.
Warum faszinierte gerade die undemokratische Struktur der NSDAP viele junge Menschen? (Q 1, M 3)

5. Stelle in einer Tabelle/einem Schaubild zusammen, welche politischen und sozialen Kräfte Hitler an die Macht gebracht haben und welche Gründe sie dafür hatten.

80.1 Mit dem aktiven und passiven Frauenwahlrecht gehörte die Weimarer Reichsverfassung zu den fortschrittlichsten in Europa. Das Foto zeigt die ersten weiblichen Volksvertreterinnen.

Im Sommer 1918 zeichnete sich endgültig ab, dass Deutschland den Ersten Weltkrieg verlieren würde. Als im Oktober die Marine den militärisch unsinnigen Befehl bekam, die britische Flotte anzugreifen, kam es zu einer Meuterei. Die von Matrosen und Soldaten gebildeten Ausschüsse, die Soldatenräte, bekamen bald von Arbeitern im gesamten Deutschen Reich Zulauf. Revolutionäre Unruhen waren die Folge **(Novemberrevolution)**.

Nachdem Kaiser Wilhelm II. am 9. November 1918 dem Thron entsagt hatte, wurde Deutschland zu einer **parlamentarischen Demokratie** – eine Rätedemokratie fand keine Mehrheit. Die radikale Rechte bekämpfte diesen neuen Staat von Anfang an. Die demokratischen Politiker wurden verleumdet, indem ihnen die Schuld an dem verlorenen Krieg und seinen Folgen gegeben wurde (Novemberverbrecher, Dolchstoß). Es kam zu Mordanschlägen (Erzberger, Rathenau) und zu mehreren Putschen (Kapp-Putsch 1920; Hitlerputsch 1923). Aber auch die radikale Linke lehnte die parlamentarische Ordnung ab.

Der **Friedensvertrag von Versailles** verlangte vom Deutschen Reich die Anerkennung der alleinigen Kriegsschuld, die Abtretung zahlreicher Gebiete (u. a. den Verlust aller Kolonien), die radikale Verkleinerung seiner Armee und Reparationszahlungen. Diese Bedingungen stießen auf Ablehnung einer großen Mehrheit in der deutschen Bevölkerung.

Die **Weimarer Reichsverfassung** war sehr fortschrittlich. Erstmals sah die Verfassung Grundrechte jedes Bürgers vor. Sie beinhaltete auch das Frauenwahlrecht. Neben dem Parlament (Reichstag) und dem Reichskanzler, der der Regierung vorstand, sah die Verfassung einen mächtigen Reichspräsidenten vor, der direkt gewählt wurde. Ab 1930 machte dieser von seiner Möglichkeit Gebrauch, mit **Notverordnungen** zu regieren.

Außenpolitisch gelang es mit den **Verträgen von Rapallo 1922 und von Locarno 1925,** Deutschland wieder in die internationale Gemeinschaft einzugliedern. Der Beitritt zum Völkerbund 1926 zeigte den Erfolg dieser Politik. Die Reparationszahlungen wurden reduziert und 1932 schließlich ganz erlassen.

Wirtschaftlich stand die Weimarer Republik schweren Problemen gegenüber: Die Kriegswirtschaft musste auf eine Friedenswirtschaft umgestellt werden, bis 1923 vernichtete die Inflation Spar- und Geldvermögen und ließ einen Teil der Mittelschicht verarmen. Die Wirtschaft litt zudem unter dem Verlust von Rohstoffquellen und einem Mangel an Kapital.

81.1 Mit Paul von Hindenburg wurde ein General des Ersten Weltkriegs und ein Anhänger der Monarchie zum Reichspräsidenten gewählt. Er selbst stand der demokratischen Ordnung kritisch gegenüber.

Mit dem Zusammenbruch der Börse in den USA **1929 („Schwarzer Freitag")** verschärfte sich auch die Wirtschaftskrise in Deutschland. Die schlechte Wirtschaftslage brachte Deutschland auch politisch in eine Krise. Die Regierung antwortete mit einer rigorosen Sparpolitik. Die Zahl der Arbeitslosen wurde immer größer. Die Regierungen unter Brüning und seinen Nachfolgern hatte schließlich keine Mehrheit im Parlament mehr. Die extremistischen Parteien, vor allem die NSDAP und die KPD, gewannen viele Anhänger. 1933 wurde Adolf Hitler zum Reichskanzler ernannt.

Die Weimarer Republik hatte zu einer **Liberalisierung der Gesellschaft** geführt. Dies ist in der fortschrittlichen Sozialgesetzgebung, in der Emanzipation der Frauen und im künstlerischen Leben zwischen 1919 und 1933 zu erkennen. Auf der anderen Seite besaßen die Schichten aus Adel und Militär, die in der Kaiserzeit dominierend waren, immer noch erheblichen Einfluss.

Das kulturelle Leben ließ viele moderne künstlerische Strömungen entstehen. Der Expressionismus in der Malerei und der bildenden Kunst, moderne Formen in Literatur und Theater und die moderne Architektur erlebten eine Blüte. Der Film – im Laufe der 20er Jahre zunehmend mit Ton – zog ein breites Publikum in die Kinos.

- Informiere dich über das Frauenwahlrecht in anderen europäischen Staaten und vergleiche deine Ergebnisse mit der Weimarer Reichsverfassung.
- Diskutiere die Behauptung, die Weimarer Republik sei eine Demokratie ohne Demokraten gewesen.

Zwölf Jahre Nationalsozialismus – Dikta

Inszenierte Politik: Adolf Hitler in – gestellter – Rednerpose

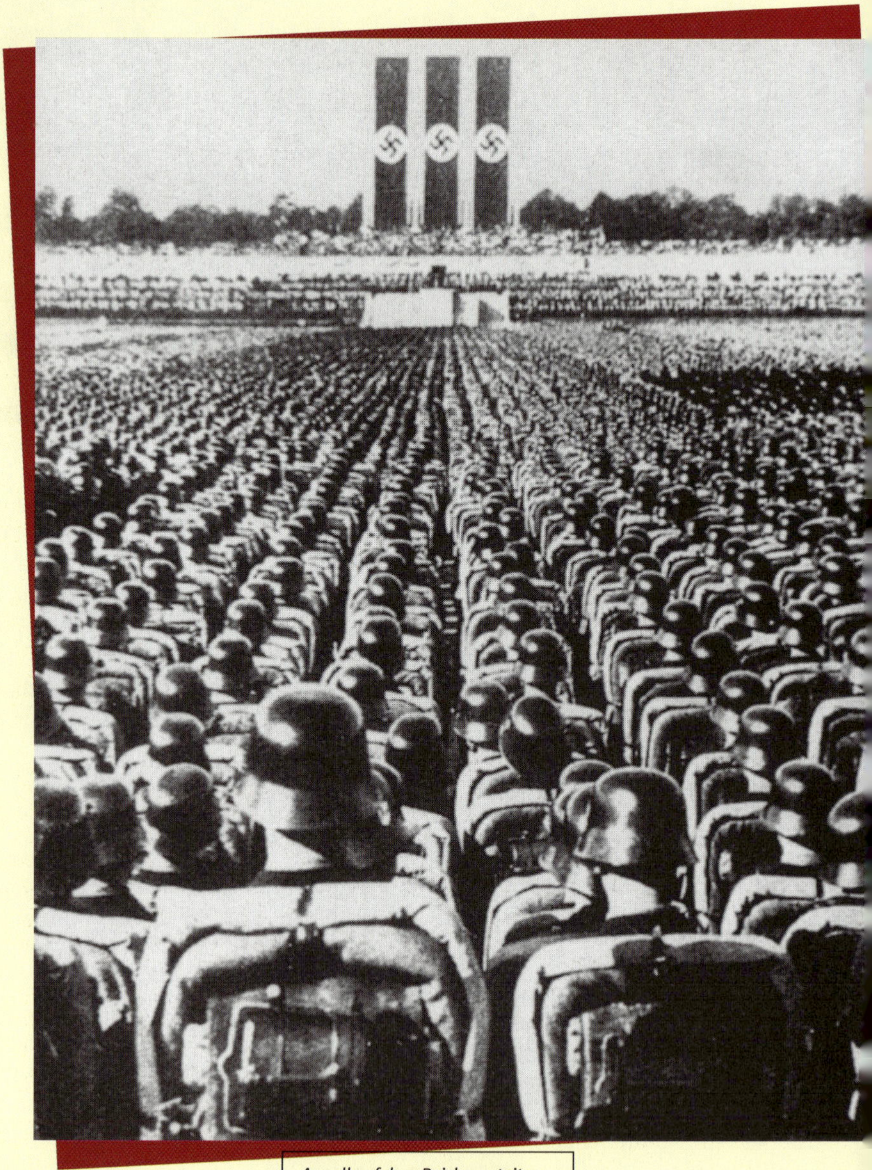

Appell auf dem Reichsparteitag, Luitpoldarena Nürnberg, 1938.

tur, Krieg und Völkermord

Judenstern, getragen in einem KZ.

Appell im Konzentrationslager Dachau, 1936.

Frauen und Kinder auf der Flucht vor der Roten Armee in Danzig, 1945.

Orientierung in Zeit und Raum

84.1 Das Deutsche Reich 1935–1939.

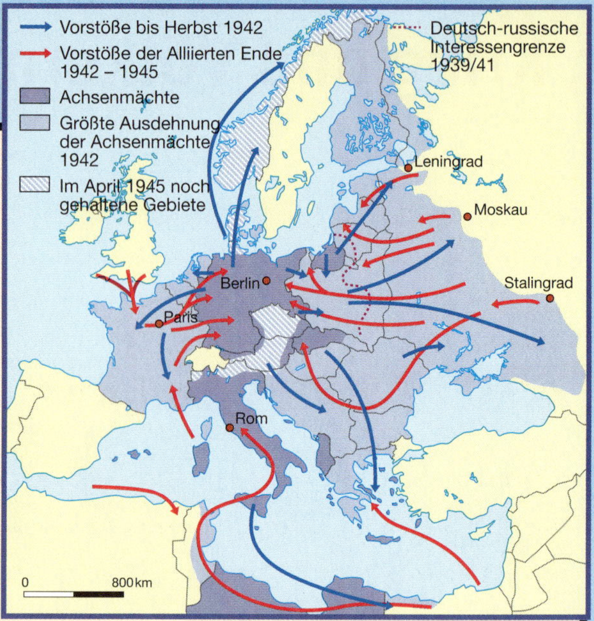

84.2 Der Zweite Weltkrieg 1939–1945.

30.1.1933	Adolf Hitler wird Reichskanzler. Die nationalsozialistische Diktatur beginnt.
28.2.1933	Mit der „Reichstagsbrandverordnung“ werden wesentliche Grundrechte außer Kraft gesetzt.
23.3.1933	Der Reichstag schaltet sich mit dem sog. „Ermächtigungsgesetz“ selbst aus.
14.7.1933	„Gesetz gegen die Neubildung von Parteien“: Die NSDAP ist einzig zugelassene Partei.
2.8.1934	Reichspräsident von Hindenburg stirbt. Adolf Hitler wird Staatsoberhaupt und lässt die Reichswehr auf sich vereidigen.
15.9.1935	Mit den „Nürnberger Gesetzen“ beginnt eine neue Stufe der Entrechtung der Juden.
13. 3.1938/ 1.10.1938	Deutsche Truppen erzwingen den „Anschluss“ Österreichs an das Deutsche Reich. Nach der Münchner Konferenz im September 1938 annektiert das Deutsche Reich das zur Tschechoslowakei gehörende Sudetenland. Im März 1939 wird der restliche Teil von Tschechien als „Protektorat Böhmen und Mähren“ dem Deutschen Reich angegliedert.
9.11.1938	In der Reichspogromnacht führt die SA Gewaltaktionen gegen Juden im ganzen Reich durch.
1.9.1939	Mit dem deutschen Überfall auf Polen beginnt der Zweite Weltkrieg.
20.1.1942	Auf der Wannseekonferenz wird die Ermordung aller europäischen Juden beschlossen.
2.2.1943	Die Kapitulation der deutschen Truppen in Stalingrad markiert einen Wendepunkt.
6.6.1944	Alliierte Truppen landen in der Normandie.
20.7.1944	Das Attentat des Obersten Claus Graf Schenk von Stauffenberg auf Hitler scheitert.
8.5.1945	Bedingungslose Kapitulation des Deutschen Reiches.
6./8.8.1945	Nach dem Abwurf der Atombombe auf die japanischen Städte Hiroshima und Nagasaki durch die USA endet der Zweite Weltkrieg in Asien.

Helene Mayer siegt für Deutschland

Nach dem Willen der nationalsozialistischen Machthaber sollten die Olympischen Spiele 1936 die glanzvollsten sein, die die Welt je gesehen hatte.
Das nationalsozialistische Deutschland präsentierte sich als „neues Deutschland" und wollte den Besuchern aus aller Welt ein möglichst perfektes Bild vermitteln. Kein offener Antisemitismus sollte dieses Bild trüben.
Was konnte da besser sein, als eine aussichtsreiche jüdische Sportlerin im deutschen Olympiakader aufzubieten?
Helene Mayer, Tochter eines jüdischen Vaters und einer christlichen Mutter, war 1928 in Amsterdam Olympiasiegerin im Florettfechten geworden. Nachdem die Nationalsozialisten an die Macht gekommen waren, wurde sie zuerst als Nationalheldin verehrt – aufgrund ihrer Größe und ihrer blonden Haare passte sie hervorragend zum arischen Schönheitsideal. Als bekannt wurde, dass sie „Halbjüdin" war, warf man sie aus ihrem Heimatclub Offenbach hinaus. Dennoch erhielt Helene Mayer, die sich seit 1932 zum Studium in den USA aufhielt, rechtzeitig zu den Olympischen Spielen eine offizielle Einladung des Reichssportführers zur Teilnahme an den Olympischen Spielen in Berlin 1936.
Hätte sie ablehnen sollen? Als deutsche Staatsangehörige konnte sie nur als Mitglied der deutschen Olympiamannschaft an den Spielen teilnehmen und versuchen, ihren Olympiatitel zu verteidigen. Ohnehin fühlte sie sich als Deutsche. Die Reise nach Deutschland bot ihr zudem die Möglichkeit, nach langen Jahren endlich wieder ihre Familie zu sehen. Spekuliert wird auch, dass Druck auf ihre Familie ausgeübt worden sein könnte, um ihre Zusage zu erzwingen.
Helene Mayer nahm die Einladung an und gewann im Florettfechten die Silbermedaille. Auf dem Siegertreppchen hob sie die Hand zum obligatorischen „deutschen Gruß" – wie es alle deutschen Athletinnen und Athleten taten, die Medaillen errungen hatten. Hitler, der fast täglich an den Veranstaltungen teilnahm, konnte befriedigt feststellen, dass Deutschland im Medaillenspiegel die Spitzenposition einnahm.
Helene Mayer kehrte gleich nach den Spielen in die USA zurück. Dort wurde sie amerikanische Staatsbürgerin und gewann insgesamt achtmal die amerikanischen Meisterschaften.

85.1 Helene Mayer 1930.

1. *Hätte Helene Mayer die Teilnahme/den Gruß ablehnen sollen? Sprecht darüber!*

1. Die Errichtung der nationalsozialistischen Diktatur

■ Machtübertragung 1933

↗Nationalsozialismus

30. Januar 1933: Hitler war von Reichspräsident von Hindenburg zum Reichskanzler ernannt worden. Zwei Nationalsozialisten im neuen Kabinett waren Minister geworden. Der Koalitionspartner, die DNVP, gedachte, die Nationalsozialisten zu „zähmen".

Als am 27. Februar 1933 ein Einzeltäter den Reichstag anzündete, wollten die Nationalsozialisten darin eine kommunistische Verschwörung sehen, nutzten die Empörung und schürten antikommunistische Hysterie in der Bevölkerung: In einer Notverordnung (gemäß Art. 48 der Reichsverfassung → S. 33 und 74), der „Verordnung zum Schutz von Volk und Staat", ließen sie durch Reichspräsident von Hindenburg zentrale Grundrechte außer Kraft setzen. Damit war der permanente Ausnahmezustand erklärt. Vor allem die Kommunisten, aber auch Sozialisten und andere wurden unbarmherzig verfolgt. Die Polizei nahm sie in sogenannte „Schutzhaft", d. h., sie kamen oft monatelang in ein Konzentrationslager und waren politisch ausgeschaltet. Große Teile der Bevölkerung waren antikommunistisch eingestellt und reagierten auf diesen Terror mit Gleichgültigkeit oder gar Zustimmung.

Die NSDAP wurde bei den Wahlen am 5. März 1933 stärkste Partei, erreichte aber mit 43,9 % der abgegebenen Stimmen nicht die erwartete absolute Mehrheit.

86.1 Das „Kampfblatt" der NSDAP am 1. März 1933.

Norddeutsche Ausgabe
60. Ausg. • 46. Jahrg. • Einzelpreis 20 Pf.

Norddeutsche Ausgabe
Berlin, Mittwoch, 1. März 1933

VÖLKISCHER BEOBACHTER

Herausgeber Adolf Hitler

Die Brennessel

Kampfblatt der national-sozialistischen Bewegung Großdeutschlands

Das Maß ist voll!

Jetzt wird rücksichtslos durchgegriffen

Kommunistische Brandstifter zünden das Reichstagsgebäude an – Der Mitteltrakt mit dem großen Sitzungssaal vernichtet – Kommunistischer Brandstifter verhaftet – Das Zeichen zur Entfesselung des kommunistischen Aufruhrs – Schärfste Maßnahmen gegen die Terroristen – Alle kommunistischen Abgeordneten in Haft – Alle marxistischen Zeitungen verboten

Der Wallot-Bau in Flammen

Das Fanal!

Der amtliche Bericht:

■ Selbstentmachtung des Reichstags und Gleichschaltung

Schon bald holten die Nationalsozialisten zum entscheidenden Schlag aus, diesmal gegen das Parlament. Mit der Zustimmung zum „Ermächtigungsgesetz" (→ Q2, 3) schaltete die Mehrheit der Abgeordneten den Reichstag am 23. 3. 1933 selbst aus – wenn auch unter massivem Druck und mithilfe von Einschüchterungsversuchen seitens der Nationalsozialisten. Einzig die SPD unter ihrem Parteivorsitzenden Otto Wels beugte sich diesem Druck nicht und stimmte gegen das Gesetz. Zum Sieg der Nationalsozialisten hatte sicher auch ein Festakt zwei Tage vor der Abstimmung beigetragen: In der Potsdamer Garnisonskirche verneigte sich Hitler vor dem Feldmarschall und Reichspräsidenten von Hindenburg (→ B 89.1). Diese Inszenierung, von Propagandaminister Goebbels bis ins Detail geplant, beeindruckte nun auch bürgerliche Kreise, denen Hitler und seine Parolen bisher zu radikal gewesen waren. Es ging Hitler darum, dem alten Preußen die „junge Bewegung" erträglich zu machen.

Im Juni und Juli 1933 lösten sich fast alle Parteien unter dem Druck der NSDAP selbst auf. Die SPD wurde am 22. Juni 1933 verboten. Folgerichtig wurde die NSDAP am 14. Juli 1933 mit dem „Gesetz gegen die Neubildung von Parteien" die einzig zugelassene Partei im Deutschen Reich. Masseneintritte in die NSDAP zeigten, in welchem Ausmaß viele Menschen jetzt auf die Nazipartei setzten.

Auch andere Institutionen wurden noch im Jahr 1933 brutal „gleichgeschaltet": So wurden am 2. Mai 1933 die Gewerkschaften zerschlagen und durch die „Deutsche Arbeitsfront" (DAF) ersetzt, in der Arbeiter, Angestellte und Unternehmer gemeinsam vertreten waren. Tatsächlich hatten die Arbeiter keine Mitspracherechte.

Die Länder wurden 1933 „gleichgeschaltet", d. h., zunächst wurden die Länderparlamente nach den Stimmenverhältnissen des Reichstags neu zusammengesetzt, dann im Januar 1934 aufgelöst. Die Gemeinde- und Stadträte hatten sich Ende März 1933 auflösen müssen. Sie waren nach dem Ergebnis der Reichstagswahl vom 5. März neu gebildet worden.

Im April 1933 erließ die nationalsozialistische Regierung ein Gesetz, das es möglich machte, alle Beamten, die sich nicht rückhaltlos für den nationalsozialistischen Staat einsetzten, willkürlich zu entlassen. Politische Gegner und Juden (→ S. 104 ff.) – mit Ausnahme von ehemaligen jüdischen Frontkämpfern im Ersten Weltkrieg – wurden sofort in den Ruhestand versetzt.

Schon im März 1933 wurde die Unparteilichkeit der Rechtsprechung und damit der Rechtsstaat offiziell aufgegeben. Für politische Fälle waren Sondergerichte zuständig.

■ Die „Nacht der langen Messer"

Im Machtkampf zwischen den beiden Parteigliederungen SA und SS unterlag die SA. Ihr Stabschef Ernst Röhm war über die ausgebliebene zweite, die „soziale Revolution", enttäuscht. Auch erwarteten seine alten Kämpfer materielle Vorteile, um ihre Position in der Gesellschaft zu verbessern. Sie erwarteten, im neu zu schaffenden „Volksheer" nach der Verschmelzung von SA und Reichswehr eine Führungsrolle zu übernehmen. Hitler wollte allerdings weder die Reichswehr vor den Kopf stoßen noch das so mühsam erworbene Vertrauen konservativer Kreise aufs Spiel setzen. Deshalb ließ er verbreiten, Ernst Röhm, sein Duzfreund und maßgeblicher Förderer seit Anfang der 20er Jahre, habe einen Putschversuch unternommen. In der „Nacht der langen Messer" ließ er Röhm und weitere SA-Führer und Oppositionelle, auch aus den Reihen der NSDAP, u. a. Kurt von Schleicher, General und früherer Reichskanzler ermorden. Nachträglich wurden diese Morde als „Staatsnotwehr" gerechtfertigt. Hitler ernannte sich jetzt zum „Obersten Gerichtsherrn des Deutschen Volkes". Damit existierte endgültig keine Gewaltenteilung mehr in Deutschland, Hitler war im Besitz aller drei Gewalten.

Als Reichspräsident von Hindenburg am 1. August 1934 starb, übernahm Hitler nur einen Tag später zusätzlich zum Amt des Kanzlers auch die Kompetenzen des Reichspräsidenten. Er nannte sich nun „Führer und Reichskanzler". Am selben Tag ließ er die Reichswehr auf seine Person vereidigen.

87.1 Hitler beim „Reichserntedankfest" auf dem Bückeberg bei Hameln, 1934. Die SA steht Spalier.

Das verkündete Ziel, alles für die Streitkräfte zu tun und der Rüstung absolute Priorität zu geben, sicherte die Unterstützung der Reichswehrführung.

■ Was begünstigte den Erfolg?

Mit den Maßnahmen gegen die Kommunisten verschafften sich die Nationalsozialisten besonders in bürgerlichen Kreisen Sympathien. Viele Deutsche trauten ihnen zu, dass sie als Ordnungsmacht auftreten könnten. So kam es, dass der Prozess der „Gleichschaltung" von vielen Betroffenen sogar freiwillig und bereitwillig vollzogen wurde, z. B. von vielen Berufsverbänden und Vereinen. Hitler war vielfach Nutznießer und nicht stets Urheber einer diesbezüglichen Anordnung.

Dass sich die weltweite Konjunktur spürbar verbesserte und Arbeitsbeschaffungsmaßnahmen endlich griffen, verkauften die Nationalsozialisten als ihren Erfolg. Dass sie den Menschen so offensichtlich neue Hoffung gaben, trug enorm zu ihrer Popularität bei. Wer sah zu diesem Zeitpunkt schon, dass die Nationalsozialisten Deutschland in den Krieg steuerten? Daher sahen es viele als ihre Pflicht an, scheinbar kleinmütige Bedenken gegenüber Hitlers Angriffen auf die Rechtsstaatlichkeit fallen zu lassen und sich in den Dienst der „großen Aufgabe" zu stellen.

SA: Sturmabteilung; politische Kampftruppe der NSDAP, die zunächst als Saalschutz operierte, in der Endphase der Weimarer Republik allgemein politische Gegner terrorisierte.

SS: Schutzstaffel, Kampfverband der NSDAP, ursprünglich für den persönlichen Schutz Hitlers zuständig; entwickelte sich dann durch enge Verbindung mit der Polizei – der Reichsführer SS war zugleich Chef der Polizei – zu einer mächtigen Gruppierung der NSDAP.

Q1 Die „Reichstagsbrand-verordnung“

Aus der von Reichspräsident von Hindenburg unterzeichneten „Verordnung des Reichspräsidenten zum Schutz von Volk und Staat“, 28. Februar 1933:

Aufgrund des Art. 48 Abs. 2 der Reichsverfassung wird zur Abwehr kommunistischer staatsgefährdender Gewaltakte Folgendes verordnet:
§ 1 … Es sind … Beschränkungen der persönlichen Freiheit, des Rechtes der freien Meinungsäußerung einschließlich der Pressefreiheit, des Vereins- und Versammlungsrechtes, Eingriffe in das Brief-, Post-, Telegraphen- und Fernsprechgeheimnis, Anordnungen von Haussuchungen und von Beschlagnahme sowie Beschränkungen des Eigentums außerhalb der sonst hierfür bestimmten gesetzlichen Grenzen zulässig.

Reichsgesetzblatt 1933, Teil I, S. 83.

Q2 Das „Ermächtigungsgesetz“

a) Aus dem „Gesetz zur Behebung der Not von Volk und Reich“, 23. März 1933:

Art. 1 Reichsgesetze können … auch durch die Reichsregierung beschlossen werden.
Art. 2 Die von der Reichsregierung beschlossenen Reichsgesetze können von der Reichsverfassung abweichen.
Art. 4 Die Reichsregierung kann Verträge mit fremden Staaten ohne Zustimmung des Reichstags beschließen.

Reichsgesetzblatt 1933, Teil I, S. 141.

b) Hitlers Rede zum „Ermächtigungsgesetz“ vor dem Reichstag, 23. März 1933:

Es würde dem Sinn der nationalen Erhebung widersprechen …, wollte die Regierung sich für ihre Maßnahmen von Fall zu Fall die Genehmigung des Reichstages erhandeln. … Die Regierung wird dabei nicht von der Absicht getrieben, den Reichstag … aufzuheben …. sie behält sich vor …, wenn zweckmäßig, … seine Zustimmung einzuholen. … Da die Regierung an sich über eine klare Mehrheit verfügt, ist die Zahl der Fälle, in denen eine innere Notwendigkeit vorliegt, zu einem solchen Gesetz Zuflucht zu nehmen, an sich eine begrenzte. Umso mehr aber besteht die Regierung der nationalen Erhebung auf der Verabschiedung dieses Gesetzes. … Mögen Sie, meine Herren, nunmehr selbst die Entscheidung treffen über Frieden oder Krieg.

Geschichte in Quellen, Weltkriege und Revolutionen, 1975, S. 282 f.

c) Der Abgeordnete Otto Wels im Namen der SPD vor dem Reichstag zum „Ermächtigungsgesetz“, 23. März 1933:

Nach den Verfolgungen, die die Sozialdemokratische Partei in der letzten Zeit erfahren hat, wird billigerweise niemand von ihr verlangen oder erwarten können, dass sie für das hier eingebrachte Ermächtigungsgesetz stimmt. Die Wahlen vom 5. März haben den Regierungsparteien die Mehrheit gebracht und damit die Möglichkeit gegeben, streng nach Wortlaut und Sinn der Verfassung zu regieren. … Eine … Allmacht der Regierung muss sich umso schwerer auswirken, als auch die Presse jeder Bewegungsfreiheit entbehrt. … Wir deutschen Sozialdemokraten bekennen uns in dieser geschichtlichen Stunde feierlich zu den Grundsätzen der Menschlichkeit und der Gerechtigkeit, der Freiheit und des Sozialismus. …

Weltgeschichte im Aufriss 3/1. 1976, S. 368 f.

d) Prälat Dr. Kaas (Zentrum) im Reichstag:

Die Deutsche Zentrumspartei … setzt sich zu dieser Stunde … bewusst und aus nationalem Verantwortungsgefühl über alle parteipolitischen und sonstigen Bedenken hinweg. … Im Angesicht der brennenden Not, in der Volk und Staat gegenwärtig stehen, im Angesicht der riesenhaften Aufgaben, die der deutsche Wiederaufbau an uns stellt …, reichen wir von der Deutschen Zentrumspartei in dieser Stunde allen, auch früheren Gegnern, die Hand, um die Fortführung des nationalen Aufstiegswerkes zu sichern. Die Wiederherstellung eines geordneten Staats- und Rechtslebens zu beschleunigen, chaotischen Entwicklungen einen festen Damm entgegenzusetzen …, gibt die Deutsche Zentrumspartei ihre Zustimmung.

Frankfurter Zeitung vom 24. März 1933.

89.1 Der „Tag von Potsdam", 21. März 1933 – Hitler eröffnet den neuen Reichstag mit einem Gottesdienst in der Potsdamer Garnisonskirche, in der Friedrich der Große beigesetzt war. Fotografie und stilisierte Postkarte.

Q3 Was heißt „Gleichschaltung"?

In einer Rede erklärt Propagandaminister Joseph Goebbels am 12. 6. 1933 den Begriff „Gleichschaltung":

Die Gleichschaltung … ist die revolutionäre Umgestaltung des Staates, der Republik, der Partei, der Interessenverbände …, dass es in Deutschland nur eine Meinung, eine Partei, eine Überzeugung gibt …

Der Zeitspiegel. Halbmonatsschrift für politische Bildung 2 / 1933, S. 198.

Q4 Eidesformeln der Soldaten

a) vom 2. 12. 31 – 1. 8. 1934:

Ich schwöre bei Gott diesen heiligen Eid, dass ich meinem Volk und Vaterland allzeit treu und redlich dienen und als tapferer und gehorsamer Soldat bereit sein will, jederzeit für diesen Eid mein Leben einzusetzen.

b) ab 2. 8. 1934 bis Kriegsende:

Ich schwöre bei Gott diesen heiligen Eid, dass ich dem Führer des Deutschen Reiches und Volkes, Adolf Hitler, dem Oberbefehlshaber der Wehrmacht, unbedingten Gehorsam leisten und als tapferer Soldat bereit sein will, jederzeit für diesen Eid mein Leben einzusetzen.

Geschichte in Quellen. Weltkriege und Revolutionen, S. 310.

1. Nenne die zentrale Bestimmung der „Reichstagsbrandverordnung" und ihre Begründung. Erläutere ihre Bedeutung. (Q 1)
2. Das „Ermächtigungsgesetz" vom 23. 3. 1933 (Q 2 a):
   a) Worin liegt der Sinn der wesentlichen Bestimmungen?
   b) Arbeite aus Q 2 b – d heraus, wie Hitler sein Gesetz rechtfertigt und wie Zentrumspartei und SPD jeweils ihre Entscheidungen begründen.
3. Erkläre, was die Nationalsozialisten unter „Gleichschaltung" (Q 3) verstehen und wie sie vorgehen. (VT)
4. Der „Tag von Potsdam" – vergleiche die beiden Darstellungen. Welche Absicht steckt hinter der Postkartenversion? (B 89.1)
5. Die Eidesformeln: Arbeite die Unterschiede heraus. (Q 4)
6. Erläutere, mit welchen Mitteln es Hitler in kurzer Zeit gelang, die Macht in Deutschland zu erlangen. (Quellen, VT) – Beurteile, ob der Weg in die Diktatur unaufhaltsam war.

WERK

NS-Propagandasprache untersuchen

Politik als Propaganda

„Propaganda" war für Hitler und die Nationalsozialisten zentrales Werkzeug der Politik. Sie wollten unaufhörlich die Volksmassen zu blinder Gefolgschaft mobilisieren. Von entscheidender Bedeutung waren dabei die Massenmedien. Diese hatte die nationalsozialistische Regierung, gelenkt von Goebbels' Propagandaministerium, fest im Griff. Über den Volksempfänger kamen Hitlers Reden in viele Haushalte. Die Presse, ohnehin gleichgeschaltet, wurde noch weiter geknebelt: Wörter, Begriffe und Darstellungsweise wurden vorgeschrieben. Sprache und Denken sollten manipuliert werden.

Ein Beispiel aus Hitlers „Mein Kampf"

Hitler schrieb in seinem Buch „Mein Kampf" (1924/25) im 2. Kapitel:

„Gab es denn da einen Unrat, eine Schamlosigkeit in irgendeiner Form, vor allem des kulturellen Lebens, an der nicht wenigstens ein Jude beteiligt gewesen wäre? Sowie man nur vorsichtig in eine solche Geschwulst hineinschnitt, fand man, wie die Made im faulenden Leibe, oft ganz geblendet vom plötzlichen Lichte, ein Jüdlein. ...
So glaube ich heute im Sinne des allmächtigen Schöpfers zu handeln: Indem ich mich des Juden erwehre, kämpfe ich für das Werk des Herrn."

Analyse: Wodurch NS-Propaganda Wirkung erzeugen sollte

Hitler bedient sich einer rhetorischen Frage, mit der er von der Unbeweisbarkeit seiner Behauptung ablenken und dem Leser seine Meinung aufzwingen möchte. Die Verkleinerungsform „Jüdlein" wirkt herabsetzend und verharmlosend. Juden werden mit Abfall („Unrat") in engen Zusammenhang gebracht. Mit Bildern aus dem Bereich der Krankheiten („Geschwulst") und von Schädlingen möchte er Ekel erzeugen und gleichzeitig Juden vom „gesunden deutschen Volkskörper" isolieren. Eine „Made" ernährt sich von anderen – auch hier wird eine negative Assoziation aufgebaut. Nicht zuletzt ist die Vernichtung von Ungeziefer und Schädlingen ein durchaus akzeptables und sogar gesellschaftlich gewolltes Verhalten. Wenn man Menschen mit Ungeziefer vergleicht, werden Hemmungen abgebaut – dass man auch Menschen, Juden, tötet, rückt in den Bereich des Möglichen. Das Opfer wird vor der Tat entwürdigt, was die Bereitschaft zum Töten erhöht.
Hitler verwendet „der Jude" als Kollektivbegriff. Damit wird die menschliche Individualität aufgehoben.
Dass Hitler vom „allmächtigen Schöpfer" und vom „Werk des Herrn" spricht, verbrämt sein Vorhaben als scheinbar religiöse Mission.

Arbeitsschritte

Bei Propagandatexten sind folgende Arbeitsschritte wichtig:
1. Schau dir die Formulierungen genau an. Achte auf die sprachlichen Mittel, die verwendet werden, z. B. Vergleiche und Bilder.
2. Überlege dir, welche Assoziationen bei dir geweckt werden. Beziehe dann das ein, was du über die NS-Zeit schon weißt.

Beispiel: Artikel im „Völkischen Beobachter"

„Flucht der Juden und Kapitalschieber
Das wird bald aufhören!
Berlin, 31. Januar [1933]
Nun hat es der hassgeifernden Presse doch nichts genutzt, dass sie die deutsche Freiheitsbewegung mit Kübeln von Unflat und Schmutz zu begießen versuchte. Der Aufbruch der Nation hat begonnnen. Das haben schon die Juden rechtzeitig gewittert. Es wird hell im deutschen Haus, und die Parasiten versuchen, durch alle möglichen Löcher zu entschlüpfen.
Im letzten halben Jahr haben sich schon zahlreiche Hebräer die Pässe gesichert. Vielen aber, die es immer noch nicht glauben wollten, dass Deutschland einmal erwacht, kom-

men die Ereignisse etwas übereilt und ungelegen. Während am Sonnabend und Sonntag auf den Passstellen normaler Betrieb herrschte, drängt sich heute die ‚Elite‘ Deutschlands von gestern, um schnell Papiere für die ‚Erholungsreise‘ ins Ausland zu besorgen ... Erklärlicherweise!“

Völkischer Beobachter, 31. 1. 1933.

Beispiel: Sprachregelungen

Aus den Anordnungen des Reichspresseamts (schätzungsweise wurden 50 000 bis 80 000 davon erlassen):

– *20. 2. 1934* Es wird gebeten, das Wort „Volkstrauertag“ zu ersetzen durch das Wort „Heldengedenktag“.

– *01. 9. 1939* In allen Meldungen, Kommentaren usw. muss das Wort „Krieg“ vermieden werden. Deutschland schlägt einen polnischen Angriff zurück. Das ist die Devise.

– *30. 9. 1941* Es soll ... nicht mehr von sowjetischen Autobahnen gesprochen werden. Autobahnen sind immer deutsch.

– *06. 10. 1941* Es soll nicht mehr von sowjetischen oder von sowjetrussischen Soldaten gesprochen werden, sondern ... schlechthin von Bolschewisten, Bestien oder Tieren.

– *28. 1. 1944* Die Presse wird nochmals ausdrücklich darauf hingewiesen, dass typische jüdisch-amerikanische Slangausdrücke der Film- und Sportsprache (Beispiel das Wort „Gag“ und dgl.) auszumerzen sind.

Zit. nach: E. Straßner, Ideologie – SPRACHE – Politik. Grundfragen ihres Zusammenhangs, Tübingen 1987, S. 49 f.

1. Untersuche die beiden Textbeispiele:
a) Welche Wirkung sollte erzeugt werden? Mit welchen sprachlichen Mitteln sollte sie herbeigeführt werden?
b) Erkläre, was jeweils der Grund für die Sprachregelung gewesen sein dürfte.

2. Was lassen die Bilder über Elemente und Wirkungsweise von Propaganda erkennen?

91.1 Reichspropagandaminister Joseph Goebbels bei einer Rede in Berlin am 25. August 1934.

91.4 Hitler übt eine Rednerpose, aufgenommen von seinem Fotografen Heinrich Hoffmann.

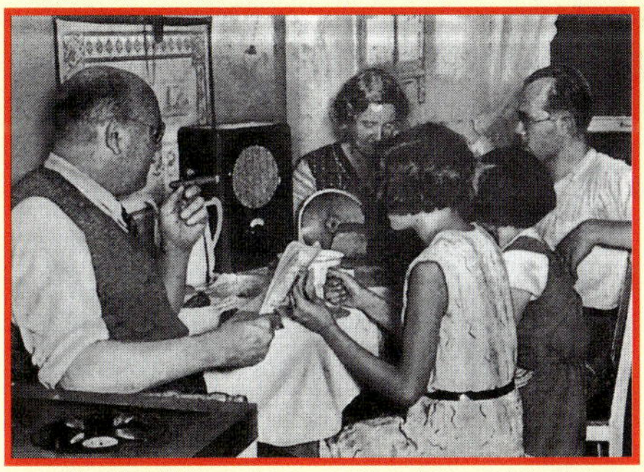

91.2 Eine Familie vor dem Volksempfänger.

91.3 Privates Foto aus einem Urlaubsort.

2. Die Ideologie des Nationalsozialismus

Die nationalsozialistische Ideologie enthielt – in den wesentlichen Aussagen – kaum neue oder originelle Ideen; sie fügte vielmehr viele vorhandene Elemente zu einer Weltanschauung zusammen und spitzte sie zu. Der Hitlerbiograf Joachim Fest schreibt, sie sei aus dem „Ideenschutt" des 19. Jahrhunderts zusammengesetzt. Der Nationalsozialismus sprach mit seiner Deutung der Geschichte viele Hoffnungen, Ängste und Protestgefühle seiner Zeit an. Er bot einfache und radikale Lösungen zur Überwindung von Problemen. Dazu gehörten die versprochene Verbesserung der sozialen Lage vieler Deutscher, die Revision der Außenpolitik seit dem Versailler Vertrag und die Idee eines großdeutschen Reiches. Die Wirkung dieser Versprechen wurde noch durch genau inszenierte Auftritte u. a. Hitlers verstärkt. Viele Intellektuelle unterstützten seine Thesen bereitwillig.

Im Zentrum: die Rassenlehre

Das Wort „Arier" stammt aus der alten indischen Sprache Sanskrit. „Arisch" oder „indogermanisch" bezeichnet weder ein Volk noch eine Rasse, sondern eine Sprachfamilie.

Die Nationalsozialisten waren der Überzeugung, es gebe höhere und niedrigere Rassen. Deutsche Staatsbürger mit Ausnahme der Juden seien Arier, die höchste Rasse. Vermeintlich arische Merkmale seien blaue Augen, blondes Haar, hoher Wuchs und ein „Langschädel" – angeblich im Unterschied zu den slawischen „Kurzschädeln". War der arische Deutsche also „so groß wie Goebbels, so blond wie Hitler und so schlank wie Göring", wie es schon in einem Witz aus der NS-Zeit hieß? Empfohlen wurde den Menschen, bei der Wahl des Ehepartners „nur den Spross einer erbgesunden artverwandten Sippe" in Erwägung zu ziehen: „Entscheide dich erst, wenn sich ein klares Bild über die Erbanlagen der Sippe des anderen ergeben hat."

Die Rassenfrage sei deshalb so wichtig, weil die einzelnen Völker und Rassen dauerhaft gegeneinander um die Selbsterhaltung und die Macht kämpften. Es gelte das Ausleseprinzip der Natur: Der Stärkere habe ein Recht auf die Macht, ein starkes Land könne sich also auf Kosten anderer ausdehnen. Weil der Lebensraum begrenzt sei, sei Ausdehnung für ein „Herrenvolk" nicht nur eine Möglichkeit, sondern eine Pflicht. Eine Ausdehnung Deutschlands müsse nach Osteuropa erfolgen.

Antisemitismus, Antibolschewismus, Antikapitalismus

Schon vor dem Ersten Weltkrieg war Hitler eifriger Leser eines völkisch-rassistischen Magazins namens „Ostara", das in Wien an jedem Kiosk erstanden werden konnte. Es bestärkte ihn in der Überzeugung, dass die arische Rasse bedroht sei und dass der Marxismus die Hauptgefahr sei. Weil unter den Führern des österreichischen Marxismus viele Juden waren, sah Hitler fortan in den Juden eine zersetzende Kraft – und sprach von einer „jüdisch-kommunistischen Weltverschwörung". Zufällig waren auch einige Führer der von Hitler gehassten Revolution in Bayern 1918/19 Juden – was Hitlers Vorurteile bestätigte.

Hitler war keine Ausnahme, wenn er alles, was ihm an der modernen Welt zuwider war, auf die Juden zurückführte, die so zu Sündenböcken wurden. Antisemitismus war seit dem 19. Jahrhundert stark verbreitet, ebenso ein übersteigerter Nationalismus und der Hass gegen Fremdes und Fremde.

Der nationalsozialistische Antisemitismus aber ging weiter: Juden seien sowohl „Drahtzieher" des Marxismus als auch „Hintermänner" des Kapitalismus. Sie seien von Natur aus international ausgerichtet und stünden für Pazifismus und Demokratie – Ideen, für die im nationalsozialistischen Weltbild kein Platz war. Internationalismus, Pazifismus und Demokratie widersprachen den Vorstellungen vom „rassischen Wert" einer Nation, ihrem Kampfsinn aus Selbsterhaltungstrieb und der Vorstellung von der Bedeutung eines starken „Führers". Von einem waren Hitler und seine Gefolgschaft überzeugt: Wenn die vielfältigen – tatsächlichen oder eingebildeten – Bedrohungen wegfallen sollten, müssten die Juden, der „Todfeind", aus Deutschland entfernt werden. Der Weg zur Massenvernichtung der Juden war zwar nicht geradlinig vorgezeichnet, aber über die nationalsozialistische Bildersprache – Juden als Parasiten – war eine Verbindung zwischen Judenvernichtung, Krieg und nationaler „Erlösung" hergestellt. Allerdings stellten die Nationalsozialisten Anfang der 30er Jahre in Wahlkämpfen ihren Antisemitismus zurück, weil sie die bürgerliche Mitte nicht erschrecken wollten.

93.1 Plakat von H. Stalüter zur Ausstellung „Der ewige Jude", München 1937.

■ Führerprinzip und Führerkult

Wie viele Deutsche seiner Zeit glaubte Hitler, dass die Demokratie keines der gesellschaftlichen Probleme lösen könne. Der Staat sollte nicht von einer „Schwatzbude", dem Parlament, abhängig sein, sondern ein Führerstaat sein, d. h. auf dem Prinzip von Befehl und Gehorsam basieren. Die Führergewalt sei umfassend, keiner Kontrolle unterworfen. Strikter Gehorsam sei in allen Bereichen des Lebens zwingend erforderlich. Treue zu Hitler sei die Basis für den Erfolg.

Wie erfolgreich Hitler das Führerprinzip verwirklichen konnte, zeigte sich im Führerkult, der schon ab der Mitte der 20er Jahre um Hitler entstand. Zunächst förderte Hitler diesen Führerkult bewusst, um die Partei zusammenzuhalten. Mit festem Händedruck und intensivem Blickkontakt trat Hitler Parteimitgliedern, dann dem Volk gegenüber. Viele begannen in ihm ihren persönlichen Hoffnungsträger zu sehen und ihn geradezu zu verehren. Bald steigerte der Führerkult Hitlers Selbstvertrauen ins Unermessliche und ließ ihn an seine eigene Unfehlbarkeit glauben.

■ „Volksgemeinschaft" und Ausgeschlossene

Attraktiv war für viele junge Menschen die nationalsozialistische Konzeption der „Volksgemeinschaft": „Du bist nichts, dein Volk ist alles." Sie sollte auf „rassischer Einheit" und einer Kampfgemeinschaft beruhen und die Klassengesellschaft mit ihren sozialen Spannungen überwinden. Nicht das Individuum zähle, sondern das Volk als Ganzes – gerade Jugendliche empfanden diese Idee einer wärmenden Gemeinschaft als anziehend. Ein „neuer Geist" sollte entstehen, der Deutschland für die große Aufgabe der Zukunft rüsten sollte: die „Vernichtung" des „jüdischen Bolschewismus" und Gewinn neuen „Lebensraums". Neben Juden wurden auch Sinti und Roma, Behinderte und Homosexuelle ausgeschlossen. Bei Aufmärschen, Festen und Kundgebungen wurde die „Volksgemeinschaft" zelebriert. Die Vorstellung der Aufklärung, dass die Individuen unveräußerliche Rechte haben, wurde aufgegeben.

Zulauf brachte auch die antikommunistische Ausrichtung des Nationalsozialismus – verbanden viele doch Kommunismus mit den Schrecken der russischen Revolution. In jedem Fall aber befürworteten auch konservative Kreise, dass das NS-Regime die Bedeutung der Armee wieder stärken und die „Schmach von Versailles" tilgen wollte.

Die Ideologie des Nationalsozialismus existierte nicht heimlich oder versteckt. Jeder hätte Hitlers Buch „Mein Kampf" lesen können, dessen Verkaufszahlen seit 1930 in die Höhe schnellten und Hitler zum Millionär machten. Ab 1936 wurde es Paaren als Hochzeitsgeschenk überreicht. Viele legten das Buch bald zur Seite, weil es unsystematisch und weitschweifig war. → S. 90 f.

■ Die „deutsche Mutter"

Das nationalsozialistische Frauenbild reduzierte die Frau auf ihre Rolle als Ehefrau und Mutter, die möglichst viele Kinder zur Welt bringen sollte. Ohnehin waren die Nationalsozialisten überzeugt davon, dass Frauen für verantwortliche Positionen außerhalb der Familie nicht taugten.

Q1 Führerstaat und Führerprinzip

Aus einer Rede Hitlers vor dem Führungsnachwuchs der Partei vom 23. 11. 1937:

Es ist ganz klar, dass die Führung eines Volkes eine Aufgabe ist, die mehr als ein Schneiderhandwerk bedeutet... Unsere Demokratie baut sich auf dem Gedanken auf, dass 1.) an jeder Stelle ein nicht von unten Gewählter, sondern von oben Auserlesener eine Verantwortung zu übernehmen hat, bis zur letzten Stelle hin; 2.) dass er unbedingte Autorität nach unten und absolute Verantwortung nach oben hat ... Wir haben in der NSDAP den Grundsatz des absoluten Gehorsams und der absoluten Autorität.

H.-A. Jacobsen/W. Jochmann (Hrsg.), Ausgewählte Dokumente zur Geschichte des Nationalsozialismus, 1966, Loseblattsammlung: AF, S. 1 ff.

Q2 Volksgemeinschaft

a) Aus einem 1938 erschienenen Lehrbuch:

Das Dritte Reich beseitigt grundsätzlich alle Unterschiede der Stände, Klassen und Parteien. Es gibt nur einen Adel: den der Arbeit.
Es gibt nur eine Klasse: die der schaffenden Deutschen. ... Vorrechte der Geburt und des Geldes werden beseitigt. ... Ihren Ausdruck findet die Volksgemeinschaft in den Festen der Nation.

Aufriss der deutschen Geschichte im 19. Jahrhundert [Hrsg.: Nationalpolitische Erziehungsanstalt, Naumburg], 1938, S. 104 f.

b) Aus einer Rede Hitlers vom 1. 10. 1933 zum Erntedankfest bei Hameln (→ B 87.1):

Der Nationalsozialismus ... rückt bewusst in den Mittelpunkt seines ganzen Denkens das Volk. Dieses Volk ist für ihn eine blutsmäßig bedingte Erscheinung, in der er einen von Gott geweihten Baustein der menschlichen Gesellschaft sieht. Das einzelne Individuum ist vergänglich, das Volk ist bleibend. Wenn die liberale Weltanschauung in ihrer Vergötterung des einzelnen Individuums zur Zerstörung des Volkes führen muss, so wünscht dagegen der Nationalsozialismus das Volk zu schützen, wenn nötig, auf Kosten des Individuums.

Geschichte in Quellen. Weltkriege und Revolutionen, 1979, S. 294.

Q3 Kampf

Aus einer Rede Hitlers vom 13. 4. 1923:

Stets hat vor Gott und der Welt der Stärkere das Recht, seinen Willen durchzusetzen. Die Geschichte beweist: Wer nicht die Kraft hat, dem nutzt das „Recht an sich" gar nichts! ... Die ganze Natur ist ein gewaltiges Ringen zwischen Kraft und Schwäche, ein ewiger Sieg des Starken über den Schwachen. Nichts als Fäulnis wäre in der ganzen Natur, wenn es anders wäre. Verfaulen würden die Staaten, die gegen dieses Elementargesetz sündigen.

Geschichte in Quellen. Weltkriege und Revolutionen, 1979, S. 285.

Q4 Rassenideologie

a) Aus Hitlers Programmschrift „Mein Kampf", 815.–820. Auflage, München 1943:

Demgegenüber erkennt die völkische Weltanschauung ... im Staat prinzipiell nur ein Mittel zum Zweck und fasst als seinen Zweck die Erhaltung des rassischen Daseins der Menschen auf. Sie glaubt somit keineswegs an eine Gleichheit der Rassen, sondern erkennt mit ihrer Verschiedenheit auch ihren höheren oder minderen Wert und fühlt sich durch diese Erkenntnis verpflichtet, gemäß dem ewigen Wollen, das dieses Universum beherrscht, den Sieg des Besseren, Stärkeren zu fördern, die Unterordnung des Schlechteren und Schwächeren zu verlangen.

A. Hitler, Mein Kampf, 1943, S. 420 f.

b) Joseph Goebbels äußerte auf dem Berliner Gautag der NSDAP am 17. 1. 1936 u. a. Folgendes:

Heute steckt in Jung und Alt, in Hoch und Niedrig, in Arm und Reich der besessene Wille, die deutsche Nation wieder zu einem Weltvolk emporzuführen. Jedermann bei

uns ist davon überzeugt: Wir müssen an der Beherrschung der Welt teilnehmen.
Wir müssen deshalb ein Herrenvolk werden, und deshalb müssen wir unser Volk zum Herrenvolk erziehen. Das muss beim kleinsten Pimpf anfangen, der schon in dieser Herrenmoral erzogen werden muss.

Geschichte in Quellen. Weltkriege und Revolutionen, 1979, S. 298.

Pimpf → S. 101

c) Hitlers erste bekannt gewordene politische Stellungnahme am 16. 9. 1919:

Zunächst ist das Judentum unbedingt Rasse und nicht Religionsgenossenschaft. …
Durch tausendjährige Inzucht, häufig vorgenommen in engstem Kreise, hat der Jude im Allgemeinen seine Rasse und ihre Eigenart schärfer bewahrt als zahlreiche der Völker, unter denen er lebt. Und damit ergibt sich die Tatsache, dass zwischen uns eine nichtdeutsche, fremde Rasse lebt, nicht gewillt und auch nicht imstande, ihre Rasseneigenarten zu opfern, ihr eigenes Fühlen, Denken und Streben zu verleugnen, und die dennoch politisch alle Rechte besitzt wie wir selber. Bewegt sich schon das Gefühl des Juden im rein Materiellen, so noch mehr sein Denken und Streben. … Seine Macht ist die Macht des Geldes. … Sein Wirken wird in seinen Folgen zur Rassentuberkulose der Völker. … Und daraus ergibt sich Folgendes: Der Antisemitismus aus rein gefühlsmäßigen Gründen wird seinen letzten Ausdruck finden in der Form von Pogromen. … Der Antisemitismus der Vernunft jedoch muss führen zur planmäßigen gesetzlichen Bekämpfung und Beseitigung der Vorrechte des Juden. … Sein letztes Ziel aber muss unverrückbar die Entfernung der Juden überhaupt sein.

Weltgeschichte im Aufriss 3/1, S. 340 f.

Q5 Hitlers außenpolitische Vorstellungen

a) Grundsätzliche Äußerung Hitlers im Jahr 1928:

Wenn aber … der Lebenskampf eines Volkes im letzten Grunde darin besteht, der jeweiligen Volkszahl die zur Ernährung notwendige Raummenge zu sichern, … dann

95.1 Propagandaplakat während des Russlandfeldzuges.

„Hier, Kleiner, hast du etwas ganz Süßes! Aber dafür müsst ihr beide mit mir gehen …"

95.2 Aus dem antisemitischen Buch „Der Giftpilz", 1938.

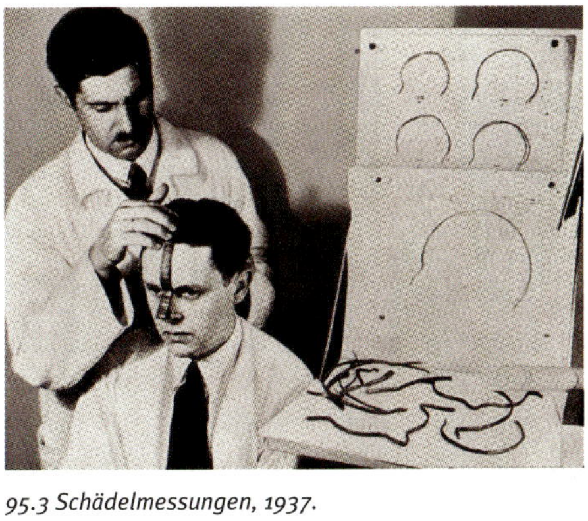

95.3 Schädelmessungen, 1937.

ergibt sich folgende Schlussdefinition: Politik ist die Kunst der Durchführung des Lebenskampfes eines Volkes um sein irdisches Dasein. Außenpolitik ist die Kunst, einem Volke den jeweils notwendigen Lebensraum in Größe und Güte zu sichern.

Hitlers Zweites Buch (1928), 1961, S. 62.

b) Hitler, Mein Kampf:

Die Außenpolitik des völkischen Staates hat die Existenz der durch den Staat zusammengefassten Rasse auf diesem Planeten sicherzustellen, indem sie zwischen der Zahl und dem Wachstum des Volkes einerseits und der Größe und Güte des Grund und Bodens andererseits ein gesundes, lebensfähiges, natürliches Verhältnis schafft. … Wenn wir aber heute in Europa von neuem Grund und Boden reden, können wir in erster Linie nur an Russland und die ihm untertanen Randstaaten denken.

A. Hitler, Mein Kampf, 1943, S. 728, 742 f.

Q6 Die Rolle der Frau

Hitler über die Rolle der Frau, 1934:

Das Wort von der Frauenemanzipation ist nur ein vom jüdischen Intellekt erfundenes Wort, und der Inhalt ist von demselben Geist geprägt. Die deutsche Frau braucht sich in den wirklich guten Zeiten des deutschen Lebens nie zu emanzipieren. … Die Welt der Frau ist eine kleinere. … Denn ihre Welt ist der Mann, ihre Familie, ihre Kinder und ihr Haus. … Was der Mann einsetzt an Heldentum auf dem Schlachtfeld, setzt die Frau in ewig geduldiger Hingabe, in ewig geduldetem Leid und Ertragen ein.

M. Domarus, Hitler, Reden und Proklamationen, Bd. I, 1962, S. 450 ff.

Q7 Führerkult

Ein „Gebet" für Kinder:

Händchen heben, Köpfchen senken, immer an Adolf Hitler denken, der dir gibt das täglich Brot und dir hilft aus aller Not.

Leben im Dritten Reich, hrsg. von der Bundeszentrale für politische Bildung, 1981, S. 12.

Q8 Die Manipulation der „breiten Masse"

Aus Hitlers „Mein Kampf":

Die Psyche der breiten Masse ist nicht empfänglich für alles Halbe und Schwache. Gleich dem Weibe, dessen seelisches Empfinden weniger durch Gründe abstrakter Vernunft bestimmt wird als durch solche einer undefinierbaren, gefühlsmäßigen Sehnsucht nach ergänzender Kraft und das sich deshalb lieber dem Starken beugt, als den Schwächling beherrscht, liebt auch die Masse mehr den Herrscher als den Bittenden und fühlt sich im Innern mehr befriedigt durch eine Lehre, die keine andere neben sich duldet, als durch die Genehmigung liberaler Freiheit; sie weiß mit ihr auch meist nur wenig anzufangen und fühlt sich sogar leicht verlassen. …
Die Aufnahmefähigkeit der großen Masse ist nur sehr beschränkt, das Verständnis klein, dafür jedoch die Vergesslichkeit groß. Aus diesen Tatsachen heraus hat sich jede wirkungsvolle Propaganda auf nur sehr wenige Punkte zu beschränken und diese schlagwortartig so lange zu verwerten, bis auch bestimmt der Letzte unter einem solchen Worte das Gewollte sich vorzustellen vermag.

A. Hitler, Mein Kampf, 1930, S. 44, 198, 371, 525 f.

1. Arbeite aus den Quellen die nationalsozialistische Weltanschauung heraus; beziehe auch die Bilder (B 93.1–95.3) ein.
2. Versuche zu erklären, welche Vorstellungen der Menschen Hitler jeweils aufgriff, d. h., was seine Ideologie so attraktiv machte. (VT)
3. Beurteile, welche Eigenschaften den idealen nationalsozialistischen Bürger charakterisierten und welche weniger gefragt waren.
4. Beurteile Hitlers Einschätzung der „Psyche der breiten Masse". (Q 8)

3. Die Funktionsweise der NS-Diktatur

■ Der NS-Staat – ein Doppelstaat?

Lange Zeit glaubte man, das Dritte Reich sei „ein rational durchorganisiertes, perfektes System terroristischer Herrschaft" gewesen. Zumindest hat der NS-Staat alle Anstrengungen unternommen, nach außen hin diesen Eindruck zu erwecken. (→ B 98.1 und B 99.3)

In mancherlei Hinsicht aber trog der Schein: Der NS-Staat war ein Doppelstaat: Institutionen des bisherigen bürgerlichen Rechtsstaats, z. B. Gerichte, wurden bewahrt, aber ergänzt. Zusätzlich zu den ordentlichen Behörden entstanden nationalsozialistische Sonderbehörden, etwa Sondergerichte, die in Schnellverfahren Urteile sprachen, gegen die man keine Berufung einlegen konnte. So gab es zusätzlich zum Strafvollzug in Gefängnissen auch Konzentrationslager. Neben der Kriminalpolizei gab es auch eine ↗Geheime Staatspolizei (Gestapo) und den ↗Sicherheitsdienst (SD) der ↗SS.

■ Die Rolle der SS

Mit seinen innenpolitischen Maßnahmen zur Gleichschaltung (→ S. 86–87) verfolgten die Nationalsozialisten das Ziel, das deutsche Volk lückenlos zu kontrollieren, zu beeinflussen und zu disziplinieren. Nachdem die SA nach der Ermordung von Ernst Röhm ins Abseits gestellt war, gewann die SS an Bedeutung.

Die SS übernahm polizeiliche Aufgaben und gewährleistete durch Terrormaßnahmen die politische Ruhe im Innern. Die SS, ursprünglich eine Unterabteilung der SA, wurde bald die mächtigste Parteiorganisation des Nationalsozialismus, die sich wie eine riesige Krake in alle Bereiche von Staat, Gesellschaft und Partei hineinfraß und gleichzeitig ein weit verzweigter Wirtschaftskonzern war. Unter anderem war sie für die Konzentrationslager und für die Ermordung der Juden zuständig (→ S. 126 ff.), übernahm im Krieg aber auch Spezialeinsätze. An der Ermordung der Einwohner des französischen Dorfes Oradour war sie beteiligt. Allein die sogenannte „Waffen-SS", modern bewaffnet und für den Einsatz im Krieg bestimmt, umfasste im Krieg rund 900 000 Männer.

■ „Führer befiehl – wir folgen"?

Gesetze oder Vorschriften konnten umgangen werden, wenn Befehle von oben kamen und es „der Sache" diente. Mehr oder weniger spontane Entscheidungen des „Führers" ersetzten häufig die eigentlich vorgesehenen Entscheidungswege. Wer den direkteren Draht zu Hitler hatte, war im Vorteil. So entstand ein Kompetenzwirrwarr zwischen Partei, SS, Wehrmacht und den Sonderbehörden, der letztlich die Schlüsselstellung Hitlers ermöglichte: Schließlich musste angesichts des Neben- und Gegeneinanders von verschiedenen Personen und Gruppen einer die Entscheidungen treffen, wenn diese erforderlich schien. Doch Aktenstudium gehörte nicht zu Hitlers Arbeitsstil, Besucher und Mitarbeiter empfing er ganz nach Lust und Laune. Dieser Führungsstil entsetzte viele seiner Mitarbeiter und macht es Historikern manchmal schwer, Entscheidungswege präzise anzugeben.

■ „Wenn das der Führer wüsste"

Ab August 1934, nach der Konsolidierung seiner Macht, hielt sich Hitler immer mehr aus innenpolitischen Angelegenheiten heraus. Sein Führungsstil ermutigte Initiativen von unten, solange sie mit den nationalsozialistischen Zielen vereinbar waren. Häufig konkurrierten schon untere Parteimitglieder untereinander, wer den Führerwillen besser erahne und konsequenter vollstrecke. „Dem Führer entgegen" arbeiteten nicht nur Ortsgruppenleiter der NSDAP, sondern auch einfache Bürger, die ihre Bekannten bei der Gestapo denunzierten. Vieles im Staat lief, auch ohne explizite Anweisungen von Regierung, Behörden oder Partei. Gesetze segneten häufig bloß noch ab, was faktisch ohnehin so gehandhabt wurde.

Ein Vorteil für Hitler war, dass er unpopuläre Maßnahmen anderen überlassen konnte, ohne dass der Führermythos darunter litt. So lautete denn auch der Stoßseufzer derjenigen, die mit ihrer Situation oder gewissen Entscheidungen unzufrieden waren: „Wenn das der Führer wüsste …" – und hatten häufig zumindest damit Recht, dass „der Führer" an einer Entscheidung direkt nicht beteiligt gewesen war.

M1 Daten zur NS-Organisation

Parteimitglieder:
- 1935: 2,5 Mio.
- 1943: 6,5 Mio.
  von: 65,2 Mio. Deutschen

Gliederung im Jahr 1939:
- 40 Gaue für 36 Länder und Provinzen des Staates
- 808 Kreise für 1052 Stadt- und Landkreise
- 28 376 Ortsgruppen für 79 375 Gemeinden (je maximal 1500 Haushalte)
- 89 378 Zellen (je 160 bis 480 Haushalte)
- 463 048 Blocks (je 40 bis 60 Haushalte; ca. 160 – 240 Personen)

Zahlen nach: E. Aleff (Hrsg.), Das Dritte Reich, 9. Aufl. 1970, S. 66.

Q2 Der NS-Staat und der Einzelne

Werner Willikens, Staatssekretär im preußischen Landwirtschaftsministerium, am 21. Februar 1934:

Jeder, der Gelegenheit hat, das zu beobachten, weiß, dass der Führer sehr schwer von oben her alles das befehlen kann, was er für bald oder für später zu verwirklichen beabsichtigt. Im Gegenteil, bis jetzt hat jeder an seinem Platz im neuen Deutschland dann am besten gearbeitet, wenn er sozusagen dem Führer entgegenarbeitet.

Wer dabei Fehler macht, wird es schon früh genug zu spüren bekommen. Wer aber dem Führer in seiner Linie und zu seinem Ziel richtig entgegenarbeitet, der wird bestimmt wie bisher so auch in Zukunft den schönsten Lohn darin haben, dass er eines Tages plötzlich die legale Bestätigung seiner Arbeit bekommt.

Ian Kershaw, Hitler 1889 – 1936, 1999, S. 665.

1. Auf welche Weise versuchte die NSDAP über die Mitglieder hinaus die Gesamtbevölkerung zu erfassen? (B 98.1, M 1)

2. Erkläre, was Willikens mit „dem Führer entgegenarbeiten" meint. (Q 2)

3. Überlege, welche Chancen und Probleme sich für den Einzelnen und seine Arbeit ergeben.

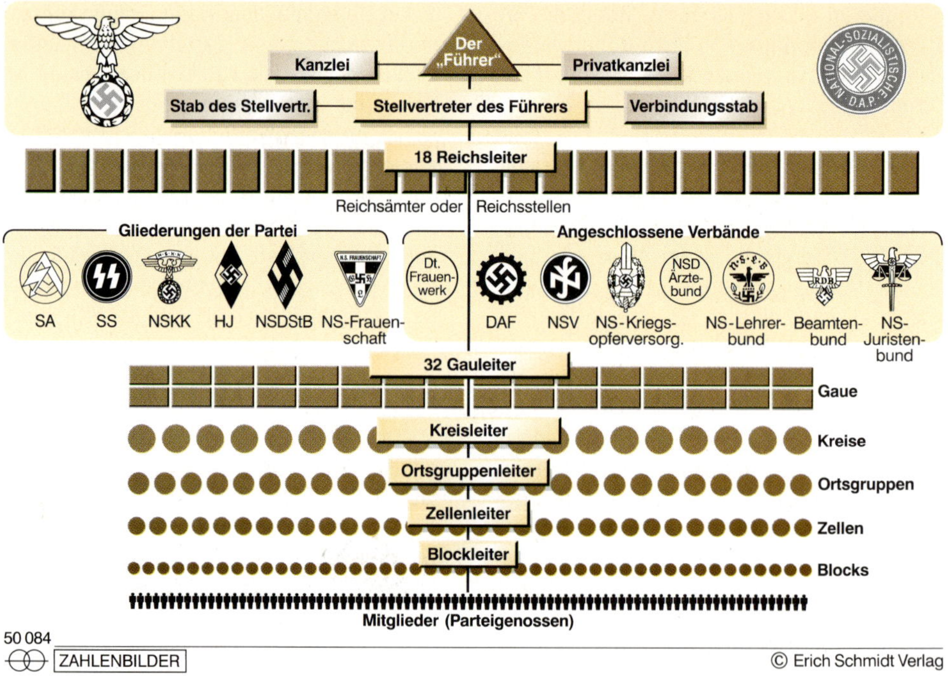

98.1 Die Organisation der NSDAP (1937).

4. Jugend im NS-Staat – ein Leben im Gleichschritt?

Im nationalsozialistischen Staat sollte gerade auch die Jugend vollständig erfasst und gleichgeschaltet werden. Schon 1926/27 war die Hitlerjugend (HJ) als Jugendorganisation der NSDAP gegründet worden. Mit der Ernennung Baldur von Schirachs zum „Reichsjugendführer der NSDAP“ 1931 erfuhr die HJ einen Aufschwung. Andere Jugendverbände wurden nach 1933 ausgeschaltet. Im März 1939 verordnete die Regierung für alle Jungen und Mädchen die „Jugenddienstpflicht“ – gleichgestellt mit Arbeits- und Wehrdienstpflicht. Jetzt mussten Eltern ihre zehnjährigen Kinder zur HJ anmelden. Taten sie das nicht, hatten sie „mit Geldstrafen bis zu 150 RM oder mit Haft“ zu rechnen.

Die nationalsozialistische Beeinflussung war bei den Jugendlichen nur teilweise erfolgreich. Viele arbeiteten leidenschaftlich gern beim Bund deutscher Mädel (BDM) oder in der HJ mit, es gab aber auch Gruppen und Kreise, die sich nationalsozialistischen Vorstellungen bewusst widersetzten, z. B. die Swing-Jugend (→ Q 6). Mithilfe von Jugend-KZs wurde versucht, Abtrünnige über eine Art Gehirnwäsche umzuerziehen. Trotz der vormilitärischen Ausbildung gab es 1939 keinen „Sturm der Jugend in den Krieg“, wie sich Hitler das erhofft hatte.

99.1 Hitlerjugend: Fahnenträger, 1936.

99.2 Militärische Disziplin im Zeltlager: Pimpfe (10–14-jährige Jungen des „Jungvolks“) sind in „Grundstellung“ angetreten. Sie befolgen das Kommando „Die Augen – links!“.

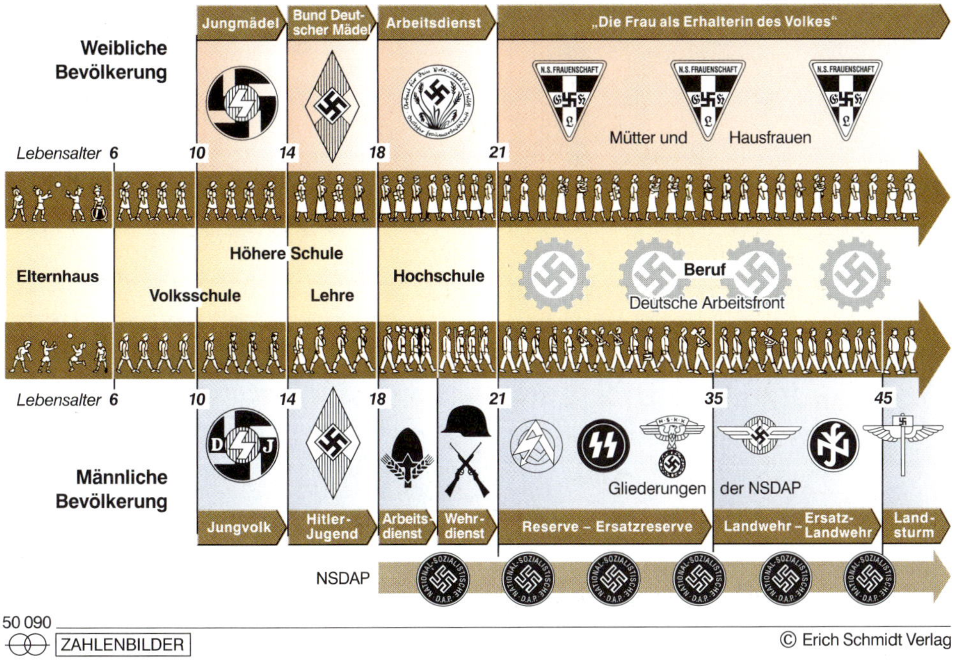

99.3 Der Weg des „gleichgeschalteten“ Staatsbürgers (1939).

100.1 Undatiertes Plakat des Presse- und Propagandaamtes der Reichsjugendführung.

100.2 Plakat 1937. Gewünschte Frisur für Jungmädel: lange Zöpfe.

100.3 Undatiertes Plakat: „Was sind wir? Pimpfe! Was wollen wir werden? Soldaten!“

100.4 Kleine Kinder in SA-Uniform, 1937. Allerdings griff gegen derartige Tendenzen sogar die NS-Regierung ein – aus Angst vor Lächerlichkeit.

100.6 Das BDM-Werk „Glaube und Schönheit“ sah sein Ziel darin, die Mädchen durch Sport und Kenntnisse in Hauswirtschaft, Schönheitspflege, Gesundheit und Weltanschauung zu guten Ehefrauen und Müttern zu erziehen. Im Volksmund kursierte der Beiname: „Bald deutsche Mutter“.

100.5 Auch von kleinen Kindern wurde schon der Hitler-Gruß erwartet: hier bei der 75-Jahr-Feier der Deutschen Turnerschaft in Coburg.

Q1

„Unsere Fahne …"

Text eines Liedes:

Unsre Fahne flattert uns voran,
In die Zukunft ziehn wir Mann für Mann,
Wir marschieren für Hitler durch Nacht
und Not
Mit der Fahne der Jugend für Freiheit
und Brot.
Unsre Fahne flattert uns voran,
Unsre Fahne ist die neue Zeit,
Unsre Fahne führt uns in die Ewigkeit,
Ja, die Fahne ist mehr als der Tod.

Aus: H. Focke,/U. Reimer, Alltag unterm Hakenkreuz, 1979, S. 52.

Q2

Jungmädel

Irmgard Zecher, Alterspräsidentin der Grünen in BW, ehemaliges „Jungmädel", berichtet:

Als ich … Anfang März 33 von einer Freundin erfuhr, dass es nun auch in Metzingen eine Schülerinnengruppe geben sollte, war ich restlos begeistert. Metzingen hatte zu der Zeit etwa 7000 Einwohner, es gab keine Möglichkeit für junge Menschen sich zu treffen, außer den Sportvereinen. Diese aber führten nicht gerade ein „gesellschaftliches" Leben, sondern trieben halt Sport. Es gab kein Kino, nur sonntags ab und zu … eine einzige Vorstellung. … Und nun bot sich plötzlich die Möglichkeit, zusammen zu wandern, zu singen, zu basteln, ohne Rücksicht auf das Herkommen. …
Man muss bei allem, was heute über die Hitlerjugend gesagt wird, ehrlich sein und zugeben, dass wir schöne Stunden zusammen erlebten! Wir haben Volkslieder gesungen, Volkstänze gelernt, Wanderungen gemacht und beim Bauern im Heu geschlafen. Wir haben aber auch strenge militärische Übungen absolviert. Auf dem ehemaligen Gelände des Turnerbundes sind wir stundenlang über den Platz gejagt worden, mussten marschieren, oft bis die eine oder andere zusammengebrochen ist. Nachts krochen wir durch das Unterholz im Wald, um eingebildete Kommunisten zu jagen, und kamen dann des Öfteren zerrissen und voller Kampfspuren im Gesicht, die aber nicht vom Feind stammten, sondern von den Bäumen und Büschen, nach Hause. Sehr zum Leidwesen der Mütter, die sich aber nichts zu sagen trauten, denn es war ja „Dienst", was wir machten. …
Man kann sich heute fast nicht vorstellen, was für eine Faszination die Partei und besonders die Person Hitlers auf die Jugend ausübte. Ich erinnere mich an eine Kundgebung in Stuttgart, als Hitler auf dem kleinen Balkon des Wilhelmsbaus stand und wir auf dem Platz davor jubelten und heulten vor Begeisterung.
Erst im Nachhinein kam die Erkenntnis (bei einigen Menschen leider immer noch nicht!), dass alles, aber auch wirklich alles, exakt geplant und kalkuliert war.

Aufzeichnungen von Irmgard Zecher, 2000, Stadtarchiv Metzingen.

Q3

Pimpfenzeit

Karl-Heinz Janßen, Jahrgang 1930, über seine HJ-Zeit:

Wenn andere von der Pimpfenzeit schwärmen (als sei das Ganze nur ein Pfadfinderklub mit anderem Vorzeichen gewesen), so kann ich diese Begeisterung nicht teilen. Ich habe beklemmende Erinnerungen. In unserem Fähnlein bestanden die Jungvolk-Stunden fast nur aus „Ordnungsdienst", das heißt aus sturem militärischem Drill. Auch wenn Sport oder Schießen oder Singen auf dem Plan stand, gab es erst immer „Ordnungsdienst": endloses Exerzieren mit „Stillgestanden", „Rührt euch", „Links um", „Rechts um", „Ganze Abteilung – kehrt" – Kommandos, die ich heute noch im Schlaf beherrsche. … Die kleinsten Aufsässigkeiten, die harmlosesten Mängel an der Uniform, die geringste Verspätung wurden sogleich mit Strafexerzieren geahndet – ohnmächtige Unterführer ließen ihre Wut an uns aus. …
Wie haben wir das nur vier Jahre ertragen? … Ich kann es mir nur so erklären: Wir alle waren vom Ehrgeiz gepackt, wollten durch vorbildliche Disziplin, durch Härte im Nehmen, durch zackiges Auftreten den Unterführern imponieren. Denn wer tüchtig war, wurde befördert, … durfte selber kommandieren. … Wer oben ist, darf treten.

H. Glaser/A. Silenius (Hrsg.), Jugend im Dritten Reich, 1975, S. 90.

Q4 Werbung für die NSDAP

a) Der Kreisleiter der NSDAP von Saarburg verfasste am 18. 5. 1935 ein Rundschreiben an alle Schulleiter des Kreises und erteilte folgenden Auftrag:

Ich übertrage Ihnen die Hauptaufgabe der Werbung deshalb, weil Sie als Lehrer und Erzieher das kostbarste Gut des deutschen Volkes zu verwalten haben, nämlich die deutsche Jugend. Um nun der Werbung den erforderlichen Erfolg zu garantieren, ordne ich hiermit an, dass die Werbung selbst auf dem Wege des Hausbesuchs zu erfolgen hat. … Aus besonderen Gründen heraus wollen Sie diejenigen Familien aufführen, die die Aufnahme ihrer Kinder in unsere Jugendorganisationen ablehnen. … Eine weitere Nachweisung über den Erfolg Ihrer Tätigkeit [ist] ordnungsgemäß auszufüllen.

H. Focke/U. Reimer, Alltag unterm Hakenkreuz, 1979, S. 28.

b) Die HJ in Wiesbaden verteilte ab Herbst 1933 Werbe- und Beitrittserklärungen:

Die Hitler-Jugend tritt heute mit der Frage an dich heran: Warum stehst du noch außerhalb der Reihen der Hitler-Jugend? Wir nehmen doch an, dass du dich zu unserem Führer Adolf Hitler bekennst. Dies kannst du jedoch nur, wenn du dich gleichzeitig zu der von ihm geschaffenen Hitler-Jugend bekennst. Es ist nun an dich eine Vertrauensfrage …

Erklärung:

Unterzeichneter erklärt hierdurch, dass er nicht gewillt ist, in die Hitler-Jugend (Staatsjugend) einzutreten, und zwar aus folgenden Gründen:

....

Unterschrift des Vaters: ....

Beruf: ....

Beschäftigt bei: ....

H. Focke/U. Reimer, Alltag unterm Hakenkreuz, 1979, S. 30–31.

Q5 „Erfolge“ der NSDAP

Botschafter Ulrich von Hassell, der als Mitglied des Widerstands nach dem 20. Juli 1944 hingerichtet wurde, trug am 15. 12. 1939 in sein Tagebuch ein:

Sperr erzählte, dass kürzlich bei einem Bekannten einige Leute versammelt gewesen seien und sich kritisch unterhalten hätten. Plötzlich Anruf der Gestapo: Man warne vor Fortsetzung dieses Gesprächs. Ursprung dieses Anrufs: die eigene Tochter (BDM). Sie hat an der Tür gelauscht und die Gestapo telefonisch unterrichtet.

H. Boberach, Jugend unter Hitler. Düsseldorf, 1982, S. 68.

Q6 „Swing-Jugend“

Ein Beispiel für eine nicht angepasste Jugendbewegung ist die sogenannte „Swing-Jugend“ in Hamburg. Die hier in Auszügen abgedruckte Quelle stammt aus einer Denkschrift der Reichsjugendführung vom September 1942:

Um die Jahreswende 1939/40 gründete die Flottbecker Clique eine eigene Amateur-Tanzkapelle und veranstaltete mehrere geschlossene Tanzfeste, zu denen Klassen höherer Schüler und Mitglieder der besten Hamburger Sportclubs geladen waren. Das erste dieser Tanzfeste im Februar 1940 wurde von 500 bis 600 Jugendlichen besucht … Zum Tanz wurde nur englische und amerikanische Musik gespielt. Es wurde nur Swing getanzt und gehottet … Die Teilnehmer begleiteten die Tänze und Songs ausnahmslos durch Mitsingen der englischen Texte …

Die männlichen Mitglieder wurden legitimiert durch ihre langen, oft bis zum Kragen reichenden Haare (Haarlänge bis zu 27 cm). Vorwiegend trug man lange, häufig karierte englische Sakkos, Schuhe mit dicken, hellen Kreppsohlen, auffallende Shawls, … über dem Arm bei jedem Wetter einen Regenschirm und als Abzeichen im Knopfloch einen Frackhemdknopf mit farbigem Stein. Auch die Mädchen bevorzugten eine lange, herabwallende Haartracht. Die Augenbrauen wurden nachgezogen, die Lippen gefärbt und die Fingernägel lackiert … Man redet sich untereinander an mit „Swing-Boy“, „Swing-Girl“ oder „Old-hit-Boy“. Man beendet Briefe mit „Swing Heil.“ Das Schlagwort ist „lottern“. …

Schallplattenapparat und der ständige Erwerb der neu erscheinenden Tanzplatten gehört unbedingt zu einem Angehörigen der

„Swing-Jugend“. ... Ähnlicher Beliebtheit erfreut sich der englisch-amerikanische Film. Die in diesen Filmen gezeigte Lässigkeit in Haltung und Lebensführung gefiel so, dass sich die Jugendlichen nach eigenen Angaben bewusst bemühten, einen verlotterten Eindruck zu machen. ... Sie empfinden die nationalsozialistischen Einrichtungen als einen „Massenzwang“. Der Gruß „Heil Hitler“ wird abgelehnt. Anlässlich der Gründung der neuen Clique im Klubzimmer eines Lokals wurde unter dem Jubel aller Teilnehmer das an der Wand hängende Führerbild mit der Vorderseite zur Wand gehängt ...

A. Klönne, Jugend im Dritten Reich. Die Hitler-Jugend und ihre Gegner, 1999, S. 255–257.

Q7 „Brutal durchgreifen“

Aus einem Brief des Reichsführers der SS Heinrich Himmler vom 16. Januar 1942:

Lieber Heydrich!
Anliegend übersende ich Ihnen einen Bericht, den mir der Reichsjugendführer Axmann über die „Swing-Jugend“ in Hamburg zugesandt hat ...
Alle Rädelsführer, und zwar die Rädelsführer männlicher und weiblicher Art, unter den Lehrern diejenigen, die feindlich eingestellt sind und die Swing-Jugend unterstützen, sind in ein Konzentrationslager einzuweisen. Dort muss die Jugend zunächst einmal Prügel bekommen und dann in schärfster Form exerziert und zur Arbeit angehalten werden. Die Mädchen sind zur Arbeit im Weben und im Sommer zur Landarbeit anzuhalten.
Der Aufenthalt im Konzentrationslager für diese Jugend muss ein längerer, 2 – 3 Jahre, sein. Es muss klar sein, dass sie nie wieder studieren dürfen. Bei den Eltern ist nachzuforschen, wie weit sie das unterstützt haben. Haben sie es unterstützt, sind sie ebenfalls in ein KL. zu verbringen und das Vermögen ist einzuziehen. Nur, wenn wir brutal durchgreifen, werden wir ein gefährliches Umsichgreifen dieser anglophylen Tendenz in einer Zeit, in der Deutschland um seine Existenz kämpft, vermeiden können. ...

Zit. nach: Faksimile in: Entartet? Kunst und Musik in der Zeit des Nationalsozialismus, 1997, S. 33.

103.1 Plakat zu der Ausstellung „Entartete Musik“, 1938 in Düsseldorf.

1. Überlege, was viele Jugendliche am Nationalsozialismus fasziniert haben könnte. (B 100.1–6, vgl. Q 2)

2. Entnimm den Texten und Bildern, welche Ziele die Nationalsozialisten mit ihrer Jugendpolitik verfolgten. (B 100.1–6 und Q 1–5)

3. Arbeite heraus, wie der Eintritt in nationalsozialistische Jugendorganisationen herbeigeführt wurde. (Q 3)

4. Die „Swing-Jugend“ (Q 6):
a) Erläutere, was den nationalsozialistischen Machthabern an der „Swing-Jugend“ missfiel.
b) Würdest du das, was die Jugendlichen tun, als „Widerstand“ bezeichnen? Begründe deine Ansicht.
c) Erläutere, wie und mit welcher Absicht die Nationalsozialisten gegen die „Swing-Jugend“ vorgingen. (Q 7)

5. Beurteile: War der NS-Staat „ein rational durchorganisiertes System terroristischer Herrschaft“?

5. Ausgrenzung, Entrechtung, Verfolgung und Vernichtung

Sozialdarwinismus: Die von Charles Darwin für die Tier- und Pflanzenwelt entwickelte Theorie der natürlichen Auslese wird auf die menschliche Gesellschaft übertragen.

Erbhygiene: pseudowissenschaftlich abgesicherte Maßnahmen, um angeblich gute Erbstrukturen einer Bevölkerung oder einer Nation zu fördern.

Mit Hitlers Machtantritt am 30. 1. 1933 wurde die NS-Ideologie zum Regierungsprogramm. Die NS-Regierung schuf eine Fülle von Gesetzen, Verordnungen und Einrichtungen, um ihr Ziel einer „arischen Volksgemeinschaft" durchzusetzen: Wer sich nicht nach Herkunft, Aussehen, Veranlagung, Lebensziel und Verhalten in die „Volksgemeinschaft" und den Führerstaat einfügte, wurde ausgeschlossen und in seiner Existenz bedroht, bis hin zur physischen Vernichtung. Dies betraf vor allem die Juden. Aber auch Sinti und Roma, die Zeugen Jehovas, Homosexuelle und sogenannte „Asoziale" wurden verfolgt und ermordet, ebenfalls geistig und körperlich behinderte Menschen.

■ Antisemitismus

Die Feindschaft gegenüber Juden hat in Europa eine lange Tradition. Vom Mittelalter bis zum Beginn des 19. Jahrhunderts war diese Feindschaft einerseits religiös begründet. Andererseits waren Neid und Missgunst gegenüber Juden auch im Mittelalter schon wirtschaftlich motiviert. In Krisenzeiten wurden sie oft als Sündenböcke für unerklärliche Katastrophen verfolgt und ermordet. Diese Außenseiterstellung wurde erst durch die Ideen der Aufklärung gelockert. Mit der Reichsverfassung von 1871 hatten die deutschen Juden alle Rechte als Staatsbürger erlangt. Sie waren Mitglieder der deutschen bürgerlichen Gesellschaft. Gleichzeitig waren sie erfolgreich als Industrieunternehmer und Bankiers, im Verlagswesen und im Kulturbereich; viele Juden arbeiteten als Rechtsanwälte, Ärzte, Geisteswissenschaftler und ab 1919 konnten sie auch Staatsämter übernehmen. Die Teilnahme am Ersten Weltkrieg war für die meisten jüdischen Männer selbstverständliche Staatsbürgerpflicht.

Doch trotz dieser Integrationstendenz blieben alte Vorurteile bestehen. Für Negativerscheinungen der sich entwickelnden modernen Industriegesellschaft machte man verallgemeinernd die Juden verantwortlich: Sie wurden als profitgierig, intrigant und dauernde Gewinner und Aufsteiger mit Herrschaftsanspruch hingestellt. Dieser moderne Antisemitismus basierte auf der sich wissenschaftlich gebenden Rassenlehre und dem Sozialdarwinismus. Die Niederlage im Ersten Weltkrieg, der Zusammenbruch des Kaiserreiches, die Revolution von 1918 und die Rolle jüdischer Bürger beim politischen und wirtschaftlichen Aufbau der neuen Republik war für einflussreiche deutsch-nationale und konservative Kreise der Beweis für die zerstörerische Machtstellung der Juden. Antisemitische Vorurteile waren vielfach Bestandteil bürgerlichen Denkens.

■ Eugenik

1909 wurde in London der erste Lehrstuhl für Eugenik, die Lehre von der Erbveranlagung, eingerichtet. Wissenschaftler nahmen begeistert den Gedanken auf, Gesellschaften durch erbhygienische Maßnahmen verbessern zu können. Die Sterilisierung von Geisteskranken galt dazu als ein Mittel. Seit dem Ende des Ersten Weltkriegs wurden auch in Deutschland von Wissenschaftlern, Juristen und Politikern Fragen der Eugenik vermehrt diskutiert. Die Versorgung sogenannter „Ballastexistenzen" in Heimen und Fürsorgeanstalten wurde vielfach in Vergleich gesetzt zu Kosten, Opfern und der Versorgungsnotlage der Soldaten im Krieg. „Die Freigabe der Vernichtung lebensunwerten Lebens", so der Titel einer 1920 erschienenen Abhandlung von A. Hoche und K. Binding, hatte nicht Hitler erfunden.

■ Ausgrenzung und Entrechtung

Die erste Maßnahme des nationalsozialistischen Regimes gegen jüdische Mitbürger war der angeordnete Boykott jüdischer Geschäfte, Arztpraxen und Anwaltskanzleien am 1. 4. 1933. Wenige Tage später folgte nach dem „Gesetz zur Wiederherstellung des Berufsbeamtentums" vom 7. 4. 1933 die Entlassung aller jüdischen Beamten aus dem Staatsdienst. Weitere Verordnungen folgten: Juden wurden als Rechtsanwälte nicht mehr zugelassen, der Anteil von Juden an Schulen und Hochschulen wurde auf 1 – 1,5 % beschränkt. Die Errichtung der Reichskulturkammer im September 1933 bedeutete für alle Juden den Ausschluss aus den Bereichen Kunst, Literatur, Theater, Musik und Film; ab 1934 waren Ausbildungsabschlüsse als Arzt,

Zahnarzt, Jurist, Apotheker oder Professor für Juden verboten.

Auf dem „Reichsparteitag der Freiheit“ der NSDAP in Nürnberg wurden am 15. 9. 1935 die Nürnberger Rassegesetze beschlossen. Sie waren Grundlage für die völlige Entrechtung der Juden. Diese Gesetze galten auch für die Gruppe der Sinti und Roma. Ein wichtiges Ziel der Nationalsozialisten war es, jüdische Bürger aus dem Wirtschaftsleben zu verdrängen. Als Grundlage für künftige Enteignungen mussten Juden ab April 1938 ihr gesamtes Vermögen über 5 000 RM anmelden. Die Nazis entzogen im Sommer 1938 jüdischen Ärzten und Rechtsanwälten die Zulassung; Juden mit nichtjüdischen Vornamen mussten sich zusätzlich Sarah oder Israel nennen und allen Juden wurde ab dem 5. 10. 1938 ein „J“ in den Pass gestempelt.

■ Der Novemberpogrom

Ende Oktober 1938 wurden über 16 000 polnische in Deutschland lebende Juden von der Gestapo in deutsch-polnisches Niemandsland abgeschoben, unter ihnen die Familie Grünspan. Aus Protest gegen dieses Vorgehen erschoss deren Sohn Herschel Grünspan in Paris in der deutschen Botschaft den Diplomaten Ernst v. Rath.

Dieses Attentat war für die NS-Regierung Anlass, im ganzen Reich einen Pogrom anzuordnen. Die SA- und NSDAP-Führerschaft feierte in München gerade den Tag des Hitlerputsches. Von hier aus wurden am Abend des 9. 11. 1938, nach einer Hetzrede Goebbels', per Telefon und Fernschreiben von der SA-Führerschaft Aktionen gegen Juden und jüdische Einrichtungen angeordnet. Die Weitergabe des Befehls an die kommunalen Parteizentralen und SA-Stäbe führte im ganzen Reich in der Nacht vom 9. auf den 10. 11. 1938 zu Terror- und Gewaltaktionen gegen Juden. Die Mehrheit der Bevölkerung verhielt sich passiv, schaute zu; es gab Beispiele von Anteilnahme und Scham, aber auch solche von aktiver Teilnahme, hämischer Freude und Habgier. Polizei und Feuerwehr hatten Anweisung, nicht zugunsten jüdischer Bürger einzugreifen. Bei diesem Pogrom, der verharmlosend auch heute noch „Reichskristallnacht“

105.1 SA-Wache vor jüdischen Rechtsanwaltspraxen in München, 1. 4. 1933.

genannt wird, wurden 267 Synagogen zerstört, ca. 7 500 jüdische Geschäfte und Wohnungen verwüstet und geplündert. Die Nazis verhafteten 26 000 jüdische Männer und verschleppten sie in Konzentrationslager; 91 Menschen wurden ermordet, viele jüdische Bürger gequält und gedemütigt, viele begingen aus Verzweiflung Selbstmord.

■ Verfolgung und Vertreibung

Die Ereignisse der Reichspogromnacht markieren die Wende zur vollständigen Vernichtung aller Lebensgrundlagen jüdischer Existenz; Verordnung folgte auf Verordnung.

Auf Anordnung Görings mussten die Juden 1 Milliarde Reichsmark als Sühneleistung zahlen, gleichzeitig beschlagnahmte das Reich die den geschädigten Juden zustehenden Versicherungszahlungen. Göring ließ ferner durch die „Verordnung zur Ausschaltung der Juden aus dem deutschen Wirtschaftsleben“ vom 12. 11. 1938 alle jüdischen Geschäfte und Gewerbebetriebe enteignen und zwangsveräußern. Die Nationalsozialisten bezeichneten dies als „Arisierung“ der deutschen Wirtschaft.

105.2 Plakatanschlag 1935.

106.1 *Jüdische Beratungsstelle für Auswanderer in Berlin, 1933/1934.*

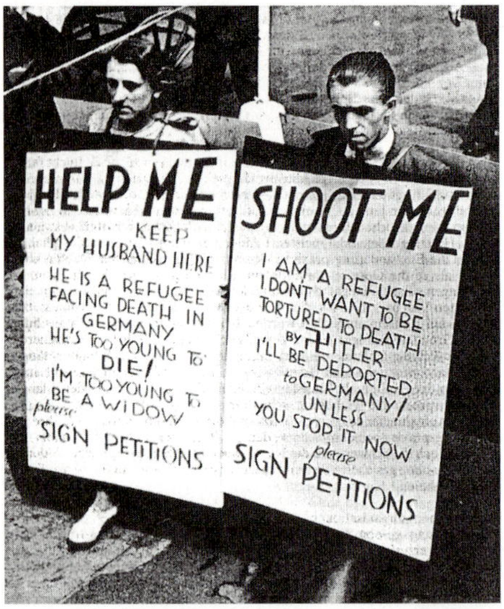

106.2 *Auswandererehepaar auf Ellis Island (USA), dem die Einreise wegen nicht gültiger Papiere versagt wird, 1936.*

Weitere Verordnungen machten Juden ein normales Leben unmöglich: Verbot des Besuchs von Schulen und Hochschulen, zeitliche und räumliche Aufenthaltsbeschränkungen, Entzug von Führerscheinen, Verbot des Besuchs von Theatern, Kinos, Konzerten, Bibliotheken, Schwimmbädern u. a., Rundfunkgeräte und Telefone mussten abgeliefert werden. Die Juden wurden aus Deutschland verjagt, sie sollten auswandern. Gleichzeitig aber erschwerte man ihnen dies, denn ihr Vermögen und Geld aus den Zwangsverkäufen mussten sie auf Sperrkonten zurücklassen. Das Genehmigungsverfahren zur Auswanderung war langwierig, bürokratisch kompliziert und mit hohen Gebühren verbunden. Zudem war das Ausland nur bedingt bereit, deutsche jüdische Flüchtlinge aufzunehmen. Diese Situation verschärfte sich durch den Kriegsausbruch. Am 1. 9. 1941 wurde es für Juden ab dem 6. Lebensjahr Pflicht, einen gelben Judenstern, „sichtbar auf der linken Brustseite des Kleidungsstücks fest angenäht zu tragen“. Eineinhalb Monate später, am 23. 10. 41, wurde die legale Auswanderung verboten. Die Deportationen in die Vernichtungslager begannen.

Auch die Sinti und Roma waren seit 1933 von der Entrechtungs-und Verfolgungspolitik der Nationalsozialisten betroffen. Von den ca. 30 000 im Reich lebenden Sinti und Roma wurden 24 000 von einer Arbeitsgruppe des 1936 neu eingerichteten Rassehygieneinstituts erfasst und „rassebiologisch erforscht“. Aufgrund so erstellter „Rassegutachten“ wurden Sinti und Roma schon ab 1940 aus dem Reich in Ghettos und Konzentrationslager im besetzten Polen verschleppt.

■ Vernichtung „unwerten Lebens“

Der logistisch perfektionierte Völkermord an Juden, Sinti und Roma fand außerhalb der deutschen Reichsgrenzen statt. Im Reich gab es jedoch sechs zu Vernichtungsanstalten umfunktionierte Heime, in denen von 1940 bis 1941 geistig und körperlich behinderte Menschen planmäßig ermordet wurden. Sie galten als „lebensunwert“ und „gemeinschaftsunfähig“. Hitler hatte zu der Aktion seine Einwilligung gegeben. Im Rahmen dieses Euthanasieprogramms wurden die Insassen aller Heil- und Pflegeanstalten Deutschlands erfasst. Eine Kommission aus Ärzten, Psychologen und Anstaltsdirektoren bestimmte, wer aus den Anstalten verlegt wurde. Diese „Verlegung“ bedeutete den Abtransport in eine der Tötungsanstalten, in denen über 70 000 Menschen in Gaskammern ermordet wurden. Schon ab Oktober 1939 waren 5 200 Kinder in Heimen durch Giftspritzen oder Hunger umgebracht worden.

Q1 Die Nürnberger Gesetze

a) Reichsbürgergesetz, vom 15. September 1935:

Der Reichstag hat einstimmig das folgende Gesetz beschlossen, das hiermit verkündet wird.

§ 1.1. Staatsangehöriger ist, wer dem Schutzverband des Deutschen Reiches angehört und ihm dafür besonders verpflichtet ist …

§ 2.1. Reichsbürger ist nur der Staatsangehörige deutschen oder artverwandten Blutes, der durch sein Verhalten beweist, dass er gewillt und geeignet ist, in Treue dem deutschen Volk und Reich zu dienen. …

§ 3. Der Reichsbürger ist der alleinige Träger der vollen politischen Rechte nach Maßgabe der Gesetze …

b) Gesetz „zum Schutze des deutschen Blutes und der deutschen Ehre" vom 15. September 1935:

§ 1.1. Eheschließungen zwischen Juden und Staatsangehörigen deutschen oder artverwandten Blutes sind verboten. Trotzdem geschlossene Ehen sind nichtig, auch wenn sie zur Umgehung dieses Gesetzes im Auslande geschlossen sind …

§ 2. Außerehelicher Verkehr zwischen Juden und Staatsangehörigen deutschen und artverwandten Blutes ist verboten.

§ 3. Juden dürfen weibliche Staatsangehörige deutschen oder artverwandten Blutes unter 45 Jahren nicht in ihrem Haushalt beschäftigen.

§ 4.1. Juden ist das Hissen der Reichs- und Nationalflagge und das Zeigen der Reichsfarben verboten. 2. Dagegen ist ihnen das Zeigen der jüdischen Farben gestattet …

Aus: W. Hofer, Hrsg., Der Nationalsozialismus, Frankfurt 1993, S. 284 f.

Q2 Tagebuch 1938

Notizen aus den Tagebuchaufzeichnungen Victor Klemperers aus dem Jahr 1938 (Victor Klemperer, seit 1920 Romanistikprofessor an der technischen Hochschule Dresden, konnte als Jude die Zeit des Naziterrors unter schwierigsten Bedingungen überleben, da er mit einer „Arierin" verheiratet war. Seit Tagebuch wurde erst 1995 publiziert):

23. Mai, Montag

Am Donnerstagabend erschien Frau Lehmann. Sie war zum Amtswalter bestellt worden: Es sei bekannt, dass sie bei einem jüdischen Professor und einem jüdischen Rechtsanwalt Aufwärterin sei. Sie sei über 46, also berechtigt. – „Gewiss, aber ihr Sohn kommt um seine Beförderung im Arbeitsdienst, und ihre Tochter … um ihre Stellung, wenn Sie diese Arbeit nicht aufgeben." – Also war die Frau von drei Arbeitsstellen zwei los, und wir sind allein. … Frau Lehmann war elf Jahre in unserm Dienst – Vertrauensposten …

10. August, Mittwoch

Zum 15. Juli, Freitagabend, sagte sich Frau Lehmann bei uns an: Sie wolle doch Eva zum Geburtstag gratulieren. Sie kam am späten Abend, echauffiert: Sie habe völlige Dunkelheit abwarten und ganz ungesehen hereinschlüpfen wollen, und immer sei noch irgendwer auf der Straße gewesen, den sie gefürchtet habe. Sie empfand nicht, wie entsetzlich deprimierend das auf uns wirkte; ihre Angst entsprach fraglos der Angst sämtlicher „Volksgenossen".

V. Klemperer, Ich will Zeugnis ablegen bis zum letzten, Tagebücher 1933–1945, hrsg. v. W. Nowojski, Berlin 1995, S. 408 f. u. S. 417.

107.1 Anzeige, Berlin 1938.

Die Familie Grünfeld besaß in Berlin mehrere Fachgeschäfte für Tisch- und Bettwäsche. Als Juden mussten sie diese Geschäfte im Zuge der sogenannten Arisierung 1938 einem nichtjüdischen Deutschen – vermutlich unter Preis – verkaufen. Der Käufer warb nach dem Kauf in Zeitungen mit dieser Anzeige um Kunden.

Euthanasie: (griech., schöner, leichter Tod): Sterbehilfe, beschönigende Bezeichnung für die NS-Mordaktionen an körperlich und geistig Behinderten.

108.1 Jüdische Winterhilfe (1935 gegründet).

Q3

Arisierung

Ein Münchener Kaufmann schrieb 1938 an die Industrie- und Handelskammer:

In den letzten Zeiten war ich öfters bei der Arisierung von jüdischen Geschäften als Sachverständiger, Experte und Gutachter etc. zugezogen und bin von den hierbei zu Tage getretenen brutalen Maßnahmen der zuständigen Stellen der Handelskammern, nationalsozialistischen Wirtschaftsstelle etc. und überhaupt von all dieser Art von Erpressungen an den Juden derart angeekelt, dass ich von nun ab jede Tätigkeit bei Arisierungen ablehne, obwohl mir dabei ein guter Verdienst entgeht. Ich bin Nationalsozialist, S. A. Mann und ein Bewunderer Adolf Hitlers! Aber ich kann als alter, rechtschaffener, ehrlicher Kaufmann nicht mehr zusehen, in welcher schamlosen Weise von vielen arischen Geschäftsleuten, Unternehmern etc. versucht wird, unter der Flagge der Arisierung und im Interesse der nationalsoz. Wirtschaft die jüdischen Geschäfte, Fabriken etc. möglichst wohlfeil und um einen Schundpreis zu erraffen.

Aus: W. Benz, Hrsg., Die Juden in Deutschland 1933–1945, München 1996(4), S. 326.

108.2 Sammlung von Juden auf dem Lörracher Marktplatz zum Abtransport ins Lager Gurs (Pyrenäen) am Tag des Laubhüttenfestes, 1940.

Q4

Euthanasie

Dr. F. Hölzel sollte Leiter des Kinder-„Euthanasie"-Programms in Eglfing-Haar werden. Er schrieb in einem Brief (28. 8. 1940):

Die neuen Maßnahmen sind so überzeugend, dass ich glaubte, persönliche Bedenken zurücktreten lassen zu müssen. Aber es ist ein anderes, staatliche Maßnahmen mit voller Überzeugung zu bejahen, ein anderes, sie selbst in letzter Konsequenz durchzuführen. Die Parallele mit der Strafrechtspflege und der Strafvollstreckung liegt hier sehr nahe. Und da komme ich, zu aller verstandesmäßigen Einsicht und allem guten Willen, nicht um die Erkenntnis herum, dass ich mich nach meinem Naturell für diese Aufgabe nicht eigne. So lebhaft ich in vielen Fällen den Wunsch hätte, den natürlichen Ablauf verbessern zu können, so sehr widersteht es mir, dies als eine systematische Aufgabe nach kalter Überlegung und nach wissenschaftlich-sachlichen Richtlinien – nicht aus ärztlicher Gefühlsnötigung – den Kranken gegenüber auszuführen. Denn was mir die Arbeit im Kinderheim lieb gemacht hat, war nicht das wissenschaftliche Interesse, sondern das ärztliche Bedürfnis, inmitten unserer oft so fruchtlosen Arbeit, hier in vielen Fällen zu helfen und wenigstens zu bessern.

Aus: M. Burleigh, Die Zeit des Nationalsozialismus, Frankfurt 2000, S. 446.

Q5

Wer vorsätzlich tötet …

Auszug aus einer Predigt des Bischofs von Münster, Cl. A. Graf von Galen, 3. 8. 1941:

Deutsche Männer und Frauen! Noch hat Gesetzeskraft der § 211 des Strafgesetzbuches, der bestimmt: „Wer vorsätzlich einen

Menschen tötet, wird, wenn er die Tötung mit Überlegung ausführt, wegen Mordes mit dem Tode bestraft." – Wohl um diejenigen, die jene armen kranken Menschen, Angehörige unserer Familien, vorsätzlich töten, vor dieser gesetzlichen Bestrafung zu bewahren, werden die zur Tötung bestimmten Kranken aus der Heimat abtransportiert in eine entfernte Anstalt. Als Todesursache wird dann eine Krankheit irgendwelcher Art angegeben. Da die Leiche sogleich verbrannt wird, können die Angehörigen und auch die Kriminalpolizei es hinterher nicht mehr feststellen, ob die Krankheit wirklich vorgelegen hat und welche Todesursache vorlag. Es ist mir versichert worden, dass man im Reichsministerium des Innern und auf der Dienststelle des Reichsärzteführers Dr. Conti gar kein Hehl daraus machte, dass tatsächlich schon eine große Zahl von Geisteskranken in Deutschland vorsätzlich getötet worden ist und in Zukunft getötet werden soll. Das Strafgesetzbuch bestimmt in § 139: „Wer von dem Vorhaben eines Verbrechens wider das Leben glaubhafte Kenntnis erhält und es unterlässt, der Behörde oder dem Bedrohten zur rechten Zeit Anzeige zu machen, wird bestraft." Als ich von dem Vorhaben erfuhr, Kranke aus Marienthal abzutransportieren, um sie zu töten, habe ich am 28. 7. bei der Staatsanwaltschaft beim Landgericht in Münster und beim Herrn Polizeipräsidenten in Münster Anzeige erstattet durch eingeschriebenen Brief mit folgendem Inhalt: „Nach mir zugegangenen Nachrichten soll im Laufe dieser Woche (man spricht vom 31. 7.) eine große Anzahl Pfleglinge der Provinzheilanstalt Marienthal bei Münster als sogenannte „unproduktive Volksgenossen" nach der Heilanstalt Eichberg überführt werden, um dann alsbald, wie es nach solchen Transporten aus anderen Heilanstalten nach allgemeiner Überzeugung geschehen ist, vorsätzlich getötet zu werden. Da ein derartiges Vergehen nicht nur dem göttlichen und natürlichen Sittengesetz widerstrebt, sondern auch als Mord nach § 211 Str.G.B. mit dem Tode zu bestrafen ist, erstatte ich gemäß § 139 Str.G.B. pflichtgemäß Anzeige und bitte, die bedrohten Volksgenossen unverzüglich durch Vorgehen gegen die den Abtransport und die Ermordung beabsichtigenden Stellen zu schützen und mir von dem Veranlassten Nachricht zu geben." Nachricht über ein Einschreiten der Staatsanwaltschaft oder der Polizei ist mir nicht zugegangen. ...

Aus: P. Steinbach u. J. Tuchel (Hrsg.), Widerstand in Deutschland 1933 – 1945, München 1994, S. 132/133.

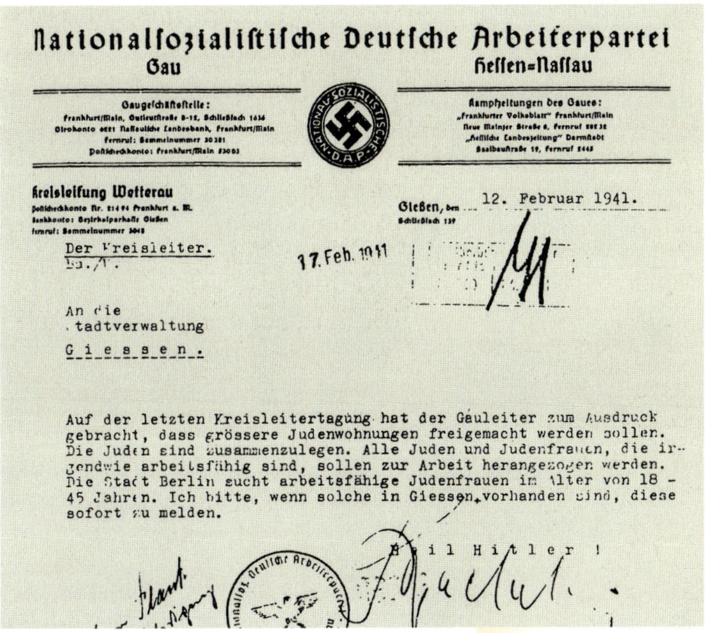

Nationalsozialistische Deutsche Arbeiterpartei
Gau Hessen-Nassau

Gaugeschäftsstelle:
Frankfurt/Main, Gutleutstraße 8-12, Schließfach 1634
Girokonto 6821 Nassauische Landesbank, Frankfurt/Main
Fernruf: Sammelnummer 30381
Postscheckkonto: Frankfurt/Main 53003

Kampfzeitungen des Gaues:
„Frankfurter Volksblatt" Frankfurt/Main
Neue Mainzer Straße 6, Fernruf 20838
„Hessische Landeszeitung" Darmstadt
Saalbaustraße 19, Fernruf 1445

Kreisleitung Wetterau
Postscheckkonto Nr. 21494 Frankfurt a. M.
Bankkonto: Bezirkssparkasse Gießen
Fernruf: Sammelnummer 3048

Gießen, den 12. Februar 1941.
Schließfach 139

Der Kreisleiter.

17. Feb. 1941

An die
Stadtverwaltung
G i e s s e n .

Auf der letzten Kreisleitertagung hat der Gauleiter zum Ausdruck gebracht, dass grössere Judenwohnungen freigemacht werden sollen. Die Juden sind zusammenzulegen. Alle Juden und Judenfrauen, die irgendwie arbeitsfähig sind, sollen zur Arbeit herangezogen werden. Die Stadt Berlin sucht arbeitsfähige Judenfrauen im Alter von 18 – 45 Jahren. Ich bitte, wenn solche in Giessen vorhanden sind, diese sofort zu melden.

H e i l H i t l e r !

109.1 Erlass der NSDAP-Kreisleitung in Gießen, Februar 1941.

1. Die Nürnberger Gesetze veränderten die Rechtsstellung der Juden. Erläutere. (Q1–3; auch: B 105.1 und 105.2, 106.1 und 106.2, 107.1 u. 108.2)

2. Erörtere verschiedene Reaktionen und Haltungen der jüdischen und nichtjüdischen Bevölkerung auf die nationalsozialistische Ausgrenzungs- und Vernichtungspolitik. (VT, Q 2–5, alle Abbildungen)

3. Bischof von Galen hat immer wieder gegen das NS-System Stellung genommen (→ S. 133), zum Beispiel am 3. August 1941. Erläutere seine Argumentation. (Q 5)

Die Familie Spiro in Tübingen

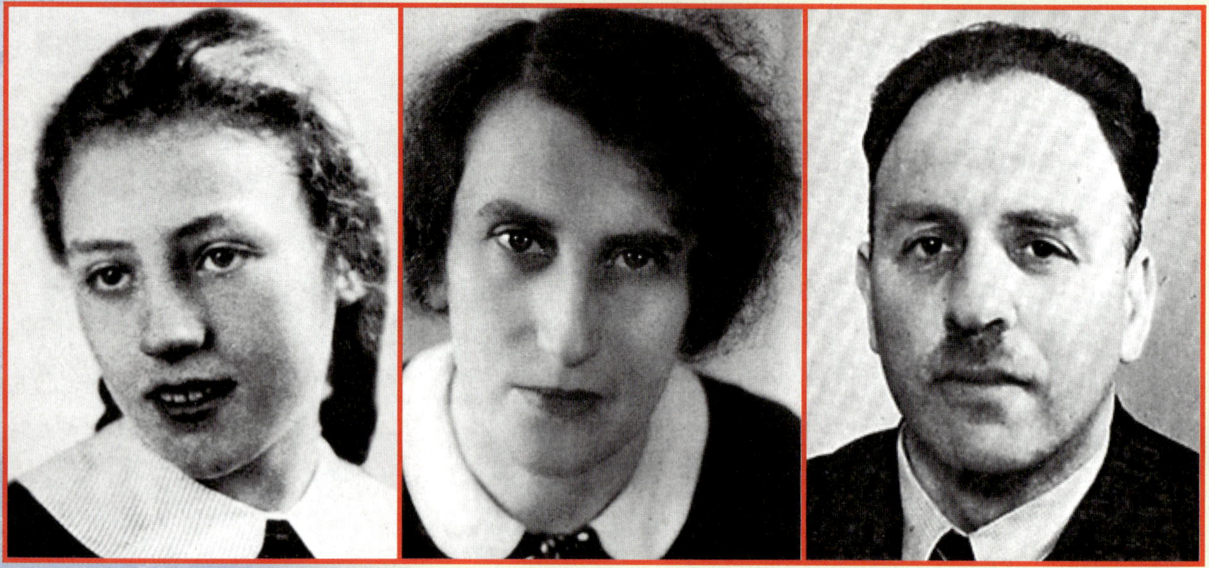

110.1 Liselotte, Elfriede und Hans Spiro.

Die Familie Spiro in Tübingen glaubte 1933 zunächst nicht, dass die zunehmenden antisemitischen Maßnahmen sie betreffen könnten. Sie waren nicht nur etablierte Mitglieder im Bürgertum der Universitätsstadt, sondern gehörten seit langem zur evangelischen Kirchengemeinde.
1902 hatte sich Ludwig Spiro (geb. 30. 1. 1865 im nahe gelegenen Wankheim) mit seinen beiden Kindern Hans und Elfriede evangelisch taufen lassen. Der ein Jahr später geborene Sohn Edwin wurde ebenfalls getauft, lediglich die Mutter Jertha blieb jüdischen Glaubens. Die Kinder wurden evangelisch erzogen.

Dr. Ludwig Spiro war von 1909 bis 1917 Lehrer für Latein und Französisch an einem humanistischen Gymnasium in Tübingen, später in Schwäbisch Gmünd. Nach dem Tod seiner Frau 1929 kehrte er mit seiner Tochter Elfriede nach Tübingen zurück. Ludwig Spiro war ein angesehener Goetheforscher und hatte einen großen Bekanntenkreis. Seine politische Einstellung war konservativ. Die sich mehrenden antijüdischen Boykottmaßnahmen und Anfeindungen sowie Diskriminierungen hielt er zunächst für „Auswüchse". Auch nach dem Berufsverbot für seinen Sohn Hans 1936 hielt er – entgegen den Ratschlägen von Freunden – eine Auswanderung nicht für nötig. 1939 wurde er aus der Weimarer Goethe-Gesellschaft ausgeschlossen, 1940 wurde ihm der Zutritt zur Universität verboten. Er starb 1941 nach längerer Krankheit.

Für eine Ausreise war es 1939 bereits zu spät. Das mussten auch seine Kinder erfahren. Hans (geb. 1898) hatte nach dem Schulabschluss eine Banklehre begonnen, war 1916 zum Militärdienst eingezogen und im Ersten Weltkrieg verwundet worden. Er beendete nach dem Krieg seine Lehre und heiratete Klara Teckemeyer, die selbst nicht aus einer jüdischen Familie stammte. Ihre gemeinsame Tochter Liselotte wurde evangelisch getauft. Für die junge Familie Spiro war es unvorstellbar, dass sie Opfer antisemitischer Verfolgung würden.
Doch schon 1933 wurde Hans Spiro aus dem Verein Tübinger Sportsfreunde, bei dem er Schriftleiter war, ausgeschlossen und 1936 mit Berufsverbot belegt. Illegal arbeitete er als Buchhalter und Werbefachmann. Wie viele Tausend jüdische Männer wurde er nach dem Novemberpogrom 1938 verhaftet und in das Konzentrationslager Dachau verschleppt. Nach seiner Freilassung entschloss sich die Familie zur Auswanderung.

111.1 Jüdische Bürger Stuttgarts im Sammellager Killesberg, von wo sie deportiert wurden.

Zunächst galt es, die kleine Tochter in Sicherheit zu bringen. Dies gelang mit einem von der jüdischen Gemeinde Stuttgart organisierten Kindertransport nach England, wo in den Jahren 1938 und 1939 ca. 10 000 jüdische Kinder aufgenommen wurden.
Hans Spiro selbst gelang die Ausreise nicht mehr. Die nötigen Papiere zu besorgen war teuer, organisatorisch schwierig und langwierig: Bürgschaftserklärungen von Verwandten oder Bekannten in dem aufnehmenden Land, Bescheinigung der gezahlten Reichsfluchtsteuer (25 % des Einkommens und Vermögens), Bescheinigung über die „Sühneleistung“ für Schäden während des Novemberpogroms von 1938, Nachweise über Vermögen und dessen Verkauf und die dazugehörigen Sperrkonten, ein gültiger Pass (seit 1935 waren Pässe für jüdische Inhaber nur noch sechs Monate gültig), Visa, Tickets mit festem Abreisetermin (nur ausgewählte Schifffahrtslinien waren zugelassen) und anderem mehr.
Hans Spiro wurde 1939 ein zweites Mal verhaftet. Er hatte mehrmals die Nationalsozialisten kritisiert. Wahrscheinlich war er denunziert worden.
Weil er mit einer Nichtjüdin verheiratet war, also in einer sogenannten „Mischehe“ lebte, wurde er von den ersten Deportationen ausgenommen. Doch am 4. 12. 1942 wurde er ein drittes Mal verhaftet und nach Gefängnisaufenthalten in Tübingen und Welzheim am 27. 1. 1943 nach Auschwitz deportiert, wo er am 19. 3. 1943 gestorben ist, wahrscheinlich an Entkräftung. Noch im März erhielt seine Frau die Nachricht, dass ihr Mann an „Herzmuskelschwäche“ gestorben sei.

Elfriede Spiro, Hans' Schwester konnte der ersten Deportation 1941, bei der 1 000 württembergische Juden ins Ghetto und Arbeitslager Riga verschleppt wurden, entgehen. Ein Amtsarzt und Polizeivorstand hatten sie für transportunfähig erklärt. Doch im August 1942 wurde sie mit den letzten Tübinger Juden ins KZ Theresienstadt deportiert, von dort im Januar 1943 nach Auschwitz gebracht, wo sie im gleichen Monat ermordet wurde.
Liselotte Spiro heiratete in England und hat zwei Kinder. Ihre Mutter wohnte bis zu ihrem Tod 1969 in Tübingen.

1. Suche in deiner Stadt nach Gedenktafeln oder Stolpersteinen, die an die jüdischen Bürger in deiner Stadt (oder einer Stadt deiner Wahl) erinnern.

2. Informiere dich über die jüdische Gemeinde in deiner Stadt.

6. Der Weg in den Zweiten Weltkrieg

Wirtschaftspolitik und Aufrüstung

Noch heute hört man oft, Hitler habe die Arbeitslosen von der Straße geholt. Dies gelang mittels Arbeitsdienst, Staatsverschuldung und Kriegsvorbereitung. Die Arbeitslosigkeit sank von einem Viertel der arbeitsfähigen Bevölkerung 1933 auf 0,5 % 1939. Die Nationalsozialisten konnten außerdem von den bereits weltweit besseren wirtschaftlichen Bedingungen profitieren. Zudem wurden Frauen aus der Wirtschaft verdrängt, weil sie Arbeitsplätze für Männer freimachen sollten.

„Mit Hitler ging es in der Wirtschaft aufwärts"?

Beschäftigungsmaßnahmen wurden eingeleitet, beispielsweise wurde der freiwillige Arbeitsdienst zum verpflichtenden „Reichsarbeitsdienst" umgestaltet. Die bisher Arbeitslosen halfen in der Landwirtschaft oder bauten an Autobahnen und Befestigungsanlagen mit. Die Autobahnen waren keine nationalsozialistische Erfindung, vielmehr waren Pläne dafür schon in den 20er Jahren entstanden. Als Arbeitsbeschaffungsmaßnahme wurden sie von der NS-Propaganda groß herausgestellt, obwohl damals erst ein Bruchteil der Bevölkerung ein Auto besaß. Finanziert wurden sie aus dem Vermögen der Arbeitslosenversicherung, was aber verschwiegen wurde. Hitler ließ sich als „Protektor der Automobilindustrie" feiern. Der versprochene „Volkswagen", auf den 336 000 Interessenten sparten, stellte sich als Betrug an den Sparern heraus: Der Wagen wurde nie ausgeliefert.

Protektor = Beschützer, Förderer.

Die Maßnahmen, mit denen die Nationalsozialisten die Arbeitslosigkeit abbauten, dienten der Aufrüstung und Kriegsvorbereitung. Über staatliche Lenkung sollte die Wirtschaft so schnell wie möglich auf Rüstungsproduktion umgestellt werden: So gab es ab 1936 einen Vierjahresplan. Hitler wollte weitgehende Autarkie, d. h. die wirtschaftliche Unabhängigkeit von der Rohstoffeinfuhr aus Nachbarländern, z. B. durch die Herstellung von Ersatzstoffen. So sollte Benzin aus Kohle hergestellt und Naturkautschuk durch „Buna" aus Braunkohle ersetzt werden. Insgesamt finanzierte die Reichsbank unter ihrem Präsidenten Hjalmar Schacht die Staatsaufträge für Arbeitsbeschaffungsmaßnahmen und Rüstungsproduktion durch eine massive Staatsverschuldung. Wegen der Höhe der Staatsschuld trat Schacht 1938 als Wirtschaftsminister zurück.

Während die Rüstungsindustrie florierte, zeigten sich Mängel in der Versorgung der Bevölkerung mit Nahrung und Konsumgütern, sodass Lebensmittelkarten eingeführt wurden. Dass sich die wirtschaftliche Lage bis 1939 wieder verschlechterte, nahm die NS-Führung in Kauf angesichts der erwarteten Kriegsbeute.

112.1 Plakat. Mit „Kraft durch Freude" nach Italien.

„Leistungskampf" und „Erzeugungsschlachten"

In den Unternehmen selbst wurde manches im Sinne der nationalsozialistischen Ideologie verändert. Von zentraler Bedeutung war die Idee der Betriebsgemeinschaft, die ein Teilaspekt der propagierten „Volksgemeinschaft" war. Weil Klassenkampf der Vergangenheit angehören sollte, veränderte man das Vokabular, um Verbundenheit zu demonstrieren und eine Bewusstseinsänderung zu erreichen: Begriffe wie „Arbeitgeber" und „Arbeitnehmer" wurden durch „Betriebsführer" und „Gefolgschaft" ersetzt. Alle sollten sich gemeinsam dem „Leistungskampf" zuwenden und sich an der „Erzeugungsschlacht" beteiligen – die Kriegsterminologie wurde auf die Wirtschaft übertragen. Befragt man Zeitzeugen, so entstand tatsächlich ein Gefühl der Gemeinschaft, der Verbundenheit der „Arbeiter der Stirn und der Faust". Die Statusunterschiede zwischen körperlich und geistig arbeitenden Menschen schienen geringer zu werden. Die Arbeitnehmer besaßen aber im Wesentlichen keine Mitspracherechte an Betriebsentscheidungen.

Die DAF (Deutsche Arbeitsfront → S. 86) organisierte Vorträge, kulturelle Veranstaltungen und andere Möglichkeiten der Freizeitgestaltung sowie Urlaubsreisen. Urlaub – Normalverdienern bisher kaum möglich – wurde auch durch die Organisation „Kraft durch Freude" zu erschwinglichen Preisen angeboten (B 112.1, vgl. B 180.2).

Q1
Die Stimmung im Volk

a) Als Hitler Mitte der 30er Jahre Meinungsforschungsberichte überbracht wurden, die Stimmung in der Bevölkerung sei „schlecht", äußerte er:

Die Stimmung im Volk ist nicht schlecht, sondern gut. Ich weiß das besser. Sie wird durch solche Berichte schlechtgemacht. Ich verbitte mir so etwas in Zukunft.

b) Am 1. September 1939 erklärte Hitler gegenüber Abgeordneten des Reichstages:

Keiner melde mir, dass in seinem Gau oder in seinem Kreis oder in seiner Gruppe oder in seiner Zelle die Stimmung einmal schlecht sein könnte. Träger, verantwortliche Träger der Stimmung sind Sie!

I. Kershaw, Hitler. 1936–1945, 1999, S. 252 [(a) u. b)].

113.1 „Eintopf, auch beim Reichskanzler" (Sammelfoto des Cigaretten-Bilderdienstes, Altona). – Von Oktober bis März war jeden zweiten Sonntag „Eintopfsonntag", d. h. alle Deutschen sollten nur ein Eintopfgericht essen und dem NS-Winterhilfswerk das dabei gesparte Geld spenden.

M2
Preise und Löhne

Durchschnittliche Lebensmittelpreise (RM)	**1928**	**1932**	**1937**
Brot (1 kg)	0,44	0,35	0,33
Kartoffeln (1 kg)	0,15	0,09	0,18
Butter (1 kg)	4,50	2,90	3,10
Zucker (1 kg)	0,63	0,76	0,79
Schweinefleisch (1 kg)	2,30	1,50	1,60

Verdienst eines Metallarbeiters	**1928**	**1933**	**1938**
RM je Stunde	0,99	0,78	0,78

Zahlen nach: Inf. z. polit. Bildung, H. 123/126 f., 1991, S. 41.

M3
Verbrauch

Vier-Personen-Arbeiterhaushalt pro Jahr	**1928**	**1937**
Fleisch (kg)	147	119
Milch (l)	481	358
Fette (kg)	55	37
Kartoffeln (kg)	508	530
Gemüse (kg)	127	118
Obst (kg)	96	65

W. Michalka (Hrsg.), Das Dritte Reich, 1983, S. 303.

M4
Entwicklung der Renten

Durchschnittliche Monatsrenten (RM)	**1931**	**1933**	**1936**	**1938**	**1939**
Sozialrentner-Fürsorge	18,47	16,22	16,37	17,05	16,96
Invaliden-Witwenrente	23,40	21,10	19,30	19,00	19,20
Invalidenrente	37,20	33,40	30,90	31,25	32,10
Angestelltenrente	65,51	56,98	54,69	54,01	68,46

W. Michalka (Hrsg.), Das Dritte Reich, 1983, S. 303.

M5
Entwicklung der Rüstungsausgaben

	1933	**1934**	**1935**	**1936**	**1937**	**1938**
Rüstungsausgaben (in Mrd. RM)	0,72	3,30	5,15	9,00	10,80	15,50
Anteil an den öffentlichen Investitionen (%)	23	49	56	68	70	74

W. Michalka (Hrsg.), Das Dritte Reich, 1983, S. 303.

1. Beurteile, ob/wie sich die Lebensumstände der Menschen veränderten. (B 112.1, 113.1)

2. Erläutere Adolf Hitlers Umgang mit Kritik. (Q 1)

Stationen der NS-Außenpolitik

Hitlers Maxime war: „Deutschland wird entweder Weltmacht oder überhaupt nicht sein." Zuerst sollte der Vertrag von Versailles revidiert, dann die Hegemonie in Europa erreicht werden. Als ersten Schritt wollte er zur „Sicherung und Erhaltung der Volksmasse" landwirtschaftlich nutzbaren Raum im Osten Europas erobern lassen.

In Zusammenhang mit dem Tod des Reichspräsidenten Hindenburg am 1. August 1934 wurde die „Reichswehr" in „Wehrmacht" umbenannt.

■ Hitlers Doppelstrategie

Der NS-Staat tat alles, um sich als friedliebend zu präsentieren, damit das Ausland – und nicht zuletzt auch das eigene Volk – beruhigt waren. Ausdruck dieser Doppelstrategie war, dass Hitler sich im Mai 1933 in einer „Friedensrede" gegen Krieg aussprach und die Westmächte zur Abrüstung aufforderte. Tatsächlich aber trieben die Nationalsozialisten die Aufrüstung energisch voran.

Am 20. Juli 1933 vereinbarten die Nationalsozialisten ein Konkordat mit dem Papst. Dass der Vatikan diesen Vertrag abschloss, wertete das nationalsozialistische Deutschland diplomatisch auf.

Deutschland trat am 14. Oktober 1933 aus dem Völkerbund aus. Die darauf folgende kurze Phase der außenpolitischen Isolierung konnte Hitler mit einem unerwarteten Vertragsabschluss überwinden: Im Januar 1934 vereinbarte das Deutsche Reich einen Nichtangriffspakt mit Polen, der dem Ausland friedliche Absichten vorspiegeln sollte.

Ein weiterer Propagandaerfolg für Hitler war die im Versailler Vertrag vorgesehene Volksabstimmung im Saarland: Am 13. Januar 1935 sprachen sich 91 Prozent der Wähler für eine Vereinigung ihrer Heimat mit dem Deutschen Reich aus.

■ Bruch des Versailler Vertrages

Im März 1935 überraschte Hitler das Ausland damit, dass er die Allgemeine Wehrpflicht einführte. Der Versailler Vertrag hatte die deutsche Armee auf 100 000 Soldaten begrenzt. Hitler legte nun von sich aus die Stärke der deutschen Armee auf mehr als das Fünffache, auf 550 000 Mann, fest.

Schon einen Monat später konnte der NS-Staat einen weiteren außenpolitischen Erfolg verbuchen. Das deutsch-englische Flottenabkommen gestattete dem Deutschen Reich, die eigene Kriegsmarine auf bis zu 35 Prozent der britischen auszubauen.

Im März 1936 zog die Wehrmacht unter dem Jubel der Bevölkerung in das gemäß dem Versailler Vertrag eigentlich entmilitarisierte Rheinland ein. Nachdem sich die Stimmung im Reich aufgrund von Ernährungskrisen und geringen Löhnen verschlechtert hatte, brauchte Hitler diesen militärischen Erfolg, um die Menschen wieder hinter sich zu bringen. Die Westmächte waren in den 30er Jahren zu einer militärischen Auseinandersetzung nicht bereit und tolerierten die deutsche Politik.

Im selben Jahr versuchte Hitler, mit seiner Bündnispolitik Druck auszuüben. Ein Vertrag mit dem faschistischen Italien begründete 1936 die „Achse Berlin-Rom". Eine Vereinbarung mit Japan folgte: Gemeinsam wollte man gegen die Sowjetunion vorgehen, sodass der Pakt die Bezeichnung „Antikominternpakt" (gegen die Kommunistische Internationale gerichtet) erhielt. Seinen eigentlichen Wunschpartner, England, konnte Hitler für ein Bündnis aber nicht gewinnen.

■ Der „Anschluss" Österreichs

Schließlich erzwang Hitler im März 1938 den „Anschluss" Österreichs. Zunächst sollte Österreich durch Drohungen und Einschüchterungen zur Vereinigung mit Deutschland bewegt werden. Als die österreichische Regierung daraufhin zu einer Volksabstimmung aufrief, die den Wunsch der Bürger nach einem unabhängigen Staat demonstrieren sollte, zwang Hitler die Regierung Schuschnigg über ein Ultimatum zum Rücktritt. Deutsche Truppen marschierten in das Land ein und Österreich wurde an das Deutsche Reich angegliedert. Erneut war der Versailler Vertrag, der eine solche Vereinigung verbot, gebrochen worden. Dass viele Österreicher mit unbeschreiblichem Jubel auf diese Aktionen reagierten, kam den Nationalsozialisten zugute: Sie konnten sich auf das Selbstbestimmungsrecht der Völker berufen und auf diese Weise den Triumph dem Ausland gegenüber rechtfertigen. Für das nationalsozialistische Vorgehen spielte auch eine Rolle, dass die verzweifelten Hilferufe der österreichischen Regierung an die britische Regierung ungehört geblieben waren.

■ Die Konferenz von München

Doch die Revision des Versailler Vertrages allein genügte den Nationalsozialisten nicht. Mit der sogenannten Sudetenkrise im September 1938 wurde die Expansionspolitik fortgesetzt: Sie wollten nun auch die zur Tschechoslowakei gehörenden sudetendeutschen Gebiete „heim ins Reich“ holen, wie die Formulierung lautete. Weil Großbritannien immer noch glaubte, durch Zugeständnisse einen Krieg verhindern zu können, veranlassten die Briten die Münchener Konferenz am 29./30. September 1938. Die Regierungschefs aus England, Frankreich, Italien und Deutschland nahmen daran teil.

Über den Kopf der Tschechoslowakei hinweg, die keinen Vertreter nach München schicken durfte, wurde vereinbart, dass die sudetendeutschen Gebiete an Deutschland abgetreten werden sollten. Im Gegenzug verzichtete Hitler für den Augenblick auf kriegerische Aktionen. In der Folge erachtete er seine Gegner, die anderen Regierungschefs, als „kleine Würmchen“. Die deutsche Öffentlichkeit feierte Hitler als den Bewahrer des Friedens und war erleichtert.

Entgegen aller Zusagen und ohne Kriegserklärung marschierten deutsche Truppen im März 1939 doch in die „Resttschechei“ ein und annektierten sie, was die Westmächte mit Ernüchterung registrierten.

Als Hitler dann Danzig forderte, gaben die Westmächte – jetzt aufgeschreckt – noch im März 1939 Garantieerklärungen für die Unabhängigkeit Polens, im April für Rumänien und Griechenland ab. Hitler aber kündigte den Nichtangriffspakt mit Polen und das deutsch-englische Flottenabkommen auf. Sein Ziel hieß Krieg.

115.1 Karikatur von David Low: Spineless Leaders of Democracy, d. h. „Rückgratlose Führer der Demokratie“, die am 8. Juli 1936 veröffentlicht wurde. Auf dem Rücken der ersten Person: „Wiederbewaffnung“; dann „Befestigung des Rheinlands“.

28 % der Bürger der Tschechoslowakei (3,5 Millionen Menschen) waren Deutsche. Diese Sudetendeutschen forderten autonome Selbstverwaltung innerhalb der Tschechoslowakei, erhielten diese aber nicht.

115.2 Wahlplakat 1938.

■ Das Ausland – zu gutgläubig?

Warum griff das Ausland nicht entschieden ein, obwohl es durchaus warnende Stimmen gab? Frankreich war zu diesem Zeitpunkt mit innenpolitischen Problemen beschäftigt und konnte sich außenpolitisch nicht engagieren. Großbritannien betrieb eine Politik des „Appeasement“. Zudem benötigte es seine militärischen Kräfte, um die Unabhängigkeitsbewegungen in den Kolonien zu bekämpfen. Es fühlte sich zur gleichen Zeit einem Krieg in Europa nicht gewachsen und wollte Zeit für weitere Aufrüstung gewinnen. Auch galt vielen Briten das Naziregime in Deutschland als Bollwerk gegen den Bolschewismus.

116.1 Karikatur. Freie Presse, Amsterdam, Dezember 1933.

Q1 Hitlers außenpolitische Absichten – Schein und Sein

a) Hitler in einer Rundfunkansprache an das deutsche Volk, 31. Januar 1933:

Außenpolitisch wird die nationale Regierung ihre höchste Mission in der Wahrung der Lebensrechte und damit der Wiedererringung der Freiheit unseres Volkes sehen … Sie ist dabei erfüllt von der Größe der Pflicht, mit diesem freien, gleichberechtigten Volke für die Erhaltung und Festigung des Friedens einzutreten, dessen die Welt heute mehr bedarf als je zuvor. Möge auch das Verständnis der anderen mithelfen, dass unser aufrichtigster Wunsch zum Wohle Europas, ja der Welt sich erfüllt. So groß unsere Liebe zu unserem Heere als Träger unserer Waffen und Symbol unserer Vergangenheit ist, so wären wir doch beglückt, wenn die Welt durch eine Beschränkung ihrer Rüstungen eine Vermehrung unserer eigenen Waffen niemals mehr erforderlich machen würde. …

W. Michalka (Hrsg.), Das Dritte Reich, 1985, S. 19.

b) Hitler am 3. Februar 1933 in einer geheimen ersten Besprechung mit den Befehlshabern der Reichswehr:

Ziel der Gesamtpolitik allein: Wiedergewinnung der politischen Macht … Einstellung der Jugend [und] des ganzen Volkes auf den Gedanken, dass nur der Kampf uns retten kann. … Ertüchtigung der Jugend und Stärkung des Wehrwillens mit allen Mitteln. … Kampf gegen Versailles. Gleichberechtigung in Genf; … Aufbau der Wehrmacht wichtigste Voraussetzung für Erreichung des Ziels: Wiedererringung der politischen Macht. Allgemeine Wehrpflicht muss wiederkommen. … Wie soll politische Macht, wenn sie gewonnen ist, gebraucht werden? Jetzt noch nicht zu sagen. Vielleicht Erkämpfung neuer Export-Möglichkeiten, vielleicht – und wohl besser – Eroberung neuen Lebensraums im Osten und dessen rücksichtslose Germanisierung …

(Das Stichwortprotokoll stammt von Generalleutnant Curt Liebmann. Wegen der besonderen Brisanz der Ansprache wurde die Mitschrift später nicht weiter ausgearbeitet und textlich ausformuliert.)
H.-A. Jacobsen und Werner Jochmann (Hrsg.), Ausgewählte Dokumente zur Geschichte des Nationalsozialismus, 1966, Loseblatt-Ausg., CEF, o. S.

Q2 „Dem Mutigen gehört die Welt“

Joseph Goebbels schrieb in seinem Tagebuch am 8. März 1936:

Kabinett: der Führer entwickelt seine Pläne. … Alle sind maßlos verblüfft. Aber nun gibt es kein Zurück mehr. … Das wird ein Tag werden für die Welt, …. In der Überraschung liegt der Erfolg. …
Die Rede des Führers; glänzende Beweisführung, hinreißender Schwung, zu Tränen am Schluss ergreifend. Ich bin restlos weg. Alles ein Taumel der Begeisterung. …
Meldungen aus dem Rheinland: Alles hat herrlich geklappt. Am ganzen Rhein ein Rausch der Begeisterung … Auslandsstimmen glänzend. Frankreich will Völkerbund befassen. Recht so! Es wird also nicht handeln. Das ist die Hauptsache. …
Abgehörte Telefonate ergeben: die Diplomatie ist ganz ratlos. Und das Rheinland ein Freudenmeer. Der Einmarsch planmäßig verlaufen. Dem Mutigen gehört die Welt. … England bleibt passiv. Frankreich handelt nicht allein, Italien ist enttäuscht und Amerika uninteressiert. Wir haben wieder die Souveränität über unser eigenes Land. …

J. Goebbels, Tagebücher 1924–1945, Hrsg. v. Ralf Georg Reuth, Bd. 3, 1992, S. 933–35.

Q3 Reaktionen in Großbritannien

a) Lloyd George, früherer britischer Premierminister, schrieb 1936 in einer britischen Zeitung:

„Ich bin eben von einem Besuch in Deutschland zurückgekehrt. Ich habe jetzt den berühmten deutschen Führer gesehen und auch etliches von dem großen Wechsel, den er herbeigeführt hat. Was immer man von seinen Methoden halten mag – es sind bestimmt nicht die eines parlamentarischen Landes –, es besteht kein Zweifel, dass er einen wunderbaren Wandel im Denken des Volkes herbeigeführt hat. Zum ersten Mal nach dem Krieg herrscht ein allgemeines Gefühl der Sicherheit. Die Menschen sind fröhlicher. ... Diesen Wandel hat ein Mann vollbracht. ... Er ist nicht nur dem Namen nach, sondern tatsächlich der nationale Führer. Er hat sie gegen potenzielle Feinde, von denen sie umgeben waren, gesichert. ... Die Aufrichtung einer deutschen Hegemonie in Europa, Ziel und Traum des alten Militarismus vor dem Krieg, liegt nicht einmal am Horizont des Nationalsozialismus. Deutschlands Bereitschaft zu einer Invasion in Russland ist nicht größer als die zu einer militärischen Expedition auf den Mond."

Ph. Fabry, Mutmaßungen über Hitler, 1979, S. 216 f.

b) Der britische Politiker und spätere Premierminister [während des Zweiten Weltkrieges 1940–1945 sowie 1951–1955] Winston Churchill, der wiederholt vor Hitler warnte, äußerte:

Es ist natürlich, dass ein stolzes Volk, besiegt im Kriege, danach strebt, sich so schnell wie möglich wieder zu bewaffnen. Es wird Verträge, die man ihm unter Zwang abgepresst hat, nicht länger halten, als es muss.

W. Schwarzwäller, in: Ein Volk, ein Reich, ein Führer. Dokumentation: Das III. Reich, 1989, S. 191.

c) Ein britischer Lord im Mai 1937:

Nehru [ein indischer Politiker und Gegner der britischen Herrschaft; Indien war britische Kolonie] erwartet erklärtermaßen den nächsten Weltkrieg, um die Revolution in Indien zu entfesseln.

G. Niedhart, Appeasement, 1978, S. 74.

d) Ein wirtschaftspolitischer Experte des britischen Außenministeriums, 1935:

Für ein mageres Deutschland haben wir selbst zu zahlen durch Verluste in unserem Warenverkehr, da das Verhungern Deutschlands nicht nur einen direkten Verlust im Handel nach Deutschland, sondern auch, so dominierend und zentral ist seine Position, gleichzeitig den Hungertod eines großen Teils Europas bedeutet.

G. Niedhart, Internationale Beziehungen 1917–1947, S. 113.

e) Der britische Historiker A. J. P. Taylor schrieb 1963:

[Die „Appeaser"] erkannten, dass ein unabhängiges und mächtiges Deutschland auf irgendeine Weise in Europa eingegliedert werden musste. ... Die „Appeaser" fürchteten auch, dass auf eine Niederlage Deutschlands die russische Herrschaft über einen großen Teil Europas folgen würde. Die spätere Entwicklung zeigt, dass sie auch hier Recht hatten. Nur diejenigen, die sich wünschten, dass Sowjetrussland Deutschlands Platz einnahm, sind berechtigt, die „Appeaser" zu verurteilen.

A. J. P. Taylor, Erneute Betrachtungen, in: G. Niedhart (Hrsg.), Kriegsbeginn 1939, 1976, S. 49.

1. Erläutere, worin Hitlers Doppelstrategie bestand. (Q 1 a, b, Q 2)
2. Betrachte B 115.2. Welche Stimmung wird beim Betrachter erzeugt?
3. Formuliere die Aussage der Karikatur (B 115.1).
4. Stelle in einem Schaubild die Motive der Westmächte für ihre Appeasement-Politik zusammen. (Q 3, VT)
5. Beurteile, welche Stationen der NS-Außenpolitik von zentraler Bedeutung auf dem Weg in den Zweiten Weltkrieg waren und begründe.

7. Der Zweite Weltkrieg

Der Angriff auf Polen

Noch im August 1939 ging Hitler einen Pakt mit der Sowjetunion ein, den deutsch-sowjetischen Nichtangriffspakt. Er hatte bisher in der Öffentlichkeit verbreitet, dass „alles, was ich unternehme, ... gegen Russland gerichtet“ sei; jetzt zeigte er sich wieder einmal als gewissenloser Machtpolitiker. In einem geheimen Zusatzprotokoll wurde Polen unter der Sowjetunion und Deutschland aufgeteilt.

Die erhofften Gebietsgewinne waren nicht das einzige Motiv des sowjetischen Staatschefs Stalin. Von dem Pakt versprach er sich, dass er den Ausbruch eines Krieges beschleunigen könne. Er erwartete, dass sich die anderen europäischen Großmächte im Krieg gegenseitig zerfleischen würden, sein Land dagegen neutral bleiben und Zeit für die eigene Aufrüstung gewinnen könne. Hitler erhoffte sich von diesem Pakt zudem, dass er die Westmächte von einem Kriegseintritt abschrecken werde. Was Polen anbelangte, so war Hitler „wild entschlossen zum Krieg“ und hoffte darauf, dass ihm nicht noch „im letzten Moment irgendein Schweinehund einen Vermittlungsplan vorlegt.“

Am 1. September 1939 löste der deutsche Angriff auf Polen den Zweiten Weltkrieg aus. Innerhalb weniger Wochen wurde Polen besiegt und besetzt. Die Sowjetunion besetzte die östlichen Gebiete Polens. Anders als bei Ausbruch des Ersten Weltkriegs war die deutsche Bevölkerung diesmal mehrheitlich nicht kriegsbegeistert.

Lebensraumpolitik: Hitler hatte in seiner Propaganda von den Deutschen als „Volk ohne Raum“ gesprochen. Osteuropa sollte nach NS-Vorstellung mit deutschen Bauern besiedelt werden.

Die Nationalsozialisten betrieben eine Besatzungspolitik, die auf Ausbeutung und „Germanisierung“ abzielte. Die Menschen wurden ganz unterschiedlich behandelt, je nachdem, wie „eindeutschungsfähig“ sie nach „rassebiologischen“ Kriterien erschienen. Der Bevölkerung presste man Lebensmittel ab und brachte viele Menschen als Zwangsarbeiter nach Deutschland. Andere wurden zwangsumgesiedelt, d. h., sie mussten binnen 15 Minuten ihre Häuser verlassen, um Platz für deutsche Siedler zu machen. Die jüdische Bevölkerung wurde verhaftet und in Konzentrationslager oder Ghettos eingewiesen. Die polnischen Eliten wurden systematisch ermordet.

Der Verlauf des Krieges

Als Antwort erklärten die Briten und Franzosen dem Deutschen Reich zwar im September 1939 den Krieg, griffen aber zunächst nicht militärisch ein.

Im Mai 1940 griff die Wehrmacht Holland, Belgien und Luxemburg an und eroberte den Norden und die Mitte Frankreichs. Schon zuvor hatten deutsche Truppen Dänemark und Norwegen besetzt. Hitler stand nach dem Sieg über Frankreich auf dem Höhepunkt seiner Macht. Die Erfolge überzeugten auch viele Deutsche, die den Krieg nicht gewollt hatten. Hitlers Hoffnung auf ein Einlenken Englands erfüllte sich allerdings nicht.

Um dem Bündnispartner Italien zu Hilfe zu kommen, der Griechenland angegriffen hatte, eroberten deutsche Truppen in einem Balkanfeldzug Jugoslawien, dann Griechenland und griffen auch in Afrika ein.

Nun glaubte sich Hitler bereit zur Verwirklichung seiner Pläne im Osten Europas: Nach dem Plan „Unternehmen Barbarossa“ überfielen deutsche Truppen im Juni 1941 die Sowjetunion, angeblich um russischen Angriffsplänen zuvorzukommen. Das russische Gebiet sollte nach Hitlers Vorstellungen vom „Lebensraum im Osten“ deutsche Kolonie werden. Die slawische Bevölkerung hatte „auf möglichst niedrigem Kulturniveau dahinzuvegetieren und zu arbeiten“. Die Hoffnungen auf einen raschen Sieg erfüllten sich allerdings nicht. Zwar konnten die deutschen Truppen in Russland rasch bis 100 km vor Moskau vorstoßen, dann aber blieb der Angriff stecken. Die russischen Truppen leisteten erbitterte Gegenwehr. Dazu kam, dass die deutschen Truppen für den extrem kalten russischen Winter, der viele Wege durch Regen, Schnee und Schlamm beinahe unpassierbar machte, nicht gerüstet waren. Es fehlte an passender Kleidung, bald auch an Panzern, technischen Geräten und Munition. Damit war das Blitzkriegskonzept gescheitert.

Die Schlacht um Stalingrad 1942/1943 wurde zum Wendepunkt des Krieges. Hitler verbot der eingekesselten sechsten Armee die Kapitulation, die dieser aber nach schlimmsten Verlusten nicht erspart blieb.

Die Ausweitung zum Weltkrieg

Am 7. 12. 1941 überfiel Japan ohne Kriegserklärung die in Pearl Harbor auf Hawaii stationierte amerikanische Flotte. Daraufhin erklärten die USA Japan den Krieg. Am 11. Dezember 1941 erfolgte die deutsche Kriegserklärung an die USA. Die USA hatten ein Engagement im fernen Europa zunächst abgelehnt. Erst allmählich konnten sich die Internationalisten durchsetzen, die meinten, es sei im amerikanischen Interesse, sich global für Frieden und Freiheit einzusetzen – auch im Sinne des amerikanischen Handels.

Die Landung einer vereinten amerikanischen und britischen Armee in der Normandie am 6. Juni 1944 eröffnete im Westen eine zweite Front in Europa und bereitete den Weg in die endgültige deutsche Niederlage.

Der Bombenkrieg

Je länger der Krieg dauerte, desto weniger wollte sich bei der deutschen Bevölkerung Siegesgewissheit einstellen. Verbissen kämpften die Nationalsozialisten für eine dem Krieg förderliche Stimmung. Goebbels versuchte im Februar 1943 seine Zuhörer mit einer Rede im Berliner Sportpalast davon zu überzeugen, dass der Sieg sicher sei, wenn die Einsatzbereitschaft bedingungslos wäre. Dies gelte nicht zuletzt für die „Heimatfront". Seine Zuhörer, besonders fanatische Anhänger der Partei, klatschten ihm frenetisch Beifall. Bei vielen Zuhörern an den Volksempfängern verursachte die Rede aber auch einen Vertrauensverlust, weil Äußerungen des Regimes zunehmend als Lügenpropaganda empfunden wurden.

Die Furcht vor Vergeltungsangriffen des Auslands nahm zu. Deutsche Bomber hatten seit 1939 polnische und dann westeuropäische Städte angegriffen. 1942 begannen die Alliierten ihrerseits mit Flächenbombardements auf deutsche Industrieanlagen und Großstädte, die kriegswichtiges Material vernichten und der Bevölkerung Angst und Schrecken einjagen sollten. Der Bombenkrieg kostete einer halben Million Menschen das Leben und veränderte das Aussehen der deutschen Städte grundlegend.

119.1 Zuhörer der Goebbels-Rede im Berliner Sportpalast, 18. 2. 1943: „Wollt ihr den totalen Krieg?"

Die Politik des „totalen Krieges"

Schon bevor Goebbels jene Rede hielt, in der er offiziell zum „totalen Krieg" aufrief, hatte diese Konzeption existiert und Auswirkungen gezeigt. So war versucht worden, Frauen für die Arbeit in der Rüstungsindustrie zu mobilisieren. Im Januar 1943 wurde eine Arbeitsdienstpflicht für Frauen eingeführt, die in der Praxis allerdings aufgrund vieler Ausnahmeregelungen häufig unterlaufen wurde. Seit Februar 1943 sollte auch die Zahl der Dienstmädchen deutlich reduziert werden. Während jedoch im demokratischen England schließlich 32 % der Frauen in der Rüstungsindustrie arbeiteten, waren in Deutschland nur 26 % in der Rüstung tätig.

An der Ostfront – aber auch anderswo, besonders auf dem Balkan – wurden Verbrechen gegen die Menschlichkeit verübt und geltende Bestimmungen des Kriegsrechts verletzt. Berüchtigt war der sog. „Kommissar-Befehl" vom 6. Juni 1941. Er forderte deutsche Soldaten dazu auf, politische Kommissare der Roten Armee, „wenn im Kampf oder Widerstand ergriffen, grundsätzlich sofort mit der Waffe zu erledigen."

120.1 Frauen in einem deutschen Rüstungsbetrieb beim Zusammensetzen von Geschossteilen.

120.2 Deutsches Propaganda-Plakat für die Kleidersammlungen des „Volksopfers" 1943.

Die Nationalsozialisten bauten mit allen Mitteln der Propaganda Feindbilder auf. Den Menschen wurde in den Wochenschauen Angst vor einer jüdisch-bolschewistischen Weltverschwörung eingejagt. Mit dissonanter Musik, chaotischen Menschenmassen und scheinbar auf die Menschen zurollenden Panzern wurden Ängste und Aggressionsbereitschaft verstärkt.

Der von oben angeordnete unbarmherzige Kampf gegen kommunistische Funktionäre und Partisanen wurde Vorwand für Massenerschießungen auch von Zivilisten durch Einsatzgruppen der Polizei und SS. Die Opfer des Krieges allein in der Sowjetunion schätzt man auf mindestens 20 Millionen Menschen. Die Hälfte der 5,7 Mio. sowjetischen Kriegsgefangenen überlebte nicht.

■ Zwangsarbeit

Weil so viele Männer zum Kriegsdienst einberufen wurden, entstanden durch den Ausfall an Arbeitskräften in den Firmen große Lücken: Teilweise blieb jeder vierte Arbeitsplatz unbesetzt. Frauen konnten die Lücken kaum schließen. Deshalb wurden ausländische Arbeiterinnen und Arbeiter, die teilweise aus Westeuropa, vor allem aber aus Polen und Russland kamen, eingesetzt. Insgesamt arbeiteten während des Zweiten Weltkrieges mehr als 7 Millionen Ausländer in der deutschen Kriegswirtschaft. Bis April 1940 kamen sie noch zumeist freiwillig, dann wurden sie zunehmend mithilfe von Zwangsmaßnahmen rekrutiert.

Die NS-Ideologie stellte Deutsche grundsätzlich höher als Ausländer; Arbeiter aus Westeuropa standen wiederum über den „Ostarbeitern". So musste sich jeder polnische Zwangsarbeiter mit einem „P" kennzeichnen – noch bevor im September 1941 der Judenstern eingeführt wurde. „Ostarbeiter" durften Gaststätten, Kirchen und kulturelle Veranstaltungen nicht besuchen, auch die Benutzung öffentlicher Verkehrsmittel und von Luftschutzbunkern war ihnen nicht erlaubt. Bei Verstößen kamen sie in ein Konzentrationslager oder in sogenannte „Arbeitserziehungslager". Als Strafen waren Sonderarbeit bis zu 16 Stunden am Tag und Essensentzug vorgesehen. Auf Geschlechtsverkehr mit Deutschen stand die Todesstrafe.

Diejenigen, die auf dem Feld arbeiteten und bei Privatleuten untergekommen waren, hatten in der Regel das leichtere Los. Über sämtliche Parteiparolen hinweg galt hier sehr oft: „Wer bei uns schafft, der isst auch mit uns am gleichen Tisch." Die Mehrheit der Zwangsarbeiterinnen und Zwangsarbeiter dagegen

121.1 Der englische Premierminister Churchill besucht bombardierte Londoner Stadtteile, 1940.

121.2 Stuttgart, 17. April 1943. Nach einem Bombenangriff in der Rosenbergstraße.

war in Sammellagern untergebracht. Dort waren häufig sowohl die Ernährungssituation als auch die hygienischen Zustände entsetzlich. Die Arbeitszeiten betrugen bis zu 80 Stunden pro Woche. Nach Kriegsende kehrten die überlebenden ehemaligen NS-Zwangsarbeiterinnen und Zwangsarbeiter in ihre Heimatländer zurück. Die Auszahlung der symbolischen Entschädigungen an die kleine Zahl noch lebender ehemaliger NS-Zwangsarbeiterinnen und Zwangsarbeiter begann erst im Sommer 2001.

121.3 Ein brennendes russisches Dorf, Winter 1941.

■ Die deutsche Niederlage

Auch als die deutsche Niederlage bereits absehbar war, verbreiteten deutsche Zeitungen Durchhalteparolen: „Ein Hundsfott, wer nicht bis zum letzten Atemzug kämpft“ (Reutlinger Zeitung vom 3. 4. 1945). Nach Hitlers Behauptung erfolge der deutsche Untergang zu Recht, wenn das Volk versage: „Wenn das deutsche Volk einmal nicht mehr stark und opferbereit genug sei, sein eigenes Blut für seine Existenz einzusetzen, so soll es vergehen und von einer anderen, stärkeren Macht vernichtet werden.“ Adolf Hitler beging am 30. 4. 1945 in seinem Bunker in Berlin Selbstmord. Die bedingungslose Kapitulation des Deutschen Reichs, das Kriegsziel der Alliierten, erfolgte am 8. Mai 1945 und beendete die nationalsozialistische Herrschaft.

Japan kapitulierte am 2. September 1945 nach dem Abwurf von amerikanischen Atombomben auf Hiroshima und Nagasaki am 6. bzw. 9. August 1945.

121.4 „Hilfswillige“ Frauen auf dem Weg zum Bahnhof – zum Arbeitseinsatz als Fremdarbeiterinnen nach Deutschland, 1941.

122.1 Deutsche Soldaten aus Stalingrad auf dem Weg in die Kriegsgefangenschaft; von 91 000 Gefangenen kehrten nur 5 000 nach Hause zurück.

Q1 „Wollt ihr den totalen Krieg?"

Der Reichspropagandaminister Joseph Goebbels sprach nach der Kapitulation von Stalingrad im Berliner Sportpalast am 18. Februar 1943 vor handverlesenem Publikum. Die zweistündige Rede wurde über alle Reichssender ausgestrahlt.

In einer Veröffentlichung aus der NS-Zeit heißt es: „Schon nach der ersten Frage scholl Goebbels aus dem Munde der Tausende ein einstimmiges Ja entgegen, das nach jeder weiteren Frage von neuem den Sportpalast erdröhnen ließ":

Ihr also, meine Zuhörer, repräsentiert in diesem Augenblick für das Ausland die Nation. Und an euch möchte ich zehn Fragen richten, die ihr mir und dem deutschen Volk vor der ganzen Welt, insbesondere aber vor unseren Feinden, die uns auch an ihrem Rundfunk zuhören, beantworten sollt: ….

Drittens: Die Engländer behaupten, das deutsche Volk hat keine Lust mehr, sich der überhand nehmenden Kriegsarbeit, die die Regierung von ihm fordert, zu unterziehen. Ich frage euch: Seid ihr und ist das deutsche Volk entschlossen, wenn der Führer es befiehlt, 10, 12 und, wenn nötig, 14 und 16 Stunden täglich zu arbeiten und das Letzte herzugeben für den Sieg? (Zurufe: „Ja, ja!")

Viertens: Die Engländer behaupten, das deutsche Volk wehrt sich gegen die totalen Kriegsmaßnahmen der Regierung. Es will nicht den totalen Krieg, sondern die Kapitulation. (Zurufe: „Niemals! Niemals! Niemals!") Ich frage euch: Wollt ihr den totalen Krieg? Wollt ihr ihn, wenn nötig, totaler und radikaler, als wir ihn uns heute überhaupt noch vorstellen können?

Fünftens: Die Engländer behaupten, das deutsche Volk hat sein Vertrauen zum Führer verloren. Ich frage euch: Ist euer Vertrauen zum Führer heute größer, gläubiger und unerschütterlicher denn je? (Die Menge erhebt sich. Sprechchöre: „Führer befiehl, wir folgen!") … Ich frage euch achtens: Wollt ihr, inbesondere ihr Frauen selbst,

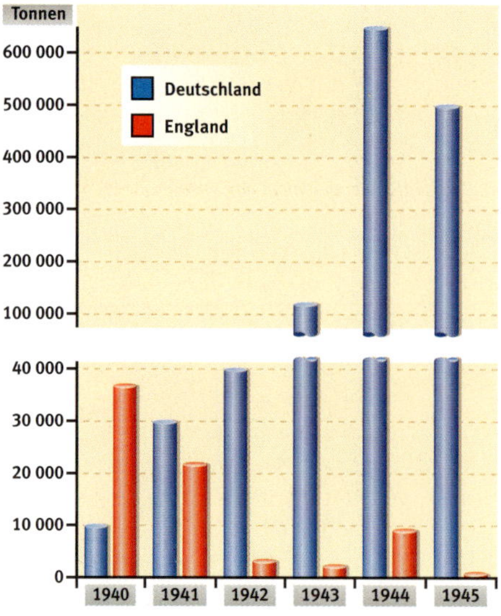

122.2 Der Bombenkrieg 1940–1945.

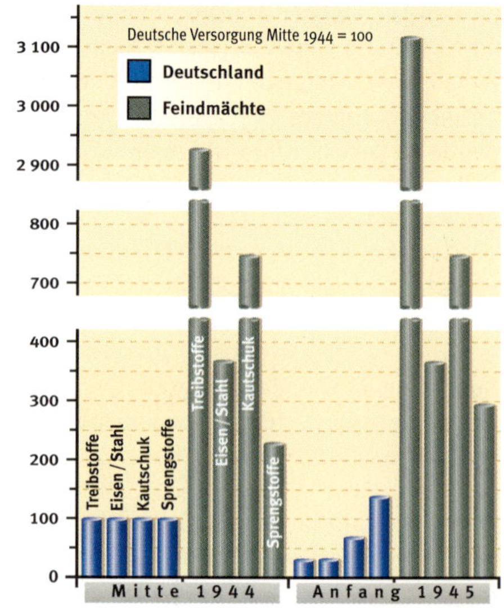

122.3 Rohstoffversorgung 1944/45.

dass die Regierung dafür sorgt, dass die deutsche Frau ihre ganze Kraft der Kriegführung zur Verfügung stellt und, wo es nur möglich ist, einspringt, um Männer für die Front frei zu machen und damit ihren Männern an der Front zu helfen?
Ich frage euch neuntens: Billigt ihr, wenn nötig, die radikalsten Maßnahmen gegen einen kleinen Kreis von Drückebergern und Schiebern, die mitten im Krieg Frieden spielen und die Not des Volkes zu eigennützigen Zwecken ausnützen wollen? Seid ihr damit einverstanden, dass, wer sich am Krieg vergeht, den Kopf verliert? … Ich habe euch gefragt, ihr habt mir eure Antwort gegeben. Ihr seid ein Stück Volk, durch euren Mund hat sich damit die Stellungnahme des Deutschen Volkes manifestiert … (Minutenlanger Beifall und „Heil"-Rufe.) Nun, Volk steh auf und Sturm brich los!

I. Fetscher, Joseph Goebbels im Berliner Sportpalast 1943, 1998, S. 94–96, 98.

Q2 Nach dem Bombenangriff

Im Sommer 1943 bombardierten die Alliierten gezielt Hamburg, um den Durchhaltewillen der Zivilbevölkerung zu brechen. Nach einem Großangriff fuhr Lisa S. zu ihrem Elterhaus. Aus ihrem Tagebuch:

In dem ganzen Viertel stand kein Haus mehr, es waren nur noch Trümmerhaufen, über denen große Rauchwolken und Feuerflammen standen. … Mühselig arbeitete ich mich über Mauersteine, die überall lagen, vorwärts zur Süderstraße. Hier wurde das Grauen noch schlimmer. Immer einsamer wurde es, ganz vereinzelt kamen Menschen in dieser Gegend vorbei. … Die Toten lagen noch auf der Straße herum. Dann endlich stand ich vor unserem Haus. Ach, welch ein Anblick! Es war nur noch ein Trümmerhaufen und nur von der Vorderwand stand noch ein Stück. … Unser Keller war verschüttet, und niemand ist lebend herausgekommen. … Es war so ein Bild des Entsetzens. …
Ab dem Berliner Tor sah man wieder Menschen. Da allerdings in Massen. Sie alle hatten kein Heim mehr. Und viele von ihnen hatten nichts weiter als nur ihr Leben und das, was sie auf dem Leibe hatten.

H. Breloer (Hrsg.), Geheime Welten, 1984, S. 134 f.

123.1. Deutsches Propaganda-Plakat.

123.2 Russisches Propagandaplakat („Tötet das faschistische Reptil.").

Q3 Einsatzbefehle

a) In einem von Keitel, dem Chef des Oberkommandos der Wehrmacht, unterzeichneten Einsatzbefehl vom 13. Mai 1941 heißt es:

1. Für Handlungen, die Angehörige der Wehrmacht und des Gefolges gegen feindliche Zivilpersonen begehen, besteht kein Verfolgungszwang, auch dann nicht, wenn die Tat zugleich ein militärisches Verbrechen oder Vergehen ist.
2. Bei der Beurteilung solcher Taten ist in jeder Verfahrenslage zu berücksichtigen, dass der Zusammenbruch 1918, die spätere Leidenszeit des deutschen Volkes und der Kampf gegen den Nationalsozialismus mit seinen zahllosen Blutopfern entscheidend auf bolschewistischen Einfluss zurückzuführen war und dass kein Deutscher dies vergessen hat …

D. Bach, Kriege enden nicht im Frieden, 1991, S. 78.

b) In einem in deutscher und russischer Sprache verfassten „Aufruf" vom 12. September 1941 heißt es:

1. Wer einem Rotarmisten oder Partisanen Unterschlupf gewährt, ihm Nahrungsmittel aushändigt oder ihn sonstwie – zum Beispiel durch Nachrichtenvermittlung – unterstützt, wird mit dem Tode bestraft und erhängt. …
2. Wenn irgendwo ein Überfall, eine Sprengung oder eine sonstige Beschädigung deut-

124.1 Mit dem Einmarsch der deutschen Truppen in die Sowjetunion begannen die Einsatzkommandos der SS und der Polizei ihre blutige Arbeit.

scher Wehrmachtseinrichtungen, zum Beispiel Fernsprechkabel, Eisenbahnen usw., erfolgt, so werden vom 16. 9. ab die Schuldigen am Tatort als abschreckendes Beispiel erhängt. Sind die Täter nicht sofort zu ermitteln, so werden aus der Bevölkerung Geiseln festgenommen; diese Geiseln werden erhängt, wenn die Täter … nicht binnen 24 Stunden beigebracht werden.

D. Bach, Kriege enden nicht im Frieden, 1991, S. 24.

Q4 Wie erlebten die Menschen in der Sowjetunion den Krieg?

Die Lehrerin Faja Simkin sagte aus:

Es war in Schamowo, am frühen Abend des 2. Februar 1942. Meine Schwester und ich küssten uns zum Abschied, denn wir wussten, dass wir in den Tod gingen. Ich hatte einen Sohn, Walerij. Er war neun Monate alt. Ich wollte ihn zu Hause zurücklassen, weil ich hoffte, dass jemand ihn zu sich nehmen und aufziehen würde. Aber meine Schwester sagte: „Tu das nicht! Er wird in jedem Fall umkommen. Lass ihn wenigstens mit dir zusammen sterben!“ Ich wickelte ihn in ein Tuch, damit er es warm hatte.
Meine Schwester kam zuerst an die Reihe. Wir hörten Schreie und Schüsse. Dann war es wieder still. Wir waren in der zweiten Gruppe. Man brachte uns auf den Friedhof. Mein Junge wurde mir aus den Armen gerissen. Er rollte in den Schnee. Er fror, und es tat ihm weh. Er schrie. Dann warf mich ein Stoß um. Sie begannen zu schießen. Ich hörte Stöhnen, Flüche und Schüsse, und ich begriff, dass sie mich nicht getroffen hatten. Aber Walerij … in meinem Kopf drehte sich alles.
Dann schlugen sie auf jeden Körper, um zu kontrollieren, ob jemand noch am Leben war. Zweimal erhielt ich einen schrecklichen Hieb. Ich blieb still. Nun begannen sie, den Toten die Kleider auszuziehen. Ich trug einen schäbigen Rock. Sie rissen ihn mir vom Leib. Kommandant Krause rief die Polizisten zusammen, und alle gingen fort. Ich kroch hinüber zu Walerij. Er war kalt. Ich küsste ihn und sagte ihm Lebewohl. Was konnte ich machen? Ich stand auf und ging davon. Ich dachte, man würde mich töten. Ich lief die ganze Nacht. Meine Hände erfroren. Ich habe keine Finger mehr. Aber ich erreichte die Partisanen [bewaffnete Widerstandskämpfer].

D. Bach, Kriege enden nicht im Frieden, 1991, S. 26.

Q5 Musste man mitmachen?

Ein SS-Hauptscharführer und Kriminalangestellter:

Nachdem die Exekution der Juden schon begonnen hatte, … wurde ich durch irgendjemand zu Raschwitz [Leiter des Grenzpolizeikommissariats] zitiert. Raschwitz, der zu diesem Zeitpunkt schon stark angetrunken war, erteilte mir den Befehl, zur Gruppe zu gehen und dort mit meiner Pistole Juden zu erschießen. Ich habe es ihm gegenüber aber abgelehnt, diesem Befehl nachzukommen, und mich zur Begründung meiner Ablehnung einfach darauf beschränkt zu sagen: Ich mache das nicht. Raschwitz hat mich dann sehr beschimpft. Ich erinnere mich noch an den Ausdruck „ostmärkiges Schwein“, den er mir gegenüber gebrauchte. Außerdem gebrauchte er die Formulierung „Feigling“ und weitere Schimpfworte. Sodann schickte er mich wieder zu den Kraftfahrzeugen zurück. Weiter hat Raschwitz gegen mich nichts unternommen und mich in Ruhe gelassen.

D. Bach, Kriege enden nicht im Frieden, 1991, S. 63 f.

Q6 Zwangsarbeiterinnen und Zwangsarbeiter

a) Eine Betroffene in der Rückschau. Die Polin Maria Klima kam im Alter von 14 Jahren nach Metzingen. Die Frage, wie es ihr ergangen sei, beantwortet sie im Jahr 2001:

Zunächst möchte ich Ihnen einige Fragen stellen:

Haben Sie jemals in einem schmutzigen Bett geschlafen, auf das es geschneit hat?

Hat Sie schon einmal jemand ins Gesicht geschlagen, weil Sie einen Apfel vom Boden aufgehoben haben?

Haben Sie schon einmal zusammen mit 20 Personen im Alter von 14 bis 40 gebadet?

Haben Sie schon einmal Heiligabend in einem Lager verbracht?

Ich könnte noch viele weitere Fragen stellen. Am 1. Mai 1943 wurde ich im Alter von 14 Jahren alleine nach Metzingen gebracht und musste in der Uniformfabrik Hugo Boss arbeiten. Zunächst war ich privat untergebracht, später dann im Ostarbeiterlager. Dort war die Versorgung mit Nahrungsmitteln schlecht. Das Zeichen „P" musste ich die ganze Zeit an meiner Kleidung tragen. Bei Hugo Boss haben wir Uniformen für die Wehrmacht genäht, wir mussten 12 Stunden am Tag arbeiten. Unter den Chefs gab es einige Nazis. Man konnte sie am Verhalten erkennen, sie nannten uns „Polenschweine". Der Herr Boss war angeblich ein Nazi, aber zu uns jungen Leuten war er freundlich. Zu den Metzingern hatten wir kaum Kontakt, ich glaube, die Deutschen hatten Angst vor uns.

Metzinger Volksblatt Nr. 153, Freitag, 6. Juli 2001.

b) In einem Rundschreiben des württembergischen Innenministeriums vom 21. 2. 1940 an die Landbevölkerung Württembergs heißt es:

Jeder Volksgenosse muss sich bewusst sein, dass die Polen Angehörige eines Feindstaates sind und einer Kulturstufe angehören, die weit unter der deutschen Landbevölkerung liegt. Jeder Bauer und jede Bäuerin muss dem Herrenstandpunkt Rechnung tragen, den der Deutsche gegenüber dem Polen einnimmt.

A. Schäfer, Zwangsarbeiter im Gau Württemberg-Hohenzollern 1939–1945, 1997, S. 25.

1. Erläutere die Forderungen, die Goebbels aufstellt, und die propagandistischen Mittel, deren er sich bedient, um die Menschen zur Zustimmung zum „totalen Krieg" zu bewegen. (Q 1)

2. Die „Heimatfront" – Beschreibe mithilfe von Q 2, der Bilder B 121.1 – 122.4 sowie der Grafik 122.2 die Situation in Deutschland.

3. Fasse den Inhalt der Einsatzbefehle zusammen. Beurteile, welche Absicht hinter den Einsatzbefehlen stand und welche Folgen sie hatten. (Q 3).

4. Nenne die Motive für Faja Simkins Entscheidung, sich den Partisanen anzuschließen. (Q 4)

5. Befehlsnotstand?
a) Viele frühere Mitglieder der SS und Wehrmachtssoldaten führten nach dem Krieg „Befehlsnotstand" als Grund für Kriegsverbrechen an, die von Deutschen begangen wurden.
Welche Sicht nimmt der Verfasser von Q 5 dazu ein?
b) Viele Angehörige der Wehrmacht behaupten auch heute noch, dass der „kleine Mann an der Front" für Verbrechen nicht verantwortlich zu machen ist. Diskutiert in der Klasse.

6. Erarbeite mithilfe von Q 6 und dem VT die Situation von Zwangsarbeiterinnen und Zwangsarbeitern in Deutschland:
- Einstellung der Nationalsozialisten zu ihnen
- Arbeitsbedingungen
- Wohnverhältnisse
- Ernährung
- Behandlung durch die Deutschen.

8. Der Mord an den europäischen Juden

126.1 Polizeikontrolle im Warschauer Ghetto, 1942.

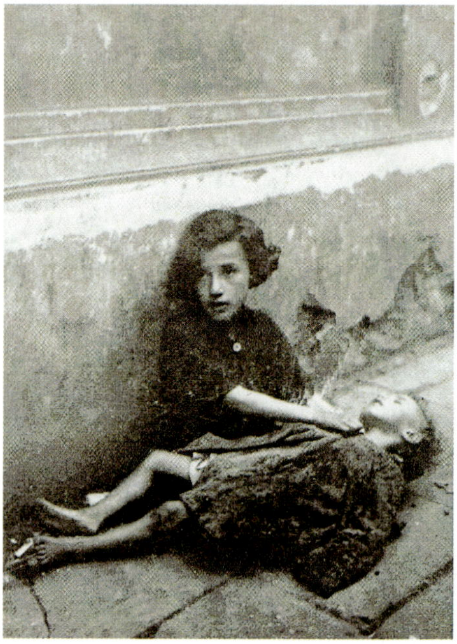

126.3 Zwei Mädchen im Warschauer Ghetto, 1943.

126.2 Warschauer Ghetto: Kinder wurden beim Schmuggeln von Lebensmitteln gefasst, 1943.

Der Judenrat in Warschau — Warschau, den 15. August 1942

Bekanntmachung

Auf Anordnung der Behörden gibt der Judenrat hierdurch bekannt, dass alle in den unten angeführten Häuserblocks wohnhaften Juden ihre Räume bis Donnerstag, den 20. August 18 Uhr zu verlassen haben.

Nowolipki 22-98, 2, 4, 6, 5-17
Nowolipie 4-22, 64-80, 1-17
Dzielna 15-75, 2-60
Smocza 12-32, 1, 3, 5, 15-39
Pawia 1-51, 36-100
Więzienna 2, 4
Lubeckiego 1, 3, 5
Gänsestr. 39-105 32-50
Gliniana 1-6
Okopowa 40-56
Zamenhofa 2-28, 7, 9
Nalewki 5-29, 10-24
Wałowa 1-15, 8, 10
Franciszkanska 21-39
Mylna 2-10
Gerichtsstr. 2-14, 18, 28

Der Judenrat in Warscha

126.4 Warschauer Ghetto: Bekanntmachung, 15. August 1942.

Nachdem 1941 jüdischen Bürgern die Auswanderung verboten worden war, sprach die NS-Propaganda nun von „Evakuierung" und „Umsiedlung zum Arbeitseinsatz im Osten". Nachrichten von Vernichtungsstätten, über Massenerschießungen und -vergasungen gab es; doch wer davon gehört hatte, konnte und wollte es meist nicht glauben. Tatsächlich hatte der Völkermord an den europäischen Juden (Holocaust, hebr. Shoah) bereits begonnen.

Ghettos als Vorstufe der Vernichtung

Nach dem Sieg über Polen befahl Reinhard Heydrich, Chef des neuen „Reichssicherheitshauptamtes" und SS-Gruppenführer, am 21. 9. 39: „Als erste Vorausmaßnahme für das Endziel gilt zunächst die Konzentrierung der Juden vom Land in die größeren Städte." Die Zwangsumsiedlung der jüdischen Bevölkerung Polens begann. 2,3 Millionen Juden wurden enteignet und mussten in ihnen zugewiesene Stadtviertel oder Lager umziehen, die dann hermetisch abriegelt wurden. Vorher waren sie noch zur Zwangsarbeit registriert und verpflichtet worden. Außerdem bestand Kennzeichnungspflicht. Große Ghettos entstanden in Lodz, Krakau, Lublin, Radom, Kielce und Czstochowa (Tschenstochau), das größte in Warschau.

Leben im Ghetto war allein eine Frage des Überlebens: Die jüdische Bevölkerung wurde in die Ghettos getrieben, ohne dass Wohnraum vorhanden war. Einzelne Zimmer und Kellerräume einer Wohnung mussten jeweils von mehreren Familien bewohnt werden. So waren die Ghettos überfüllt mit Menschen, die durch Zwangsarbeit und Hunger ausgezehrt waren. Krankheiten und Seuchen breiteten sich aus. Tod durch Hunger und Krankheit sowie willkürliche Hinrichtungen gehörten zum Alltag. Im Warschauer Ghetto herrschten besonders grauenhafte Zustände. Ab 1942 wurde es „aufgelöst“ und die Einwohner in die Vernichtungslager gebracht. 1943 begann eine jüdische Widerstandsgruppe den Aufstand im Ghetto, der von der SS blutig niedergeschlagen wurde. Dennoch hielt der Widerstand an. Das Ghetto wurde schließlich niedergebrannt, die Einwohner sofort erschossen oder in Konzentrationslager verbracht, um dort ermordet zu werden.

■ Massenerschießungen

Mit dem Überfall auf die Sowjetunion, durch den weitere 4 bis 5 Millionen Juden unter deutsche Herrschaft gerieten, wurde der Massenmord an den europäischen Juden fortgesetzt. Vier Einsatzgruppen, zusammengestellt aus Einheiten der Sicherheitspolizei, des Sicherheitsdienstes und der Waffen-SS folgten den regulären Truppen der Wehrmacht und hatten die Aufgabe, alle „feindlichen Elemente“ und „rassisch Unerwünschten“ zu ermitteln und zu ermorden. Opfer waren russische Kriegsgefangene, Partisanen, russische Zivilisten, Sinti und Roma, vor allem aber Juden.

Sonderkommandos der Einsatzgruppen trieben die jüdische Bevölkerung vom Land, aus Dörfern und kleinen Städten zusammen; die Menschen wurden auf z.T. kilometerlange Märsche geschickt, um sie in Sümpfen, Waldschluchten und Böschungen zu Tausenden zu erschießen. Oft kam es vor, dass die Opfer selbst große Gruben als Massengrab ausheben mussten. In der Schlucht von Babij Jar am Stadtrand von Kiew wurden an zwei Tagen im September 1941 (am 29.9. und 30.9.1941) 33 771 Juden erschossen. Die Schlucht diente bis August 1943 als Mordstätte.

Auch die Ghettos wurden „liquidiert“, wie die gewaltsame Räumung und anschließende Ermordung der jüdischen Bewohner in der Amtssprache genannt wurde. In die leeren Ghettos wurden Juden aus anderen Gegenden deportiert, von denen die als arbeitsunfähig eingestuften Juden oft schon nach kurzer Zeit ebenfalls ermordet wurden. So wurden die Ghettos ab Sommer 1941 zu Orten äußerster Verelendung und Ausbeutung und gleichzeitig zu „Wartesälen des Todes“. Sie waren Zwischenstationen auf dem Weg zu den Erschießungsgruben oder in die Vernichtungslager. Ab Oktober 1941 kamen in den Ghettos von Lodz, Riga und Minsk auch Deportationszüge mit Juden aus Deutschland an.

■ Vernichtungslager

Am 20.1.1942 diskutierten Spitzenfunktionäre der SS und leitende Beamte auf der Wannseekonferenz unter der Leitung R. Heydrichs

127.1 Das System der Konzentrations- und Vernichtungslager 1933–1945.

128.1 Foto vom 16. 7. 1941: Anne Frank und Otto Frank (mit Hut). Ganz rechts ist möglicherweise Margot Frank, die Schwester, zu erkennen. Die anderen Personen sind nicht bekannt. Die Gruppe ist unterwegs zu einer Hochzeit.

die sogenannte „Endlösung der Judenfrage". Sie beschlossen und organisierten die planmäßige Ermordung aller europäischen Juden. Adolf Eichmann, SS-Mann und Referatsleiter im Reichssicherheitshauptamt, war der Protokollführer dieser Konferenz und verantwortlich für die organisatorische Durchführung des Massenmords. Bis zum Sommer 1942 wurden drei neue Vernichtungslager gebaut: Belzec, Sobibor und Treblinka. Die mit Deportationszügen ankommenden Juden wurden hier sofort getötet: in Gaskammern, die als Duschräume getarnt waren. Die Tötungsspezialisten des Euthanasieprogramms nutzten ihre Erfahrungen mit der Ermordung Geisteskranker für den Bau der Vernichtungsanlagen dieser drei Lager. Hier wurden bis November 1943 1,75 Millionen Juden ermordet.

128.2 Im Ghetto von Lodz, 1943: Martin Grossmann – Abschied vor der Deportation.

Auschwitz war das größte Konzentrationslager und „die größte Menschenvernichtungsanlage aller Zeiten", so der Lagerkommandant Rudolf Höß. Das 1940 errichtete Lager war zunächst KZ und Exekutionsstätte für polnische Widerstandskämpfer. 1942 gab es drei Lagerkomplexe: das Stammlager (AI), Auschwitz-Birkenau (AII) und das Lager Monowitz (AIII). Im Lager Auschwitz-Birkenau waren zeitweise über 100 000 Häftlinge untergebracht, die meisten Juden. Die Häftlinge mussten in Betrieben der SS und für Industrieunternehmen, die in der Nähe der Lager Fabriken errichten ließen; arbeiten. Die meisten Häftlinge arbeiteten in den Buna-Werken des IG-Farben-Konzerns. Siemens und Krupp hatten ebenfalls Werke in Auschwitz. Durch die unmenschlichen Arbeitsbedingungen und die katastrophalen Zustände im Lager starben die meisten Häftlinge schon wenige Monate nach ihrer Ankunft; sie wurden als Arbeitskräfte ersetzt durch „Neuzugänge".

1942 wurden in Auschwitz-Birkenau Krematorien- und Gaskammeranlagen gebaut: Auschwitz wurde zum Ort des industriell perfektionierten Massenmords. Die Selektion auf der Eisenbahnrampe entschied: Sofortige Vernichtung durch Gas oder aufgeschobene Vernichtung durch Lageraufenthalt und Arbeit. Die „aufgeschobene" Vernichtung bedeutete für viele ausgesonderte Häftlinge grausame Quälerei durch oft tödlich verlaufende „medizinisch-wissenschaftliche" Experimente.

Die Todesmärsche

Sowjetische Truppen befreiten am 27. 1. 1945 das Lager Auschwitz. Einige Wochen vorher hatte Himmler befohlen, die Vergasungen einzustellen und die Krematorien und Gaskammern zu zerstören. Die Untaten sollten vor dem Feind vertuscht werden. Deswegen wurden auch die Häftlinge aller Lager vor dem Heranrücken der Front in die KZ des Reichsinnern „evakuiert". Diese Märsche wurden zu grausamen Todesmärschen: Von panischer Eile getrieben, erschossen die SS-Wachmannschaften kranke oder gehunfähige Häftlinge. Tausende starben unterwegs, viele bald nach der Ankunft in den Zielorten – an Entkräftung, Hunger, Krankheiten und Seuchen, so auch Anne Frank und ihre Schwester Margot.

Q1 „... im Zuge der Endlösung ...“ – Wannsee-Konferenz

Aus dem Besprechungsprotokoll der Konferenz am 20. 1. 1942 in Berlin, Am Großen Wannsee, Nr. 56 – 58:

II. ... Der Chef der Sicherheitspolizei und des SD, SS-Obergruppenführer Heydrich, teilte eingangs seine Bestallung zum Beauftragten für die Vorbereitung der Endlösung der europäischen Judenfrage durch den Reichsmarschall (H. Göring) mit und wies darauf hin, dass zu dieser Besprechung geladen wurde, um Klarheit in grundsätzlichen Fragen zu schaffen. ...

III. Anstelle der Auswanderung ist nunmehr als weitere Lösungsmöglichkeit nach entsprechender vorheriger Genehmigung durch den Führer die Evakuierung der Juden nach dem Osten getreten. ... Unter entsprechender Leitung sollen im Zuge der Endlösung die Juden in geeigneter Weise im Osten zum Arbeitseinsatz kommen. In großen Arbeitskolonnen, unter Trennung der Geschlechter, werden die arbeitsfähigen Juden Straßen bauend in diese Gebiete geführt, wobei zweifellos ein Großteil durch natürliche Verminderung ausfallen wird. Der allfällig endlich verbleibende Restbestand wird, da es sich bei diesen zweifellos um den widerstandsfähigsten Teil handelt, entsprechend behandelt werden müssen, da dieser, eine natürliche Auslese darstellend, bei Freilassung als Keimzelle eines neuen jüdischen Aufbaues anzusprechen ist. ... Im Zuge der praktischen Durchführung der Endlösung wird Europa von Westen nach Osten durchkämmt. ...

Aus: W. Hofer, Der Nationalsozialismus, Frankfurt 1993, S. 303 f.

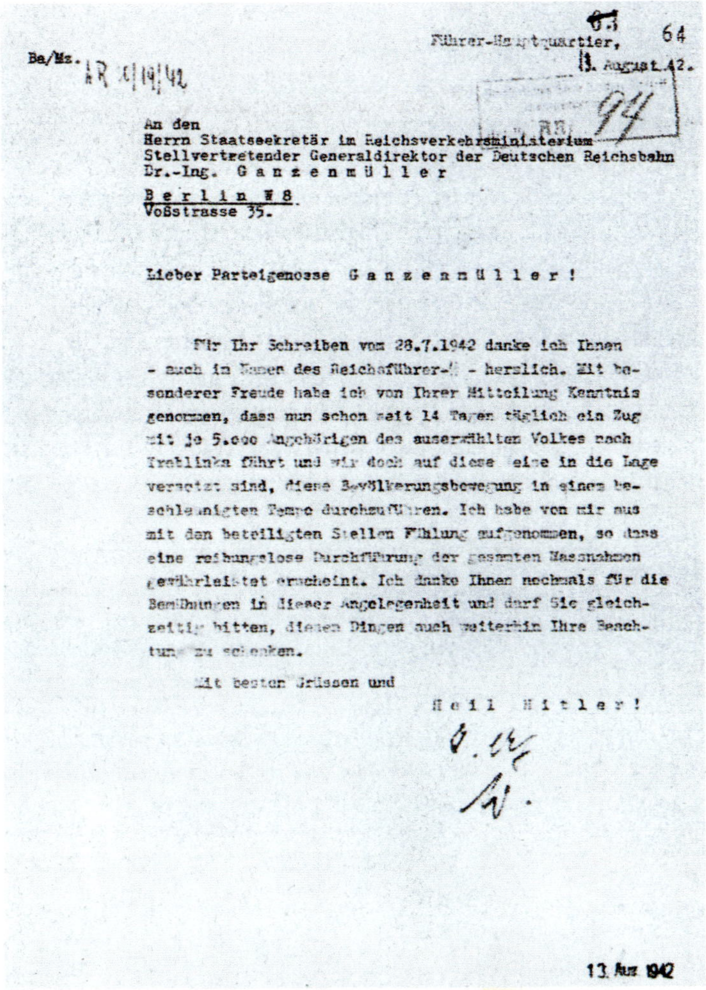

Führer-Hauptquartier, 13. August 42.

Ba/Mz.

An den
Herrn Staatssekretär im Reichsverkehrsministerium
Stellvertretender Generaldirektor der Deutschen Reichsbahn
Dr.-Ing. Ganzenmüller

Berlin W 8
Voßstrasse 35.

Lieber Parteigenosse Ganzenmüller!

Für Ihr Schreiben vom 28.7.1942 danke ich Ihnen – auch im Namen des Reichsführer-SS – herzlich. Mit besonderer Freude habe ich von Ihrer Mitteilung Kenntnis genommen, dass nun schon seit 14 Tagen täglich ein Zug mit je 5.000 Angehörigen des auserwählten Volkes nach Treblinka fährt und wir doch auf diese Weise in die Lage versetzt sind, diese Bevölkerungsbewegung in einem beschleunigten Tempo durchzuführen. Ich habe von mir aus mit den beteiligten Stellen Fühlung aufgenommen, so dass eine reibungslose Durchführung der gesamten Massnahmen gewährleistet erscheint. Ich danke Ihnen nochmals für die Bemühungen in dieser Angelegenheit und darf Sie gleichzeitig bitten, diesen Dingen auch weiterhin Ihre Beachtung zu schenken.

Mit besten Grüssen und

Heil Hitler!

13. Aug 1942

129.1 Führerhauptquartier an Reichsverkehrsministerium, 13. August 1942.

Q2 Deportation – statt Auswanderung

Jürgen Löwenstein wurde 1925 in Berlin geboren. Er war von 1939–1943 in verschiedenen jüdischen Vorbereitungslagern für die Auswanderung nach Palästina, durfte jedoch nicht auswandern, sondern wurde ab 1941 zur Zwangsarbeit eingesetzt. Seine Eltern wurden am 3. 2. 1942 nach Auschwitz deportiert. Über seine eigenene Deportation am 1. 3. 1943 schreibt er 1985:

Wir bekamen nicht viel mit, aber Goethes „Faust“ war bestimmt dabei. Wie viele solcher Reclam-Hefte wohl nach Auschwitz kamen? Nach tagelanger Fahrt in verriegelten Viehwaggons erreichen wir in einer eiskalten Nacht die Rampe von Birkenau. Was steht uns bevor? Die Riegel werden zurückgeschoben. „Männer und Frauen abgesondert!“ Wir formieren uns, die Madrichim in die Mitte nehmend, marschieren wir dem Ende der Rampe entgegen. Hell gleißt das Licht der Scheinwerfer. Hunde bellen. Wo sind wir? Früh genug werden wir es erfahren. Wir erreichen eine Gruppe SS-ler. „Arbeitseinsatzgruppe Paderborn“, ruft jemand zackig, und alle werden auf Lastwagen geladen, keiner wird ausgesondert, Richtung Bunawerke. Die ersten Tage gehören wohl

Madrich → S. 130

zu den schwersten. Wir erkennen kaum einer den anderen, nackt, kahl rasiert, in der Kälte stehend. Die ersten unserer Freunde kommen in den Krankenbau. … 5 Uhr morgens. Es ist stockdunkel. Zählappell. Benny Stein fehlt. Unter seiner Koje finden wir ein paar Lederschuhe mit einem Zettel: „Ich war in Sachsenhausen. Dies halte ich nicht durch. Gebt die Schuhe dem, der sie am nötigsten hat. Verzeiht …" In dieser Nacht ging Benny, unser Madrich, barfuß in den Draht.

Madrich: Gruppenleiter einer jüdischen Auswanderungsvorbereitungsgruppe.

Aus: Juden in Berlin, mit Beiträgen von A. Ehmann u. a., Berlin 1988, S. 314/316.

Q3 Vernichtungslager Belzec – Gerstein-Bericht

Kurt Gerstein, Ingenieur und Mediziner, Anhänger der „Bekennenden Kirche", mehrmals wegen regimefeindlicher Umtriebe verhaftet, trat 1941 in die SS ein, um Informationen über Naziverbrechen zu sammeln, die er an Geistliche und ausländische Diplomaten weitergab. Er konstruierte Desinfektionsanlagen für die Truppe und für Lager. Ab April 1945 in französischer Kriegsgefangenschaft, verfasste er, kurz vor seinem Selbstmord, einen Bericht über seine Handlungen und Motive:

Am anderen Morgen um kurz vor sieben Uhr kündigt man mir an: In zehn Minuten kommt der erste Transport!

Tatsächlich kam nach einigen Minuten der erste Zug von Lemberg aus an. 45 Waggons mit 6700 Menschen, von denen 1450 schon tot waren bei ihrer Ankunft. Hinter den vergitterten Luken schauten, entsetzlich bleich und ängstlich, Kinder durch, die Augen voll Todesangst, ferner Männer und Frauen. Der Zug fährt ein: 200 Ukrainer reißen die Türen auf und peitschen die Leute mit ihren Lederpeitschen aus den Waggons heraus.

Ein großer Lautsprecher gibt die weiteren Anweisungen: sich ganz ausziehen, auch Prothesen, Brillen usw. Die Wertsachen am Schalter abgeben, ohne Bons oder Quittung. Die Schuhe sorgfältig zusammenbinden (wegen der Spinnstoffsammlung), denn in dem Haufen von reichlich 25 Meter Höhe hätte sonst niemand die zugehörigen Schuhe wieder zusammenfinden können.

Dann die Frauen und jungen Mädchen zum Friseur, der mit zwei, drei Scherenschlägen die ganzen Haare abschneidet und sie in Kartoffelsäcken verschwinden lässt. Das ist für irgendwelche Spezialzwecke für die U-Boote bestimmt, für Dichtungen oder dergleichen! – sagt mir der SS-Unterscharführer, der dort Dienst tut. –

130.1 Selektion auf der Rampe des Lagers Auschwitz II-Birkenau, 1944.

Dann setzt sich der Zug der Menschen in Bewegung. Vorab ein bildhübsches junges Mädchen, so gehen sie die Allee entlang, alle nackt, Männer, Frauen, Kinder, ohne Prothesen. Ich selbst stehe mit dem Hauptmann Wirth oben auf der Rampe zwischen den Kammern. Mütter mit ihren Säuglingen an der Brust, sie kommen herauf, zögern, treten ein in die Todeskammern! – An der Ecke steht ein starker SS-Mann, der mit prasselnder Stimme zu den Armen sagt: Es passiert euch nicht das Geringste! Ihr müsst nur in den Kammern tief Atem holen, das weitet die Lungen, diese Inhalation ist notwendig wegen der Krankheiten und Seuchen.

Auf die Frage, was mit ihnen geschehen würde, antwortet er: Ja natürlich, die Männer müssen arbeiten, Häuser und Chausseen bauen, aber die Frauen brauchen nicht zu arbeiten. Nur wenn sie wollen, können sie im Haushalt oder in der Küche mithelfen. – Für einige von diesen Armen ein kleiner Hoffnungsschimmer, der ausreicht, dass sie ohne Widerstand die paar Schritte zu den Kammern gehen – die Mehrzahl weiß Bescheid, der Geruch kündet ihnen ihr Los! So steigen sie die kleine Treppe herauf – und dann sehen sie alles. Mütter mit Kindern an der Brust, kleine, nackte Kinder, Erwachsene, Männer und Frauen, alle nackt – sie zögern, aber sie treten in die Todeskammern, von den anderen hinter ihnen vorgetrieben oder von den Lederpeitschen der SS getrieben. Die Mehrzahl, ohne ein Wort zu sagen. Eine Jüdin von etwa 40 Jahren mit flammenden Augen ruft das Blut, das hier vergossen wird, über die Mörder. Sie erhält fünf oder sechs Schläge mit der Reitpeitsche ins Gesicht, vom Hauptmann Wirth persönlich, dann verschwindet auch sie in der Kammer. Viele Menschen beten. Ich bete mit ihnen, ich drücke mich in eine Ecke und schreie laut zu meinem und ihrem Gott. …

Am anderen Tage – den 19. August 1942 – fuhren wir mit dem Auto des Hauptmann Wirth nach Treblinka 120 km NNO von Warschau. Die Einrichtung war dieselbe, nur viel größer als in Belzec.

Aus: Werner Hofer, Der Nationalsozialismus. Dokumente, Frankfurt 1993, S. 308 f.

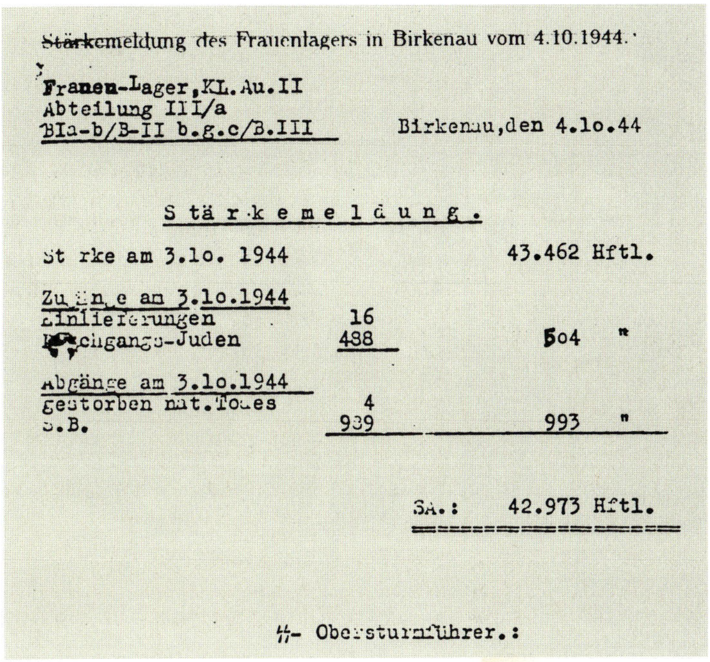
Stärkemeldung des Frauenlagers in Birkenau vom 4.10.1944.

Frauen-Lager, KL. Au. II
Abteilung III/a
BIa-b/B-II b.g.c/B.III — Birkenau, den 4.10.44

S t ä r k e m e l d u n g.

Stärke am 3.10. 1944		43.462 Hftl.
Zugänge am 3.10.1944		
Einlieferungen	16	
Durchgangs-Juden	488	504 "
Abgänge am 3.10.1944		
gestorben nat. Todes	4	
S.B.	989	993 "
	SA.:	42.973 Hftl.

SS- Obersturmführer.:

131.1 „Stärkemeldung" des Frauenlagers in Birkenau, 4. 10. 1944. (S. B.: Sonderbehandlung)

1. Inwiefern steht die Konferenz am Wannsee für den Beginn der planmäßig organisierten Ermordung aller europäischen Juden? (Q 1, Q 2; VT) – Mit welchen sprachlichen Wendungen wird im Protokoll die Ermordung der Juden umschrieben? (Q 1)

2. Beschreibe, welche Handlungen in den beiden Schreiben (B 129.1 und 131.1) festgehalten wurden.

3. Welche Aussagen enthalten die Abbildungen über das Leben im Ghetto?

4. Kurt Gerstein (Q 3) berichtet über das Vernichtungslager Belzec. Fasse die Wirkung des Berichts auf dich in Worte. Beschreibe die Rolle der Beteiligten (Beobachter, Opfer, Kommandant, KZ-Personal).

9. Widerstand

132.1 (v. l. n. r.) Hans und Sophie Scholl, Christoph Probst in München, vor Hans Scholls Abfahrt an die Ostfront, 23. 7. 1942.

Widerstand und Verweigerung im Alltag

Neben dem politischen Widerstand gab es viele Formen der individuellen Verweigerung gegenüber dem Verfügungsanspruch des totalen Staates. Besonders Jugendliche lebten in einem Spannungsfeld zwischen jugendlichem Protest, der sich in provozierender Kleidung, Musik und bewusster politisch-gesellschaftlicher Selbstbestimmung ausdrücken konnte. Jede Art von nonkonformistischer Lebensweise war in der gleichgeschalteten Gesellschaft verdächtig. Wer den Hitlergruß oder den Beitritt zu den NS-Berufsverbänden und der HJ verweigerte, ausländische Sender hörte oder das Regime kritisierte, musste Denunziation, anschließende Verhöre und willkürlich verordnete Schutzhaftlagerzeit fürchten. Obwohl Hilfe für Verfolgte gefährlich war, hat es sie immer wieder gegeben. Ein Berliner Forschungsinstitut machte 2 800 Retter jüdischer Bürger ausfindig; zwei Drittel davon Frauen. Insgesamt konnten ungefähr 10 000 Juden untertauchen, davon 5 000 in Berlin.

Attentat eines Einzelgängers

Jeder Form des Widerstands gegen das nationalsozialistische Herrschaftssystem lag die moralische Entscheidung des Einzelnen zugrunde. Wie sehr der Widerstand gegen das NS-Regime eine persönliche moralische Entscheidung war, zeigt das Attentat des Tischlers Georg Elser.

Elser wollte mit seinem Attentat auf Hitler den Weg für eine andere Regierung frei machen, die den Krieg beenden und weitere Kriege verhindern sollte. Zudem ging es ihm um die Verbesserung der sozialen Lage. Nur durch Zufall entging Hitler dem Anschlag am 8. 11. 1939 im Bürgerbräukeller in München. Elser wurde schnell als Verdächtiger gefasst. In langen Verhören beteuerte er immer wieder, das Attentat ganz allein geplant und ausgeführt zu haben. Man glaubte ihm nicht. Er wurde als Sonderhäftling fast fünf Jahre lang in den KZ Sachsenhausen und Dachau in Einzelhaft gehalten, „aufgehoben" für einen großen Prozess nach dem erwarteten Endsieg; am 9. 4. 1945 wurde er auf Befehl Himmlers in Dachau ermordet.

Die Rote Kapelle

„Rote Kapelle" war der Fahndungsbegriff der Gestapo für die Widerstandsgruppe um Arvid Harnack und Harro Schulze-Boysen, weil sie in ihnen Agenten des sowjetischen Nachrichtendienstes vermutete. Die Gruppe bestand aus Künstlern, Journalisten, Regierungsbeamten und Arbeitern. Mit Wandsprüchen und anonymen Flugschriften wollten sie die Öffentlichkeit aufklären und gegen die Naziherrschaft aufrütteln. Sie stellten Verbindungen zu anderen Widerstandsgruppen her, übernahmen Kurierdienste, dokumentierten Kriegsverbrechen und gaben Informationen an ausländische Nachrichtendienste weiter, um den Zusammenbruch des Dritten Reiches zu beschleunigen. Bis Ende 1942 wurden die meisten der weit mehr als 100 Mitglieder verhaftet und die ersten Todesurteile vollstreckt; insgesamt wurden 49 Mitglieder hingerichtet, unter ihnen 19 Frauen.

Die Weiße Rose

Im Juni 1942 tauchten in München mehrere hundert „Flugblätter der Weißen Rose" auf. In ihnen ist die Rede vom „Betrug der nationalsozialistischen Weltanschauung", von „fürchterlichen Verbrechen"; in ihnen wird

zum passiven Widerstand und zur Sabotage aufgerufen. Im Januar und Februar 1943 erschienen in mehreren Städten Süddeutschlands weitere Flugblätter, z. T. per Postversand an bestimmte Adressen. Die Geschwister Hans und Sophie Scholl waren mit Alexander Schmorell, Willi Graf und Christoph Probst eine kleine freundschaftlich verbundene studentische Widerstandsgruppe an der Münchener Universität, zu der auch ihr Hochschullehrer Kurt Huber gehörte.
Neben den Flugblattaktionen knüpfte die Gruppe Kontakte zu anderen Hochschulen und warb hier um Mitglieder. Hans und Sophie Scholl wurden am 18. 2. 1943 bei der Verteilung des 6. Flugblatts im Lichthof der Münchener Universität vom Hausmeister gesehen und sogleich verhaftet. Nach tage- und nächtelangen Verhören durch die Gestapo und nach einer Gerichtsverhandlung unter dem Vorsitz des Volksgerichtshofpräsidenten R. Freisler wurden sie, zusammen mit Christoph Probst, vier Tage später in München-Stadelheim enthauptet.

Widerstand der Arbeiterbewegung

In den ersten Jahren nach dem Beginn der Hitlerdiktatur hielten vor allem Mitglieder der KPD, der SPD und der Gewerkschaften ihren politischen Widerstand gegen die Nationalsozialisten aufrecht.
Die KPD hatte sich auf ein Leben in der Illegalität vorbereitet. Obwohl nach dem Parteiverbot schon in den ersten Märzwochen 11 000 Kommunisten verhaftet wurden, führte die KPD ihren Kampf gegen das Regime fort: durch Verbreitung von Propagandaschriften und durch einzelne Widerstandsaktionen in Fabriken oder städtischen Hinterhöfen. Fast alle Aktivisten, vielfach auch ihre Familien, wurden von der immer besser organisierten Gestapo gestellt, verhaftet und oft gefoltert.

Trotz Verfolgung waren viele Sozialdemokraten nach dem Verbot ihrer Partei politisch aktiv. Sie organisierten Hilfe für Verfolgte, warnten, versteckten oder waren bei der Flucht behilflich; und man verbreitete kritische Schriften und Informationen, z. T. in Verbindung mit der Exilparteizentrale (Sopade) in Prag, später Paris und London. Viele Parteimitglieder wurden wegen solcher Tätigkeiten verhaftet. In den Anfangsjahren der Diktatur waren 10 – 20 Prozent aller KZ-Häftlinge Sozialdemokraten. So hielten die Nazis den SPD-Reichstagsabgeordneten Kurt Schumacher ab Sommer 1933 in verschiedenen Konzentrationslagern fast 10 Jahre lang in sogenannter Schutzhaft. Er hatte mit beißender Kritik am Nationalsozialismus nicht zurückgehalten und trat auch nach dem Verbot seiner Partei bis zu seiner Verhaftung vehement für aktive Arbeit gegen die Nazis ein.

Kirchen zwischen Anpassung und Widerstand

In der evangelischen Kirche kam es bald nach Hitlers Machtübernahme zur Kirchenspaltung. Die „Deutschen Christen“ organisierten sich in einer Reichskirche unter einem Reichsbischof und passten sich der Ideologie der Nationalsozialisten an. Demgegenüber vertrat die Bekennende Kirche die absolute Autonomie der Kirche in Organisation und Lehre und trat somit in Distanz und Opposition zur Naziherrschaft.

In der Enzyklika „Mit brennender Sorge“ kritisierte der Papst 1937 die Verfolgungen und Einschränkungen, die die Kirche entgegen den Abmachungen des Konkordats vom 8. 7. 1933 erleiden musste. Er kritisierte auch allgemein die Rassenpolitik der Nationalsozialisten. Doch es blieb bei dieser offiziellen Stellungnahme.

Im Weiteren gab es von beiden Kirchen als öffentlicher Institution keinen offiziellen und nachhaltigen Protest gegen die Entrechtung und Verfolgung der Juden oder gegen die Unrechtspraktiken des Staates insgesamt. Dieser Widerstand wurde von einzelnen Personen, Pfarrern, Bischöfen und engagierten Laien geleistet. So wandte sich der Bischof von Münster, Clemens August Graf von Galen – erfolgreich – gegen das Euthanasieprogramm (→ S. 108 – 109, Q 5). Domprobst Bernhard Lichtenberg aus Berlin trat gegen die Deportation der Juden und auch gegen das Euthanasieprogramm auf. Pfarrer Martin Niemöller gründete den Pfarrernotbund, aus dem später die Bekennende Kirche hervorging, zu der auch Dietrich Bonhoeffer gehörte (B 133.1).

133.1 Dietrich Bonhoeffer, Mitglied der Bekennenden Kirche, kehrte 1935 aus London zurück und engagierte sich als Christ gegen den Nationalsozialismus. Zunächst mit Redeverbot belegt, wurde er 1943 wegen „Wehrkraftzersetzung“ verhaftet und am 9. 4. 1945 ermordet.

134.1 Vor der Lagerbaracke von Hitlers Hauptquartier „Wolfsschanze" (Rastenburg, Ostpreußen) wenige Tage vor dem Attentat; ganz links: Graf Stauffenberg. 15. Juli 1944.

134.2 Helmuth Graf von Moltke, die führende Persönlichkeit des Kreisauer Kreises vor dem Volksgerichtshof. Er wurde am 23. 1. 1945 hingerichtet.

■ Der Widerstand des 20. Juli

Das Attentat auf Hitler am 20. 7. 1944 ist die bekannteste Widerstandstat und hatte, vorbereitet und geplant von führenden Militärs, im Vergleich zu anderen Umsturzplänen die meisten Aussichten auf Erfolg.

Das Attentat wurde ausgeführt von Oberst Claus Graf Schenk von Stauffenberg, dem Chef des Stabes des Ersatzheeres. Er gehörte zu einer kleinen Verschwörergruppe ranghoher Offiziere. Wie er waren viele von ihnen zu Beginn von Hitlers Herrschaft noch Sympathisanten des Nationalsozialismus gewesen.

Hitlers Kriegführung, vor allem die Terror- und Vernichtungsaktionen in den besetzten Gebieten wie auch die radikale Unrechtspolitik im Reichsinnern, waren Hintergrund für ihre Gegnerschaft. Die Offiziere erarbeiteten genaue Staatsstreichpläne (Geheimcode „Walküre"), für deren Gelingen nach ihrer Einschätzung ein Attentat auf Hitler nötig war. Nach mehreren erfolglosen Anschlägen seit dem Frühjahr 1943 war Stauffenberg noch einer der wenigen der oppositionellen Offiziere, die ab und an Zugang zu Hitler hatten. Diesmal wurde er vorgelassen zu einer Kriegslagebesprechung im Führerhauptquartier Wolfsschanze in Ostpreußen. Das Bombenattentat misslang. Es gab Tote, aber Hitler wurde durch die Detonation nur leicht verletzt. Die von Berlin aus kommandierten Staatsstreichpläne wurden bis zum Abend des 20. Juli von hitlertreuen Offizieren gestoppt. Stauffenberg und die unmittelbaren Mitverschwörer wurden noch in der Nacht erschossen.

Die militärische Verschwörergruppe des 20. Juli stand in engem Kontakt mit zivilen Widerstandsgruppen, vor allem mit Mitgliedern des sogenannten Kreisauer Kreises. Politiker, Theologen, Diplomaten und Pädagogen verschiedener Herkunft und verschiedener politischer Richtungen trafen sich zu Gesprächen und größeren Tagungen in Kreisau, dem Familiengut von Helmuth James Graf von Moltke. Sie erarbeiteten Grundsätze für eine Neuordnung Deutschlands nach rechtsstaatlichen Prinzipien. Um handlungsfähig zu sein, überwanden sie ideologische Fronten und Meinungsverschiedenheiten. Julius Leber, ein überzeugter Sozialdemokrat, nahm Kontakte zur KPD auf, war eng verbunden mit Stauffenberg und in einem „neuen" Deutschland nach dem geglückten Staatsstreich als Innenminister vorgesehen. Der bürgerlich-konservativ eingestellte Carl Goerdeler, ehemaliger Bürgermeister von Leipzig, sollte Reichskanzler werden.

Infolge des Attentats vom 20. Juli verhaftete die Gestapo mehr als 5 000 wirkliche oder vermeintliche Verschwörer. Mehr als 200 von ihnen wurden nach quälenden Folterungen und „Prozessverhandlungen" vor dem Volksgerichtshof zum Tode verurteilt und in der Hinrichtungsstätte Berlin-Plötzensee getötet, viele – auf Befehl Hitlers – schmählich durch den Strang.

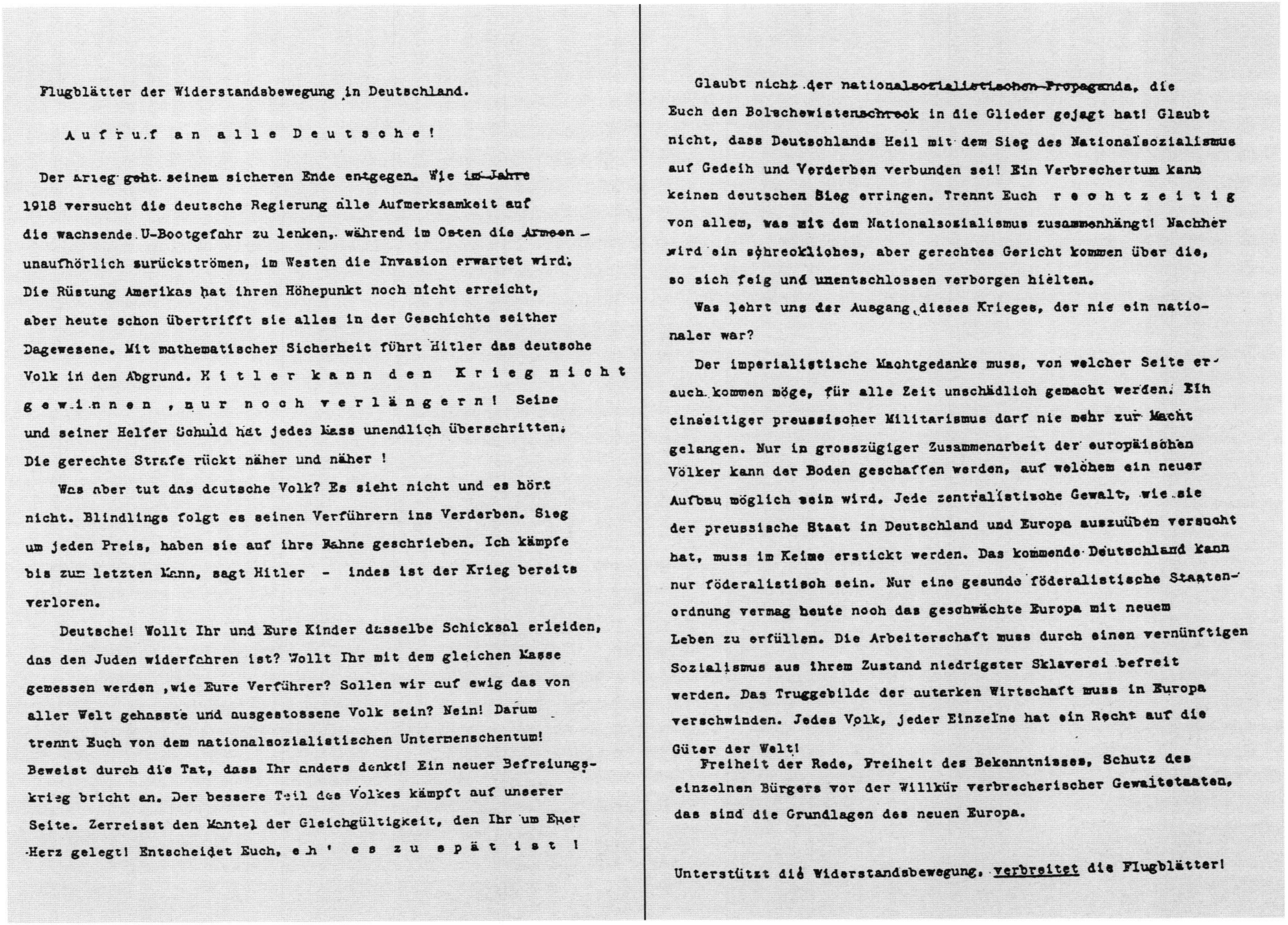

Flugblätter der Widerstandsbewegung in Deutschland.

Aufruf an alle Deutsche!

Der Krieg geht seinem sicheren Ende entgegen. Wie im Jahre 1918 versucht die deutsche Regierung alle Aufmerksamkeit auf die wachsende U-Bootgefahr zu lenken, während im Osten die Armeen unaufhörlich surückströmen, im Westen die Invasion erwartet wird. Die Rüstung Amerikas hat ihren Höhepunkt noch nicht erreicht, aber heute schon übertrifft sie alles in der Geschichte seither Dagewesene. Mit mathematischer Sicherheit führt Hitler das deutsche Volk in den Abgrund. Hitler kann den Krieg nicht gewinnen, nur noch verlängern! Seine und seiner Helfer Schuld hat jedes Mass unendlich überschritten. Die gerechte Strafe rückt näher und näher!

Was aber tut das deutsche Volk? Es sieht nicht und es hört nicht. Blindlings folgt es seinen Verführern ins Verderben. Sieg um jeden Preis, haben sie auf ihre Fahne geschrieben. Ich kämpfe bis zum letzten Mann, sagt Hitler – indes ist der Krieg bereits verloren.

Deutsche! Wollt Ihr und Eure Kinder dasselbe Schicksal erleiden, das den Juden widerfahren ist? Wollt Ihr mit dem gleichen Masse gemessen werden, wie Eure Verführer? Sollen wir auf ewig das von aller Welt gehasste und ausgestossene Volk sein? Nein! Darum trennt Euch von dem nationalsozialistischen Untermenschentum! Beweist durch die Tat, dass Ihr anders denkt! Ein neuer Befreiungskrieg bricht an. Der bessere Teil des Volkes kämpft auf unserer Seite. Zerreisst den Mantel der Gleichgültigkeit, den Ihr um Euer Herz gelegt! Entscheidet Euch, eh' es zu spät ist!

Glaubt nicht der nationalsozialistischen Propaganda, die Euch den Bolschewistenschreck in die Glieder gejagt hat! Glaubt nicht, dass Deutschlands Heil mit dem Sieg des Nationalsozialismus auf Gedeih und Verderben verbunden sei! Ein Verbrechertum kann keinen deutschen Sieg erringen. Trennt Euch rechtzeitig von allem, was mit dem Nationalsozialismus zusammenhängt! Nachher wird ein schreckliches, aber gerechtes Gericht kommen über die, so sich feig und unentschlossen verborgen hielten.

Was lehrt uns der Ausgang dieses Krieges, der nie ein nationaler war?

Der imperialistische Machtgedanke muss, von welcher Seite er auch kommen möge, für alle Zeit unschädlich gemacht werden. Ein einseitiger preussischer Militarismus darf nie mehr zur Macht gelangen. Nur in grosszügiger Zusammenarbeit der europäischen Völker kann der Boden geschaffen werden, auf welchem ein neuer Aufbau möglich sein wird. Jede zentralistische Gewalt, wie sie der preussische Staat in Deutschland und Europa auszuüben versucht hat, muss im Keime erstickt werden. Das kommende Deutschland kann nur föderalistisch sein. Nur eine gesunde föderalistische Staatenordnung vermag heute noch das geschwächte Europa mit neuem Leben zu erfüllen. Die Arbeiterschaft muss durch einen vernünftigen Sozialismus aus ihrem Zustand niedrigster Sklaverei befreit werden. Das Truggebilde der autarken Wirtschaft muss in Europa verschwinden. Jedes Volk, jeder Einzelne hat ein Recht auf die Güter der Welt!

Freiheit der Rede, Freiheit des Bekenntnisses, Schutz des einzelnen Bürgers vor der Willkür verbrecherischer Gewaltstaaten, das sind die Grundlagen des neuen Europa.

Unterstützt die Widerstandsbewegung, verbreitet die Flugblätter!

135.1 Das 5. Flugblatt der Weißen Rose, Februar 1943, Vor- und Rückseite.

Q1 Ein Polizist und die Feuerwehr

Aus einer Rede am 9. 11. 1993 zur Umbenennung der Landespolizeischule Schleswig-Holstein in Landespolizeischule Wilhelm Krützfeld zum Gedenken an die Reichspogromnacht 1938 (Novemberpogrom → S. 105):

Verdiente Ehrung wird heute einem Menschen zuteil, der seinem Lebensberuf, Polizist zu sein, Ehre machte. Besonders in jener Nacht, die zu den verhängnisvollen in der deutschen Geschichte gehört [Reichspogromnacht, 9. November 1938]. ... allein in Berlin wurden die meisten der 3 700 jüdischen Einzelhandelsgeschäfte zertrümmert und geplündert, über zehntausend Juden festgenommen und die meisten der vierzehn großen Synagogen weitgehend zerstört. Nur die größte und schönste nicht, die Neue Synagoge in der Oranienburger Straße. Denn der zuständige Reviervorsteher kam mit einem Trupp vom Innendienst herbeigerannt und verjagte mit vorgehaltener Pistole die SA-Männer – die ... hatten in den Vorräumen Feuer gelegt, Gebetbücher auf die Straße geworfen und wollten ihr Zerstörungswerk fortsetzen.
Der Reviervorsteher, so viel wissen wir, alarmierte gleichzeitig die Feuerwehr. Die kam und löschte – ein geradezu einzigartiger Vorfall in jener Nacht, in der in Deutschland die Feuerwehr einsatzbereit zuschauen musste, solange nur jüdische Gebäude brannten.

Aus: Die Neue Synagoge, a. a. O, S. 245 f.

Q2 Merkblatt für Bauarbeiter

Mitte 1942 kam es durch kommunistische Widerstandsgruppen in Hamburger Betrieben und Werften zu einer größeren Flugblattaktion, die sich vor allem an Bauleute der Organisation Todt für den kriegswirtschaftlichen Anlagenbau in den deutsch besetzten Gebieten richtete:

Organisation Todt: die nach dem Leiter Fritz Todt benannte Organisation und Vereinigung von staatlicher Bauverwaltung und privater Bauwirtschaft zur Errichtung kriegswirtschaftlicher Anlagen.

Merkblatt für Bauarbeiter!!!!
Wieder werden Tausende unserer Kameraden nach Norwegen und dem Osten verschickt, von ihren Familien weggerissen und in härteste Fron- und Sklavenarbeit gepresst, um den bereits verlorenen Sieg dennoch an Hitlers Fahnen zu heften.
Wir sind heute noch nicht stark genug, um diese Kriegsarbeit zu verweigern. ... Sammelt euch um die klassenbewusstesten Angehörigen der ehemaligen freien und revolutionären Gewerkschaften. Kein Betrieb, keine Baustelle ohne eure Vertrauensleute. Kameraden, ihr müsst wissen: Hitlers Niederlage ist nicht unsere Niederlage, sondern unser Sieg! Darum: Stört den planmäßigen Aufbau der Befestigungsbauten. Sorgt für langsames und qualitativ schlechtes Arbeiten. Sabotiert die deutsche Kriegsführung. Verweigert den militärischen Einsatz bei Überfällen an der Küste und durch Partisanen im Osten. Stellt ein gutes Verhältnis her zu der Bevölkerung der besetzten Gebiete. Nieder mit dem Krieg der Faschisten! Es lebe der Sieg der Arbeiterklasse!

Aus: P. Steinbach u. J. Tuchel (Hrsg.), Widerstand in Deutschland 1933–1945, München 1994, S. 74 f.

Q3 Die Aktion in der Rosenstraße

1943 gelang es einer Gruppe von Ehefrauen, ihre jüdischen Männer zu retten, indem sie öffentlich dagegen demonstrierten. Ernst Groß, ein Betroffener, erinnert sich:

Dann begann die Zeit der großen Razzien. Am 28. Februar 1943 war eine ganz große Razzia. Sie machten das immer so, dass sie die Leute nachts direkt aus den Betrieben holten. Dieses Mal ließen sie die „Mischehen“ nicht frei, sondern nahmen uns alle mit und brachten uns in das Lager Große Hamburger Straße. Dort wurden wir „Mischehen“ zunächst in ein Zimmer in der oberen Etage gebracht, das waren etwa hundert Mann, und nachher wurden wir in das Lager Rosenstraße gebracht. Dort waren wir eine Woche, und niemand wusste, was mit uns werden würde. Sie wollten uns offenbar auch abtransportieren. Aber damals haben die Frauen gemeutert. Das ist wohl das einzige Mal, dass so was vorgekommen ist. Da haben die christlichen Frauen tagelang vor dem Gebäude Rosenstraße Skandal gemacht, und schließlich haben sie es erreicht, und sie haben uns wieder freigegeben.

Aus: Juden in Berlin, a. a. O., S. 310.

Q4 „Politisches Bekenntnis“

Alexander Schmorell, Mitglied der Weißen Rose (→ S. 132 f.), verfasste das politische Bekenntnis während der Haft 1943 (an die Gestapo gerichtet):

Sie fragen mich weiter, warum ich mit der nationalsozialistischen Regierungsform nicht einverstanden bin. Weil sie meinem Ideal, wie mir scheint, nicht entspricht. Meiner Ansicht nach stützt sich die nationalsozialistische Regierung zu sehr auf die Macht, die sie in Händen hat. Sie duldet keine Opposition, keine Kritik, deshalb können die Fehler, die gemacht werden, nicht erkannt, nicht beseitigt werden. Dann glaube ich, dass sie nicht eine reine Ausdrucksform des Volkswillens darstellt. Sie macht es dem Volk unmöglich, seine Meinung zu äußern, sie macht es dem Volk unmöglich, etwas an ihr zu ändern. ... Sie ist geschaffen worden, und an ihr darf nicht kritisiert, nichts mehr geändert werden – und das finde ich nicht richtig. ... Meiner Ansicht nach hat jetzt jeder Bürger direkt Angst, irgendetwas bei den Regierungsbehörden auszusetzen, weil er sonst bestraft wird. Und das müsste vermieden werden.

Aus: P. Steinbach u. J. Tuchel (Hrsg.), Widerstand in Deutschland 1933–1945, München 1994, S. 247.

Q5 Das Attentat

Henning von Tresckow (1901–1944, Selbstmord am 21. Juli), Generalstabsoffizier an der Ostfront, äußerte sich zum geplanten Attentat, nachdem die Landung der Alliierten im Juni 1944 bei einigen Offizieren Zweifel am praktischen politischen Zweck des Attentats hatte aufkommen lassen:

Das Attentat auf Hitler muss erfolgen, um jeden Preis. Sollte es nicht gelingen, so muss trotzdem der Staatsstreich versucht werden. Denn es kommt nicht mehr auf den praktischen Zweck an, sondern darauf, dass die deutsche Widerstandsbewegung vor der Welt und vor der Geschichte unter Einsatz des Lebens den entscheidenden Wurf gewagt hat. Alles andere ist daneben gleichgültig.

Aus: P. Steinbach u. J. Tuchel (Hrsg.), Widerstand in Deutschland, München, 1994, S. 326.

137.1 An die Ereignisse in der Rosenstraße erinnert heute eine – von Ingeborg Hunzinger geschaffene – Reliefskulptur (s. Q 3). 2003 wurde das Geschehen verfilmt (u. a. mit Maria Schrader, Katja Riemann). Eine historische Fotografie der Demonstrantinnen gibt es nicht.

1. Verfasse einen Lexikonartikel: Widerstand im totalitären System. (VT, Q 1–5, M 6)

2. Von dem fünften Fugblatt haben die Münchener Studenten mehrere tausend Stück hergestellt! Diskutiert in der Klasse über ihre Ziele, über ihr Handeln (VT, B 135.1, Q 1).

3. Wie sind einzelne Personen zum Widerstand gekommen? Informiere Dich über die Biographien einzelner Widerstandskämpfer und -gruppen. Erstellt dazu in der Klasse eine Wandzeitung.

4. Diskutiert in der Klasse, welche Möglichkeiten von Widerstand es im nationalsozialistischen Staat gab. (Q1–5, VT u. S. 130 f., Q 3 (Gerstein) und S. 110 f., Q 5)

5. Der 20. Juli 1944 sollte in Deutschland eine politische Wende bringen. Debattiert über die Ziele und Motive der Attentäter. (VT, Q 5) Sucht dabei auch nach Gründen dafür, dass das Attentat nicht schon Jahre zuvor erfolgte.

10. Umgang mit der Vergangenheit

Entnazifizierung: Spruchkammerverfahren in den Besatzungszonen und der frühen Bundesrepublik (1945–1953) gegen Mitglieder der NSDAP und ihrer Organisationen, um sie je nach Verantwortlichkeit zu bestrafen.

„Über Mord wächst irgendwann einmal Gras. ... Über Auschwitz aber wächst kein Gras, noch nicht einmal in 100 Generationen", meinte der FDP-Abgeordnete W. Maihofer in einer Bundestagsdebatte über die Gesetzentwürfe zur Verjährungsfrist von Mord und ↗ Völkermord im Juli 1979. (Nach den bestehenden Gesetzen wären ab dem 31. 12. 1979 alle durch Mord begangenen nationalsozialistischen Gewalttaten verjährt gewesen.)

■ Verdrängung

Intensive und differenziert geführte Debatten über die Auswirkungen und den Umgang mit den Gewaltverbrechen der Nazis waren für die Politiker der beiden neuen deutschen Staaten nach Ende des Krieges keine Selbstverständlichkeit. Der SPD-Politiker Kurt Schumacher kritisierte, dass Adenauer in seiner ersten Regierungserklärung zu wenig „über die furchtbare Tragödie der Juden" gesagt habe, und er stellte dem entgegen, dass das deutsche Volk noch unabsehbare Zeiten an der Entehrung durch die Taten der Hitlerbarbarei zu tragen habe. Doch sowohl die meisten der politisch verantwortlich Handelnden wie auch die Mehrheit der deutschen Bevölkerung wehrten sich gegen eine Schuldübernahme für die im Schatten des Krieges begangenen Schreckenstaten des Naziregimes. Man wollte einen „Schlussstrich" ziehen.

138.1 Die Weimarer Bevölkerung wird von den Alliierten gezwungen, das KZ Buchenwald zu besichtigen, Foto 1945.

Denn die von den Alliierten nach Kriegsende gegenüber der Gesamtbevölkerung durchgeführten Entnazifizierungsverfahren, die Nürnberger Prozesse gegen die Kriegsverbrecher und die materiellen „Wiedergutmachungsleistungen" an Israel waren in den Augen vieler, wenn nicht der meisten Deutschen genug an Vergeltung und Entschädigung: Die Täter waren bestraft, man war beschäftigt mit eigenen Problemen der Kriegsfolgen, mit Verlusten und Leid. Viele Deutsche fühlten sich selbst als Opfer des Naziregimes. Die Psychologen Alexander und Margarete Mitscherlich untersuchten dieses Phänomen und nannten die Mitleidlosigkeit von Deutschen „Die Unfähigkeit zu trauern", so der Titel ihres 1967 erschienenen Buches.

■ Der Auschwitzprozess

In dem von Herbst 1963 bis August 1965 dauernden Frankfurter Auschwitzprozess wurde erstmals von einem deutschen Gericht untersucht, wie die Vernichtungsmaschinerie im KZ Auschwitz funktionierte. Auf der Anklagebank saßen 18 Angehörige des Sanitäts- und Wachmannschaftspersonals, unter ihnen der letzte Lagerkommandant. Die deutsche Bevölkerung und die internationale Presse wurde zum ersten Mal mit dem Ausmaß der Verbrechen in Auschwitz durch Zeugenaussagen konfrontiert. Somit war der Prozess wichtig für die Aufklärung der Verbrechen und die Bestrafung der Schuldigen, wichtig auch für die Korrektur des Geschichtsbewusstseins vieler Deutscher und die Intensivierung der zeitgeschichtlichen Forschung.

Doch obwohl alle großen Wochen- und Tageszeitungen ausführlich über den Prozess berichteten, fand eine intensive Auseinandersetzung mit dem zum ersten Mal deutlich gewordenen „Verwaltungsmassenmord" eher nur in kleinen Kreisen statt. Hier engagierten sich vor allem Schriftsteller, Forscher, Künstler und Intellektuelle; ihre Diskussionen und Veröffentlichungen wurden von den Studenten der 68er-Bewegung für die Auseinandersetzung mit der Tätergeneration der Eltern aufgegriffen.

Auseinandersetzung mit der Vergangenheit

Emotionale Betroffenheit erzeugte bei vielen Deutschen erst der im Januar 1979 im deutschen Fernsehen gezeigte vierteilige amerikanische Spielfilm „Holocaust". Durch die melodramatische Darstellung des Schicksals der jüdischen Familie Weiss und des SS-Offiziers Dorf bot der Film Identifikationsmuster auf Opfer- und Täterseite. Nun wollten viele wissen und begreifen, warum und wie das unvorstellbare Geschehen der Vergangenheit möglich gewesen war. Seit den 80er Jahren gewinnt die lokal- und regionalgeschichtliche Forschung immer mehr an Bedeutung. Geschichtswerkstätten, Teilnehmer von Schülerwettbewerben, Bürgerinitiativen, professionelle und Freizeit-Historiker untersuchen die vielfältigen Blindflecke der Heimatgeschichte: z.B. die vielen vergessenen oder nicht wahrgenommenen Außenlager als Orte der Menschenverachtung und -vernichtung in unmittelbarer Nähe, die Ausgrenzungs- und Arisierungsmethoden in der eigenen Stadt. Erinnerung wurde konkret, verband sich mit Namen und Orten, die man kannte.

Vergessen im Gedenken?

Neben die Erforschung authentischer Leidensorte der vom NS-Regime Verfolgten trat bald das Bedürfnis nach einer Erinnerungskultur.

139.1 Holocaust-Mahnmal mit 2 700 Stelen, Modell von Peter Eisenmann, Berlin. Foto 2001.

Ehemalige Synagogen oder deren Überreste werden z.B. zu Gedenk- und Dokumentationsstätten umgestaltet. Der Befreiungstag des KZ Auschwitz durch sowjetische Truppen (27.1. 1945) wurde vom Bundespräsidenten Roman Herzog 1995 zum Gedenktag ernannt. Nach langwieriger und polemisch geführter Diskussion unter Historikern, Politikern, Intellektuellen und Künstlern beschloss der Bundestag im Jahr 1999 die Errichtung eines Holocaust-Mahnmals in der Mitte Berlins. Kritiker befürchten, dass das Gedenken an die unsagbaren Leiden der Juden so zu bloß ritueller Form und Pflichtübung werden und Nachdenken verhindern könnte. Befürworter sehen in dem Mahnmal ein Zeichen der kollektiven Verpflichtung, die Erinnerung an Auschwitz wachzuhalten.

139.2 Schuhe in Maschendrahtbehältern in Baracke 54 des ehemaligen Lagermagazins des Vernichtungslagers Majdanek, Foto 1989.

140.1 Das New Holocaust History Museum in Jerusalem. Ein Kantor trägt die Totenklage vor.

M1 Erinnerung und Gerechtigkeit

Elie Wiesel, der Auschwitz überlebte und am 10.12.1986 den Friedensnobelpreis erhielt, sagte 1987 in einer Rede:

Niemand, ganz sicherlich nicht ich, niemand hat das Recht, den Mördern zu vergeben, dass sie sechs Millionen Männer und Frauen vernichtet haben, nur weil sie zu meinem Volk gehörten, dem Volk der Ewigkeit und der Erinnerung. Nur die Toten könnten vergeben, und niemand hat das Recht, in ihrem Namen zu sprechen. Aber ich muss Ihnen auch sagen, und zwar aus tiefster Überzeugung, dass nicht alle Bürger, die damals lebten, schuldig geworden sind. Als Jude, der seine Identität immer noch in der Tradition findet, glaube ich, dass es eine ↗Kollektivschuld nicht gibt. Nur die Schuldigen waren schuldig. Kinder von Mördern sind keine Mörder, sondern Kinder. Schuld wie Unschuld ist persönlich. Deshalb habe ich weder die Absicht noch das Recht, die junge Generation von heute für die unaussprechlichen Verbrechen zu verurteilen, die eine frühere, die Hitler-Generation, begangen hat. Aber ich glaube auch, dass wir das Recht und die Pflicht haben, die junge Generation verantwortlich zu machen – nicht für die Vergangenheit, aber dafür, wie sie mit ihr umgeht, was sie mit den Erinnerungen tut, die ihr Erbteil sind. Sie ist verantwortlich zu machen für die Art und Weise, wie sie sich erinnert. Erinnerung ist also das Schlüsselwort. Sie verbindet Vergangenheit und Gegenwart, Vergangenheit und Zukunft. Erinnerung heißt, den Glauben an die Menschheit zu erneuern, der Menschheit zum Trotz, und unserer schwachen Anstrengung Sinn zu verleihen. Das Erinnern gibt der Gerechtigkeit ihre Würde zurück: Gerechtigkeit ohne Erinnerung ist wie Schweigen ohne Worte.

Elie Wiesel, Erinnerung führt uns zusammen. Rede im Berliner Reichstag, 10. 11. 1987, in: Nicht der Geschichte letztes Wort, hrsg. v. E. Diepgen, Berlin 1987.

M2 Vergessen – Erinnern – Gedenken

Zwei Positionen zum Holocaust-Gedenktag:

a) Die Journalistin Eva-E. Fischer, 1997:
Der 27. Januar ist der Tag der Befreiung des Vernichtungslagers Auschwitz. Die Wahl des Datums ist verräterisch. Zum einen suggeriert sie, dass sich das Land der Täter gern in einer Reihe mit den Befreiern sähe. Mehr noch: Sie belebt die Lüge, ganz Deutschland sei ein Opfer des Nationalsozialismus gewesen und dürfe sich, zumal nun demokratisch

gewandelt und gereift, an die Seite der Opfer stellen. Die Wahl des Datums zeugt darüber hinaus von unverhohlener Nekrophilie: Tote, deren grausames Sterben wohl der überwältigenden Mehrheit in diesem Land fremd und abstrakt geblieben ist, die keinerlei Bedeutung in ihrem Leben haben und deshalb auch nicht von Interesse sind, werden nun als unbekannte Größe ins Zentrum gerückt. …

Andererseits hat das Judentum Konjunktur in Deutschland. Wo hierzulande ein Jude auftritt, ist ihm ein großes Publikum gewiss. Das Interesse an einer nahezu ausgerotteten, nur mühselig wiederbelebten Kultur riecht vielfach nach dem masochistischen Wunsch der meist nichtjüdischen Konsumenten, ihr Gewissen zu beruhigen und sich Lossprechung zu ersitzen, zu erlauschen und zu erdiskutieren.

Aber wo stehen in diesem Debakel die Jungen? … Sie könnten versuchen wollen, aus ihrem erworbenen Wissen heraus in ihrem Gedächtnis etwas zu verankern, woran sie naturgemäß weder Schuld noch Erinnerung haben. Aber sich mit einer toten Repräsentationskultur offiziellen Gedenkens identifizieren – das können sie nicht. … Ein solcher Gedenktag, mit dem eine symbolische Pflicht erfüllt wird, leistet dem Vergessen ruhigen Gewissens Vorschub.

E.-E. Fischer, SZ v. 27. 1. 1997

b) Der Historiker Wolfgang Benz, 1997:

Der Tag des Gedenkens an die Opfer des Nationalsozialismus ist so notwendig wie der Volkstrauertag und der Tag der deutschen Einheit. Denn zur Sinnstiftung politischer Kultur ist es unerlässlich, zentrale Positionen der allgemeinen Übereinkunft in zeremonieller Form zu demonstrieren. Der Holocaust-Gedenktag ist der Anlass, die Abkehr vom Nationalsozialismus als öffentlichen Konsens zu dokumentieren und dadurch zu verdeutlichen, dass menschenfeindliche Ideologien wie der Nationalsozialismus nicht wieder Raum in Deutschland gewinnen sollen. Der Gedenktag ist aber auch ein Akt der Solidarität mit den Opfern des Nationalsozialismus, mit den Überlebenden des deutschen Rassenkriegs gegen Minderheiten, gegen Fremde und andere, und der Gedenktag soll dem Frieden dienen, dem Frieden der Opfer und ihrer Nachkommen. Versöhnung ist hier – trotz inflationären Gebrauchs der Vokabel – das falsche Wort. Die am Erinnerungstag immer wieder öffentlich gemachte Absage an den Nationalsozialismus mit seinem totalen Verfügungsanspruch über die einen und dem totalen Vernichtungsanspruch gegen die anderen ist allenfalls als Anfang eines Dialogs zu verstehen, der schließlich zum Frieden führen soll.

Aber wie kann man den Tag begehen, damit es nicht beim steril-feierlichen Ritual sein Bewenden hat? Politikerreden und parlamentarische Proklamationen reichen nicht aus, um den Gedenktag lebendig zu machen, um alle, die es angeht, alle Bürger nämlich, zu erreichen. Auch mit Projekttagen in Schulen aus diesem Anlass ist es so wenig getan wie mit der einmaligen Anstrengung zuständiger Redenschreiber, Leitartikler, Rundfunkkommentatoren, mit den Früchten publizistischer Professionalität oder professoraler Weisheit. Ein Gedenktag, der seiner Aufgabe gerecht wird, der allgemeine Erinnerung und Nachdenklichkeit anstiftet und lebendig hält, braucht breites Engagement und ist nicht durch Delegationen auf die von Amts wegen zum Nachdenken Berufenen abzuleisten.

W. Benz, in: Erinnern gegen den Schlussstrich, Zum Umgang mit dem Nationalsozialismus, Freiburg 1997, S. 48.

1. Welche Auffassung vertritt E. Wiesel zur Schuld der Deutschen am Holocaust? (M 1)
2. Beschreibe die beiden Positionen zum Holocaust-Gedenktag. (M 2 a, b) Welche Meinung vertrittst du?
3. Informiere dich über das New Holocaust History Museum (B 140.1) in Jerusalem und die Feierlichkeiten, die in Deutschland und Israel zum Holocaust-Gedenktag existieren. Beschreibe die verschiedenen Formen des Gedenkens.
4. Informiere dich über Gedenkstätten in deiner Nähe, in deinem Bundesland.

KOMPA

Zwölf Jahre Nationalsozialismus

142.1 Propaganda für NS-Volkswohlfahrt.

1933–1939

Mit der Ernennung **Adolf Hitlers zum Reichskanzler** am 30. 1. 1933 begann die Diktatur des Nationalsozialismus. Reichspräsident von Hindenburg und die konservative DNVP ermöglichten diese Regierungsbildung. Unmittelbar setzten die Nationalsozialisten ihre gesellschaftlichen Vorstellungen um: Selbstentmachtung des Reichstages (der dem **„Ermächtigungsgesetz"** zustimmte), **Gleichschaltung** aller gesellschaftlicher Institutionen (Länder, Gewerkschaften), Aufhebung der Gewaltenteilung, Einführung von Sondergerichten, Verbot anderer Parteien und die Verfolgung politischer Gegner.

Wesentliche Bestandteile der nationalsozialistischen Weltanschauung waren die **Rassenlehre und der Antisemitismus**, die mit der **Machtübertragung 1933** staatliche Politik in Deutschland wurden: Allen Menschen, die nicht der NS-Rassenlehre entsprachen, wurde das Recht, als Bürger und als Menschen zu leben, abgesprochen. Dazu gehörten Juden, Sinti und Roma, die Zeugen Jehovas, Homosexuelle, sogenannte „Asoziale" sowie körperlich und geistig behinderte Menschen.

Im Laufe der 30er Jahre trieb die nationalsozialistische Regierung die **Entrechtung vor allem der Juden** voran. In immer neuen schikanösen Bestimmungen verloren Juden alle Rechte, gesellschaftlich und geschäftlich tätig zu sein. Die Nürnberger Rassegesetzte (1935) machten alle Juden zu Rechtlosen. Viele wurden schon in den 30er Jahren inhaftiert und in Konzentrationslager (KZ) verschleppt. Bis 1939 wanderte die Hälfte der jüdischen Bürger Deutschlands aus, mit erheblichen Verlusten an ihrem Vermögen und manchmal in letzter Minute.

Die **Außenpolitik der NS-Regierung** setzte sich über alle Verträge und rechtlichen Verpflichtungen hinweg, um ihre beiden Hauptziele zu erreichen: Die **Revision des Friedensvertrags von Versailles** und die Schaffung eines **Großdeutschen Reiches**. Nach der Volksabstimmung im Saarland, dem Austritt aus dem Völkerbund, dem Anschluss Österreichs und der teilweisen Besetzung der Tschechoslowakei, die 1938 in München von den demokratischen Politikern Englands und Frankreichs akzeptiert worden war, war dieses Ziel erreicht.

Der **Novemberpogrom vom 9. 11. 1938** war ein zentral geplanter Pogrom gegen die noch in Deutschland lebenden Juden. Dabei wurden in fast allen deutschen Städten Synagogen und andere jüdische Einrichtungen zerstört, Geschäfte zertrümmert und viele Tausend Juden verhaftet und ermordet. Damit verschärften sich die antijüdischen Maßnahmen und Gesetze weiter.

Neben der Außenpolitik war es vor allem das Versprechen der Nationalsozialisten gewesen, die **soziale Lage** zu verbessern, was ihnen viele Anhänger sicherte. Niedrige Lebensmittelpreise, finanzielle Vergünstigungen gerade auch für Arbeiter und Angestellte und andere soziale Unterstützungen sicherten den Nazis die Akzeptanz in der deutschen Bevölkerung. Erkauft wurden diese Leistungen mit einer gigantischen Staatsverschuldung, der Aufrüstung und der Vorbereitung zum Krieg, sowie den Enteignungen und Plünderungen vor allem der jüdischen Vermögen. Diese Politik war nur möglich, weil der Krieg von vornherein geplant war.

Der Zweite Weltkrieg

Mit dem **Angriff auf Polen** 1. 9. 1939 begann der Zweite Weltkrieg. Nachdem Polen und Frankreich besiegt waren, stand das nationalsozialistische Deutschland auf dem Höhepunkt seiner Macht. Erst durch den Kriegseintritt der USA und die **Invasion in der Normandie** 1944, mit der eine zweite Front geschaffen wurde, konnte die NS-Herrschaft über Europa besiegt werden.

Von deutscher Seite wurde der Krieg mit menschenverachtender Grausamkeit geführt – ganz im Sinne der Rassenlehre und NS-Ideologie. Im Gefolge der Wehrmacht begannen Polizeikorps und die SS, politisch Andersdenkende, führende Personen der unterlegenen Nationen, Partisanen und vor allem die jüdische Bevölkerung in den besetzten Gebieten planmäßig zu ermorden.

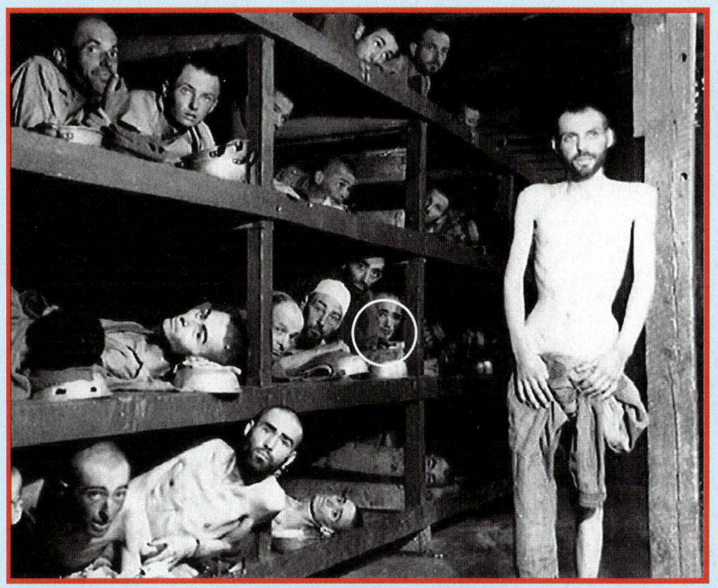

143.1 Buchenwald kurz nach der Befreiung. 2. Reihe 6. v. l. der Schriftsteller Eli Wiesel (→ S. 140).

Der **Massenmord an den europäischen Juden**, der **Holocaust, hebr. die Shoah**, wurde nun in die Tat umgesetzt. 1941 wurde gegenüber allen Juden ein Auswanderungsverbot verhängt. Gleichzeitig begannen ab jetzt Deportationen in die Ghettos und KZ in den im Osten eroberten Gebieten.

Auf der **Wannsee-Konferenz** vom 22. 1. 1942 wurde die Systematisierung und Perfektionierung der Organisation des Völkermords an allen europäischen Juden beschlossen. Es wurden **Konzentrationslager** gebaut, einige ausschließlich zum Zweck, Juden massenweise durch Vergasung zu ermorden. **Auschwitz** war das größte Arbeits- und Vernichtungslager, in dem bis Ende 1944 1,5 Millionen Menschen ermordet wurden – die meisten von ihnen waren Juden. Als das Kriegsende und die Niederlage Deutschlands sich abzeichneten, ließ die SS die KZ in den eroberten Gebieten räumen, so dass wenige Häftlinge die Befreiung erlebten; viele Tausend starben auf den ins Reichsinnere führenden Todesmärschen.

Nur einzelne Deutsche leisteten gegen das NS-Regime **Widerstand** – die großen gesellschaftlichen Organisationen (Gewerkschaften, Universitäten, Kirchen, Armee) gehörten nicht dazu. Mit Graf Schenk von Stauffenberg versuchte ein konservativer Offizier, durch das **Attentat auf Hitler** am 20. 7. 1944 den Krieg zu beenden und das Regime abzulösen. Andere Widerstandsbewegungen waren die **Weiße Rose** um Sophie und Hans Scholl, die **Bekennende Kirche** (D. Bonhoeffer) und einzelne Menschen wie Georg Elser. Mehrere Tausend Menschen leisteten Widerstand, indem sie Verfolgten die Flucht ermöglichten oder ihnen ein Versteck boten.

Ziel der Alliierten war die **bedingungslose Kapitulation**, die am 8. 5. 1945 stattfand. Hitler hatte sich selbst umgebracht. Andere führende Nazi-Politiker wurden in Nürnberg wegen ihrer Verbrechen vor Gericht gestellt. Deutschland wurde von englischen, amerikanischen, französischen und sowjetischen Truppen besetzt.

Von einem Großteil der deutschen Bevölkerung wurden die **Verbrechen der Nazizeit** verdrängt. Man wollte einen Neubeginn und einen **„Schlussstrich"** unter die Vergangenheit ziehen. Erst 30 Jahre nach Kriegsende begannen viele Deutsche sich mit dem Holocaust auseinanderzusetzen. Das **Holocaust-Mahnmal** im Zentrum Berlins ist Zeichen für den Willen einer dauerhaften Auseinandersetzung mit den Schrecken des Völkermords an den Juden durch die Deutschen.

Der Ost-West-Konflikt

Im Namen der UNO: US-amerikanischer Nachschub für Südkorea, 1950.

Im November 1956 scheitert in Ungarn der Versuch, demokratische Verhältnisse herzustellen, an sowjetischen Panzern.

„Brutal zerstört unser schönes Feindbild." Karikatur, Horst Haitzinger, 1988.

Ein Denkmal wird abtransportiert, Moskau 1990.

Orientierung in Zeit und Raum

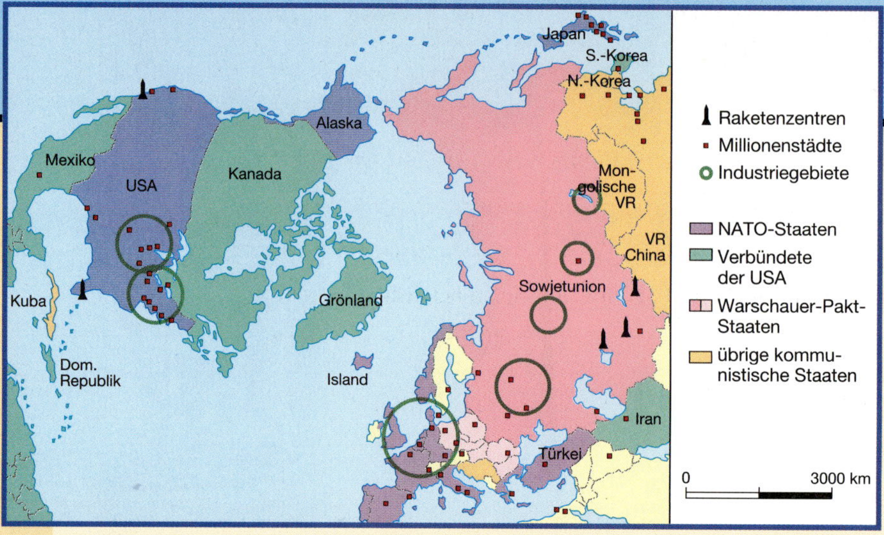

146.1 Konfrontation der Blöcke unter amerikanischer und sowjetischer Führung im Kalten Krieg (60er Jahre).

1945	Konferenz v. Jalta: Nachkriegspolitik gegenüber Deutschland, Grenzen Polens, Bildung des Alliierten Kontrollrates.
1945–1947	In Europa bilden sich, geführt von den USA und der Sowjetunion, zwei gegensätzliche Machtblöcke. Systematische Sowjetisierung Ost-/Südeuropas.
1950–1953	Im Koreakrieg unterstützen die Westmächte und der Ostblock die beiden verfeindeten koreanischen Staaten.
1956	In Ungarn setzen sich die Bürger in einem Aufstand gegen die kommunistische Herrschaft zur Wehr. Der Aufstand wird durch Einsatz sowjetischen Militärs niedergeschlagen.
1962	Als sowjetische Raketen auf Kuba stationiert werden sollen, kommt es zu einer Krise mit den USA – ein atomarer Krieg droht.
Seit 1963	setzt im Ost-West-Konflikt eine Phase der Entspannung ein, die einen Atomteststopp, ein Weltraumabkommen und 1969 den Kernwaffensperrvertrag bringt.
1965–1972	Die USA unterstützen die Republik Südvietnam im Krieg gegen Vietcong und Nordvietnam.
1968	In der Tschechoslowakei versuchen die Bürger eine Demokratisierung ihrer Gesellschaft; von Truppen des Warschauer Paktes wird der „Prager Frühling“ niedergeschlagen.
1975	In Helsinki wird die Schlussakte der Konferenz für Sicherheit und Zusammenarbeit in Europa (KSZE) verabschiedet.
1979	Als Reaktion auf entsprechende Waffen der Sowjetunion beschließt die NATO die Stationierung atomarer Mittelstreckenraketen in Europa.
1979–1988	Sowjetische Truppen greifen in den Afghanischen Bürgerkrieg ein und besetzen das Land.
Ab 1985	Michail Gorbatschow versucht eine Reform der Sowjetunion.
1987	USA und UdSSR schließen einen Vertrag zum Abbau der Mittelstreckenraketen (INF-Vertrag).
1989–1991	Der Ostblock und die Sowjetunion lösen sich auf.

Der Postkrieg zwischen West und Ost

Seltsam, da schreibt jemand einen Brief an einen Freund, einen Verwandten oder einen Bekannten, nimmt einen Umschlag, schreibt die vollständige Adresse darauf, frankiert den Brief ausreichend, klebt den Umschlag zu und bringt ihn zum Briefkasten. Nach einiger Zeit kommt der Brief mit einem Aufkleber oder einem Aufdruck versehen zurück. Im deutsch-deutschen Postverkehr der 70er und 80er Jahre keine Seltenheit! Was ist passiert?

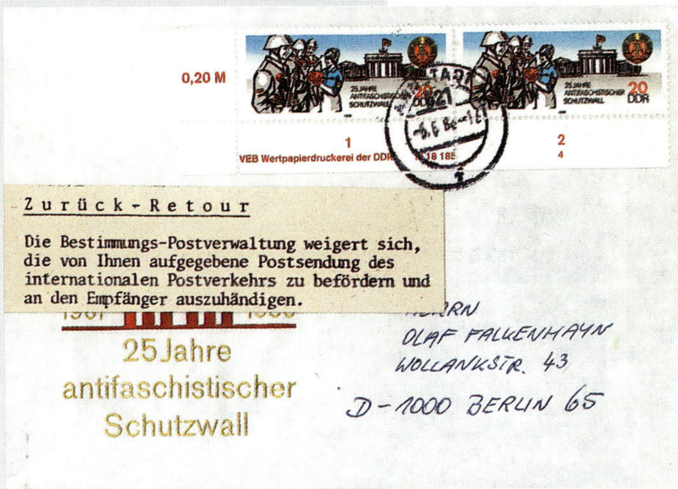

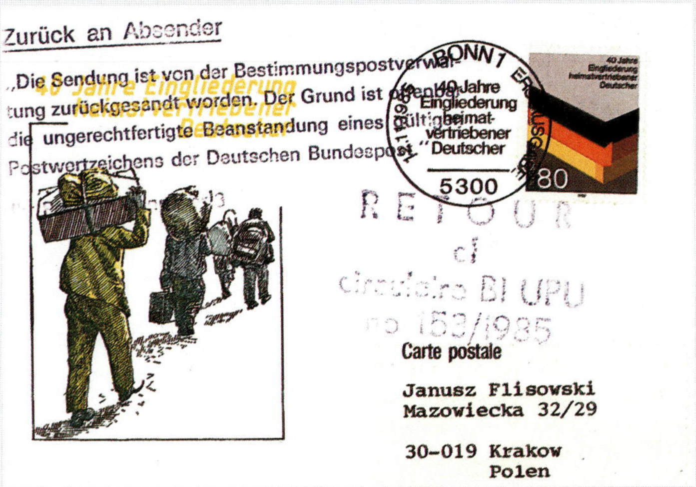

1. *Rekonstruiere den Weg der beiden Briefe.*
2. *Aus welchen Gründen hat die Bestimmungs-Postverwaltung die Beförderung abgelehnt? Welche tiefer greifenden politischen Ursachen stecken hinter der Weigerung?*

1. Der Weg in den Ost-West-Gegensatz

Internationale Beziehungen im Zweiten Weltkrieg

Der Präsident der USA, Roosevelt, Großbritanniens Premierminister Churchill und der Staatschef der Sowjetunion, Stalin, sprachen sich seit Sommer 1941 auf verschiedenen Konferenzen über ihre politischen und strategischen Vorhaben ab. Einigkeit herrschte allerdings nur in dem Ziel, die Kriegsgegner Deutschland und Japan möglichst schnell militärisch zu besiegen.

Im Januar 1941 hatte Roosevelt vor dem amerikanischen Kongress die Freiheit der Meinungsäußerung, der Religionsausübung sowie die Freiheit von Hunger und Not als Ziele der amerikanischen Politik verkündet. Diese „Freiheiten" sollten überall auf der Welt verwirklicht werden. Mit dem britischen Verbündeten ließ sich hierüber schnell Einigkeit herstellen: In der Atlantik-Charta vom 14. 8. 1941 legten Roosevelt und Churchill den Grundstein für eine zukünftige Friedensordnung.

Mit Stalin einigte sich Churchill auf der Konferenz von Moskau im Oktober 1944 über sowjetische und britische Einflusszonen in Ost- und Südosteuropa. In diesem Abkommen liegt der Keim für die zukünftige Spaltung der Welt in zwei gegensätzliche Einflussbereiche (↗Bipolarität).

Als sich das Kriegsende abzeichnete und alliierte Truppen Deutschland eroberten, trafen sich am 4. bis 11. Februar 1945 der amerikanische Präsident Roosevelt, der sowjetische Parteichef Stalin und der britische Premierminister Churchill in Jalta. Sie einigten sich u. a. darauf, Deutschland zu entwaffnen und in Besatzungszonen aufzuteilen sowie die Kriegsverbrecher zu bestrafen.

Die Potsdamer Konferenz

Die „Anti-Hitler-Koalition" wollte die bedingungslose Kapitulation Deutschlands und die Beseitigung des Nationalsozialismus. Nach der Kapitulation trafen sich am 17. Juni 1945 der Präsident der USA, Truman, der britische Premierminister Churchill und der sowjetische Staatschef Stalin in Potsdam zu einer Konferenz. Churchill wurde noch während der Verhandlungen nach einer Wahlniederlage von seinem Nachfolger Attlee abgelöst. Frankreich, das von den Siegermächten bereits als Besatzungsmacht anerkannt worden war, war nicht eingeladen.

Bereits vorher hatten die USA, die UdSSR und Großbritannien beschlossen, Deutschland in vier Besatzungszonen aufzuteilen. Nun wollten sie gemeinsam Entscheidungen über die politische, wirtschaftliche und territoriale Zukunft Deutschlands fällen. Am 2. August 1945 wurde das Potsdamer Abkommen unterschrieben. Die Siegermächte einigten sich darauf, Deutschland zu entmilitarisieren und zu entnazifizieren. Damit sollte sichergestellt werden, dass von deutschem Boden keine Gefahr mehr für die Nachbarstaaten ausgehen konnte. Eine Demokratisierung sollte durch kontrollierte Selbstverwaltung auf den untersten Ebenen eingeleitet werden. Die Wirtschaft sollte auf den Friedensbedarf ausgerichtet werden, der Lebensstandard jedoch unter dem der anderen europäischen Länder gehalten werden.

Darüber hinaus sollten die Deutschen für die von ihnen angerichteten Kriegsschäden bezahlen. Truman schlug vor, dass jede Siegermacht die Reparationsleistungen vor allem aus ihrer eigenen Besatzungszone entnehmen sollte. Nach anfänglichem Widerstand stimmte Stalin zu. Im Gegenzug akzeptierten die Siegermächte die Westverschiebung Polens.

Neue Fronten nach Kriegsende

An den wachsenden Schwierigkeiten, das besiegte Deutschland gemeinsam zu verwalten, wurden die unterschiedlichen Interessen der Sowjetunion und der USA schnell deutlich. Hierfür können zum einen ideologische Gegensätze (Kommunismus gegenüber Kapitalismus) verantwortlich gemacht werden. Zugleich erschien es den beteiligten Regierungen entscheidend, ihre jeweiligen Einflusszonen zu sichern. In der Folge banden die Sowjetunion und die drei Westalliierten ihre Zonen in die von ihnen kontrollierten Einflussbereiche ein.

Unter Führung der USA und der UdSSR entstanden zwei Blöcke. Die Blockgrenze zwischen

149.1 Sitzung der Konferenzteilnehmer in Potsdam 1945.

Ost und West lief mitten durch Deutschland und damit mitten durch Europa. Das von den USA geführte westliche System umfasste Teile des atlantischen und des pazifischen Raums; der Ostblock dagegen stand unter der Führung der Sowjetunion und erstreckte sich auf wesentliche Teile des eurasischen Kontinents. Beide Blöcke nahmen sich gegenseitig als Gegner wahr. Die Politik ihrer Regierungen war auf Konfrontation mit militärischen, wirtschaftlichen und diplomatischen Mitteln ausgerichtet.

Die Gründung der UNO

Im Jahr 1945 wurde die UNO (United Nations Organization) als Nachfolgeorganisation des Völkerbundes gegründet. Heute gehören ihr fast alle Staaten der Welt an. Zentrale Ziele der UNO sind die Sicherung des Weltfriedens, die Förderung friedlicher zwischenstaatlicher Beziehungen und die internationale Zusammenarbeit. Hierzu hat die UNO zahlreiche Sonder- und Unterorganisationen wie die UNESCO, UNICEF oder die FAO geschaffen.
Die Entwicklung nach dem Zweiten Weltkrieg zeigte, dass die UNO häufig nicht in der Lage war, Kriege zu verhindern. Auch die Großmächte, die ständige Mitglieder im Sicherheitsrat der UNO waren, nahmen an Kämpfen teil – auf verschiedenen Seiten! Die Sicherung ihres Einflussgebiets war ihnen nicht selten wichtiger als die Friedenssicherung. Gleichwohl spielen die Vereinten Nationen eine wichtige Rolle als internationales Forum, auf dem allgemeine Probleme (z. B. Durchsetzung der Menschenrechte, Welthandelsbeziehungen, Flüchtlingshilfe oder Bewältigung des Hungers) diskutiert und praktische Maßnahmen durchgeführt werden.

149.2 Französisches Plakat zur Gründung der UNO.

150.1 W. Churchill und J. Stalin 1944 in Moskau.

Q1 Wie soll die Welt nach dem Krieg aussehen?

Aus der Charta der Vereinten Nationen vom 26. Juni 1945:

Artikel 1: Die Vereinten Nationen setzen sich folgende Ziele:
Den Weltfrieden und die internationale Sicherheit zu wahren und zu diesem Zweck wirksame Kollektivmaßnahmen zu treffen, um Bedrohungen des Friedens zu verhüten und zu beseitigen, Angriffshandlungen und andere Friedensbrüche zu unterdrücken und internationale Streitigkeiten oder Situationen, die zu einem Friedensbruch führen könnten, durch friedliche Mittel nach den Grundsätzen der Gerechtigkeit und des Völkerrechts zu bereinigen oder beizulegen;
1. freundschaftliche, auf der Achtung vor dem Grundsatz der Gleichberechtigung und Selbstbestimmung der Völker beruhende Beziehungen zwischen den Nationen zu entwickeln und andere geeignete Maßnahmen zur Festigung des Weltfriedens zu treffen;
2. eine internationale Zusammenarbeit herbeizuführen, um internationale Probleme wirtschaftlicher, sozialer, kultureller und humanitärer Art zu lösen und die Achtung vor den Menschenrechten und Grundfreiheiten für alle ohne Unterschiede der Rasse, des Geschlechts, der Sprache oder der Religion zu fördern und zu festigen.

Zit. nach: Frieden und Sicherheit 1, Informationen zur politischen Bildung 149/1972, S. 11 ff.

Q2 Einflusszonen

Churchill erinnert sich in seinen Memoiren an die Verhandlungen mit Stalin in Moskau 1944:

Da mir der Moment günstig schien, um die Dinge entschlossen anzupacken, sagte ich: „Lassen Sie uns unsere Angelegenheiten im Balkan regeln. Ihre Armeen sind in Rumänien und Bulgarien. Wir haben dort Interessen, Missionen und Agenten. Lassen Sie uns dort nicht in kleinlicher Weise gegeneinander arbeiten. Um nur von Großbritannien und Russland zu sprechen, was würden Sie dazu sagen, wenn Sie in Rumänien zu neunzig Prozent das Übergewicht hätten und wir zu neunzig Prozent in Griechenland, während wir uns in Jugoslawien auf halb und halb einigen?“ Während das übersetzt wurde, schrieb ich auf ein halbes Blatt Papier:

Rumänien	
Russland:	90 %
Die anderen:	10 %
Griechenland:	
Großbritannien im Einvernehmen mit den USA:	90 %
Russland:	10 %
Jugoslawien:	50–50 %
Ungarn:	50–50 %
Bulgarien:	
Russland:	75 %
Die anderen:	25 %

Ich schob den Zettel Stalin zu, der mittlerweile die Übersetzung gehört hatte. Eine kleine Pause trat ein. Dann ergriff er seinen Blaustift, machte einen großen Haken und schob uns das Blatt wieder zu. Die ganze Sache beanspruchte nicht mehr Zeit als sie zu schildern.

Winston S. Churchill, Der Zweite Weltkrieg. Bern und München 1950–1954 (Scherz Verlag), Bd. VI, 1. Buch, S. 269.

1. Beschreibe deinen Eindruck von dem Treffen zwischen Stalin und Churchill, den Q 2 vermittelt. Vergleiche deine Ergebnisse mit Q 1.

2. Charakterisiere die Pläne, wie Europa nach dem Zweiten Weltkrieg aussehen sollte. Erarbeite, welche Ziele die UNO verfolgt (VT S. 149).

2. Der Kalte Krieg

151.1 Blockbildung und die Länder, die Hilfsgelder aus dem Marshallplan erhalten haben.

Die Ausbreitung des Kommunismus in Osteuropa

„Dieser Krieg ist nicht wie in der Vergangenheit; wer immer ein Gebiet besetzt, erlegt ihm auch sein eigenes gesellschaftliches System auf", erklärte der sowjetische Parteichef Stalin im Frühjahr 1945. Seit der Oktoberrevolution 1917 sah sich Russland bzw. die spätere Sowjetunion vom Westen bedroht. Diese Erfahrung prägte die Außenpolitik Stalins. Er wollte eine sowjetisch beherrschte Sicherheitszone um die Sowjetunion errichten. Die Vorstellung einer kommunistischen Weltrevolution war eine weitere ideologische Rechtfertigung seiner Politik.

Der Krieg hatte die Wirtschaft der Staaten Ostmitteleuropas und des Balkans ruiniert. In den Gebieten, die von der Roten Armee besetzt waren, unterstützte die Sowjetunion die jeweiligen kommunistischen Parteien. Schnell wurde eine Bodenreform in Gang gesetzt und ein kommunistisches Wirtschaftssystem aufgebaut, in dem die Industrie verstaatlicht wurde. Auf Widerstand oder Abweichungen reagierte die Sowjetunion drastisch. Ziel dieser Politik war es, im Westen der ökonomisch ebenfalls geschwächten Siegermacht UdSSR eine Art Pufferzone gegen die westlich orientierten Staaten zu errichten.

Truman-Doktrin und Marshallplan

Die UdSSR verfolgte nun die Politik, moskaufreundliche „Volksrepubliken" zu errichten und entsprechende Kräfte in anderen Ländern zu unterstützen. In Griechenland stießen die Bemühungen der Sowjetunion auf heftigen Widerstand, der von Großbritannien unterstützt wurde: Seit 1946 tobte hier ein Bürgerkrieg zwischen Kommunisten und ihren Gegnern. Auch die Türkei stand unter erheblichem Druck, weil die Sowjetunion Gebietsabtretungen forderte.

Vor Kongress und Repräsentantenhaus erläuterte am 12. 3. 1947 Präsident Truman die Lage in Griechenland und entwickelte außenpolitische Grundsätze, die bis weit in die 60er Jahre hinein Gültigkeit haben sollten. Als Konsequenz der Truman-Doktrin bemühte sich die amerikanische Außenpolitik, den Einfluss der Sowjetunion, wo immer es möglich war, einzudämmen (containment).

Im Mai/Juni schieden in Frankreich, Italien sowie in den westdeutschen Ländern die kommunistischen Mitglieder aus den Regierungen aus. Anstelle Großbritanniens unterstützten nun die Vereinigten Staaten die antikommunistischen Kräfte in Griechenland.

152.1 Plakat zum Marshallplan, 1949.

152.2 Währungsreform Juni 1948.

Der Wiederaufbauplan des US-Außenministers Marshall wurde zum wichtigsten Werkzeug der Containmentpolitik. Der Marshallplan stellte Kredite für die vom Krieg zerstörten Staaten zur Verfügung. Daneben gab es auch Sachleistungen, die helfen sollten, die Wirtschaft wieder in Gang zu setzen. Natürlich stärkte der Plan den amerikanischen Einfluss in den geförderten Gebieten.

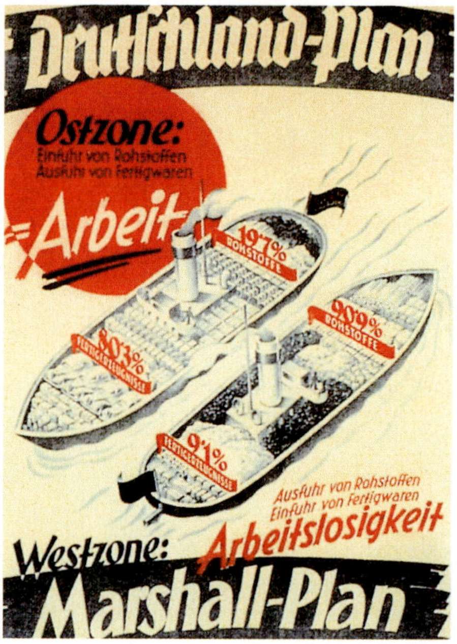

152.3 Plakat aus der Ostzone, 1949.

Folgerichtig lehnte Stalin die Wirtschaftshilfe ab und zwang sogar die Tschechoslowakei dazu, die bereits erklärte Teilnahme zurückzuziehen. Auf den Marshallplan reagierte die Sowjetunion im folgenden Jahr auch mit der Gründung des Rats für gegenseitige Wirtschaftshilfe (COMECON) zur Koordinierung der staatlichen Wirtschaftspläne.

■ Die Berliner Blockade

Als die Amerikaner im Zusammenhang mit der Marshallplan-Hilfe in den drei westlichen Besatzungszonen eine Währungsreform und die Einführung der DM organisierten, verhängte die Sowjetunion am 24. Juni 1948 eine totale Sperre der Schienen- und Straßenwege, später auch der Wasserwege nach Berlin, ebenfalls wurden die Westsektoren der Stadt von Strom- und Lebensmittellieferungen aus der Ostzone abgeschnitten. Auf diese Maßnahme reagierten die Amerikaner und Engländer mit der Einrichtung einer Luftbrücke nach Berlin, eine technische und organisatorische Meisterleistung. Die Sowjetunion erreichte ihr Ziel, Westberlin in ihre Besatzungszone zu integrieren, nicht, vielmehr beschleunigte die Blockade die deutsche Teilung. Am 12. Mai 1949 wurde die Blockade beendet.

M1 Zerstörung der Bürgergesellschaft

In seinem „Schwarzbuch des Kommunismus" beschreibt S. Courtois das Vorgehen der kommunistischen Parteien in den Staaten Mittel- und Osteuropas:

In den Staaten des östlichen Mitteleuropas hatten Verbände, Vereine, Kirchen, Gewerkschaften, Stadt- und Regionalregierungen und politische Parteien eine lange Tradition. Sie bildeten im Zusammenhang mit der Öffentlichkeit der Zeitungen und des Rundfunks ein Gegengewicht gegen den Staat. Nachdem die staatlichen Einrichtungen unter Kontrolle eines moskaufreundlichen Regimes gelangt waren, gehörte es zur Strategie der UdSSR, diese Elemente einer Bürgergesellschaft zu lähmen und zu beseitigen. Zur Sicherung des Machtmonopols mussten alle Kräfte ausgeschaltet werden, die politisch-geistigen Einfluss hatten oder erlangen konnten. Ebenso wichtig war es, die Meinungsvielfalt einzuschränken und auf staatliche Presseorgane zu beschränken. Die Führer und Mitglieder von Parteien und Gewerkschaften, Kirchenleute, Journalisten, Schriftsteller usw. wurden bespitzelt, verfolgt, inhaftiert, in einigen Fällen verschwanden sie spurlos.

Verfassertext nach Stéphane Courtois u. a., in: Das Schwarzbuch des Kommunismus. Unterdrückung, Verbrechen und Terror, München, 4. Aufl. 1998, S. 445 f.

Q2 Zwei Lebensformen

Aus den Memoiren Präsident Trumans: Am Mittwoch, dem 12. März 1947, um 13 Uhr betrat ich die Rednertribüne des Repräsentantenhauses:

„Wir müssen, glaube ich, allen freien Völkern dabei helfen, ihre Geschichte selbst zu bestimmen. Unter einem solchen Beistand verstehe ich vor allem wirtschaftliche und finanzielle Hilfe zur Herstellung geordneter politischer Verhältnisse und zur Sicherung der wirtschaftlichen Stabilität …"
Anschließend charakterisierte ich die zwei großen Richtungen unserer Zeit: „Die eine Lebensform gründet sich auf den Willen der Mehrheit und ist gekennzeichnet durch freiheitliche Einrichtungen: eine repräsentative Regierung, unbeeinflusste Wahlen, Rechtsgarantien für die persönliche Freiheit, Rede- und Religionsfreiheit und Schutz vor politischer Unterdrückung.
Die andere Lebensform gründet sich auf den von einer Minderheit der Mehrheit gewaltsam aufgezwungenen Willen. Sie stützt sich auf Terror und Unterdrückung, auf die Gleichschaltung der Presse und des Rundfunks, auf vorgeschriebene Wahlen und auf den Entzug der persönlichen Freiheit."

Harry S. Truman, Memoiren, Band 2, dt. Ausgabe, Stuttgart 1956, S. 114 f.

Q3 Wer Hilfe erwarten kann

Aus der Rede von US-Außenminister George Marshall am 5. 6. 1947

Unsere Politik richtet sich nicht gegen irgendein Land oder irgendeine Doktrin, sondern gegen Hunger, Armut, Verzweiflung und Chaos.
Ihr Zweck ist die Wiederbelebung einer funktionierenden Weltwirtschaft, damit die Entstehung politischer und sozialer Bedingungen ermöglicht wird, unter denen freie Institutionen existieren können.
… Jeder Regierung, die bereit ist, beim Wiederaufbau zu helfen, wird die volle Unterstützung der Regierung der Vereinigten Staaten gewährt werden, dessen bin ich sicher. Aber eine Regierung, die durch Machenschaften versucht, die Gesundung der anderen Länder zu hemmen, kann von uns keine Hilfe erwarten.

Aus: Europa-Archiv 2 (1947), Heft Juli-Dezember; auch in: Ernst-Ulrich Huster u. a., Determinanten der westdeutschen Restauration 1945-1949, Frankfurt/M. 7. Aufl. 1980, S. 341 ff.

Q4 Shdanows Zwei-Lager-Theorie

Am 22. 9. 1947 erläuterte der Sekretär der KPdSU, Shdanow, aus seiner Sicht den Vertretern anderer kommunistischer Parteien Europas den Hintergrund und die Notwendigkeit der sowjetischen Politik:

Infolge des zweiten Weltkriegs und in der Nachkriegsperiode sind wesentliche Änderungen in der internationalen Lage eingetreten. Diese bestehen in einer neuen Aufstellung der in der Weltarena tätigen hauptsächlichen Kräfte, in einer Änderung in den Beziehungen unter den Siegerstaaten des Zweiten Weltkriegs und in ihrer Neugruppierung. Der Kampf zwischen den beiden entgegengesetzten Lagern – dem imperialistischen und dem antiimperialistischen – vollzieht sich unter den Bedingungen einer weiteren Verschärfung der allgemeinen Krise des Kapitalismus, des Niedergangs der Kräfte des Kapitalismus und der Festigung der Kräfte des Sozialismus und der Demokratie. Aus diesem Grunde entfalten das imperialistische Lager und seine leitenden Personen in den Vereinigten Staaten eine besonders aggressive Aktivität. ... Der Truman-Marshall-Plan ist nur ein Teil, das europäische Kapitel eines allgemeinen Planes für eine die Welt umfassende expansionistische Politik, die von den Vereinigten Staaten in allen Teilen der Erde verfolgt wird.

Geschichte in Quellen, Die Welt seit 1956, Bayerischer Schulbuchverlag, München 1980, S. 460 f.

Die Konferenz von Dumbarton Oaks in Washington im Jahr 1944 war eine Expertenkonferenz. Teilnehmer waren die USA, England, die Sowjetunion und China. Tagungsthema war die Entwicklung der Vereinten Nationen.

M5 Was war der Kalte Krieg?

Der Historiker Wilfried Loth schreibt 1991:

Beim Kalten Krieg handelte es sich denn auch weniger um eine historische Epoche als um einen Zustand: einen Aggregatzustand des Ost-West-Konflikts ... Gekennzeichnet war dieser Aggregatzustand durch die Vorstellung, dass es im Ost-West-Konflikt nicht nur um eine Auseinandersetzung zwischen unterschiedlichen Lebensformen, Gesellschaftssystemen und Machtformen ging, sondern um einen Kampf auf Leben und Tod, der die eine wie die andere Seite existenziell bedrohte. Aus Furcht vor dem Übergriff der Gegenseite auf die eigene Lebensform wurden Kontakte abgebrochen, Mauern errichtet, wurde aufgerüstet und die Militarisierung der eigenen Gesellschaft vorangetrieben. Kommunistische Führer bauten ihr Lager zu einer repressiven Festung aus, weil sie glaubten, anders nicht gegenüber dem aggressiven Imperialismus der USA bestehen zu können; und westliche Demokratien entwickelten ähnliche Militanz, weil sie fürchteten, die bolschewistische Revolution werde sonst unaufhaltsam immer weiter nach Westen vordringen.

Wilfried Loth, Was war der Kalte Krieg? Annäherungen an ein unbewältigtes Erbe, in: Praxis Geschichte 5/91, S. 6.

Q6 Stalins Trinkspruch in Jalta

Ich erhebe mein Glas auf die Festigkeit unseres Drei-Mächte-Bündnisses. Möge es stark sein und dauerhaft, möge größtmögliche Aufrichtigkeit zwischen uns walten! ... Dass wir gemeinsam gekämpft haben, war gut. Es war aber nicht so schwierig; dass jedoch an diesem Tag das Werk von Dumbarton Oaks abgeschlossen und die rechtliche Grundlage gelegt worden ist, um die Sicherheit der Welt zu organisieren und den Frieden zu stärken, das ist eine große Leistung. Das ist ein Wendepunkt. Ich erhebe mein Glas auf den erfolgreichen Abschluss von Dumbarton Oaks und darauf, dass unsere aus der Not der Schlacht geborene Allianz nach dem Kriege erweitert und gefestigt werde, dass unsere Länder über ihren eigenen Problemen die gemeinsame Sache nicht vergessen mögen und sie deshalb die Sache unserer Einigkeit im Frieden mit ebensolcher Begeisterung verfechten wie im Krieg.

W. Churchill, Der Zweite Weltkrieg, Bd. VI. Stuttgart 1954, S. 742 f.

1. Erläutere, wie die kommunistische Herrschaft nach dem Autor von M 1 in den neuen „Volksdemokratien" gefestigt wurde.
2. Beschreibe mit deinen Worten die Aufgaben der amerikanischen Politik, wie sie Truman in seiner Rede darstellt. (Q 2)
3. Beschreibe Marshalls Angebot (Q 3)und erarbeite die politischen Konsequenzen.
4. Charakterisiere die beiden Lager, von denen Shdanow spricht (Q 4).
5. Liste die Kennzeichen des Kalten Krieges in M 5 auf.

In Asien werden die Gegensätze militärisch ausgetragen

In Asien hatten die Alliierten keine gemeinsamen Absprachen getroffen. Die USA entschieden, Japan als souveränen Staat zu erhalten und das japanische Kolonialreich aufzulösen. In der Folge erlangten Korea und China ihre Souveränität zurück, während im Südpazifik und in Südostasien die alten amerikanischen, britischen, französischen und niederländischen Kolonialreiche unter Missachtung des Selbstbestimmungsrechts der Völker wieder aufgebaut wurden.

Koreas Norden war von sowjetischen Truppen besetzt, während im Süden amerikanische Einheiten stationiert waren. Im Dezember 1945 beschloss eine amerikanisch-sowjetische Außenministerkonferenz gesamtkoreanische Wahlen durchzuführen. Die Politiker konnten sich nicht darüber verständigen, wie man die Wahlen durchführen sollte. Der Vorschlag der UNO führte 1948 schließlich zu getrennten Wahlen und zur Gründung zweier koreanischer Staaten. Obwohl alle Besatzungstruppen abgezogen wurden, stand die Demokratische Republik Korea weiterhin unter amerikanischem und die Volksrepublik Korea unter sowjetischem Einfluss. Beide Staaten rüsteten in der Folgezeit ihre Armeen entlang des 38. Breitengrades auf. Provokationen und Übergriffe waren an der Tagesordnung.

Der Krieg in Korea – ein Stellvertreterkrieg?

Am 25.6.1950 griffen Truppen Nordkoreas, ausgestattet mit sowjetischen Waffen, Südkorea an und erzielten schnell große Landgewinne. Sie eroberten Seoul, die Hauptstadt Südkoreas, lediglich ein 100 Quadratkilometer großes Gebiet um die Hafenstadt Pusan blieb in südkoreanischer Hand. Noch am 25.6. beantragten die USA in Abwesenheit der Vertreter der UdSSR eine Sitzung des Sicherheitsrates der UNO, die Nordkorea der Aggression beschuldigte. Am 27.6. befahl Präsident Truman den Einsatz amerikanischer Luft- und Seestreitkräfte zur Unterstützung Südkoreas. Wenig später billigte der Sicherheitsrat dieses Vorgehen und empfahl allen Mitgliedern, Südkorea zu unterstützen. Mithilfe von ca. 200 000 amerikanischen Soldaten und Truppen weiterer 15 UNO-Mitgliedsstaaten drangen südkoreanische Truppen nach Norden vor, eroberten Seoul zurück und nahmen schließlich Pjöngjang, die nordkoreanische Hauptstadt, ein. Dabei wurden auch Kraftwerke auf chinesischem Gebiet bombardiert. China wertete dieses Vorgehen als Bedrohung und verlangte den sofortigen Rückzug der UNO-Truppen. Schließlich griffen „chinesische Freiwilligenverbände" in die Kampfhandlungen ein und warfen die südkoreanischen Einheiten wieder weit in den Süden zurück. Um den 38. Breitengrad entwickelte sich in den nächsten Jahren ein Stellungskrieg. Am 27.7.1953 schlossen der nordkoreanische und der amerikanische Delegierte, gegen den Willen des südkoreanischen Machthabers Rhee, ein Waffenstillstandsabkommen.

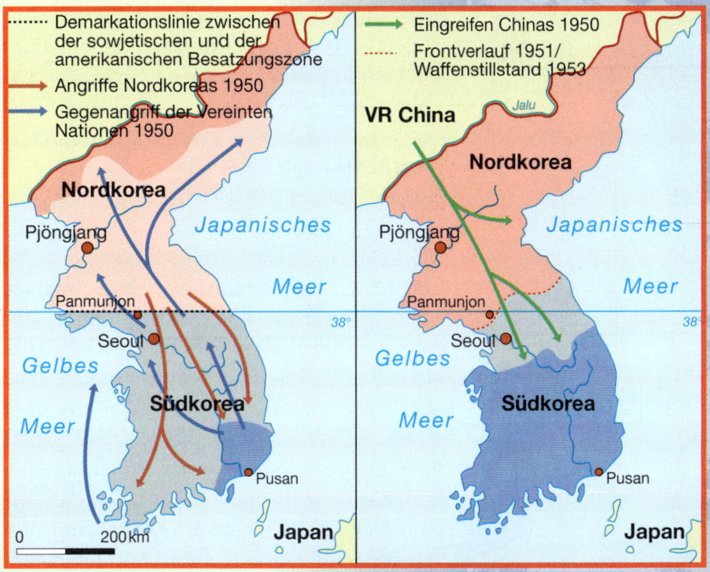

155.1 Koreakrieg 1950–1953.

Karikaturen – Kritik, Parteinahme, Propaganda

Ziele

Karikaturisten verarbeiten in ihren Darstellungen politische Erfahrungen oder Einsichten. Sie stellen keine Sachverhalte dar, sondern urteilen über sie und werten. Sie stehen dem Geschehen nicht neutral gegenüber, sondern wollen entlarven und ergreifen Partei. Grundsätzlich bemühen Karikaturisten sich um eine kritische Sichtweise der Realität. Ihre Karikaturen sollen Mittel der politischen Auseinandersetzung sein.

Darstellungsmittel

Karikaturisten arbeiten mit zuspitzender Übertreibung, mit Verzerrungen, Parodien, Widersprüchen zwischen Bild und Text (als Bildbestandteil oder Bildunterschrift), offenkundiger zeitlicher Unordnung oder sachlichen Fehlern, die ins Auge springen. Häufig wird auch der historische Zusammenhang bewusst verändert; manche Karikaturen versetzen das Geschehen in andere Lebens- oder gar Fantasiewelten. Häufig wirkt die Darstellung witzig oder komisch, sie behält aber anders als z. B. Comics immer ihren ernsthaften Kern.

Unabhängige Kritik oder Mittel der Politik?

Die Mittel, mit denen Karikaturen eine Sache auf den Punkt bringen, eine Botschaft ins Auge springen lassen, Partei ergreifen, dienen der Kritik, sollen Einsichten, Nachdenklichkeit anstoßen und zu einem neuen Blick auf die Wirklichkeit anregen. Weil sie sehr wirksam sind, können die gleichen Mittel aber auch zu Propagandazwecken in den Dienst von Politik und Ideologie gestellt werden. An den hier folgenden Karikaturen zum Ost-West-Konflikt z. B. können unterschiedliche Intentionen von Karikaturen erarbeitet werden.

Der kritische Blick oder das Bild vom Feind

156.1 H. E. Köhler, Karikatur, „Auf weichen Wellen", 1959:
„Schlaf, Westwelt, schlaf,
Der Chruschtschow, der ist brav,
Er wiegt dich in Sicherheit,
Und schläfst du ein, dann ist's so weit –
Schlaf, Westwelt, schlaf …"
Chruschtschow war seit 1953 1. Sekretär des ZK der KPDSU, seit 1958 Regierungschef.

156.2 Eine Spinne kriecht über Europa, sowjetische Karikatur, fünfziger Jahre (Übersetzung des russischen Textes: Westliches Europa).

Sam Keen, Bilder des Bösen. Wie man sich Feinde macht, Weinheim/Basel 1987, S. 114.

157.1 Peter Leger, Karikatur 1952: „Im stalinistisch-leninistischen Operationssaal: Der Nächste bitte ...“, Hannoversche Presse, 4. 7. 1952.

157.2 David Low, Karikatur 1947: „Die Augen links!“ Die Welt, 12. 7. 1947 (Solo/ Bulls. Pressedienst). Auf dem Mantel der Gouvernante steht „Frau Molotow – Internat für Kleinstaaten“. Molotow war der Außenminister der Sowjetunion.

- Beschreibe die Karikaturen möglichst detailliert.
- Formuliere jeweils eine Bildaussage.
- Ordne die Karikatur jeweils einer Sichtweise, einer Aussageabsicht oder einem politischen Lager zu.
- Beschreibe die Funktion, die die abgebildeten Karikaturen für die politische Urteilsbildung / Orientierung haben.
- Untersuche in ähnlicher Weise andere Karikaturen, die in diesem Band abgebildet sind.

3. Die Politik der Abschreckung

158.1 „Es wird hier dauernd von Frieden gesprochen, meine Herren, der Friede bin ich", Karikatur, 1956.

Die Blöcke verfestigen sich

Der Koreakrieg und die Entwicklung in Europa hatten die Blöcke in ihrem Inneren fester zusammengeschweißt. 1949 wurde das nordatlantische Verteidigungsbündnis NATO gegründet, dem neben den USA und Kanada auch west- und südeuropäische Staaten bis 1952 beitraten. Die Westmächte waren schon wenige Jahre nach Kriegsende bereit, Westdeutschland als Partner in ihr Bündnissystem zu integrieren. Als die Bundesrepublik 1955 der NATO beitrat, reagierte die Sowjetunion mit der Gründung einer auch die DDR einschließenden militärischen Allianz. Mit der Unterzeichnung des „Vertrags über Freundschaft, Zusammenarbeit und gegenseitigen Beistand" wurde der Warschauer Pakt unter Führung der UdSSR geschaffen.

158.2 Der Sputnik-Schock. „Die Sowjetunion erobert das Weltall", russisches Gemälde, 1960.

Politik der Abschreckung

Die beiden Großmächte betrieben während des Kalten Krieges eine beispiellose Rüstungspolitik. Die USA verfügten anfangs allein über die Atombombe. Ab 1949 besaß aber auch die Sowjetunion Atomwaffen. Auf die amerikanische Wasserstoffbombe (1952) folgte 1953 eine sowjetische. Als die Nachrichtenagenturen 1957 meldeten, dass eine sowjetische Trägerrakete den ersten Satelliten (Sputnik) in eine Umlaufbahn um die Erde gebracht hatte, zeigte sich der Westen erschrocken über den sowjetischen Technologiesprung. Seit etwa 1960 kann man von einem atomaren Gleichgewicht zwischen den Supermächten sprechen. Die abschreckenden Waffenarsenale sicherten langfristig die politische Stabilität, zumindest in Europa.

Die beiden Großmächte bedrohten sich gegenseitig mit ihren Massenvernichtungswaffen und schützten ihre jeweiligen Allianzpartner vor Angriffen aus dem anderen Block. In Afrika und Asien entwickelte sich allerdings eine Anzahl von „Stellvertreterkriegen".

Unter dem Eindruck des Koreakrieges (→ S. 155) änderte der Westen seine grundsätzliche Strategie. An die Stelle der „Containment-Politik" trat jetzt mehr und mehr die Strategie des „Roll-back". Präsident Eisenhower erklärte, den Kommunismus nicht nur einzuschränken, sondern zurückdrängen zu wollen. So sollte verhindert werden, dass immer mehr Staaten kommunistisch würden („Domino-Theorie").

Aufstände im Ostblock

Nach dem Tod Stalins (5. März 1953) hofften viele Menschen im Ostblock auf ein politisches Tauwetter. Der neue sowjetische Staatschef Chruschtschow betonte, dass auch andere Wege zum Kommunismus möglich seien als der Stalins. Diese „Entstalinisierung“ schien den Staaten des Warschauer Pakts einen Weg zu mehr Eigenständigkeit zu öffnen.

Bereits am 17. Juni 1953 demonstrierten in der DDR zahlreiche Arbeiter für bessere Arbeitsbedingungen und mehr politische Rechte und Freiheiten. Sowjetische Panzer bereiteten dem Arbeiteraufstand rasch ein Ende. Um der anschließenden massenhaften Flucht aus der DDR einen Riegel vorzuschieben, wurde schließlich 1961 zwischen West- und Ostberlin eine Mauer errichtet.

In Ungarn forderten Teile der Partei, Intellektuelle und Schriftsteller eine Reform des stalinistischen Regimes. Am 23. Oktober 1956 trat das ganze Land in den Generalstreik, der die Einsetzung einer neuen Staats- und Parteiführung unter dem gemäßigten Politiker Imre Nagy erreichte. Dieser schaffte das Einparteiensystem ab, trat aus dem Warschauer Pakt aus und erklärte Ungarn für neutral. Daraufhin marschierten am 1. November sowjetische Truppen in Ungarn ein und schlugen innerhalb von 10 Tagen den Aufstand nieder. Der neue Staatschef, Janos Kadar, wurde von Moskau verpflichtet, Partei und ungarische Gesellschaft zu „säubern“. In den Folgejahren verließen mehr als 200 000 Menschen Ungarn, um Verhaftung, Deportation oder Hinrichtung zu entgehen.

■ Der Prager Frühling

Eine Wirtschaftskrise und wachsende Unzufriedenheit der Bevölkerung führten in der Tschechoslowakei zu einem Reformversuch von oben. Der neue Vorsitzende der kommunistischen Partei, Alexander Dubcek, beschloss im April 1968, die Pressezensur abzuschaffen, neben der KP auch andere politische Gruppierungen zu den Wahlen zuzulassen und Einschränkungen in der Wirtschaft abzuschaffen. Dieser „Sozialismus mit menschlichem Antlitz“ stellte jedoch den Führungsanspruch der Partei nicht infrage. Die Verbündeten des Warschauer Paktes sahen in den Vorgängen in der Tschechoslowakei jedoch eine „konterrevolutionäre Entwicklung“ und marschierten in der Nacht des 20. August 1968 in der Tschechoslowakei ein und besetzten die Hauptstadt Prag. Der Bevölkerung blieb nur passiver Widerstand. Die führenden Politiker wurden in die Sowjetunion geschafft, alle Reformen mussten rückgängig gemacht werden, ein erzwungener Vertrag erlaubte die dauerhafte Stationierung sowjetischer Truppen in der Tschechoslowakei.

159.1 Prag, April 1968: Demonstranten stellen sich sowjetischen Panzern entgegen.

■ Die Welt hält den Atem an: Kuba, 1962

Eine nationale Befreiungsarmee unter Führung Fidel Castros hatte 1959 den von den USA unterstützten Diktator Battista gestürzt. Der Versuch des amerikanischen Geheimdienstes, mithilfe einer Invasion von Exilkubanern in der Schweinebucht das Regime von Castro zu beseitigen, scheiterte 1961. Die USA boykottierten nun den neuen Staat wirtschaftlich und bekämpften ihn politisch, die UdSSR unterstützte Castro intensiv mit Personal, Waffen und Finanzhilfen.

Aufnahmen der amerikanischen Luftaufklärung zeigten, dass im Oktober 1962 auf Kuba sowjetische Raketenabschussrampen errichtet wurden. Von diesem Punkt aus konnte jede größere Stadt der Ostküste mit Raketen

160.1 „Halt, Mister Kennedy, Kuba ist nicht allein." Kubanisches Propagandaplakat, 1962.

160.2 Chruschtschow und Kennedy: „Einverstanden, Herr Präsident, wir reden miteinander." Karikatur, 1962.

160.3 Szene aus der Verfilmung des Musicals „Hair". Bevor der junge Rekrut ins Ausbildungscamp fährt, unternimmt er mit seinen Hippy-Freunden einen Ausflug auf einen Soldatenfriedhof.

beschossen werden. Der amerikanische Präsident Kennedy stellte der Sowjetunion ein Ultimatum, forderte den sofortigen Abbau der Raketenstellungen und ließ Kuba durch eine Flotte von US-Kriegsschiffen blockieren. Die sowjetischen Schiffe, beladen mit Raketen und anderen Rüstungsgütern, befanden sich bereits kurz vor der kubanischen Küste. Der Welt stockte der Atem, denn eine atomare Auseinandersetzung der beiden Supermächte schien bevorzustehen. Chruschtschow jedoch ließ die Schiffe stoppen und fand sich im letzten Moment zu einem Kompromiss bereit: Die sowjetischen Raketen auf Kuba wurden unter UNO-Aufsicht ebenso abgebaut wie die amerikanischen Raketenstellungen in der Türkei, die USA mussten die Sicherheit Kubas garantieren. Sie isolierten jedoch das kommunistische kubanische Regime in der Folgezeit diplomatisch, wirtschaftlich und kulturell.

Stalins Nachfolger Chruschtschow hatte angesichts des atomaren Patts und der Gefahren eines Atomkriegs eine neue politische Leitlinie für den Ostblock entwickelt. Die „friedliche Koexistenz" sollte den Konkurrenzkampf der beiden Systeme auf die wirtschaftliche und ideologische Ebene beschränken, militärische Konflikte sollten regional begrenzt werden.

■ Erste Schritte zur Entspannung

Unter dem Eindruck der Kubakrise erkannten die beiden Weltmächte, dass die Konfrontation mehr Risiken als Vorteile bringen würde. Zwar stellten sie die Aufrüstungspolitik nicht ein, fanden sich aber zur Entspannung bereit: 1963 wurde eine direkte Nachrichtenverbindung zwischen Moskau und Washington („heißer Draht") eingerichtet, die in Krisen eine schnelle Abstimmung zwischen Washington und Moskau ermöglichen sollte. Zusammen mit Großbritannien verzichteten die SU und die USA auf Versuche mit Kernwaffen im Weltraum, unter Wasser und in der Atmosphäre. 1970 trat der Atomwaffensperrvertrag in Kraft. Die beiden Weltmächte und Großbritannien erklärten darin, keine Kernwaffen an andere Staaten weiterzuleiten. Auch Frankreich und China unterzeichneten den Vertrag. Bis heute haben 189 Staaten das Abkommen unterzeichnet.

Q1 „Warum hilft uns die freie Welt nicht?“

Rundfunkmeldungen des Freiheitssenders Rakoczi:

Dienstag, 6. November 1956:

14.48 Uhr: „Warum hilft uns die freie Welt nicht und warum bleiben die ungarischen Appelle unbeachtet? ... Wir sind keine Faschisten. Das können wir der Welt auch beweisen, nur nicht denjenigen, die uns zurzeit mit Phosphorbomben bewerfen.“

14.52 Uhr: „...Unter solchen Umständen wenden wir uns an das Gewissen der Welt. Die Möglichkeit, des Suezkanals verlustig zu gehen, ist England und Frankreich nicht gleichgültig .... Ist es denn gleichgültig für die Welt, dass ein kleines Land, das sich unter großen Blutopfern tausend Jahre hindurch seine Freiheit bewahrt hat, diese Freiheit jetzt verlieren soll? ... Sind nur allein die Interessen der Großmächte wichtig, nicht auch unsere Krankenhäuser, Schulen und Nationalgüter? ... Völker der Welt! Hört den Schrei eines kleinen Volkes! Wir gehen unter, wenn nicht bald Hilfe kommt!“

Mittwoch, 7. November 1956:

14.53 Uhr: „Achtung, Achtung! Achtung, Achtung! Hier ist der Freiheitssender Rakoczi, Ungarn. Sowjetische Panzer und Flugzeuge greifen Dunapentele an! ... Die Schlacht wird mit furchtbarer Heftigkeit geführt. Wir wiederholen: Die Schlacht wird mit furchtbarer Heftigkeit geführt.... Wir unterbrechen unsere Sendung auf unbestimmte Zeit. Hier Freiheitssender Rakoczi, Ungarn. Hier Freiheitssender Rakoczi, Ungarn.“ (Maschinengewehrfeuer ist vernehmbar. Der Freiheitssender Rakoczi verstummt.)

Die Volkserhebung in Ungarn, 23. 10. 1956 – 4. 11. 1956., 1956, S. 78–80.

Q2 Kubakrise aus russischer Sicht

Ein Vertrauter Chruschtschows berichtet über dessen Entscheidung zum Einmarsch in Ungarn am 3. November 1956:

Wenn wir nachgeben würden, hieße es im Westen, wir wären dumm und schwach, was das Gleiche ist. ... Die Kapitalisten würden dann direkt an die Grenze der UdSSR vorrücken. (Chruschtschow sagte), sie könnten eine Restauration des Kapitalismus in Ungarn auch aus internen Gründen der Sowjetunion nicht zulassen. Es ließen sich dort Leute finden, die die ganze Angelegenheit wie folgt darstellen könnten: Solange Stalin regierte, habe jeder pariert und es habe keine Erschütterungen gegeben. Jetzt ... sei es zu Niederlagen und Abspaltungen in Ungarn gekommen .... Chruschtschow sagte, diesen Standpunkt könnte die Sowjetarmee einnehmen und er sei einer der Gründe, weswegen man in Ungarn eingreifen müsse.... Zwar werde es im Westen und vor der UNO Lärm und Aufregung geben, doch dürften diese sicher geringer sein, wenn Großbritannien, Frankreich und Israel zur gleichen Zeit gegen Ägypten[1] Krieg führen.

Politische Weltkunde II, Die Sowjetunion. Stuttgart 1985, S. 122.

[1] *Im Juli 1956 verstaatlichte Ägypten die Suezkanalgesellschaft. Aufgrund einer Geheimabsprache mit Israel intervenierten Frankreich und Großbritannien militärisch. Sie mussten jedoch am 6. November dem Druck der USA und der Sowjetunion nachgeben und die UN-Forderung nach einem Waffenstillstand erfüllen.*

M3 Folgen des „Prager Frühlings“

In einer wissenschaftlichen Darstellung aus dem Jahre 1995 heißt es über die Niederschlagung des „Prager Frühlings“:

Die militärische Niederwerfung des „Prager Frühlings“ bildete ein Schlüsselmoment für die gesamte weitere Entwicklung im ehemaligen sowjetischen Block. Im August 1968 sahen sich die sowjetische und andere Parteiführungen der Fünferkoalition des Warschauer Paktes veranlasst, die größte militärische Aktion in Nachkriegseuropa, die zugleich erste und letzte Kollektivaktion der Truppen des Warschauer Paktes gegen ein kleines Bündnisland durchzuführen, das außenpolitisch keineswegs im Begriff war, den Warschauer Pakt zu verlassen oder ein loyales Bündnis zur Sowjetunion aufzugeben, und das innenpolitisch eine friedliche Systemreform durchführte, die weder die gesellschaftlichen Grundlagen des Sozialismus noch das Dogma der führenden Rolle der Kommunistischen Partei in der Gesellschaft programmatisch infrage stellte. Dieser Umstand setzte neue Maßstäbe ... hinsichtlich der Reformierbarkeit der Systeme sowjetischen Typs ....

J. Pauer, Prag 1968. Der Einmarsch des Warschauer Paktes. Hintergründe – Planung – Durchführung, 1995, S. 381.

Q4 Die Lösung der Kubakrise

Am 26. Oktober schrieb der sowjetische Staatschef Chruschtschow an den amerikanischen Präsidenten Kennedy:

Ich versichere Ihnen im Namen der sowjetischen Regierung und des sowjetischen Volkes, dass Ihre Schlussfolgerungen in Bezug auf Offensivwaffen auf Kuba vollkommen unbegründet sind. …

Wie können Sie also diese völlig falsche Interpretation geben, die Sie jetzt verbreiten, dass einige Waffen in Kuba Offensivwaffen sind, wie Sie sagen? Alle Waffen dort – das versichere ich Ihnen – sind defensiver Art; sie sind ausschließlich zu Verteidigungszwecken in Kuba gedacht, und wir haben sie auf Bitten der kubanischen Regierung nach Kuba entsandt. Und Sie behaupten, es seien Offensivwaffen. …

Lassen Sie uns vernünftig sein, Herr Präsident. Ich versichere Ihnen, dass die Schiffe, die nach Kuba unterwegs sind, keinerlei Rüstungsgüter an Bord haben. Die Waffen, die zur Verteidigung Kubas notwendig sind, sind bereits dort. Ich will nicht behaupten, dass es überhaupt keine Waffenlieferungen gegeben hat. Nein, es hat solche Lieferungen gegeben. Aber nun hat Kuba die notwendigen Verteidigungswaffen bereits erhalten. …

162.1 Sowjetische Raketenbasis auf Kuba. US-Luftaufnahme vom 23. 10. 1962 (Ausschnitt).

Wenn der Präsident und die Regierung der Vereinigten Staaten zusichern würden, dass die Vereinigten Staaten sich selbst nicht an einem Angriff auf Kuba beteiligen werden und andere von einem solchen Vorgehen abhalten; wenn Sie Ihre Kriegsmarine zurückrufen würden – das würde sofort alles ändern. … Das würde auch das Herangehen an die Frage ändern, nicht nur die Waffen zu vernichten, die Sie Offensivwaffen nennen, sondern auch alle anderen Arten von Waffen. …

B. Greiner, Kuba Krise. 13 Tage im Oktober, 1988, S. 319 ff.

1. Beschreibe das Bild B 156.2 und formuliere eine Bildaussage.
2. Äußere dich zur Wirkung, die die Nachrichtenmeldungen auf dich haben (Q 1). Erläutere den Zusammenhang zwischen Suez-Krise und Niederschlagung des Aufstandes in Ungarn (Q 1 und VT).
3. Nenne die Gründe für das Eingreifen der Sowjetunion in Ungarn, die in Q 2 angeführt werden.
4. Erarbeite Pauers Sicht des „Prager Frühlings“ (M 3).
5. Beschreibe das Plakat und erläutere seine Aussage (B 160.1).
6. Verfasse einen kurzen Beitrag für ein Schulbuch zur Karikatur: „Einverstanden, Herr Präsident, wir reden miteinander.“ (B 160.2 und VT)
7. Welche Aussagen macht Chruschtschow (Q 4)? Verfasse einen möglichen Antwortbrief Kennedys.
8. Informiere dich über das Musical „Hair“. Beschreibe die Wirkung des Fotos und ordne es historisch ein (B 160.3 und VT).
9. Stelle dar, wie M. Frey die Ergebnisse des Vietnamkrieges sieht (→ S. 163).

Der Krieg in Vietnam wird zum amerikanischen Albtraum

In Südostasien entstand ein weiterer Krisenherd. Ho Chi Minh, der kommunistische Führer der Viet Minh (Front für den Kampf um die Unabhängigkeit Vietnams), erklärte Vietnam zur demokratischen Republik. Damit begann ein heftiger Bürgerkrieg. 1946 beanspruchte Frankreich seine Kolonie wieder für sich und löste so den 1. Indochinakrieg aus. Die französischen Truppen unterlagen jedoch. Die Genfer Indochina-Konferenz von 1954 teilte das Land entlang des 17. Breitengrades. Die Sowjetunion und China unterstützten Nordvietnam, die USA übernahmen den Schutz Südvietnams.

Auch hier fürchteten die USA einen „Dominoeffekt“ (→ S. 158). Als 1964 die südvietnamesischen Truppen schwere Niederlagen erlitten, erteilte der amerikanische Präsident Johnson den Befehl zur Bombardierung Nordvietnams, 1965 griffen US-Bodentruppen in den Konflikt ein, 1967 waren mehr als eine halbe Million amerikanischer Soldaten in Vietnam stationiert.

Trotz technischer Überlegenheit der amerikanischen Truppen blieb der Krieg unentschieden und wurde zunehmend verlustreicher. Eine intensive und kritischere Berichterstattung der US-Medien ließ Zweifel bei der amerikanischen Bevölkerung an Nutzen und Legitimität dieses Krieges aufkommen. Der neu gewählte Präsident Nixon ließ die Bombardierungen Nordvietnams einstellen, übertrug die Kriegsführung auf mit modernsten Waffen ausgerüstete südvietnamesische Verbände und zog bis 1973 alle amerikanischen Truppen ab. Zwei Jahre später eroberten nordvietnamesische Truppen die südvietnamesische Hauptstadt Saigon.

Der heiße Krieg in Vietnam

Der Historiker Marc Frey äußert sich 1996 zu den Hinterlassenschaften des Vietnamkrieges:

Vietnam gewann den Krieg und verlor den Frieden. Die Vereinigten Staaten dagegen verloren den Krieg und gewannen den Frieden. Die erste militärische Niederlage in der amerikanischen Geschichte hatte national und international kurz- und langfristige Folgen .... International führte der Krieg – weniger die Niederlage – zu einem weltweiten Ansehensverlust der Vereinigten Staaten. Die konzeptionslose Stützung rechter Diktaturen und allgemeine Vernachlässigung Lateinamerikas durch die amerikanische Außenpolitik waren ebenfalls ein Produkt des Vietnamkrieges. ...

Die Sowjetunion erreichte die strategische Parität mit den Vereinigten Staaten und baute im Schatten von Vietnam eine Kriegsmarine auf, mit der Moskau seine Rolle als globaler Akteur untermauerte. Als die Sowjetunion und Kuba in den siebziger Jahren Stellvertreterkriege in Äthiopien und Angola führten, schien es, als ob der Kommunismus weltweit auf dem Vormarsch sei. Amerikas außenpolitische Schwäche erreichte 1979 ihren Tiefpunkt, als die Befreiung der in der Teheraner Botschaft festgehaltenen amerikanischen Geiseln bereits im Vorfeld kläglich misslang.

Langfristig jedoch beeinträchtigte der Vietnamkrieg Amerikas Position in der Welt kaum. Während die Sowjetunion in Afghanistan einmarschierte und damit ihren Untergang beschleunigte, demonstrierten die USA in den achtziger Jahren Stärke. Als sich die osteuropäischen Staaten aus der sowjetischen Hegemonie lösen konnten und die Mauer fiel, hatten die Amerikaner mehrheitlich das Gefühl, den Kalten Krieg gewonnen zu haben. An der Schwelle zum 21. Jahrhundert blickt Amerika auf eine verlorene Schlacht in Vietnam zurück, die den Sieg des eigenen Gesellschaftssystems nicht hatte aufhalten können.

Marc Frey, Geschichte des Vietnamkriegs. Die Tragödie in Asien und das Ende des amerikanischen Traums, München 1998 (Beck), S. 231 f.

163.1 Der Vietnamkrieg 1964–1975.

4. Entspannung und Abrüstung

■ Das SALT-I-Abkommen

Zu Beginn der 70er Jahre sahen sich die USA zwei wesentlichen Problemen gegenüber: Das Engagement in Vietnam drohte Wirtschaft und Militär gleichermaßen zu überfordern, während die inneramerikanischen Proteste gegen den Krieg immer intensiver wurden. Die Sowjetunion hatte mit wirtschaftlichen und vor allem technologischen Rückständen zu kämpfen, ihr Einfluss in Ost-Mitteleuropa schien keineswegs gefestigt, während sich der Konflikt mit China zuspitzte. Es war also gewissermaßen ein „Gleichgewicht der Schwäche", das von 1970–1973 eine erste Phase der Entspannungspolitik ermöglichte.

Ein großer Teil der in diesen Jahren geschlossenen Abkommen bezog sich auf die wirtschaftlichen, wissenschaftlich-technischen und kulturellen Beziehungen zwischen den beiden Weltmächten. In diesem Klima der Entspannung machten auch die Abrüstungsgespräche Fortschritte. Im Rüstungskontrollabkommen (SALT = Strategic Arms Limitation Talks) von 1972 begrenzten beide Seiten ihre atomare Rüstung. 1972 wurde der ABM (Anti Ballistic Missiles)-Vertrag zur Begrenzung von Raketenabwehrsystemen unterzeichnet. 1979 folgte mit SALT-II ein Folgevertrag, den der amerikanische Senat wegen des Einmarsches in Afghanistan nie ratifizierte.

■ Die KSZE – Sicherheit für Europa

1973 trafen sich in Helsinki Vertreter aller europäischen Staaten (außer Albanien), Kanadas und der USA und der Supermächte zu einer „Konferenz für Sicherheit und Zusammenarbeit in Europa". In der „Schlussakte von Helsinki", vereinbarten sie schließlich 1975, in der Zukunft die bestehenden Grenzen in Europa zu achten, auf Gewaltanwendung zu verzichten und im Inneren der Mitgliedstaaten die Menschenrechte zu achten. Die Selbstverpflichtung zur Achtung der Menschenrechte hatte Folgen: Bürgerrechtsgruppen in den kommunistischen Staaten Osteuropas beriefen sich immer wieder auf die „Schlussakte von Helsinki", um ihren Forderungen nach Meinungs- und Pressefreiheit Nachdruck zu verleihen. Doch die Staatsmacht gab nicht nach. Viele Bürgerrechtler wurden zu Gefängnisstrafen verurteilt oder ausgewiesen.

■ Der Nato-Doppelbeschluss

Schon während der SALT-II-Verhandlungen begann die UdSSR neue Mittelstreckenraketen in Europa aufzustellen. Auf diese Bedrohung reagierte die Nato 1979 mit einem „Doppelbeschluss": 108 amerikanische Pershing-Raketen und 464 Marschflugkörper sollten im Rahmen einer militärischen Nachrüstung in

(1) 1962 Kubakrise
(2) 1963 „Heißer Draht" Washington-Moskau, Vertrag über Stopp von Atomtests
(3) 1964 USA verstärken ihr militärisches Engagement in Vietnam
(4) 1968 Abschluss des Atomwaffensperrvertrags,
(5) Gewaltsames Ende des „Prager Frühlings", Eskalation in Vietnam, 1969 Amerikaner landen auf dem Mond
(6) 1972 SALT-I-Abkommen
(7) 1975 KSZE-Schlussakte in Helsinki
(8) 1979 NATO-Doppelbeschluss, Einmarsch der Sowjetunion in Afghanistan
(9) 1983 Abbruch der Abrüstungsverhandlungen

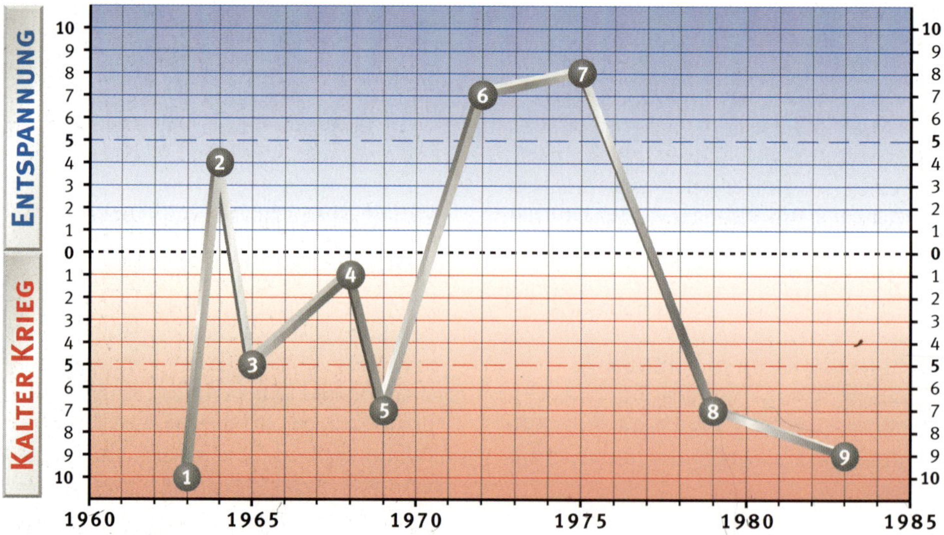

164.1 Kalter Krieg und Entspannung seit 1962: nach Karl Dietrich Bracher, Die Krise Europas 1917–1975, Frankfurt a. M. 1976, S. 443.

Westeuropa stationiert werden. Gleichzeitig bot man einen Stationierungsverzicht an, wenn die Sowjetunion über ihre Mittelstreckenraketen zu Verhandlungen bereit wäre.

Am 25. 12. 1979 marschierten sowjetische Truppen in Afghanistan ein. Dadurch kühlten sich die Beziehungen zwischen Ost und West weiter ab. Der Einmarsch markiert das Ende der Entspannungspolitik. Die Sowjets erlebten in Afghanistan allerdings ihr „Vietnam“, der Krieg trug zum späteren Zusammenbruch der UdSSR bei; die Sowjets zogen sich daher in den 80er Jahren wieder aus Afghanistan zurück.

Erst in der neuen Phase der Entspannung seit 1987 (→ S. 168 bis 170) fand der Kalte Krieg ein Ende, der Nato stellten sich damit neue Aufgaben.

165.1 „ … wie damals in Berlin“. Die USA und ihre westlichen Verbündeten hatten aus Protest gegen den Einmarsch der Sowjetunion in Afghanistan zum Boykott der Olympischen Spiele in Moskau im Sommer 1980 aufgerufen. Karikatur, Abendzeitung, München, 4. 2. 1980.

■ Friedensbewegung

In Europa und den USA entstanden während des Kalten Krieges Friedensbewegungen, die nicht nur ein Ende der militärischen Konfrontation zwischen den Blöcken forderten, sondern generell die Anwendung von Gewalt und den Wehrdienst ablehnten.
In der Bundesrepublik war dieses Anliegen besonders aktuell. Bei den Demonstrationen gegen den NATO-Doppelbeschluss und vor allem gegen die daraus folgende Stationierung neuer Atomwaffen auf bundesdeutschem Gebiet erlebte die deutsche Friedensbewegung die größte Zustimmung.
Symbolhaft waren die Ostermärsche (Friedensmärsche am Ostermontag), die gewaltigen Zulauf erhielten.
Kritisiert wurde an diesem Beschluss, dass er nur einen weiteren Schritt in einem sinnlosen und gefährlichen Rüstungswettlauf sei. Das Vernichtungspotenzial reichte bereits aus, um die Welt mehrfach zu vernichten.
Wenige Jahre nach der Stationierung aufgrund des Nato-Doppelbeschlusses schlossen die USA und die Sowjetunion 1987 einen Vertrag, der die Zerstörung aller Mittelstreckenwaffen vorsah.

165.2 Oben: Gert Bastian (links) und Joseph Beuys während einer Demonstration gegen den Nato-Doppelbeschluss. Unten: Demonstranten im Bonner Hofgarten während der Debatte zum Doppelbeschluss.

Q1 Aus der Schlussakte der Konferenz über Sicherheit und Zusammenarbeit in Europa (KSZE)

Unter Bekräftigung ihres Zieles, bessere Beziehungen untereinander zu fördern sowie Bedingungen zu gewährleisten, unter denen ihre Völker in echtem und dauerhaftem Frieden, frei von jeglicher Bedrohung oder Beeinträchtigung ihrer Sicherheit leben können;
Überzeugt von der Notwendigkeit, Anstrengungen zu unternehmen, um die Entspannung im universellen Sinne sowohl zu einem dauerhaften als auch zu einem immer lebensfähigeren und umfassenderen Prozess zu machen und überzeugt davon, dass die Durchführung der Ergebnisse der Konferenz über Sicherheit und Zusammenarbeit in Europa ein bedeutender Beitrag zu diesem Prozess sein wird;
In der Erwägung, dass die Solidarität zwischen den Völkern sowie das gemeinsame Anliegen der Teilnehmerstaaten, die Ziele zu erreichen, wie sie von der Konferenz über Sicherheit und Zusammenarbeit in Europa gesetzt worden sind, zur Entwicklung besserer und engerer Beziehungen untereinander auf allen Gebieten und damit zur Überwindung der aus dem Charakter ihrer früheren Beziehungen herrührenden Konfrontation sowie zu besserem gegenseitigem Verständnis führen sollten;
Eingedenk ihrer gemeinsamen Geschichte und in der Erkenntnis, dass die vorhandenen gemeinsamen Elemente ihrer Traditionen und Werte bei der Entwicklung ihrer Beziehungen dienlich sein können, und von dem Wunsch geleitet, unter voller Berücksichtigung der Eigenart und Vielfalt ihrer Standpunkte und Auffassungen, nach Möglichkeiten zu suchen, ihre Bemühungen zur Überwindung des Misstrauens und zur Vergrößerung des Vertrauens zu vereinigen, die Probleme, die sie trennen, zu lösen und zum Wohl der Menschheit zusammenzuarbeiten;
In der Erkenntnis der Unteilbarkeit der Sicherheit in Europa sowie ihres gemeinsamen Interesses an der Entwicklung der Zusammenarbeit überall in Europa und untereinander sowie unter Bekundung ihrer Absicht, weiterhin entsprechende Anstrengungen zu unternehmen;
In der Erkenntnis der engen Verbindung zwischen Frieden und Sicherheit in Europa und in der ganzen Welt und im Bewusstsein der Notwendigkeit, dass jeder von ihnen seinen Beitrag zur Festigung des Friedens und der Sicherheit in der Welt und zur Förderung der Grundrechte, des wirtschaftlichen und sozialen Fortschritts und des Wohlergehens aller Völker leistet;
Haben Folgendes angenommen ...:

http://www.osce.org/documents/mcs/1975/08/4044_de.pdf

Q2 Ein Friedensforscher würdigt 25 Jahre KSZE/OSZE[1]

Vor 25 Jahren, am 1. August 1975, unterzeichneten die Staats- und Regierungschefs von 33 europäischen Staaten sowie der USA und Kanadas die Schlussakte der Konferenz über Sicherheit und Zusammenarbeit in Europa (KSZE) in Helsinki. Lediglich Albanien fehlte. Deutschland dagegen war gleich zweimal vertreten. ...
Kritiker der KSZE vertraten Mitte der 70er Jahre ... die Ansicht, durch die Unterzeichnung der Schlussakte werde der Frieden in Europa kaum sicherer, der Status quo, d. h. die Teilung Europas, dagegen festgeschrieben. Die Befürchtung war weiterhin, die KSZE, eventuell auch der Entspannungsprozess insgesamt, diene mehr der Selbstdarstellung und Legitimation der Eliten sowie der Festigung des östlichen Systems, weniger aber der Aufgabe, die Sicherheit sicherer und den Frieden friedlicher zu machen.
Heute, ein Vierteljahrhundert später, wissen wir vom Gegenteil zu berichten: Die KSZE hat nicht den Status quo stabilisiert, sondern die Rahmenbedingungen zu seiner Überwindung geschaffen – u. a. als Berufungsgrundlage für die friedlichen Freiheitsrevolutionen in Mittel- und Osteuropa.
Ohne KSZE keine Abschaffung des Abschreckungssystems, kein Ende des Ost-West-Konfliktes, keine Wiedervereinigung Deutschlands. Wäre die KSZE nicht geschaffen worden, sie hätte – ex post betrachtet – erfunden werden müssen. ...
Die Unterschriften der Staats- und Regierungschefs aus Ost und West unter eine Schlussakte, die auch die „Achtung der Menschenrechte und Grundfreiheiten" als Prinzip enthielt, verlieh den „Machtlosen Macht" –

[1] OSZE: Organisation für Sicherheit und Zusammenarbeit in Europa *→ S. 257.*

wie es Václav Havel später formulierte. Der Preis, den Menschenrechtler und Dissidenten zu zahlen hatten, war gleichwohl mitunter hoch – und er war einseitig von den Menschen im kommunistischen Machtbereich zu erbringen. …
Die OSZE hat ihre Arbeit ferner erfolgreich bewältigt mit mittlerweile über 20 Langzeit- und Kurzzeitmissionen in zahlreichen Konfliktgebieten, darunter auf dem Balkan, im Kaukasus, in Zentralasien, in Osteuropa und im Baltikum. In allen diesen Feldoperationen hat die OSZE Beachtliches, ja Unersetzliches geleistet. …

Dieter S. Lutz in: Hamburger Abendblatt vom 31. 07. 2000.

167.1 KSZE-Gipfel in Paris 1990, im Elysée-Palast, Sitz des französischen Präsidenten. In der Mitte François Mitterrand.

Q3 Abschreckung und Abrüstung

Fernsehrede des Präsidenten der Vereinigten Staaten, Ronald Reagan, am 16. Januar 1984:

… Ich bin überzeugt, dass das Jahr 1984 die Vereinigten Staaten in ihrer stärksten Position seit Jahren vorfindet, um eine konstruktive und realistische Arbeitsbeziehung zur Sowjetunion herzustellen. …
Die Abschreckung ist von entscheidender Bedeutung für die Erhaltung des Friedens und den Schutz unserer Lebensform, aber die Abschreckung ist nicht Anfang und Ende unserer Politik gegenüber der Sowjetunion. Wir müssen und werden die Sowjets in einen Dialog einbinden, der so ernsthaft und konstruktiv wie möglich ist und der der Förderung des Friedens in den Unruhegebieten der Welt dienen, den Stand der Rüstung verringern und ein konstruktives Arbeitsverhältnis schaffen wird.
Weder wir noch die Sowjetunion können die Unterschiede zwischen unseren beiden Gesellschaften und unseren Weltanschauungen wegzaubern. Aber wir sollten niemals vergessen, dass wir gemeinsame Interessen haben. Und das oberste dieser Interessen ist die Vermeidung eines Krieges und die Verringerung des Standes der Rüstungen. Es gibt keine vernünftige Alternative, als einen Kurs zu steuern, den ich als glaubwürdige Abschreckung und friedlichen Wettstreit bezeichnen möchte. Und wenn wir diesen Kurs einschlagen, dann werden wir möglicherweise Gebiete finden, auf denen wir in eine konstruktive Zusammenarbeit eintreten können. …
Wir können nicht voraussagen, wie die sowjetische Führung auf unsere Herausforderung reagieren wird. Aber die Menschen unserer beiden Länder teilen mit der gesamten Menschheit den Traum der Beseitigung der Gefahr eines Atomkrieges. …
Unsere beiden Länder haben nie gegeneinander gekämpft; es gibt keinen Grund, warum wir dies jemals tun sollten. Ja, wir haben im Zweiten Weltkrieg sogar gegen gemeinsame Feinde gekämpft. Heute sind unsere gemeinsamen Feinde Armut, Krankheit und vor allem Krieg.

Aus: Manfred Görtemaker/Gerhard Wettig, USA – UdSSR. Dokumente zur Sicherheitspolitik, Leske + Budrich, Opladen 1987, S. 147 f.

1. Informiere dich, welche Staaten an dem Dokument Q 1 beteiligt waren. Stelle gegenüber, was die KSZE erreichen und was sie verhindern will.
2. Klärt im Unterrichtsgespräch, warum insbesondere Deutschland an der Arbeit der KSZE bzw. der späteren OSZE aus ökonomischen und politischen Motiven interessiert war. (Q 2)
3. Diskutiert, ob der Doppelbeschluss der NATO den Kalten Krieg verlängert oder verkürzt hat. (VT → S. 164 f.)
4. Erläutere und bewerte Reagans Beurteilung des Kalten Kriegs. (Q 3)

5. Das Ende des Kalten Krieges und der Zerfall der Sowjetunion

■ Polens Weg aus der Krise: „Solidarność"

Nach dem Vorbild der Sowjetunion hatte die Parteiführung der polnischen KP den Ausbau der Schwerindustrie in den Vordergrund gestellt. Dabei wurde die Versorgung der Bevölkerung ebenso vernachlässigt wie die Entwicklung der Landwirtschaft. Streiks und Demonstrationen in den 70er Jahren waren die Folge. Zwar wurden führende Funktionäre abgelöst, die Politik aber änderte sich nicht.

Ein Streik der Arbeiter auf der Danziger Lenin-Werft veränderte 1980 die Situation grundlegend. Trotz scharfer Drohungen der Regierung weigerten sich die Streikenden, wieder zur Arbeit zurückzukehren. Unter der Führung Lech Wałęsas gründeten sie die unabhängige Gewerkschaft „Solidarność", die die Regierung im August zwang, diese nicht von Kommunisten gelenkte Organisation anzuerkennen („Danziger Abkommen").

168.2 Solidarność-Führer Lech Wałęsa während eines Streiks, 30. 8. 1980.

Die Gewerkschaft sollte die führende Rolle der Partei nicht infrage stellen, dafür durfte sie sich für wirtschaftliche Verbesserungen und eine freiere Informationspolitik einsetzen. 1981 hatte die Gewerkschaft bereits neun Millionen Mitglieder. Ein Staatsstreich General Jaruselskis beendete am 12. Dezember 1981 den „polnischen Sommer". Zwar verbot Jaruselski umgehend die Gewerkschaft, diese jedoch arbeitete im Untergrund weiter, von der internationalen Öffentlichkeit unterstützt. Zum ersten Mal war es einem kommunistischen System nicht gelungen, den Widerstand gegen den Herrschaftsanspruch der Partei tatsächlich zu brechen. Die Sowjetunion griff – anders als in Ungarn und der Tschechoslowakei – nicht ein.

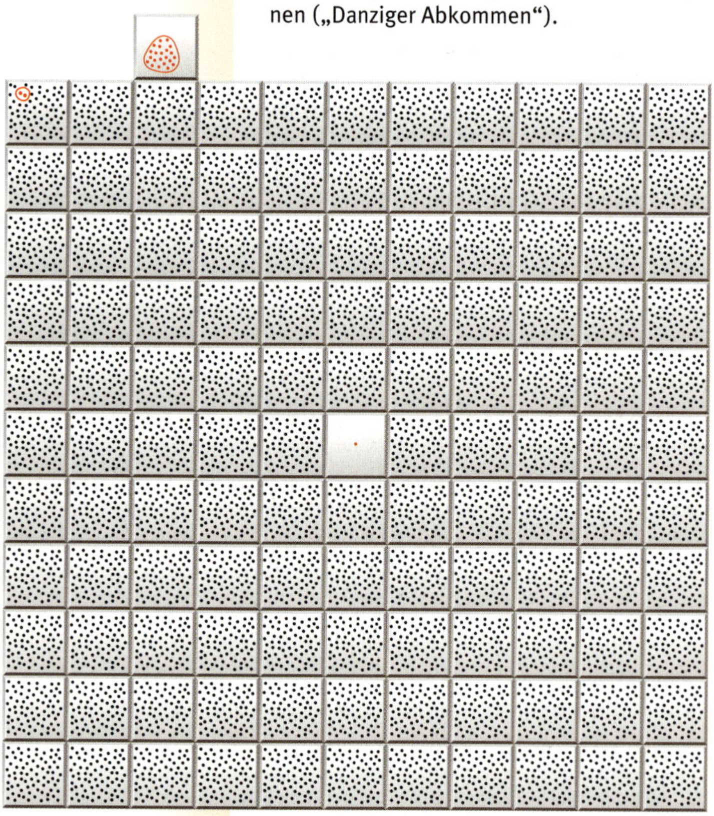

168.1 Atomares Zerstörungspotential: Das mittlere Quadrat zeigt die Zerstörungskraft aller im Zweiten Weltkrieg eingesetzten Waffen (55 Millionen Tote), die anderen stellen die Zerstörungskraft der Nuklearwaffen um 1985 dar. Im Quadrat links oben ist ein kleiner Kreis markiert, der die Zerstörungskraft der Waffen eines einzigen Poseidon U-Bootes darstellt. Der Kreis am oberen Bildrand stellt die Zerstörungspotenziale dar, die nötig wären, um alle mittleren und größeren Städte der Erde zu vernichten. Aus: DIE ZEIT 11. 1. 1985.

■ Die Krise der Sowjetunion – eine Chance für die Abrüstung

Unter der Regierung Breshnew waren die Probleme der Sowjetunion deutlich geworden: Die Wirtschaft steckte in einer lang anhaltenden Krise, in den meisten Bereichen stagnierte das Wachstum, in anderen schrumpfte die Produktivität, der technologische Rückstand gegenüber dem Westen war unübersehbar. Breshnews Außenpolitik, die sich vom Leitgedanken der „friedlichen Koexistenz" wieder abwandte, isolierte die Sowjetunion und führte direkt in eine neue Phase des Wettrüstens. Als Symbol dieser neuen Politik kann der Einmarsch sowjetischer Truppen nach Afghanistan verstanden werden. Der Westen, vor allem US-Präsident Reagan, reagierte mit einem neuen Rüstungsprogramm, das die strategischen Waffensysteme modernisieren sollte und zu dem auch die Aufrüstung des

Weltraums gehörte. Unter den Bedingungen des Wettrüstens schienen innenpolitische Reformen kaum vorstellbar – die Bürger der Sowjetunion waren mehr als unzufrieden und verzweifelten an der scheinbar aussichtslosen Lage.

1985 wählte das überalterte Politbüro überraschend sein jüngstes Mitglied, Michail Gorbatschow, zum Generalsekretär und mächtigsten Mann der Sowjetunion. Gorbatschow sicherte seine Position, indem er langgediente Funktionäre entließ und mit unverbrauchten, neuen Mitarbeitern auf allen Ebenen der Verwaltung die versteinerten Verhältnisse aufzubrechen suchte. Vordringlich wollte er die Wirtschaft – zuerst Maschinenbau und Computertechnologie – reformieren. Dieses Ziel war nur zu erreichen, wenn das Wettrüsten, das enorme Summen verschlang, begrenzt oder sogar gestoppt werden konnte. Den ersten Schritt unternahm Gorbatschow, als er auf weitere Atomtests verzichtete, die internationale Politik trat in eine Phase der Entspannung ein.

Im Dezember 1987 unterzeichneten die Staatschefs der USA und der UdSSR die ersten Vereinbarungen zur Abrüstung nuklearer Waffensysteme, im Mai 1989 zogen sich die sowjetischen Truppen aus Afghanistan zurück, im November 1989 erklärten beide Supermächte das Ende des Kalten Krieges.

■ Mehr Wahrheit! – Glasnost

Gorbatschow forderte immer wieder das Mitwirken aller Bürger an der Lösung der Probleme des Staates. Um möglichst viele Bürger dafür zu gewinnen, musste über die Krise und ihr Ausmaß berichtet und öffentlich diskutiert werden können. Unter dem Motto „Glasnost“ (Transparenz, Öffentlichkeit, wahrheitsgemäße Darstellung von Sachverhalten) durften in den Medien plötzlich bürokratische Hemmnisse, Korruption, Amtsmissbrauch, aber auch mangelnde Produktivität und schlechte Arbeitsdisziplin kritisiert werden.

Verglichen mit der Öffentlichkeitspolitik früherer sowjetischer Regierungen wirkte dies wie der Startschuss zu einem lang erwarteten neuen Aufbruch. Bisher von der Zensur unterdrückte Bücher, Theaterstücke und Filme durften jetzt gezeigt werden. Gleichzeitig setzten sich die Menschen mit ihrer eigenen Geschichte und der Rolle der kommunistischen Partei auseinander. Viele entwickelten ein kritisches Verhältnis zum Kommunismus und wandten sich vom „real existierenden Sozialismus“ ab. Damit begann eine erste Demokratisierung der sowjetischen Gesellschaft.

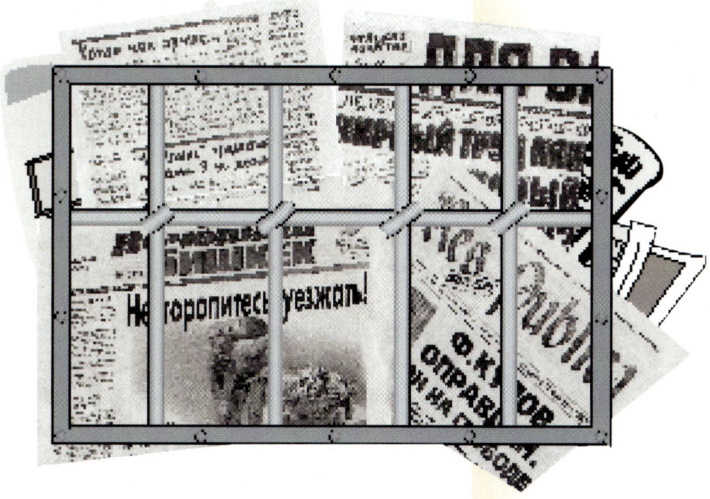

169.1 Glasnost. Grafik/Montage.

■ Perestroika – der Umbau der Gesellschaft

Aber mehr Offenheit allein konnte die tiefe Krise, in der das Land steckte, nicht beheben. Ab Mitte 1986 zielte Gorbatschows Politik daher auf die Umgestaltung und Erneuerung der sowjetischen Gesellschaft (Perestroika) selbst. Doch es zeigte sich schnell, dass die Planwirtschaft – als zentrales Element der sowjetischen Gesellschaft – nicht reformiert werden konnte, sie musste abgeschafft werden. Gleichzeitig sollten Parteiämter und politische Führung voneinander getrennt werden. Beide Vorhaben kamen einer Revolution gleich. Als Ausdruck dieser Entwicklung kann man die Streichung der „führenden Rolle“ der Partei aus der Verfassung verstehen. Nach dieser Verfassungsänderung wurde Gorbatschow im März 1990 zum Präsidenten der Sowjetunion gewählt. Die Kommunistische Partei verlor rasant an Einfluss und Ansehen.

■ Die Union der Sowjetrepubliken zerfällt

Neben den wirtschaftlichen und politischen Schwierigkeiten drängten jetzt auch ethnische Probleme auf eine Lösung. Unter dem Eindruck der neuen Politik Gorbatschows wuchs der Widerstand gegen die russische Vormachtstellung. Viele Republiken innerhalb der UdSSR forderten wirtschaftliche Unabhängigkeit und die Rückkehr zur nationalen Muttersprache. Blutige Konflikte brachen zwischen ethnischen Gruppen auf, die ihre jeweiligen Lebensrechte eingeschränkt sahen. So war es nur konsequent, als im Dezember 1991 Russland, die Ukraine und Weißrussland die UdSSR auflösten (Gorbatschow trat zurück) und die Gemeinschaft Unabhängiger Staaten (GUS) gründeten. In der Folgezeit schlossen sich weitere, jetzt unabhängige ehemalige Sowjetrepubliken diesem Bund an.

170.1 Die Auflösung der Sowjetunion.

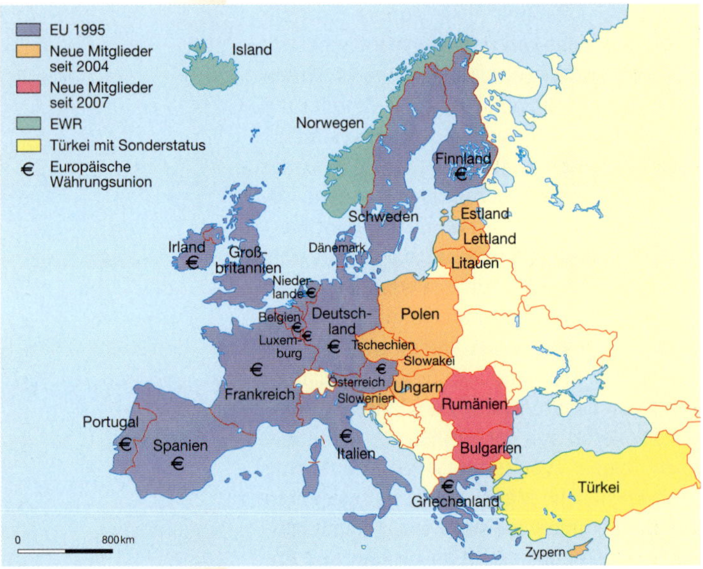

170.2 Die Erweiterung der EU nach Osten.

■ Die Auflösung des Ostblocks verändert das Gesicht Europas

Wenn die Politik der Perestroika auch in der Sowjetunion nur sehr langsam voranging, wirkte sie in den kommunistischen Staaten Ostmitteleuropas geradezu revolutionär. Nachdem Gorbatschow 1987 auf einer Kundgebung in Prag erläutert hatte, dass niemand in der sozialistischen Welt Anspruch auf eine Sonderstellung habe, veränderte sich die Rolle der kommunistischen Machthaber in den Staaten des Warschauer Paktes. Sie konnten nun nicht mehr auf Hilfe und ein Eingreifen der UdSSR bei inneren Krisen hoffen. Gleichzeitig stärkte die Rücknahme der Breschnew-Doktrin die Opposition in den Staaten des Ostblocks. Überall fanden sich Bürger zu Demonstrationen für mehr Freiheit und Demokratie zusammen: Führende kommunistische Politiker traten zurück, unabhängige Parteien entstanden, die Demonstranten erkämpften die Pressefreiheit und damit neue Möglichkeiten politischer Meinungs- und Willensbildung.

Im Juni 1989 fanden in Polen erste freie Parlamentswahlen statt. Im gleichen Jahr wurde in Ungarn, Polen, der Tschechoslowakei und Rumänien der Führungsanspruch der Kommunistischen Partei aus der Verfassung gestrichen. Nur in Rumänien fand der Prozess der Demokratisierung des Ostblocks gewaltsam statt, der Diktator Nicolae Ceauşescu wurde hingerichtet.

Die Bündnisse des Ostblocks, „Warschauer Pakt“ und „Rat für gegenseitige Wirtschaftshilfe“, lösten sich im Laufe des Jahres 1991 auf. Damit veränderten sich auch die Rollen und Aufgaben von NATO und Europäischer Union. Viele Staaten Ostmitteleuropas streben mittlerweile die Aufnahme in beide Organisationen an oder sind bereits Mitgliedsstaaten geworden.

171.1 Solidarność-Plakat von Jan Sawka, 1981.

Q1 Protest gegen Unrecht und Erniedrigung

Aus dem Aktionsprogramm der polnischen Gewerkschaft „Solidarność", 17. April 1981:

Wir sind eine unabhängige, selbstverwaltende Gewerkschaft der Werktätigen aus allen Regionen und Berufen. Wir verteidigen die Rechte, die Würde und die Interessen der gesamten Arbeitswelt. Wir wollen das Leben in unserem Land in Übereinstimmung mit den Idealen des Patriotismus, der sozialen Gerechtigkeit und der Bürgerdemokratie formen. Als eine Gewerkschaft hegen wir nicht die Absicht, die Aufgaben der Staatsgewalt zu übernehmen, doch wollen wir die Interessen der Werktätigen vor dieser vertreten. Daher werden wir die Rechte des Menschen, des Bürgers und des Arbeiters verteidigen. Zugleich entziehen wir uns nicht der Verantwortung für das Schicksal unserer Nation und unseres Staates. …

Unsere Gewerkschaftstätigkeit erfordert es, die in der Verfassung der Volksrepublik niedergelegten Bürgerrechte zu beachten, wie das Recht auf freie Meinungsäußerung, die Rede- und Pressefreiheit, das Recht auf ehrliche Information, die Versammlungs- und die Koalitionsfreiheit. Wir werden die Menschen verteidigen, die für die Inanspruchnahme jener Freiheiten unterdrückt werden, und wir werden eine solche Unterdrückung als Verletzung der Rechtsstaatlichkeit ansehen.

Aus: Krise in Polen, Bonn 1982, S. 228 f.

Q2 Worin liegt die Ursache für die Schwierigkeiten?

Aus der Rede Gorbatschows vor dem ZK der KPdSU vom 23. 4. 1985:

Die Hauptfrage ist heute, wie und wodurch unser Land seine wirtschaftliche Entwicklung beschleunigen kann. Als wir diese Frage im Politbüro behandelten, sind wir einhellig zu dem Schluss gekommen, dass die Möglichkeiten dafür sehr wohl bestehen. Die Aufgabe, das Wachstumstempo zu beschleunigen, und zwar erheblich, ist durchaus erfüllbar, wenn im Mittelpunkt unserer Arbeit die Intensivierung der Wirtschaft und die Beschleunigung des wissenschaftlich-technischen Fortschritts stehen, wenn wir die Leitung und Planung, die Struktur- und Investitionspolitik verändern, überall Organisiertheit und Disziplin erhöhen und den Arbeitsstil grundlegend verbessern. …

Wir können relativ schnell etwas erreichen, wenn wir die Reserven in der Leitung der Wirtschaft und die sozialen Reserven wirksam machen und vor allem die Menschen aktivieren, wenn wir erreichen, dass jeder an seinem Platz gewissenhaft und mit vollem Einsatz arbeitet. …

Eine weitere Reserve, die wir unbedingt nutzen müssen, ist der Kampf gegen Verschwendung und Verluste. Die Leiter vieler Ministerien und Betriebe versuchen, beim Staat möglichst viele Investitionsmittel, Werkzeug- und andere Maschinen, Roh- und Brennstoffe „herauszuschlagen". Gleichzeitig legen sie nicht selten Verantwortungslosigkeit an den Tag, was deren rationelle Nutzung betrifft. Die Ausrüstungen stehen manchmal ungenutzt herum oder werden nicht voll ausgelastet. …

Es ist an der Zeit, die Vervollkommnung der Organisationsstruktur der Leitung in Angriff zu nehmen, überflüssige Elemente herauszunehmen, den Apparat zu vereinfachen und seine Effektivität zu steigern. …

Die Medien haben die Aufgabe, Ereignisse und Erscheinungen gründlich zu analysieren, die wirklich bedeutenden Probleme aufzugreifen und Wege zu ihrer Lösung vorzuschlagen. Sie müssen durch ihren Inhaltsreichtum, ihr operatives Reagieren und ihren Informationsgehalt überzeugen. Die Wirksamkeit von Presse, Fernsehen und Funk nimmt spürbar zu, wenn die Parteikomitees ihnen aktive Hilfe und Unterstützung geben. Natürlich müssen jegliche Versuche, begründete Kritik zu unterdrücken oder zu ignorieren, grundsätzlich und parteilich verurteilt werden.

M. Gorbatschow, Ausgewählte Reden und Aufsätze, Bd. 2, Berlin 1987, S. 173 f., 177, 186.

Q3 „Niemand von uns ist nur Opfer …"

Václav Havel, Bürgerrechtler, wurde im Dezember 1989 zum ersten nichtkommunistischen Staatspräsidenten der Tschechoslowakei seit 1948 gewählt. Von 1993 bis 2003 war er Präsident der Tschechischen Republik. In seiner Neujahrsansprache sagte er:

Alle haben wir uns an das totalitäre System gewöhnt und es als unveränderliche Tatsache hingenommen und es dadurch eigentlich erhalten. Mit anderen Worten: Alle sind wir – begreiflicherweise jeder in einem anderen Ausmaß – für den Lauf der totalitären Maschinerie verantwortlich, niemand von uns ist nur deren Opfer, sondern alle sind wir gleichzeitig auch deren Schöpfer.

Weshalb spreche ich davon: Es wäre äußerst unvernünftig, das traurige Erbe der letzten 40 Jahre nur als etwas Fremdes zu betrachten, das uns irgendein ferner Verwandter hinterlassen hat.

Wir müssen diese Erbschaft im Gegenteil als etwas annehmen, was wir uns selbst angetan haben. Wenn wir es so auffassen, dann begreifen wir, dass es nur von uns allen abhängt, was wir damit machen werden.

Europa-Archiv, 45. Jg. (1990), S. 171 ff.

1. Stelle die Bereiche, in denen Solidarność aktiv werden wollte, denen gegenüber, die die Gewerkschaft nicht als ihr Handlungsfeld verstand. Beschreibe mögliche Konflikte mit der herrschenden Kommunistischen Partei (Q 1).

2. Erklärt euch gegenseitig die Intention des Plakats B 171.1.

3. Arbeite heraus, welche Gründe Gorbatschow für die Krise anführt. Beachte die Rolle der Medien. (Q 2)

4. Erläutere, was Havel unter „Mitschuld" versteht (Q 3). Informiere dich näher über Václav Havels Lebenslauf.

5. Beschreibe die Veränderungen in Europa. (B 170.1, 170.2)

Auf den Konferenzen in Teheran (Ende 1943), Jalta (Februar 1945) und vor allem in Potsdam (Juli/August 1945) berieten die Kriegsalliierten USA, England und die Sowjetunion insbesondere über die Zukunft Deutschlands. Bereits an den Schwierigkeiten, das besiegte Deutschland gemeinsam zu verwalten, wurden die unterschiedlichen Interessen der Sowjetunion und der USA deutlich. Den Beteiligten war es wichtiger, sich ihre jeweiligen Einflusszonen in Europa und im pazifischen Raum zu sichern als die deutsche Frage zu lösen.

Blockbildung und Containment

In den ersten Nachkriegsjahren verschärften sich die Spannungen. Präsident Truman formulierte den Grundsatz, den Einfluss der Sowjetunion überall dort, wo das möglich war, zurückzudrängen (Containment-Politik). Die UdSSR wiederum verbot ihren Satellitenstaaten die Teilnahme am Marshallplan.
Durch die Währungsreform in den drei deutschen Westzonen, auf die die Sowjetunion mit der Berlin-Blockade reagierte, wurden die Besatzungszonen auch wirtschaftlich geteilt, ein weiterer Schritt zur Spaltung Deutschlands und Europas.

Die Gründung der Bundesrepublik Deutschland, der DDR und der NATO im Jahr 1949 vertiefte die militärische und politische Blockbildung. Die amerikanische Außenpolitik orientierte sich um vom Prinzip des Containment zum Konzept des „Roll-back". Ziel dieser Politik war die Zurückdrängung der sowjetischen Macht überall in der Welt. Dazu wurde im Koreakrieg 1950–1953 der erste Versuch gemacht. Auf den Beitritt der Bundesrepublik zur NATO (1955) antwortete die Sowjetunion mit der Gründung des Warschauer Pakts.

Die Sowjetunion verpflichtete alle Staaten des Warschauer Pakts, den Sozialismus zu bewahren und weiterzuentwickeln. Dadurch war deren Selbstbestimmungsrecht eingeschränkt. Die UdSSR schlug alle Arbeiteraufstände und Ansätze zu demokratischen Reformen in ihrem Einflussbereich nieder: am 17. Juni 1953 in der DDR und 1956 in Ungarn, ebenfalls in Polen. 1968 wurde in der Tschechoslowakei der „Prager Frühling" durch eine Militärintervention der Warschauer-Pakt-Staaten beendet.

Kubakrise, Wettrüsten, Entspannungspolitik

Den Höhe- und Wendepunkt des Kalten Kriegs bildete die Kubakrise 1962, als die Sowjetunion auf Kuba Mittelstreckenraketen stationieren wollte. Die Welt stand am Rande eines Atomkriegs. Damals lenkte die Sowjetunion ein, mit der Einrichtung eines „heißen Drahts" begann eine Phase der Entspannungspolitik. Diese war aber gleichzeitig mit einer weiteren Hochrüstung zur gegenseitigen Abschreckung verbunden.

Die Sowjetunion vernachlässigte zugunsten einer aufwendigen militärischen Aufrüstung die Konsumbedürfnisse ihrer Bevölkerung. Der Krieg in Afghanistan wurde von Gorbatschow beendet. Die Politik von Perestroika und Glasnost trug zu einer ersten vorsichtigen Demokratisierung der Sowjetunion bei, die aber zur Auflösung der UdSSR und des Warschauer Pakts führte. Einige der ehemaligen Sowjetrepubliken haben sich seit 1989 dem Westen angenähert. Gegenwärtig sucht Russland nach einer neuen Rolle zwischen traditionaler imperialer Politik und Öffnung gegenüber dem demokratischen Westen.

- Stelle zusammen, wie der Kalte Krieg die Beziehungen zwischen den westlichen und östlichen Staaten bestimmt hat. Welche Chancen bietet das Ende des Kalten Kriegs?

Deutschland seit 1945

Deutschland seit 1945

Trabi in einer Datschen-siedlung, 1980er Jahre.

Mutter und Kind, 1945.

DDR-Plakat, undatiert.

Mutter mit Kindern, um 1960.

Orientierung in Zeit und Raum

176.1 Die Bundesrepublik Deutschland seit 1990.

1945	Das Deutsche Reich kapituliert bedingungslos. Auf der Konferenz von Potsdam teilen die Siegermächte Deutschland in vier Besatzungszonen auf; die Gebiete östlich von Oder und Neiße fallen an Polen und die Sowjetunion. 16 bis 18 Millionen Deutsche werden in den Folgejahren aus Ost- und Mitteleuropa sowie dem Balkanraum vertrieben.
1949	Doppelte Staatsgründung: Am 23. Mai tritt das Grundgesetz in Kraft, am 7. Oktober die Verfassung der Deutschen Demokratischen Republik. Konrad Adenauer wird Bundeskanzler, Wilhelm Pieck Staatspräsident der DDR.
1953	Arbeiterstreiks in der DDR weiten sich zum Volksaufstand gegen die SED-Diktatur aus (17. Juni). Er wird gewaltsam niedergeschlagen.
1955	Bundesrepublik und DDR erhalten eine eingeschränkte Souveränität.
1961	Mit dem Bau der Berliner Mauer (13. August) schließt sich die DDR vollständig gegenüber dem Westen ab.
1968	Jugend- und Studentenproteste erschüttern die Bundesrepublik.
1969	Mit der sozialliberalen Koalition unter Bundeskanzler Willy Brandt beginnt eine neue Ost- und Deutschlandpolitik. Es kommt zu inneren Reformen.
1971	Absetzung Walter Ulbrichts; Erich Honecker übernimmt die politische Führung der DDR.
1977	Hanns-Martin Schleyer, der Präsident der bundesdeutschen Arbeitgeberverbände, wird von Terroristen entführt und ermordet.
1982	Helmut Kohl wird Bundeskanzler in einer christlich-liberalen Koalition.
1989	Die friedliche Revolution in der DDR führt zum Zusammenbruch des SED-Regimes.
1990	Staatliche Einheit Deutschlands: Die DDR tritt am 3. Oktober dem Bundesgebiet bei.

Schwarzmarkt

Ein Bild unserer Tage

Der 32-jährige Angeklagte, der wegen Schwarzhandels und Hehlerei vor dem Schnellrichter steht, ist Jurist. Die Kriegswirren haben seine fünfköpfige Familie von Czenwitz nach Bayern verschlagen. Mit dem letzten Tausendmarkschein und im Tausch gegen ein paar Kleidungsstücke verschafft er sich 20 Kilo Kaffee und 252 Kilo Brot in Marken. Der Kaffee kostete ihn 300 Mark, das Brot 15 Mark je Kilo. Auf dem schwarzen Markt in Frankfurt, wo er sein Kapital verdoppeln wollte, verlor er bei einer Razzia alles. – „Ich musste meine Familie vor dem Verhungern retten!", sagte er vor dem Richter aus. „Bei Aufbauarbeiten hätte ich nicht so viel verdient, um für uns fünf Köpfe auch nur die Markenration an Lebensmitteln kaufen zu können. Wenn die Gemeinwirtschaft sich nicht um das Schicksal des Einzelnen sorgt, so fühle ich mich nicht verpflichtet, an die Allgemeinheit zu denken. Ich muss mir dann eben selbst helfen." – Der Schnellrichter verurteilte ihn zu fünf Monaten Gefängnis und 500 Mark Geldstrafe.

Meldung aus dem Wiesbadener Kurier vom 18. 10. 1946.

177.1 Schwarzmarktrazzia, 1946.

Nach dem Krieg war in Deutschland alles knapp, Essen, Wohnungen, Heizmaterial, Rohstoffe usw. Das Essen, das man mit den Lebensmittelmarken kaufen konnte, reichte oft nicht, um den Hunger zu stillen. Das Geld war infolge der nationalsozialistischen Inflationspolitik entwertet, an seine Stelle trat die „Zigarettenwährung". Die Menschen entwickelten vielfältige Strategien, um ihre elementaren Alltagsprobleme zu bewältigen. Angesichts des allgemeinen Hungers fehlte weithin ein Unrechtsbewusstsein für kleinkriminelles Handeln. Erst mit der Währungsreform, mit der Einführung der DM im Jahr 1948, kam der Schwarzmarkt zum Erliegen.

1. *Erkundige dich bei Zeitzeugen, warum der Schwarzhandel in den Nachkriegsjahren überlebensnotwendig war.*
2. *Warum hat die Polizei dennoch den Schwarzhandel bekämpft?*

WERK

Im Archiv arbeiten

Fundgrube für Historiker

Archivstudien sind für Historikerinnen und Historiker unerlässlich, denn in Archiven werden verschiedenste Quellen (z. B. Schriftverkehr, Rechnungen, Prozessakten, Zeitungen, Bücher, Karten, Fotos, Filme, Tonbandaufzeichnungen, Tagebücher usw.) systematisch gesammelt und aufbewahrt.

Viele Archive besitzen nicht nur Schriftgut, sondern auch umfangreiche Bild- und vor allem Postkartensammlungen.

Neben staatlichen oder kommunalen Akten der unterschiedlichsten Behörden bemühen sich Archive auch um Nachlässe bekannter Persönlichkeiten, um Firmenakten, um die Nachlässe von Vereinen und Verbänden.

Die Zeiten, in denen Archive versteckte und verstaubte Orte waren, in denen ein grämlicher alter Archivar mit mürrischer Stimme, zittrigen Händen und dicken Brillengläsern die geheimen Bestände vor neugierigen Blicken hütete, sind längst vorbei. Viele Archive sind hochmoderne Einrichtungen, in denen gerade jugendliche Benutzer gerne gesehen werden.

Dabei werden aber keineswegs alle Akten, die den Archiven übergeben werden, tatsächlich auch aufbewahrt. Eine Hauptarbeit des Archivars besteht in der Auswahl und der Entscheidung: Welche Dokumente müssen aufgehoben werden, welche könnten für die künftige Forschung und die Nachwelt von Interesse sein? Der Rest, der größte Teil, wandert in den Reißwolf, sonst würden die Archive rasch aus allen Nähten platzen.

178.1 Arbeitsplatz in einem Archiv, 2002.

Zuständigkeiten

Vor dem Archivbesuch muss man sich klarmachen, welche Themenstellung oder Fragestellung man genau verfolgt, sonst wird Archivarbeit uferlos. In manchen Archiven werden die Archivalien in Kilometern gemessen. Dabei muss auch überlegt werden, in welchem Archiv man sinnvollerweise sucht: Das Bundesarchiv sammelt die Akten der Bundesbehörden, die Landes- oder Staatsarchive die Akten der Landesbehörden, entsprechend die Kommunal- oder Stadtarchive die Akten, die in den kommunalen Ämtern nicht mehr benötigt werden.

Daneben gibt es noch Zeitungs-, Kirchen-, Firmen-, Vereins-, Partei-, Rundfunkarchive u. a. Wer sich für die Berichterstattung zu einem bedeutenden historischen Ereignis (z. B. die Olympiade 1936, die Reichspogromnacht 1938 oder den Nürnberger Prozess gegen die Hauptkriegsverbrecher 1945/46) interessiert, wird zweckmäßigerweise das Zeitungsarchiv aufsuchen.

Archivrecherchen können sehr aufregend und spannend sein. Aber man sollte für den Archivbesuch mehrere Stunden, am besten einen ganzen Vormittag oder einen Nachmittag, gegebenenfalls auch mehrere Termine einplanen. Wer wenig Geduld und Ausdauer hat, der wird angesichts dicker Aktenbündel schnell resignieren.

Einzelne Arbeitsschritte

- Vor dem Archivbesuch sollte man sich einen allgemeinen Überblick über das Thema verschaffen, das man genauer erforschen will, etwa die Machtübernahme durch die Nationalsozialisten 1933, bevor man sich mit den besonderen Vorgängen vor Ort in den Jahren 1932/33 befasst.
- Ein Vorgespräch mit dem Archivar oder dem Archivpädagogen wird dann Aufschluss geben, ob im örtlichen Archiv Materialien zur gewählten Themenstellung vorhanden sind und ob diese auch eingesehen werden können (Datenschutz).

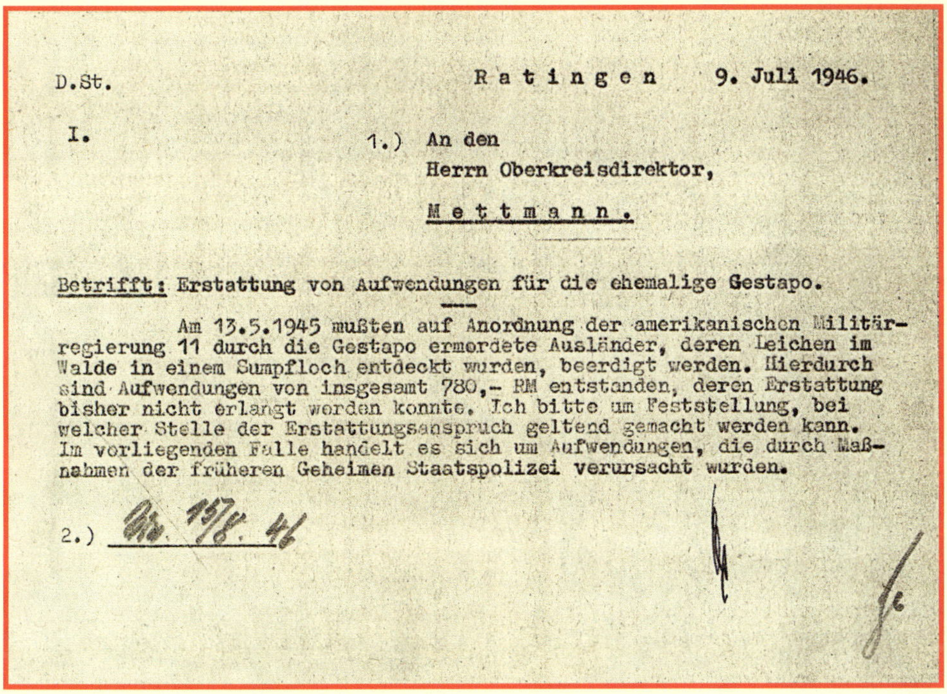

D.St. Ratingen 9. Juli 1946.

I. 1.) An den
Herrn Oberkreisdirektor,
Mettmann.

Betrifft: Erstattung von Aufwendungen für die ehemalige Gestapo.

Am 13.5.1945 mußten auf Anordnung der amerikanischen Militärregierung 11 durch die Gestapo ermordete Ausländer, deren Leichen im Walde in einem Sumpfloch entdeckt wurden, beerdigt werden. Hierdurch sind Aufwendungen von insgesamt 780,- RM entstanden, deren Erstattung bisher nicht erlangt werden konnte. Ich bitte um Feststellung, bei welcher Stelle der Erstattungsanspruch geltend gemacht werden kann. Im vorliegenden Falle handelt es sich um Aufwendungen, die durch Maßnahmen der früheren Geheimen Staatspolizei verursacht wurden.

2.) Wv. 15/8. 46

179.1 Schriftstück aus dem Stadtarchiv Ratingen (StA Rtg. 1–185).

- Dann erst wird man einen Besuchstermin vereinbaren. Vielleicht kann der Archivar schon vorher einige geeignete Akten anhand der Findbücher zusammenstellen, das spart lästige Wartezeiten im Archiv.
- Dann beginnt die mühsame und gelegentlich auch spannende Lesephase in den ausgewählten Akten. Manchmal kann man sich Kopien machen lassen oder die Akten abfotografieren (vorher abklären). Manchmal sind die Archivalien so wertvoll oder so brüchig wie Zeitungen aus den 1920er Jahren, dass diese beim Kopieren sofort zerbröseln würden. Dann wird man eben alles, was einem für die gewählte Fragestellung wichtig erscheint, genau mit Hand (oder mit dem Laptop) abschreiben müssen.
- Angesichts der oft sehr großen Textmengen sind nun neue Lese- und Schreibtechniken gefordert. Bei der Durchsicht z. B. von Tageszeitungen wird man nur auf Überschriften achten können. Beim Abschreiben sollte man sich überlegen, welche Stichwörter ausreichend sind oder welche Textpassagen, die man als geeignete Zitate nutzen kann, man vollständig wörtlich abschreiben muss.
- Auf Kopien oder Abschriften muss genau die Signatur der Akte vermerkt werden, bei Briefwechseln z. B. der Schreiber und der Empfänger, Ort und Datum, bei Zeitungsartikeln der Name der Zeitung, Datum, Verfasser des Artikels und Seitenangabe. Wenn man dies alles erst zu Hause erledigen will, wird man oft feststellen, dass ein weiterer Archivbesuch nötig wird, da man das meiste vergessen hat oder irgendwelche Kopien nicht mehr eindeutig einem Aktenbestand zuordnen kann.

**Projektideen:
Die Nachkriegszeit 1945 ff. in XY**

- Zerstörung von Wohnraum, Neubauprogramme, Wohnungsnot und Wohnungsbau
- Unterbringung von Flüchtlingen
- Sicherung der Nahrungsversorgung
- Schwarzmarkt
- Displaced persons
- Schulraumnot nach 1945
- Maßnahmen der Besatzungsmacht
- Entnazifizierung
- Verkehrsentwicklung und Straßenbau
- Halbstarken- oder Straßenkrawalle in den 50er Jahren

Ergiebig sind hierzu neben Zeitungsmeldungen z. B. Verwaltungsberichte und Gemeinderatsprotokolle.

1. Flucht und Vertreibung

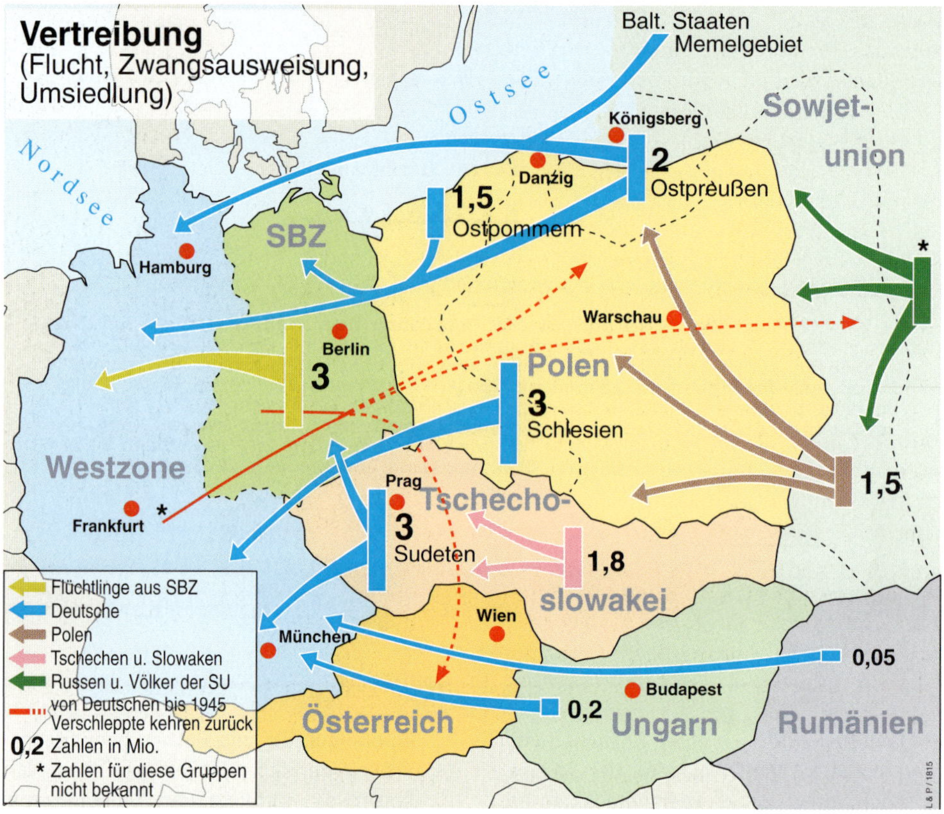

180.1 Vertreibung, Flucht, Aussiedlung in Europa nach dem 2. Weltkrieg.

„Jede Darstellung der Austreibung der Deutschen aus dem Osten wird, wenn sie den richtigen Ausgangspunkt gewinnen will, von den Bevölkerungsbewegungen auszugehen haben, die sich während des Zweiten Weltkrieges seit 1939 in allen Teilen des Deutschen Reiches vollzogen haben." So beginnt die große amtliche Dokumentation, die von 1951 bis 1963 in Deutschland über die Vertreibungen zusammengestellt wurde. Diese wurden äußerst brutal durchgeführt. Betroffen waren außer Deutschen auch andere nationale Minderheiten: Finnen, Polen, Tschechen und Ungarn. Insgesamt wurden von 1945 bis 1949 16 bis 18 Millionen Deutsche aus Ost- und Mitteleuropa sowie dem Balkanraum vertrieben.

In der ersten Phase dieser Ereignisse begannen deutsche Behörden im Oktober 1944, Deutsche aus der Tschechoslowakei, Rumänien und Kroatien zu evakuieren und in Gebiete zu bringen, die noch nicht vom Krieg betroffen waren. Gleichzeitig begann die Rote Armee in den durch ihr Vorrücken besetzten Gebieten Menschen in die Sowjetunion zu verschleppen, von denen viele nicht mehr zurückkamen.

Eine zweite Phase begann, als im Winter 1944/1945 die deutsche Bevölkerung in Ostpreußen und Schlesien in Massen vor der heranrückenden sowjetischen Armee floh. Im eisigen Winter konnten die Menschen nur das Nötigste mitnehmen. Hunderttausende wurden vom Kriegsgeschehen überrollt. Russische Soldaten und polnische Zivilbevölkerung ließen oftmals ihrem durch die Besatzungszeit ausgelösten Hass freien Lauf.

180.2 Die Wilhelm Gustloff, gebaut als Ausflugsschiff für „Kraft durch Freude" (KdF), hier 1938 (→ S. 182).

Nach der ersten Fluchtwelle und dem Waffenstillstand kehrten viele Deutsche wieder in ihre alte Heimat zurück. Die polnische Militär- und Zivilverwaltung reagierte darauf mit den „wilden Vertreibungen“. Diese wurden oft mit brutaler Gewalt, Plünderungen und Ermordungen durchgeführt.

Auch aus dem Sudetenland wurden 450 000 Deutsche vertrieben, z. T. begleitet von Gewaltexzessen. Als Reaktion darauf wurde im Potsdamer Protokoll der Alliierten festgehalten, dass die „Umsiedlung“ in „geordneter und humanitärer Weise“ zu geschehen habe. Eine Forderung, die oft nicht berücksichtigt wurde.

Damit hatten die Siegermächte den „Transfer“ der deutschen Bevölkerung legitimiert und dieser wurde ab jetzt von den offiziellen Stellen der betroffenen Staaten durchgeführt. In diesem Zusammenhang wurden etwa aus der Tschechoslowakei 2,5 Millionen Deutsche abgeschoben. Dazu wurden 1646 Züge mit meistens mehr als 60 Waggons eingesetzt. Die 5 000 Menschen, die pro Tag durchschnittlich betroffen waren, durften nur 30 kg Handgepäck mitnehmen und es war ihnen bei Todesstrafe verboten, wieder zurückzukehren.

In den südosteuropäischen Staaten Rumänien, Jugoslawien und Ungarn sind die gleichen Phasen festzustellen: Evakuierung, Flucht und Vertreibung. Besonders grausam ging die jugoslawische Volksbefreiungsbewegung vor. Die Deutschen, die noch nicht geflohen waren, wurden grausam verfolgt und in Lagerhaft gehalten, die oft mit dem Hungertod endete.

In Polen zogen in die Häuser der Ausgewiesenen polnische Staatsangehörige ein, die ihrerseits aus ihren östlichen Landesteilen vertrieben worden waren. Der Grund war, dass die Ostgrenze Polens von den Alliierten um ca. 200 km nach Westen verlegt wurde, sodass polnische Gebiete russisch wurden. Polen wurde durch deutsche Gebiete entschädigt. Die UdSSR dehnte damit ihren Machtbereich bis zur im deutsch-sowjetischen Nichtangriffspakt von 1939 festgelegten Linie aus. Die Oder-Neiße-Linie wurde als Westgrenze festgeschrieben, endgültig sollte dies ein Friedensvertrag regeln.

181.1 Vertreibung der Sudetendeutschen 1945.

■ Die Wurzel der Vertreibungen

Hintergrund der Vertreibung war es, staatliche Gebiete ohne nationale Minderheiten zu schaffen. Seit dem 19. Jahrhundert hatte sich der Nationalismus immer weiter gesteigert und das Ideal des Nationalstaates hatte sich durchgesetzt. Es begannen Umsiedlungen, um ethnisch reine Gebiete herzustellen. Dies geschah z. T. aufgrund von zwischenstaatlichen Abkommen, oft aber auch willkürlich.

Als erste Vertreibung dieser Art wird die Zwangsumsiedlung im Rahmen der Balkankriege 1912/13 angesehen. Dabei ging es um die Krise des Osmanischen Reiches, das in seinen Gebieten mehrere Religionen und Völker beheimatete. Die Osmanische Regierung begann 1915, die armenische Bevölkerung aus Anatolien zwangsweise umzusiedeln. Es wird geschätzt, dass dabei mehr als eine Million Menschen ums Leben kamen. 1923 legitimierte der Völkerbund diese Praxis durch einen Vertrag, danach begannen zwischen der Türkei und Griechenland Umsiedlungen, an deren Ende beide Staaten praktisch ethnisch homogen waren.

Die Alliierten im Zweiten Weltkrieg waren 1945 überzeugt davon, dass die Vertreibung eine Erleichterung für eine stabile Nachkriegsordnung sei. Als Folge dieser Entscheidung gab es zwei Millionen Todesopfer und 14 Millionen Deutsche wurden vertrieben.

182.1 Polen 1939 bis 1945.

Q1 Bevölkerungsaustausch

Rede Winston Churchills vor dem britischen Unterhaus am 15. Dezember 1944:

Die Umsiedlung von mehreren Millionen Menschen (Polen) müsste vom Osten nach Westen oder Norden durchgeführt werden, ebenso die Vertreibung der Deutschen – denn das wurde vorgeschlagen – aus den Gebieten, die Polen im Westen und Norden gewinnt. Denn die Vertreibung ist, soweit wir in der Lage sind, es zu überschauen, das befriedigendste und dauerhafteste Mittel. Es wird keine Mischung der Bevölkerung geben, wodurch endlose Unannehmlichkeiten entstehen, wie z.B. im Fall Elsass-Lothringen. Reiner Tisch wird gemacht werden. Mich beunruhigt die Aussicht des Bevölkerungsaustausches ebenso wenig wie die großen Umsiedlungen, ... Ich sehe auch nicht, warum in Deutschland kein Platz für die Bevölkerung Ostpreußens und der anderen von mir erwähnten Gebiete sein sollte. Schließlich wurden bereits sechs bis sieben Millionen Deutsche in diesem schrecklichen Krieg getötet, in den sie zum zweiten Mal in einer Generation Europa ohne Zaudern gestürzt haben. Gegenwärtig, heißt es, würden zehn oder zwölf Millionen Gefangene oder Ausländer in Deutschland als Sklaven gehalten, die, wie wir hoffen, ihrer Heimat und ihrem Land zurückgegeben werden, sobald der Sieg errungen ist.

Quellen zur Entstehung der Oder-Neiße-Linie in den diplomatischen Verhandlungen, während des Zweiten Weltkrieges. Hrsg. v. Gotthold Rhode und Wolfgang Wagner, 2. erw. Auflage, Stuttgart 1959, S. 159.

Q2 Erlebnisse auf der Flucht

a) Lina Herfort stammt aus Danzig. Im Januar 1945 muss die 12-Jährige fliehen:

Für unsere paar Habseligkeiten hatten wir nur noch einen kleinen Handschlitten. Da saß meine Schwester drauf. ... Und dann kamen die im Tiefflug. Da lag alles am Wegrand. Menschen, tote Menschen, tote Pferde. Wir gingen daneben. Und dann fiel da schon wieder einer um. ... Wir sollten eigentlich auf die „Gustloff". Aber die war schon überfüllt. Da sind dann fast alle ertrunken. Wir hatten Glück. Überall sind Leute verreckt vor Hunger. Die wurden dann einfach beerdigt. Am Straßenrand wurde ein Loch gebuddelt.

b) Die damals 20-jährige Hilde Geldner aus Schlesien berichtet über ihre Vertreibung:

Und dann hieß es eines Morgens – im Juli 1945, innerhalb von zehn Minuten hätten wir die Häuser zu verlassen. Aber ich meine, man wusste das schon vorher, dass es so kommen würde. Durch all die Gerüchte, die im Umlauf waren. ... Also in die Wohnung haben sie dann Polen reingesetzt. Und ich seh' das und hör' das noch heute. Als wir rausgingen, da stand unser Pole an der Korridortür und sagte: „Also, was da gemacht worden ist, das bringt kein Glück!"

A. Lehmann, Im Fremden ungewollt zuhaus, 1991, S. 204; S. 209–211.

Q3 Vertreibung in der Literatur

Peter Härtling, der selbst die Vertreibung erlebte, verarbeitete dies literarisch:

Nun waren sie unterwegs und wussten genau genommen nicht wohin. Die Deutschen mussten Brünn verlassen, weil die Russen Hitler besiegt hatten. Und weil die Tschechen nun ihr Land für sich allein haben wollten. Obwohl die Deutschen seit einer Ewigkeit gemeinsam mit den Tschechen gelebt hatten. Tante Kral und er durften noch eine Weile bleiben, weil sich ein tschechischer Freund ihrer annahm. So mussten sie nicht, wie viele andere, den Weg zur Grenze zu Fuß gehen. Sie durften bis Nikolsburg mit

dem Zug fahren. Von dort aber mussten sie wandern bis über die Grenze nach Österreich. Sie waren drei Tage unterwegs.
Tante Karla hatte ihm verboten, in dem überfüllten Zug auch nur ein Wort zu sprechen. „Du musst den stummen Deppen spielen. Sie dürfen uns nicht als Deutsche erkennen. Sonst werden wir womöglich auf der nächsten Station hinausgeschmissen.“ Tante Karla sprach tschechisch so gut wie deutsch. Er schaffte es, kein Wort zu sagen. …
Sie gingen die öde Straße entlang, setzten immer wieder die Koffer ab. Tante Karla stellte fest, dass die Stadt wohl im letzten Moment noch ziemlich kaputt geschossen worden sei. Bernd war das gleichgültig. Er wünschte, dass der mühsame Marsch bald ein Ende habe. Und außerdem gingen viele Gedanken in seinem Kopf durcheinander. Es ist verrückt, dachte er, noch vor kurzem hatten wir ein Zuhause. Ich wohnte mit Tante Karla in Brünn. Ging zur Schule, hatte eine Menge Freunde – und jetzt ist alles futsch. Weil wir als Deutsche nicht mehr da bleiben dürfen.

Peter Härtling, Reise gegen den Wind. Wie Primel das Ende des Krieges erlebt, Weinheim 2000, S. 8 f.

Q3 Position der Heimatvertriebenen

Aus der Charta der deutschen Heimatvertriebenen, Stuttgart am 5. August 1950:

Wir Heimatvertriebenen verzichten auf Rache und Vergeltung. Dieser Entschluss ist uns ernst und heilig im Gedenken an das unendliche Leid, welches im Besonderen das letzte Jahrzehnt über die Menschheit gebracht hat.
Wir werden jedes Beginnen unterstützen, das auf die Schaffung eines geeinten Europas gerichtet ist, in dem die Völker ohne Furcht und Zwang leben können.
Wir werden durch harte unermüdliche Arbeit teilnehmen am Wiederaufbau Deutschlands und Europas. Wir haben unsere Heimat verloren. Heimatlose sind Fremdlinge auf dieser Erde. Gott hat die Menschen in ihre Heimat hineingestellt. Den Menschen mit Zwang von seiner Heimat zu trennen, bedeutet, ihn im Geiste zu töten. Wir haben dieses Schicksal erlitten und erlebt. Daher das Recht auf die Heimat als eines der von Gott geschenkten Grundrechte der Menschheit anerkannt und verwirklicht wird. …
Die Völker müssen erkennen, dass das Schicksal der deutschen Heimatvertriebenen wie aller Flüchtlinge, ein Weltproblem ist, … .

Charta der deutschen Heimatvertriebenen. Hrsg. vom Bundesministerium für Angelegenheiten der Vertriebenen, Bonn o. J.

183.1 Vertreibung: Mutter mit Kindern auf dem Weg nach Westen.

1. Fasse die Begründung Churchills (Q 1) zusammen (vgl. auch die Karten S. 180.1 und 182.1).

2. Stelle die Merkmale der Vertreibung zusammen, die in den Berichten der Betroffenen zu finden sind (Q 2 bis Q 4). Ordne dies in die Phasen der Vertreibung ein (→ S. 180–181).

3. Stelle die wesentlichen Punkte der Reaktion der Heimatvertriebenen und deren Argumente zusammen (Q 4). Beurteile sie.

Zeitzeugen befragen

Fundgrube für Historiker

Eine Möglichkeit, etwas über historische Vorgänge zu erfahren, besteht in der Befragung von Zeitzeugen. Menschen, die die großen Umbrüche der Geschichte miterlebt haben, können davon und von ihrem damaligen Alltag erzählen. Das gilt natürlich höchstens für die letzten 80 Jahre. Viele ältere Mitbürger stehen interessierten Schülern gern zur Verfügung. Die Wissenschaft spricht bei der Überlieferung von solchen Erinnerungen von „oral history". Diese Überlieferung zeichnet sich durch hohe Anschaulichkeit und individuelles Erleben aus, unterliegt aber auch am stärksten Irrtümern und Verzerrungen.

Da in jeder Gemeinde oder Stadt solche Zeitzeugen leben, lohnt es sich, sie für die Themen der jüngeren Geschichte zu suchen und zu befragen. Man kann mit der Zeitzeugenbefragung unterschiedliche Ziele verfolgen. Es kann sich um individuelle Erfahrungen handeln, über die es keine andere Möglichkeit der Erkundung gibt. Vielleicht lebst du an einem Ort, für den bis heute das Ende des Zweiten Weltkriegs nicht richtig erforscht ist. Dazu könntest du noch Zeitzeugen finden. Eine andere Möglichkeit besteht darin, persönliche Erfahrungen als „Erlebnis von kleinen Leuten" zu erkunden.

Erfahrungsgemäß haben sich zwei Vorgehensweisen bewährt:

- Die erste ist ein erzählendes Interview. Hier bietet man dem Gast die Möglichkeit, möglichst ausführlich seine Geschichte zu erzählen. Dabei ergeben sich oft Informationen, die man durch eigene Fragen nicht bekommen hätte. Sollten noch Fragen offen sein, können sie nach der Schilderung gestellt werden. Diese Form wird gewählt, wenn die Lebensgeschichte des Gesprächspartners im Mittelpunkt steht.

- Die zweite Möglichkeit ist es, einen Fragenkatalog zu erstellen. Dies ist sinnvoll, wenn ihr Sachinformationen wollt. Dennoch sollten die Fragen eher weit gefasst sein (z. B. durch W-Fragen: Wie, Warum usw.).

Um gezielt fragen und dich mit deinem Interviewpartner unterhalten zu können, solltest du gut vorbereitet sein und einige Regeln in deinem Verhalten beachten:

Das Interview

1. Vorbereitung
- Informiere dich über dein Thema, verwende Schulbücher, Lexika und Fachbücher.
- Hole Informationen über deinen Gesprächspartner ein: Geburtsjahrgang, Lebensstationen, Beruf, Bezug zum Thema, Bildung.
- Informiere den Gesprächspartner über dein Vorhaben, deine Interessen und die Art der Auswertung (z. B. späteres Referat vor der Klasse).
- Präge dir vorher die übergeordneten Fragen ein, damit du sie frei stellen kannst und nicht immer auf deine Notizen schauen musst.
- Vereinbare den Termin rechtzeitig vorab.
- Wenn du noch nie ein Interview durchgeführt hast, mach eines zur Probe innerhalb deiner Klasse. Überprüfe dabei auch die Aufnahmetechnik.

2. Während des Interviews:
- Frage ihn nach konkreten Gegenständen und Fotos.
- Versuche insbesondere in der ersten Phase, deinen Gesprächspartner so viel wie möglich selbst erzählen zu lassen.

3. Auswertung:
- Erstelle ein Zeitgerüst, in das du die erzählten Ereignisse einordnen kannst. Suche die erwähnten Orte auf einer Karte.
- Beschreibe Stimmungslage und Emotionen des bzw. der Berichtenden.
- Benenne die Darstellungsabsicht des Erzählenden und sein Geschichtsbild.
- Trenne bewertende von berichtenden Aussagen.
- Vergleiche die Interviewaussagen mit anderen Darstellungen der betreffenden Zeit und hinterfrage deinen Interviewpartner kritisch.

Benötigst du weitere Informationen und ein weiteres Treffen?

Fallbeispiel

Folgende mündliche Erzählung stammt aus dem Bericht einer Vertriebenen:

„Am 2. Juni 45 waren wir wieder daheim! Ein wehmütiges Gefühl im Herzen beschlich uns. Mit Pferd und Wagen waren wir ausgezogen und als Bettler kehrten wir wieder heim.

Aber an unserem Haus hing schon die polnische Fahne. Welch eine Enttäuschung für uns, die wir uns so auf das Zuhause gefreut hatten! Und nun war es von Fremden besetzt und uns gehörte nichts mehr.

(Polnische Neusiedler treffen ein.)

Eigentlich taten sie mir leid. Und etwas Furcht hatten wir vor ihnen auch, denn wir wussten ja, dass sie unser Land nehmen wollten. Sie kamen vereinzelt oder in kleinen Gruppen. Sie hatten nichts dabei, oder einen Beutel auf dem Rücken, das waren jedenfalls ganz arme Leute. Die hatten nur das bei sich, was sie wirklich besaßen.

Drei Polen nahmen unser Haus in Besitz, ein Vater mit Sohn und Tochter. Sie erzählten, sie seien in Ostpolen vertrieben worden. Wir wohnten im ersten Stock, sie zogen im Erdgeschoss ein. Zu uns waren die Polen freundlich und steckten uns manchmal etwas zu.

Ein Nachbar wollte die Polen nicht auf den Hof lassen. Er wurde vor den Augen der Familie erschossen.

Unser Pole war ein Deutschen-Hasser. Schon am anderen Tag versperrte er den Kartoffelkeller. Auch der Speicher, der noch voller Korn lag, wurde verschlossen. Wir sind als Bauernkinder betteln gegangen, damit wir etwas zu essen hatten.

Jetzt haben die Polen die Macht und üben vielerorts Vergeltung für selbst erlittene Vertreibungen. Alle erwachsenen Deutschen müssen zur Kennzeichnung eine weiße Armbinde tragen.

Das kam eben dann als Aufhänger: Deutsche müssen Binde tragen. Das waren Plakate, genauso wie aufgeschrieben war: Deutsche müssen raus. Das waren dann Plakate, die überall gehangen haben. Polen dürfen nicht plündern. Große Plakate. Hielt sich keiner dran.

185.1 Deutsche Vertriebene aus den ehemaligen Ostgebieten. Von den 2,5 Mio. vertriebenen Polen gibt es kaum Bilder.

Mutter sagte dem polnischen Lagerleiter, dass sie zwei kleine Kinder hätte und bat ihn, nicht jeden Tag von morgens früh bis spät in die Nacht arbeiten zu müssen. Sie wollte ihre Kinder nicht so lange alleine lassen. Darauf antwortete er, wenn es ihr so nicht passt, könnten sie die Kinder jederzeit in ein polnisches Heim bringen, dann wäre sie die Sorge um ihre kleinen Kinder los. Von da an fingen sie an, sie zu traktieren.

In den Vortagen, vor unserer Flucht aus Posen, kamen unsere polnischen Nachbarn aus unserem Haus zur Mama und versuchten, sie zu beruhigen und versicherten ihr, uns würde nichts geschehen, wir könnten beruhigt hier bleiben, denn sie würden für uns einstehen. Mama hätte in der schweren Zeit und in ihrer Not ihnen und ihren Kindern viel geholfen und das möchten sie uns doch zugute kommen lassen.

Wir konnten uns doch nicht vorstellen, dass Schlesien auf einmal nicht mehr deutsch sein soll. Das haben wir alles nicht begriffen. Das haben wir wirklich nicht begriffen. Wieso? Warum? Wir haben doch nix gemacht. Wieso?“

F. Meurer, Unter Polen (2), www.dradio.de.

– Wende den Fragenkatalog (3. Auswertung) auf das Fallbeispiel an und werte es aus.

2. Deutschland in der „Stunde Null“

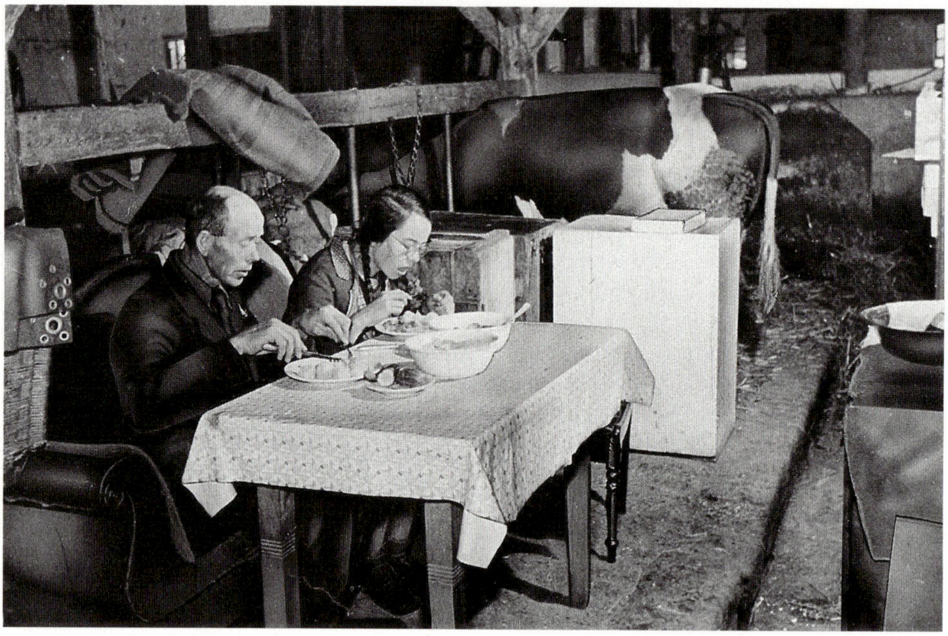

186.1 Neuanfang im Kuhstall, Foto 1945.

Am Morgen wird aus dem Gerücht von gestern Wahrheit: Heute ist der Tag des Waffenstillstands. Totenstille lastet über der Stadt. Dabei ist der Himmel von einem makellosen Blau. Nur unzählige weiße Fahnen, Zeichen für Ergebung, flattern wie kleine Schäfchenwolken aus vielen Fenstern auf der Straßenseite. Gestern schrieen sie noch alle „Heil Hitler“. ... Aus der Lautlosigkeit erwächst ein rollendes Geräusch, kommt näher, dröhnt. Die russischen Panzer! ... Auch für sie ist es der erste Tag ohne Kampf. (Tagebucheintrag von Gisela G., 8. Mai 1945)

Die meisten Deutschen hatten das Kriegsende herbeigesehnt. Doch mit der Erleichterung war auch Furcht verbunden: Welches Schicksal erwartete die Besiegten? Welche Zukunft hatten die Überlebenden der Konzentrationslager, die Zwangsarbeiter, die Flüchtlinge, die Ausgebombten? Wie sollte es weitergehen?

Leben in der Trümmergesellschaft

Viele deutsche Städte glichen 1945 einem Trümmerfeld. Vielerorts waren Energie- und Wasserversorgung zusammengebrochen, Eisenbahnlinien und Straßen zerstört. Die medizinische Versorgung war mangelhaft, die Säuglingssterblichkeit lag um das Dreifache höher als 1938. Hunger war die größte Plage: 80 % der Deutschen waren Ende 1945 unterernährt. Transportschwierigkeiten und ein nur geringer Austausch zwischen den Besatzungszonen verstärkten den Nahrungsmittelmangel.

Die Alliierten verordneten daher die Ausgabe von Lebensmittelkarten, die die Versorgung mit Grundnahrungsmitteln sichern sollten. Durch Hamsterfahrten aufs Land versuchten die Menschen ihre Rationen aufzubessern. Der Schwarzmarkt, auf dem Waren zum Tausch angeboten wurden, blühte, obwohl dieser Tauschhandel unter Strafe stand (→ S. 177).

Viele Männer waren gefallen oder in Kriegsgefangenschaft. In den ersten Nachkriegsjahren mussten Frauen häufig allein die Sorge für die Familien und den Wiederanfang übernehmen. Fünf Millionen Wohnungen waren ganz oder teilweise zerstört. Der Zuzug der Flüchtlinge und Vertriebenen verschärfte das Unterbringungsproblem.

Der Wiederaufbau gestaltete sich schwierig, es fehlte an Baumaterial und Arbeitskräften. Frauen fingen nun an, die Trümmer wegzuräumen und wiederaufzubauen. Aber auch in der Metallindustrie und in der Landwirtschaft, sogar im Bergbau packten sie an.

187.1 Schulspeisung aus Mitteln der Besatzungsmächte. Foto, 1947.

187.2 Die private amerikanische Hilfsorganisation CARE begann 1946 Geld für Lebensmittel und Pakete ins hungernde Deutschland zu senden.

Entnazifizierung

Die Entnazifizierung war ein gemeinsames Vorhaben der Alliierten. Sie setzten in Nürnberg einen Internationalen Gerichtshof ein, vor dem sie führende Parteifunktionäre anklagten. Die Hauptanklagepunkte lauteten: Verbrechen gegen den Frieden, Verbrechen gegen die Menschlichkeit und Kriegsverbrechen. Zwölf der Hauptangeklagten wurden zum Tode verurteilt, sieben erhielten lange Haftstrafen.

Die Verfolgung auf den unteren Ebenen vollzog sich getrennt in den Besatzungszonen. Während die sowjetische Seite alle Amtsinhaber aus öffentlichen Positionen entfernte, versuchten die Amerikaner, die Schuld einzeln zu überprüfen. Das Verfahren erwies sich als undurchführbar und nach anfänglich harten Urteilen wurden immer mildere ausgesprochen, 1950 wurden diese Verfahren offiziell beendet. Einzelne Fälle kamen aber weiterhin vor Gericht. So wurden Anfang der 60er Jahre SS-Offiziere, die das Vernichtungslager Auschwitz geleitet hatten, angeklagt (➔ S. 138).

E. MEMBERSHIP IN ORGANIZATIONS / E. Mitgliedschaften

40. Indicate on the following chart whether or not you were a member of and any offices you have held in the organizations listed below. Use lines 96 to 98 to specify any other associations, society, fraternity, union, syndicate, chamber, institute, group, corporation, club or other organization of any kind, whether social, political, professional, educational, cultural, industrial, commercial or honorary, with which you have ever been connected or associated. — Column 1: Insert either "yes" or "no" on each line to indicate whether or not you have ever been a member of the organization listed. If you were a candidate, disregard the columns and write in the word "candidate" followed by the date of your application for membership. — Column 2: Insert date on which you joined. — Column 3: Insert date your membership ceased if you are no longer a member. Insert the word "Date" if you are still a member. — Column 4: Insert your membership number in the organization. — Column 5: Insert the highest office, rank or other post of authority which you have held at any time. If you have never held an office, rank or post of authority, insert the word "none" in Columns 5 and 6. — Column 6: Insert date of your appointment to the office, rank or post of authority listed in Column 5.

40. In der folgenden Liste ist anzuführen, ob Sie Mitglied einer der angeführten Organisationen waren und welche Ämter Sie darin bekleideten. Andere Gesellschaften, Handelsgesellschaften, Burschenschaften, Verbindungen, Gewerkschaften Genossenschaften, Kammern, Institute, Gruppen, Körperschaften, Vereine, Verbände, Klubs, Logen oder andere Organisationen beliebiger Art, seien sie gesellschaftlicher, politischer, beruflicher, sportlicher, bildender, kultureller, industrieller, kommerzieller oder ehrenamtlicher Art, mit welchen Sie je in Verbindung standen oder welchen Sie angeschlossen waren, sind auf Zeile 96 bis 98 anzugeben.

1. Spalte: „Ja“ oder „nein“ sind hier einzusetzen zwecks Angabe Ihrer jemaligen Mitgliedschaft in der angeführten Organisation. Falls Sie Anwärter auf Mitgliedschaft oder unterstützendes Mitglied oder im „Opferring“ waren, ist, unter Nichtberücksichtigung der Spalten, das Wort „Anwärter“ oder „unterstützendes Mitglied“ oder „Opferring“ sowie das Datum Ihrer Anmeldung oder die Dauer Ihrer Mitgliedschaft als unterstützendes Mitglied oder im Opferring einzusetzen.
2. Spalte: Eintrittsdatum.
3. Spalte: Austrittsdatum, falls nicht mehr Mitglied, anderenfalls ist das Wort „gegenwärtig“ einzusetzen.
4. Spalte: Mitgliedsnummer.
5. Spalte: Höchstes Amt, höchster Rang oder eine anderweitig einflußreiche, von Ihnen bekleidete Stellung. Nichtzutreffendenfalls ist das Wort „keine“ in Spalte 5 und 6 einzusetzen.
6. Spalte: Antrittsdatum für Amt, Rang oder einflußreiche Stellung laut Spalte 5.

	1 Yes or no / ja oder nein	2 From / von	3 To / bis	4 Number / Nummer	5 Highest Office or rank held / Höchstes Amt oder höchster Rang	6 Date Appointed / Antrittsdatum
41. NSDAP						
42. Allgemeine SS						
43. Waffen-SS						
44. Sicherheitsdienst der SS						
45. SA						
46. HJ einschl. BDM						
47. NSDStB						
48. NSDoB						
49. NS Frauenschaft						
50. NSKK						
51. NSFK						
52. Reichsb. der deutschen Beamten						
53. DAF						
54. KdF						
55. NSV						
56. NS-Reichsb. deutscher Schwestern						
57. NSKOV						
58. NS-Bund Deutscher Technik						
59. NS-Ärztebund						
60. NS-Lehrerbund						
61. Rechtswahrerbund						
62. Deutsches Frauenwerk						
63. Reichsbund deutscher Familie						
64. NS-Reichsb. für Leibesübungen						
65. NS-Altherrenbund						
66. Deutsche Studentenschaft						
67. Deutscher Gemeindetag						
68. NS-Reichskriegerbund						
69. Reichsdozentenschaft						
70. Reichskulturkammer						
71. Reichsschrifttumskammer						

187.3 Zweite Seite des Fragebogens des „Military Government of Germany“; in der Liste waren Mitgliedschaft und Dauer bei NS-Organisationen anzugeben.

188.1 Wohnen im Trümmerhaus. Foto, 1945.

188.2 „Trümmerfrauen“ beim Wiederaufbau. Foto, 1946.

188.3 Wichtigste Ergebnisse des Potsdamer Abkommens in Stichworten (→ S. 148 f.)

Q1 Wohnungsnot

Mannheim, 2. 6. 1945: Familien mit arbeitsfähigen männlichen Mitgliedern können nur dann eine Wohnung erhalten, wenn diese die Arbeit aufgenommen oder sich zumindest beim Arbeitsamt gemeldet haben. Außer der Kochgelegenheit kann jeweils nur ein Zimmer zugewiesen werden für: a) Ehepaare, b) zwei erwachsene Kinder gleichen Geschlechts, c) 3 Kleinkinder bis zu 14 Jahren. Wohnräume, insbesondere vollständige Wohnungen, zu anderen als Wohnzwecken zu benutzen, ist nach wie vor verboten.

Generallandesarchiv Karlsruhe (Hrsg.), bearb. von Hansmartin Schwarzmaier, Der deutsche Südwesten zur Stunde Null, Zusammenbruch und Neuanfang im Jahr 1945 in Dokumenten und Bildern, Karlsruhe 1975, S. 160 f.

1. Verfasse eine Reportage für eine amerikanische Zeitung zu dem Thema „Ein Tag im Leben eines Deutschen/einer Deutschen 1945“. Beschreibe, was die Situation nach der Kapitulation kennzeichnete. (B 186.1 bis B 188.3, Q 1)

2. Suche weitere Berichte über das Alltagsleben in Deutschland 1945. Erkläre, welche Faktoren diesen Alltag geprägt haben.

3. Weichenstellung in Ost und West

189.1 Wahlplakate aus den Jahren 1946 bis 1948.

Truman, Attlee und Stalin hatten sich auf der Potsdamer Konferenz 1945 zwar auf politische Grundsätze für die Behandlung Deutschlands geeinigt, doch viele Beschlüsse waren vage formuliert und wurden von der UdSSR und den Westmächten unterschiedlich interpretiert. Die Gegensätze zwischen den Westmächten und der Sowjetunion zeigten sich in den kommenden Monaten immer deutlicher.

■ Politischer Neuanfang in den westlichen Besatzungszonen

Die Erziehung zur Demokratie erforderte, dass die Verantwortung auf deutsche Stellen schrittweise übertragen wurde. So ließen die amerikanischen Besatzer schon kurz nach Kriegsende auf örtlicher Ebene den Aufbau einer deutschen Verwaltung zu. Im August und September 1945 erlaubten sie die Bildung der Länder Württemberg-Baden und Hessen. 1946 entstanden in der britischen Zone die Länder Nordrhein-Westfalen, Niedersachsen und Schleswig-Holstein und in der französischen Zone Baden, Württemberg-Hohenzollern und Rheinland-Pfalz.

Zunächst suchten die Alliierten für die Verwaltung und Regierung Leute aus, auf deren demokratische Gesinnung sie vertrauten. Doch zur Demokratisierung gehörte auch die Zulassung von Parteien und Wahlen. So ließen sie es bereits 1945 zu, dass die Deutschen zunächst auf örtlicher Ebene demokratische Parteien neu gründeten, die sich bald auf Länderebene und überregional zusammenschlossen. 1946 und 1947 wurden die ersten Wahlen für die Gemeinden und Landtage in den drei Westzonen durchgeführt.

■ Beginn des Wiederaufbaus

Im Laufe des Jahres 1946 setzte sich bei den Amerikanern und Briten die Auffassung durch, dass eine engere Zusammenarbeit nötig war, um die wirtschaftliche Erholung und die Versorgung der deutschen und europäischen Bevölkerung zu sichern. Am 1. Januar 1947 legten sie ihre Besatzungszonen zur Bi-Zone zusammen. Mit einiger Verzögerung schloss Frankreich die französische Zone an die Bi-Zone (zur Tri-Zone). Zusätzlich erhielten die Westzonen Kredite im Rahmen des Marshallplans, der den demokratischen Aufbau in Europa fördern sollte (→ S. 151 ff.). Allerdings sah die Sowjetunion in dem Zusammenschluss der Zonen einen Verstoß gegen das Potsdamer Abkommen, die ohnehin schon gespannten Beziehungen kühlten sich weiter ab.

Ein Hindernis für die weitere wirtschaftliche Erholung war der Verfall des Wertes der Reichsmark. Durch die riesige Staatsverschuldung der Nationalsozialisten und die Zerstörungen des Krieges herrschte ein gewaltiger Geldüberhang, dem die Warenmenge nicht entsprach. Hohe Preise, Tauschhandel und schwarzer Markt bestimmten den Alltag.

Da ein gemeinsames Vorgehen mit der Sowjetunion 1948 nicht mehr möglich schien, verfügten die Westalliierten am 20. Juni eine Währungsreform, damit wurde in den drei Westzonen und in Westberlin die Deutsche Mark (DM) eingeführt. Jeder Erwachsene erhielt ein „Kopfgeld“ von zunächst 40 DM, je 100 RM Sparguthaben wurden 6,50 DM gutgeschrieben. Wer Sachwerte, wie Häuser oder Waren, besaß, wurde von dieser Abwertung verschont.

Die wirtschaftliche Situation verbesserte sich beinah über Nacht. Die Sowjetunion sah die Währungsreform aber als einen weiteren Bruch des Potsdamer Abkommens und blockierte die Land- und Wasserwege nach Westberlin fast ein Jahr lang. In dieser Zeit versorgten die Westmächte die 2,2 Millionen Einwohner Westberlins durch eine „Luftbrücke“; amerikanische und englische Flugzeuge brachten Tag und Nacht Lebensmittel und Brennstoffe in die Stadt.

Politischer Neuanfang in der sowjetisch besetzten Zone

Sofort nach der Besetzung durch die sowjetische Armee begann sie in der Ostzone die Umgestaltung des gesamten Lebens. Ziel war die Errichtung eines sozialistischen Staates in Deutschland. Eine Gruppe deutscher Kommunisten um Walter Ulbricht, die vor den Nationalsozialisten in die Sowjetunion geflohen waren, hatte bereits im Krieg Maßnahmen hierzu vorbereitet.

Das politische Leben wurde von der sowjetischen Militäradministration (SMAD) bestimmt. Sie ließ sofort antifaschistische Parteien zu. Als erste Partei konnte sich im Juni 1945 die KPD an die Öffentlichkeit wenden, kurz darauf entstanden auch andere Parteien wie die SPD, die CDU oder die LDPD (Liberale). Doch das Ziel, die Kommunisten zur führenden Gruppe zu machen, war nicht legal zu erreichen, da die Mehrheit der Bevölkerung die KPD ablehnte. So musste sich auf sowjetischen Druck hin die SPD im April 1946 mit der KPD zur SED vereinigen. In dieser Gemeinschaftspartei konnten die sowjetisch orientierten Funktionäre die entscheidenden Positionen einnehmen, ohne dass sie eine Mehrheit hinter sich hatten. Ein anderes Mittel, sich Einfluss zu sichern, waren von der SED veranstaltete Kundgebungen. Kommunistisch orientierte Delegierte aus ganz Deutsch-

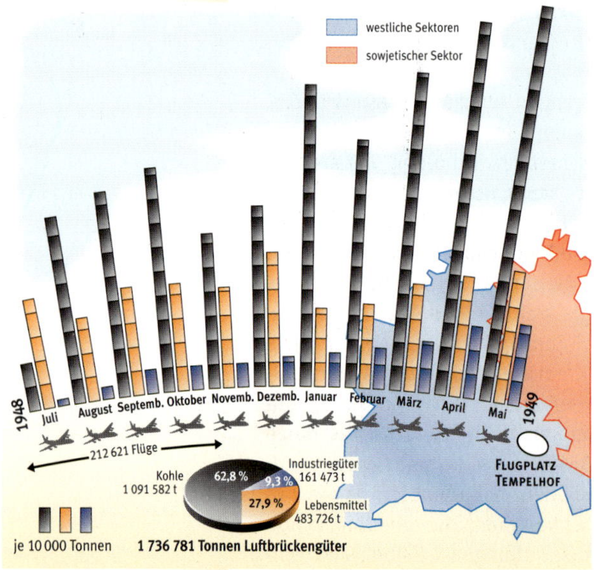

190.1 Luftbrücke Westdeutschland – Berlin, Juni 1948 bis Mai 1949.

190.2 Berliner Kinder spielen die Wirklichkeit nach. Foto, 1948.

191.1 Zur Symbolfigur für die geplante Produktivitätssteigerung in der sowjetischen Besatzungszone wurde der Bergarbeiter Adolf Hennecke. Nach intensiver Vorbereitung übererfüllte er das „Tagessoll" im Bergbau um 300 %. Seine Leistung sollte allen ein Vorbild sein. Links: Arbeitseinsatz in Ost-Berlin. Foto, 1948. Rechts: Eine Statuette, die Adolf Hennecke darstellt.

land unterstützten auf ihnen öffentlich die Politik der SED. Diese als „Volkskongresse" bezeichneten Treffen sollten die Politik der SED-geführten Regierung als angeblichen Willen des Volkes rechtfertigen.

Sozialistische Umformung von Gesellschaft und Wirtschaft

Um den Nationalsozialismus vollständig auszumerzen, gingen die Behörden mit unerbittlicher Strenge gegen Angehörige der SS und SA, gegen Amtsträger der NSDAP und gegen viele Mitarbeiter der Polizei und der Justizbehörden vor. Eine Verhaftungswelle überrollte die sowjetische Besatzungszone, Tausende starben in den Speziallagern für politische Häftlinge. Unter ihnen waren auch unbelastete Menschen, die sich gegen die Besatzungspolitik gewandt hatten und dann wegen ihrer Kritik als Nationalsozialisten diffamiert wurden.

Bereits im September 1945 wurde in der sowjetisch besetzten Zone eine Bodenreform angeordnet. Alle Großgrundbesitzer mit einem Besitz über 100 ha wurden entschädigungslos enteignet. Unter der Parole „Junkerland in Bauernhand" wurde das Land Landarbeitern, Kleinbauern und Vertriebenen übergeben.

Eine Industriereform nach sowjetischem Vorbild leitete die Verstaatlichung der Großbetriebe, Bergwerke und Banken ein, die bis 1948 abgeschlossen war. Der Wiederaufbau der großen Betriebe wurde jedoch von Demontagen durch die sowjetischen Besatzer stark behindert. So wurde bei allen zweigleisigen Bahnstrecken das zweite Gleis abmontiert und in die Sowjetunion gebracht.

Als Reaktion auf die Währungsreform im Westen wurde am 23. Juni 1948 die Ostmark eingeführt. Die Entstehung zweier Wirtschaftssysteme war damit vollzogen. In den Westzonen beschleunigten die Alliierten den Übergang zur Marktwirtschaft (→ S. 209 f.), das Wirtschaftsgeschehen im Osten wurde dagegen ähnlich wie in der Sowjetunion (→ S. 10 f.) zentral gelenkt. Eine von den Sowjets eingesetzte Kommission verabschiedete einen ersten Zweijahresplan für den wirtschaftlichen Wiederaufbau. Er sah vor, die Industrieproduktion und die Arbeitsproduktivität um ca. ein Drittel zu steigern. Gleichzeitig wurde eine Zentrale Kontrollkommission eingerichtet, die die Erfüllung der Pläne überwachte. Damit war die Planwirtschaft eingeführt.

192.1 Links: Emblem der SED. Rechts: Wilhelm Pieck (KPD) und Otto Grotewohl (SPD) auf dem Vereinigungsparteitag der SED im April 1946.

Q1 Walter Ulbricht vor Spitzenfunktionären der KPD

Ein Kommunist der Gruppe um Walter Ulbricht notierte die 1945 gehaltene Rede und veröffentlichte sie später:

Die Bezirksverwaltungen von Berlin müssen politisch richtig zusammengestellt werden. Kommunisten als Bürgermeister können wir nicht brauchen. ... Sie sollen in den Arbeiterbezirken in der Regel Sozialdemokraten sein. In den bürgerlichen Vierteln ... müssen wir an die Spitze einen bürgerlichen Mann stellen. ... Für den stellvertretenden Bürgermeister, für Ernährung, Wirtschaft und Soziales sowie für Verkehr nehmen wir am besten Sozialdemokraten, die verstehen was von Kommunalpolitik. Für Gesundheitswesen antifaschistisch eingestellte Ärzte, für Post ... parteilose Spezialisten. ... Der erste stellvertretende Bürgermeister, der Beauftragte für Personalfragen und für Volksbildung – das müssen unsere Leute sein. Dann müsst ihr noch einen ganz zuverlässigen Genossen in jedem Bezirk ausfindig machen, den wir für den Aufbau der Polizei brauchen.

Es ist doch ganz klar: Es muss demokratisch aussehen, aber wir müssen alles in der Hand haben.

W. Leonhard, Die Revolution entlässt ihre Kinder, 1955, S. 356 f.

Q2 Die amerikanische Politik

a) Geheime Richtlinie Nr. 1067 vom April 1945 für die US-Besatzungstruppen:

Deutschland wird nicht besetzt zum Zwecke seiner Befreiung, sondern als ein besiegter Feindstaat. ... Die Verbrüderung mit deutschen Beamten und der Bevölkerung werden Sie streng unterbinden.

Sie werden sich vom Grundsatz leiten lassen, dass der deutschen Wirtschaft ... Kontrollen auferlegt werden können, ... soweit sie zum Schutz der Sicherheit und zur Befriedigung des Bedarfs der Besatzungsstreitkräfte und zur Sicherstellung der Produktion und Aufrechthaltung von Lieferungen und Dienstleistungen notwendig sind, um Hungersnot oder Krankheiten und Unruhen, die eine Gefährdung dieser Streitkräfte darstellen würden, vorzubeugen.

Sie werden ... nichts unternehmen, was geeignet wäre, die grundlegenden Lebensbedingungen in Deutschland oder in ihrer Zone auf einem höheren Stand zu halten als in irgendeinem Nachbarstaat. ... Sie werden keine Schritte unternehmen, die (a) zur wirtschaftlichen Wiederaufrichtung Deutschlands führen könnten oder (b) geeignet sind, die deutsche Wirtschaft zu erhalten oder zu stärken.

H. Michaelis/E. Schraepler (Hrsg.), Ursachen und Folgen, Bd. 24, 1976, S. 26 ff.

b) Rede des amerikanischen Außenministers James Byrnes vor den Ministerpräsidenten der süddeutschen Länder in Stuttgart, 6. September 1946:

Die Zeit ist gekommen, wo die Zonengrenzen nur als Kennzeichnung der Gebiete angesehen werden sollten, die aus Sicherheitsgründen von den Streitkräften der Besatzungsmächte besetzt gehalten werden und nicht als Kennzeichnung für in sich abgeschlossene wirtschaftliche oder politische Einheiten. …
Wir treten für die wirtschaftliche Vereinigung Deutschlands ein. Wenn eine völlige Vereinigung nicht erreicht werden kann, werden wir alles tun, was in unseren Kräften steht, um eine größtmögliche Vereinigung zu sichern. …
Der Hauptzweck der militärischen Besetzung war und ist, Deutschland zu entmilitarisieren und zu entnazifizieren, nicht aber, den Bestrebungen des deutschen Volkes hinsichtlich einer Wiederaufnahme seiner Friedenswirtschaft künstliche Schranken zu setzen. …
Während wir darauf bestehen werden, dass Deutschland die Grundsätze des Friedens, der gutnachbarlichen Beziehungen und der Menschlichkeit befolgt, wollen wir nicht, dass es der Vasall irgendeiner Macht oder irgendwelcher Mächte wird oder unter einer in- oder ausländischen Diktatur lebt. Das amerikanische Volk hofft, ein friedliches und demokratisches Deutschland zu sehen, das seine Freiheit und Unabhängigkeit erlangt und behält.

Geschichte in Quellen. Die Welt seit 1945, 1980, S. 93–97.

Q3 Deutschland zwischen den Blöcken

Der britische Außenminister Ernest Bevin am 25. November 1947:

Bei den bekannten Vorstellungen der Russen würde uns die Fortsetzung des Status quo (= gegenwärtiger Zustand) oder gar eine Verschärfung der gegenwärtigen Spaltung zwischen Ost und West … besser in den Kram passen als die Errichtung einer Pseudo-Wirtschaftseinheit. …
Auf jeden Fall ist die wirtschaftliche Spaltung Deutschlands politisch weniger gefährlich als eine deutsche Einheit, die es den Russen erlaubt, nicht nur auf die Wirtschaft Einfluss zu nehmen, sondern auch auf Verwaltung und Politik.

R. Steininger, Deutsche Geschichte 1945–1961, 1983, S. 242 f.

193.1 Am Tag nach der Währungsreform in Westdeutschland. Foto, 1948.

1. Welche Probleme werden in den Plakaten B 189.1 angesprochen?

2. Erläutere die Ziele der Anweisung Ulbrichts (Q 1).

3. Welche Positionen vertreten die Texte in Q 2? Stelle Gemeinsamkeiten und Unterschiede ihrer Motive und Ziele dar.

4. Nenne Kennzeichen des Beginns der unterschiedlichen Entwicklung in Ost und West.

5. Erörtert in der Klasse die Ursachen und Folgen der Lageeinschätzung in Q 3.

4. Baden-Württemberg entsteht

194.1 Das Landeswappen von Baden-Württemberg.

Badener und Württemberger in einem Land?

Angesichts des gegenseitigen Spottes und der Vorurteile schien es vor 100 Jahren sicher noch undenkbar, dass Badener und Württemberger in einem Land zusammenleben könnten. Dass es dennoch so kam, ist ein Ergebnis des Zweiten Weltkrieges.

Am Kriegsende eroberten amerikanische Truppen die nördlichen Teile der ehemaligen Länder Baden und Württemberg, die Franzosen die südlichen Gebiete. Als neue Verwaltungseinheiten schufen die Besatzungsmächte ohne Rücksicht auf geschichtliche Zusammenhänge die Regionen Württemberg-Baden, Württemberg-Hohenzollern und Südbaden. Diese wurden von den Zentren Stuttgart, Freiburg und Tübingen aus verwaltet.

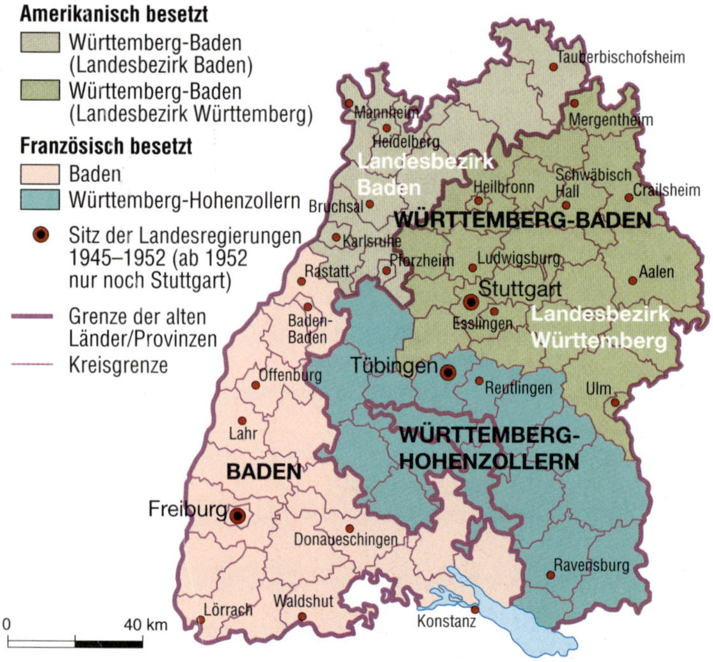

194.2 Südwestdeutschland 1945–1952.

Der schwierige Zusammenschluss

Die Südbadener um Freiburg herum verstanden sich als badisches „Kernland“ und beanspruchten, für ganz Baden zu sprechen, obwohl die badischen Kerngebiete Karlsruhe und Durlach in der amerikanischen Besatzungszone lagen. Eine Verbindung der beiden südlichen, französisch besetzten Teile kam besonders aus badischer Sicht nicht in Frage, während die Zusammenarbeit zwischen Nordwürttemberg und Nordbaden mit den Zentren Stuttgart und Karlsruhe gut funktionierte.

Zunächst entstanden 1946 aus den drei Regionen unter der Hoheit der Besatzungsmächte die Länder Württemberg-Baden, Württemberg-Hohenzollern und Baden (B 194.2). Nachdem 1946 die verfassunggebende Versammlung für das amerikanisch besetzte Württemberg-Baden gewählt worden war, entwarf diese unter anderem einen Artikel, der schon den Zusammenschluss des ganzen Südwestens ins Auge fasste. Er sah eine Volksabstimmung vor: Würde die einfache Mehrheit aller Abstimmenden für die Vereinigung der drei Länder sein, sollte diese stattfinden. Für alle anderen territorialen Veränderungen sollte aber eine Zwei-Drittel-Mehrheit nötig sein. Ein Zusammenschluss des gesamten Südwestens war damit deutlich leichter zu erreichen, als ein Wiederentstehen der zwei ehemaligen Länder Baden und Württemberg, der eine Trennung Nordbadens von Nordwürttemberg bedeutet hätte.

Das Bewusstsein von Gemeinsamkeiten begann eher zu sinken. Die südlichen, von den Franzosen besetzten Teile waren in der Lebensmittelversorgung deutlich schlechter gestellt. So verstärkte sich bei der südbadischen Bevölkerung die Abneigung gegen die besser versorgten Schwaben.

Aber nicht nur Badener und Württemberger hatten unterschiedliche Ansichten zur Vereinigung, auch die Besatzungsmächte waren sich nicht einig. Die Franzosen unterstützten einen Zusammenschluss von Nord- und Südbaden, um damit auch ihren Einflussbereich auszudehnen. Die Amerikaner dagegen untersagten den nordbadischen deutschen Verwaltungsbeamten die Zusammenarbeit mit den Franzosen. In einer der Anweisungen hieß es, sie sollten vergessen, dass es Franzosen gibt.

Im Sommer 1948 wurde die Entwicklung beschleunigt, als die USA eine westdeutsche Staatsbildung forderten. Im Zusammenhang damit stand die Forderung, dass Westdeutschland eine ausgewogene Struktur von Ländern erhalten sollte.

Geprägt wurde die Entwicklung von drei Politikern:

- Leo Wohleb, ein CDU-Politiker, stand ab 1946 an der Spitze des Staatssekretariats in Freiburg. Er stellte sich an die Spitze einer badischen Bewegung gegen einen Südweststaat. Heftige Propaganda sollte eine Vereinigung verhindern. Außerhalb Südbadens fand diese Position allerdings keine sonderlich große Zahl an Anhängern.
- Reinhold Maier, Vorsitzender der FDP und Ministerpräsident der nördlichen Landesteile, Württemberg-Baden, forcierte die Vereinigung. In Nordbaden hatte man die Befürchtung, dass ein reines Land Baden zu sehr in die Abhängigkeit Frankreichs geraten würde, in Württemberg herrschte die Meinung vor, dass ein gemeinsames Land durch seine Größe die Aufgaben besser bewältigen könnte.
- Auch Gebhard Müller, CDU, der Staatspräsident von Württemberg-Hohenzollern war, arbeitete entschieden für eine Vereinigung der drei Länder zu einem Südweststaat.

Am 9. Dezember 1951 schließlich erfolgte auf der Grundlage des Grundgesetzes der 1949 gegründeten Bundesrepublik Deutschland eine Volksabstimmung in allen drei Ländern. Insgesamt ergab sich eine Mehrheit von 69,7 % für den Zusammenschluss. Doch die Ergebnisse unterschieden sich regional stark voneinander (→ 162.1). In Württemberg-Hohenzollern sprachen sich 91,4%, in Nordwürttemberg sogar 93,5% der Abstimmenden für eine Vereinigung aus. In Nordbaden stimmten dagegen nur 57,1% für die Bildung eines Südweststaates, im Land Baden (Südbaden) nur 37,8%.

195.1 Plakate zur Volksabstimmung über den Südweststaat vom 9. Dezember 1951.

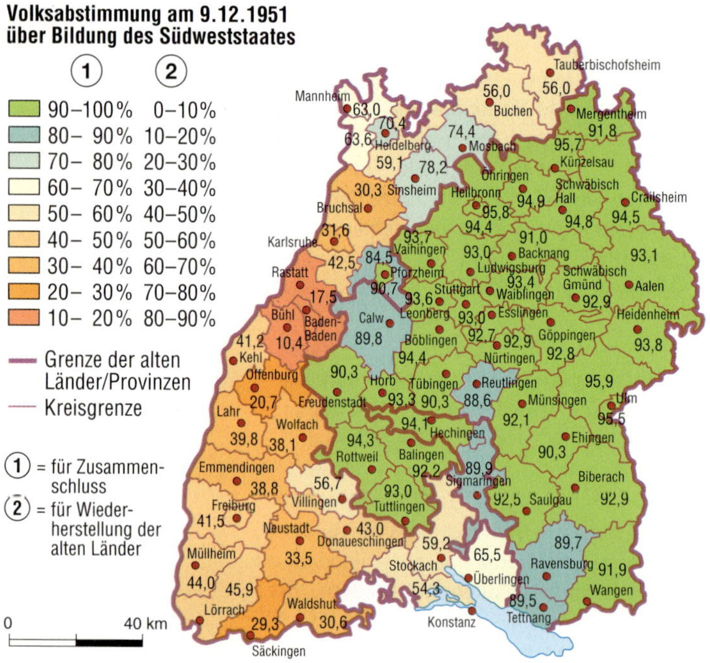

196.1 Ergebnisse Volksabstimmung zur Gründung des Südweststaates (Baden Württembergs) am 9. Dezember 1951.

196.2 Da der Landtag in Stuttgart im Krieg zerstört worden war, tagte der neu gebildete Landtag von Baden-Württemberg 1947 bis 1961 in diesem Gebäude in der Stuttgarter Heusteig-Str. 45.

Das neue Bundesland

Wie sollte das neue Land, der Südweststaat, heißen? Lange Zeit war „Württemberg-Baden" Vorreiter. Schließlich aber entschied sich der Landtag für „Baden-Württemberg", um dem kleineren Landesteil, dessen Bürger sich mit der Vereinigung schwerer getan hatten, entgegenzukommen.

Ende 1951 trat ein Ministerrat aus Vertretern der bisherigen Landesregierungen zusammen und bereitete die Zusammenkunft der Landesversammlung vor. Diese wählte am 25. April 1952 Reinhold Maier zum Ministerpräsidenten des neuen Bundeslandes Baden-Württemberg; 1953 folgte ihm Gebhard Müller. Im selben Jahr wurde die Landesverfassung verkündet.

Ein „Heimatbund Badener Land" klagte beim Bundesverfassungsgericht gegen das Abstimmungsverfahren von 1951: Er war der Ansicht, dass württembergische und badische Ergebnisse bei der Abstimmung nicht hätten zusammengezählt werden dürfen. Sie erhielten 1956 Recht, das Bundesverfassungsgericht urteilte: „Der Wille des badischen Volkes ist überspielt worden." Doch erst 1970 fand eine Wiederholung der Volksabstimmung in Baden statt. Doch jetzt stimmte eine Mehrheit von 81,9% der Badener für den Verbleib im gemeinsamen Bundesland: Der Zusammenschluss hatte sich bewährt; und er war, wenn auch verspätet, durch die Volksabstimmung legitimiert worden.

196.3 Der neue Landtag von Baden-Württemberg, 1961 eingeweiht. Es war der erste Parlamentsneubau in der Bundesrepublik nach dem 2. Weltkrieg.

Q1 Ein Aufruf der badischen Landesregierung, 1951

Männer und Frauen! Liebe Landsleute!
Am 9. Dezember liegt bei euch die ernste Entscheidung, ob ihr in Zukunft die Geschichte eurer Heimat selbst in der Hand behalten wollt. Baden war von jeher das Land der Freiheit und der Toleranz, ein Hort der Demokratie und ein Vorbild der Bundestreue.

Baden in seinen alten Grenzen ist wirtschaftlich so leistungs- und entwicklungsfähig wie einst. In einhundertfünfzigjährigem Aufbau hat sich im badischen Raum ein gesundes und ausgeglichenes Wirtschaftsleben entfaltet. Landwirtschaft und Industrie, Handwerk und Handel sind in glücklicher Harmonie zu gleicher Blüte gelangt.

P. Sauer (Hrsg.), Die Entstehung des Landes Baden-Württemberg, 1977, S. 156.

Q2 Leserbriefe, 1951

a) Lasst dem Schwaben die Farben Schwarz-Rot und dem Badener seine Farben Gelb-Rot-Gelb. Als Geschwister werden die beiden Hand in Hand doch viel zum Wohle ihrer Länder arbeiten können. Bei einer Ehe wäre aber leicht eine Scheidung oder, was noch schlimmer ist, ein getrenntes Eheleben zu befürchten.
R. H. aus Freiburg

b) Es ist keine Konzentrierung der Macht in Stuttgart erwünscht. Es besteht sonst die Möglichkeit, dass die Schwaben noch mehr Diktatorenallüren annehmen als bisher.
H. M. aus Linkenheim

c) Herrscht nicht genug Misstrauen in der Welt, muss es dazu noch unter uns Deutschen künstlich gezüchtet werden mit der Angst, der eine könnte vom anderen übers Ohr gehauen werden?
S. T. aus Karlsruhe

d) Warum sich in dieser schweren Zeit auseinander leben statt sich immer mehr zusammenzuschließen?
K. F. aus Stuttgart

P. Sauer (Hrsg.), Die Entstehung des Landes Baden-Württemberg, 1977, S. 28.

An alle Haushaltungen!

Am 16. September 1951 wird die Bevölkerung von Baden, Württemberg und Hohenzollern endgültig darüber abstimmen, ob die drei Länder zu einem Lande vereinigt oder ob die früheren Länder Baden und Württemberg wiederhergestellt werden sollen. Es ist deshalb notwendig, der Bevölkerung nochmals die wichtigsten Gründe mitzuteilen, weswegen wir für den Südweststaat sind, und auf die hauptsächlichsten Einwände der Gegner des Südweststaates zu antworten.

Warum wollen wir den Südweststaat?

❶ **– Es gibt im ganzen westdeutschen Bund keine Länder oder Landesteile, die aus geschichtlichen und landsmannschaftlichen Gründen einen stärkeren Anspruch auf Zusammenschluß erheben können, als die Länder Baden, Württemberg und Hohenzollern.** Ihre wesentlichen Teile waren jahrhundertelang miteinander vereinigt. Die geschichtlichen und landsmannschaftlichen Bindeglieder verlaufen in ost-westlicher und nicht in nord-südlicher Richtung (im nördlichen Teil beider Länder fränkischer Stamm und im südlichen Teil beider Länder schwäbisch-alemannischer Stamm).

❷ **Die drei Länder des Südweststaates besitzen einen natürlichen Spannungsausgleich in weltanschaulicher, politischer, wirtschaftlicher und sozialer Hinsicht.** Eine selten glückliche Mischung von Land- und Forstwirtschaft, von Getreide-, Hackfrucht-, Obst-, Wein-, Tabak-, Futteranbau und Viehwirtschaft, von gewerblichen Klein- und Mittelbetrieben nebst einigen Großbetrieben in einzig dastehender Vielseitigkeit, ein vorbildliches Handwerk mit höchstem Können, Wasserkräfte, landwirtschaftliche Schönheit ohnegleichen, zahlreiche Heilbäder, ein hervorragendes Verkehrsgewerbe und ausgezeichnete Verkehrsverhältnisse verbürgen eine von Erschütterungen freie, stabile Wirtschaft und gesunde soziale Verhältnisse. Der Südweststaat wird unter allen deutschen Ländern der wirtschaftlich leistungsfähigste, krisenfesteste und sozial gesündeste Staat sein. Auch in wissenschaftlicher, kultureller und weltanschaulicher Hinsicht ergänzen sich die drei Länder vortrefflich, wovon die Stätten der Kultur und der Wis-

197.1 Erste Seite eines Aufrufs zur Volksabstimmung in Stuttgart, 1951. (Die Abstimmung wurde schließlich auf den 9. Dezember verschoben.)

1. Nenne die Argumente, mit denen für und gegen den Zusammenschluss zum Südweststaat geworben wurde. Nutze dazu die Plakate B 195.1 sowie die Aufrufe Q 1 und B 197.1. Vergleiche die Argumente mit den Meinungen, die Leser in ihren Briefen an Zeitungen zum Ausdruck gebracht haben. (Q 2)

2. Die Gründung des Landes Baden-Württemberg war der bisher einzige Länderzusammenschluss in der Bundesrepublik Deutschland. Kennst du heute vergleichbare Diskussionen?

5. Die Bundesrepublik Deutschland im Aufbau: die Ära Adenauer

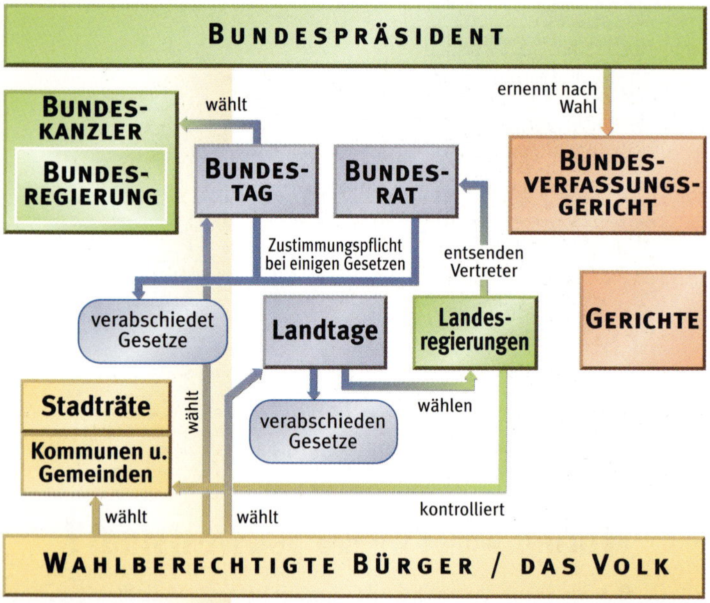

198.1 Staatsaufbau der Bundesrepublik.

„Vor zehn Jahren war Deutschland ein besiegtes Land, so hoffnungslos zerschlagen, dass an einen Wiederaufbau in unserer Generation kaum zu glauben war. Heute gehört die Wirtschaft der Bundesrepublik zu den gesündesten Europas." Dies schrieb der amerikanische Wirtschaftswissenschaftler Henry Wallich Mitte der fünfziger Jahre. In der Tat entwickelte sich in den ehemaligen westlichen Besatzungszonen eine stabile demokratische Ordnung und ein wirtschaftlicher Aufschwung, der langfristig Wohlstand garantierte. Die Grundlage des politischen und wirtschaftlichen Lebens bildete seit 1949 das Grundgesetz, das später durch eine Verfassung für ganz Deutschland abgelöst werden sollte.

■ Staatsgründung im Westen – Besiegelung der Spaltung?

Im März 1948 hatte die Sowjetunion die Mitarbeit im gemeinsamen Alliierten Kontrollrat eingestellt, für Deutschland bestand damit kein gemeinsames Verwaltungsorgan mehr. Daraufhin hatten die Militärgouverneure der westlichen Besatzungszonen den Ministerpräsidenten der deutschen Länder im Sommer 1948 den Auftrag gegeben, eine verfassunggebende Versammlung für die Gründung eines Weststaates einzuberufen.

Mit großen Bedenken nahmen die Ministerpräsidenten den Auftrag an. Sie befürchteten, die Spaltung Deutschlands damit zu besiegeln. Um den provisorischen Charakter des neuen Staates zu betonen, einigten sie sich schließlich auf die Schaffung eines Grundgesetzes statt einer Verfassung und auf die Einberufung eines Parlamentarischen Rates statt einer verfassunggebenden Versammlung. Allerdings gilt das am 23. Mai 1949 verabschiedete deutsche Grundgesetz nach der Wiedervereinigung durch den Beitritt der DDR 1990 mit wenigen Veränderungen weiter.

■ Kann man aus der Geschichte lernen?

Bei den Beratungen zum Grundgesetz versuchten der Parlamentarische Rat aus den Erfahrungen der nationalsozialistischen Diktatur Konsequenzen zu ziehen.

- Besondere Bedeutung maßen die Verfassungsmütter und -väter den Grundrechten zu. Alles staatliche Handeln muss sich an ihnen als grundlegende Normen für den Schutz der Menschenwürde messen lassen: Sie sind einklagbar und können nicht verändert werden. In Artikel 3 des Grundgesetzes wurde die Gleichberechtigung von Mann und Frau als Grundrecht festgehalten.
- Die Macht des vom Parlament unabhängigen Bundespräsidenten ist deutlich kleiner als die des Reichspräsidenten der Weimarer Republik.
- Anders als in der Weimarer Republik können demokratiefeindliche Parteien und Gruppierungen verboten werden.
- Aufgrund der schlechten Erfahrungen mit dem unübersichtlichen und zersplitterten Parteiensystem der Weimarer Zeit, das die politische Instabilität verstärkte, wurde eine 5-%-Klausel in das Wahlrecht aufgenommen. Sie macht den Einzug kleiner Splitterparteien in das Parlament unmöglich und erleichtert die Mehrheitsbildung.
- Auch der Föderalismus, die Bundesstaatlichkeit, erhielt Verfassungsrang. Damit ist die relativ große Eigenständigkeit der Bundesländer und ihr vom Bundesparlament unabhängiger Einfluss in der Gesetzgebung gesichert.

Der politische Alltag wird von den Parteien bestimmt. Am 14. August 1949 wurde der erste deutsche Bundestag gewählt. 16 Parteien traten an, im Zentrum stand allerdings die Konfrontation zwischen CDU und SPD. Die meisten Sitze im Bundestag erhielt die CDU/CSU-Fraktion, der CDU-Vorsitzende Konrad Adenauer (CDU) wurde mit knapper Mehrheit zum Bundeskanzler gewählt, der FDP-Vorsitzende Theodor Heuss wurde erster Bundespräsident.

■ Stabilität im Inneren

Bereits bei der zweiten Bundestagswahl hatte sich das System von CDU, SPD, FDP und Sonstigen durchgesetzt, das lange Zeit für die Innenpolitik der Bundesrepublik kennzeichnend war und Stabilität herbeiführte. Parteien, deren Ziele gegen das freiheitlich-demokratische System verstießen, konnten verboten werden. 1956 traf dies die KPD, die allerdings politisch keine Rolle spielte.
Das politische Leben wurde stark von Bundeskanzler Konrad Adenauer geprägt, der von 1949 bis 1963 regierte. Er formte aus den beiden zu einer Fraktion zusammengeschlossenen Parteien CDU und CSU eine Volkspartei und hatte damit den Anspruch, die Interessen der meisten Bürger zu vertreten. In dieser Sammlungsbewegung fanden daher Mitglieder aus den unterschiedlichsten sozialen Schichten ihre politische Heimat.
Diesen Parteitypus strebte auch die SPD an und schuf dafür wesentliche Voraussetzungen in ihrem Bad Godesberger Programm (1959), in dem sie sich von antikapitalistischen und sozialistisch orientierten Programmpunkten abwandte.
Die großen Herausforderungen der Zeit waren die Wiedererlangung der staatlichen Souveränität, die Westintegration und die wirtschaftliche Entwicklung (→ S. 206 ff., 209 ff.).
Besonders belastet waren durch den Völkermord zur Zeit des Nationalsozialismus die deutschen Beziehungen zu Israel. Die öffentliche Meinung forderte dort häufig, alle Kontakte zu Deutschland auf ewig abzubrechen. 1951 wurde eine Wende eingeleitet, die in erster Linie durch den Kontakt zwischen Konrad Adenauer und dem israelischen Ministerpräsidenten Ben Gurion bestimmt wurde.

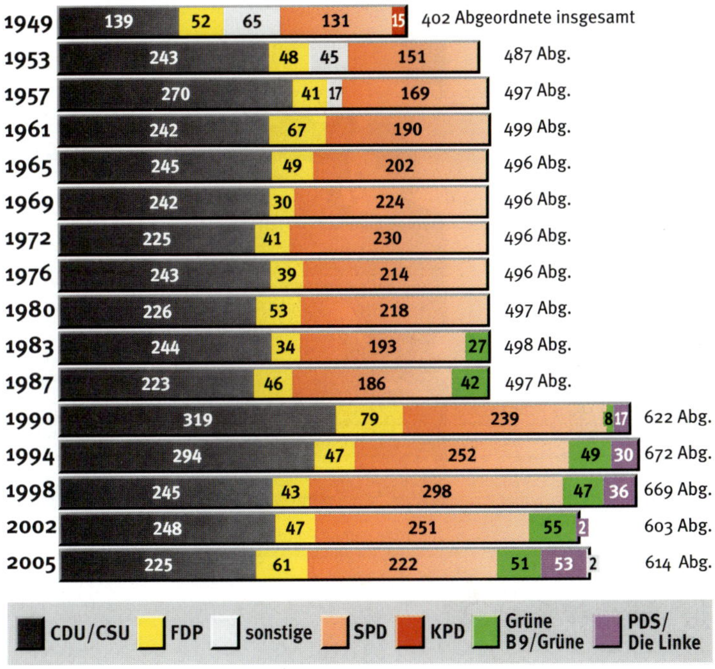

199.1 Die Sitzverteilung im Deutschen Bundestag seit 1949.

Als Folge entstand eine immer enger werdende deutsch-israelische Beziehung auf wirtschaftlichem und politischem Gebiet. 1965 wurde Israel als Staat von der Bundesrepublik anerkannt.
1963 folgte auf Adenauer Ludwig Erhard als Kanzler, der ein hohes Ansehen als Wirtschaftsfachmann besaß und bis 1966 Regierungschef war. Damit endet die erste Phase der Bundesrepublik, in der ein unerwarteter Wiederaufbau gelungen war. Dennoch hatten sich nicht alle Bereiche so entwickelt, wie man gehofft hatte. Reformen, z. B. in der Bildungspolitik, waren ausgeblieben.

199.2 Konrad Adenauer, CDU, erster Bundeskanzler.

199.3 Kurt Schumacher, SPD, erster Parteivorsitzender der SPD nach dem Krieg.

199.4 Theodor Heuss, FDP, erster Bundespräsident.

Elisabeth Selbert (SPD), Helene Weber (CDU), Helene Wessel (Zentrum), Friederike Nadig (SPD). Foto, 1948.

200.1 Die vier im Parlamentarischen Rat vertretenen Frauen setzten sich auch für die Gleichstellung der Frauen ein.

Q1 Der Auftrag

Im Juli 1948 erklärten die West-Alliierten den westlichen Ministerpräsidenten:

Die verfassunggebende Versammlung wird eine demokratische Verfassung ausarbeiten, die für die beteiligten Länder eine föderalistische Regierungsform schafft. Diese ist am besten geeignet, die gegenwärtig zerrissene deutsche Einheit schließlich wiederherzustellen, sie schützt Rechte aller Länder, schafft eine angemessene Zentralinstanz und enthält Garantien der individuellen Rechte und Freiheiten.

Geschichte in Quellen. Die Welt seit 1945, 1980, S. 147.

Q2 Einheit oder Spaltung?

Carlo Schmid (SPD) im Parlamentarischen Rat, 8. September 1948:

Eine Verfassung ist nichts anderes als die in Rechtsform gebrachte Selbstverwirklichung der Freiheit eines Volkes. Darin liegt ihr Pathos und dafür sind die Völker auf die Barrikaden gegangen. …

Die Volkssouveränität ist … unteilbar. Sie ist auch räumlich nicht teilbar. Sollte man sie bei uns für räumlich teilbar halten, dann würde das bedeuten, dass man hier im Westen den Zwang zur Schaffung eines separaten Staatsvolkes setzt. Das will das deutsche Volk in den drei Westzonen aber nicht sein! (Lebhafte Zustimmung) …

Wir haben unter Bestätigung der alliierten Vorbehalte das Grundgesetz zur Organisation der heute freigegebenen Hoheitsbefugnisse des deutschen Volkes in einem Teile Deutschlands zu beraten und zu beschließen. Wir haben nicht die Verfassung Deutschlands oder Westdeutschlands zu machen. Wir haben keinen Staat zu errichten.

Wofür schmieden wir dieses Instrument? Schmieden wir es, um Deutschland zu spalten? Wir schmieden es, weil wir es brauchen, um die erste Etappe auf dem Weg zur staatlichen Einigung aller Deutschen zurückzulegen! Noch liegen die weiteren Etappen außerhalb unseres Vermögens. …

C. Schmid, Die Welt seit 1945, S. 169 ff.

Q3 Politisches Reizklima

In strenger Zucht wurde die CDU von Konrad Adenauer „rückwärts" geführt. Hatte das Ahlener Programm (Februar 1947) die Partei noch als wirtschaftspolitische Reformpartei dargestellt, so rückte nun das Kalkül des Machterhalts immer stärker in den Vordergrund. Konflikte wurden mit staatserhaltender Attitüde übergangen.

Mit dem frühen Tod Kurt Schumachers (August 1952) war auch die SPD, als führende Oppositionspartei im Besonderen aufgerufen, für die Entwicklung eines republikanischen Reizklimas zu sorgen, in politische Beschaulichkeit abgedriftet.

Hermann Glaser, Deutsche Kultur. Ein historischer Überblick von 1945 bis zur Gegenwart, Bonn 1997. S. 200 f.

1. Welche Vorgaben enthält der Auftrag der West-Alliierten? (Q 1)

2. Erläutere die Position Carlo Schmidts (Q 2). Warum arbeitete er dennoch im Parlamentarischen Rat mit?

3. Stelle die Kritikpunkte an CDU und SPD in Q 3 zusammen. Erörtere die Notwendigkeit eines „politischen Reizklimas".

6. Die DDR – das sozialistische Deutschland

„Als wir fünfzehn, sechzehn waren, mussten wir uns unter dem niederschmetternden Eindruck der ganzen Wahrheit über den deutschen Faschismus von denen abstoßen, die in diesen zwölf Jahren nach unserer Meinung durch Dabeisein, Mitmachen, Schweigen schuldig geworden waren ... Uns wurde dann ein verlockendes Angebot gemacht: Ihr könnt, hieß es, eure mögliche, noch nicht verwirklichte Teilhabe an dieser nationalen Schuld loswerden oder abtragen, indem ihr aktiv am Aufbau der neuen Gesellschaft teilnehmt, die das genaue Gegenteil, die einzig radikale Alternative zum verbrecherischen System des Nationalsozialismus darstellt." Mit diesen Worten beschreibt die DDR-Schriftstellerin Christa Wolf (geb. 1929) die Hoffnungen und Erwartungen, die viele, nicht nur junge Menschen nach Ende des Krieges in den Aufbau eines sozialistischen deutschen Staates setzten. Die Geschichte der DDR zeigt, dass der Sozialismus diese Hoffnungen auf eine bessere Zukunft nur sehr bedingt erfüllen konnte.

Auf dem Weg zur „sozialistischen Demokratie"

Am 7. Oktober 1949 trat die Verfassung der Deutschen Demokratischen Republik in Kraft. Die Wahlen zur ersten Volkskammer, der in der Verfassung vorgesehenen Volksvertretung, wurden auf den Oktober 1950 festgesetzt. Im Wortlaut erinnerte an der neuen Verfassung vieles an die demokratischen Traditionen Weimars und der Paulskirche. So enthielt sie einen Katalog der Grundrechte, darunter die Meinungs- und Versammlungsfreiheit, das Recht auf Volksentscheide und die Verantwortlichkeit der Regierung gegenüber der Volkskammer, einschließlich der Möglichkeit, Misstrauensanträge gegen die Regierung zu stellen.

Die Wirklichkeit sah anders aus: Obwohl die SED sowohl in Volkskammer als auch Regierung (nur acht von achtzehn Ministern waren SED-Mitglieder) in der Minderheit war, hatte sie ihren politischen Führungsanspruch längst durchgesetzt. Die formal weiter bestehenden anderen Parteien wurden zunächst im „Demokratischen Block", später dann in der „Nationalen Front" von der SED kontrolliert. Missliebige Parteiführer ließ die SED aus ihren Ämtern entfernen. Hinzu kam, dass mit Wilhelm Pieck (1876–1960) als Staatspräsident und Otto Grotewohl (1894–1964, zuvor Vorsitzender des Zentralausschusses der SPD in Berlin) zwei SED-Politiker an den Schalthebeln der Macht saßen. Die Volkskammerwahlen am 15. Oktober 1950 brachten nach offiziellen Angaben ein Ergebnis von 99,7 Prozent für die Einheitslisten: für die SED ein klarer Beweis für die Einheit zwischen dem Willen des Volkes und der politischen Führung.

201.1 W. Ulbricht, A. Seghers, E. Honecker 1965.

201.2 Die Deutsche Demokratische Republik seit 1952.

202.1 Nikita Chruschtschow, Walter Ulbricht, Otto Grotewohl (v. l. n. r.), Berlin 1963. Chruschtschow war sowjetischer Parteichef und Ministerpräsident, Ulbricht war seit 1950 als Chef der SED nahezu unumschränkter Herrscher der DDR, Grotewohl war Mitbegründer der SED und Ministerpräsident der DDR.

202.2 10-Mark-Schein der DDR 1971, mit dem Bild von Clara Zetkin.

202.3 Semjonow gratuliert Piek bei seiner Wahl zum Staatspräsidenten.

Kein deutscher Weg zum Sozialismus: die Sowjetisierung der DDR

Unmittelbar nach Kriegsende hatte die neu gegründete KPD und in der Folge auch die SED, von einem „besonderen deutschen Weg zum Sozialismus" gesprochen. Mit der Gründung der DDR schlug die SED jedoch eine politische Richtung ein, die auf die Übernahme des sowjetischen Modells abzielte. „Von den Sowjetmenschen lernen, heißt siegen lernen" – Losungen wie diese gaben in den staatlich gelenkten Medien nun den Ton an. Russisch wurde in den Schulen zur ersten Fremdsprache, der Staat förderte Begegnungen und Kontakte von Jugendlichen, Studenten verbrachten einen Teil ihrer Studienzeit an sowjetischen Universitäten. Die ebenfalls zu diesem Zweck gegründete Gesellschaft für deutsch-sowjetische Freundschaft hatte 1958 bereits 3,3 Millionen Mitglieder.

Auf der politischen Ebene setzte die SED nach sowjetischem Muster ihren Machtanspruch nun auch im Bildungswesen, der Justiz, im Bereich der Kultur sowie in den gesellschaftlichen Organisationen und Massenmedien durch. Hinzu trat ein von der Sowjetunion übernommener Personenkult um Josef Stalin, der den Sowjetführer zusammen mit Marx, Engels und Lenin in die Reihe der Gründerväter des Marxismus-Leninismus erhob.

1950 wurde das Ministerium für Staatssicherheit (MfS) gegründet, um feindliche Agenten und Spione im Land aufzuspüren. Das MfS wurde nach dem Vorbild der sowjetischen Geheimpolizei aufgebaut. Immer mehr entwickelte sich die Staatssicherheit („Stasi") zu einem Instrument, mit dem die Staatsführung die eigene Bevölkerung einschüchterte und kontrollierte.

1952 wurden durch einen Beschluss der Volkskammer die fünf Länder der DDR aufgelöst. An ihre Stelle traten als Verwaltungseinheiten vierzehn neue Bezirke, die der SED die Möglichkeit gaben, ihr Herrschaftssystem, den „demokratischen Zentralismus" noch wirkungsvoller durchzusetzen. Wer Kritik übte oder gar zur Opposition aufrief, wurde hart bestraft. Auch ging man nun rigoros gegen die evangelische Kirche vor.

203.1 Der 17. Juni 1953. Aufstand in Berlin. Er breitete sich über die DDR aus (→ Karte 201.2).

■ Mit Steinen gegen Panzer: der 17. Juni 1953

Das mit dem Tod Stalins im März 1953 einsetzende „Tauwetter" wirkte sich auch auf die politischen Verhältnisse in der DDR aus. Obwohl die staatliche Propaganda Stalins Tod als großen Verlust betrauerte, schöpften viele Menschen neue Hoffnung. Am 9. Juni 1953 verkündete das Politbüro der SED einen „Neuen Kurs", der die Lebenssituation der Menschen verbessern und das Gefühl der Rechtssicherheit stärken sollte. Die zuvor beschlossene Erhöhung der Arbeitsnormen um 10 Prozent wurde allerdings nicht zurückgenommen. Dies bedeutete mehr Arbeit bei gleichem Lohn. Meldungen über das „Wirtschaftswunder" im Westen, die schlechte Versorgungslage im eigenen Land, das selbstherrliche Auftreten der SED, insbesondere ihres äußerst unpopulären Generalsekretärs Walter Ulbricht (1893–1973), hatten ein Klima großer Unzufriedenheit unter der Bevölkerung entstehen lassen. Nun verschlechterte sich die Stimmung weiter.

Am 16. Juni traten Tausende von Ostberliner Bauarbeitern in den Streik, um gegen die Normerhöhung zu protestieren. Innerhalb eines Tages entwickelte sich daraus ein republikweiter Aufstand gegen das SED-Regime. In mehr als 500 Orten kam es zu Streiks und Demonstrationen. Parteidienststellen und Gefängnisse der Staatssicherheit wurden gestürmt, Funktionärsautos umgeworfen, Parteiabzeichen und Transparente abgerissen und verbrannt. Die Aufständischen forderten freie Wahlen und die sofortige Wiedervereinigung. Die SED stand vor dem Abgrund. In dieser Situation ließ die sowjetische Besatzungsmacht Truppen und Panzer aufmarschieren, die den Aufstand noch am selben Tag niederschlugen. Schätzungen sprechen von etwa 200 Todesopfern. An vielen Orten wurde noch am selben Tag der Ausnahmezustand verhängt. Das Regime wankte, aber es fiel nicht.

Die offizielle Geschichtsschreibung der DDR stellte den Aufstand später als „faschistischen Putsch" dar, der vom Westen ausgelöst und von westlichen Agenten auf dem Boden der DDR gesteuert worden sei. In der Bundesrepublik wurde der 17. Juni, der „Tag der deutschen Einheit", bis zum Jahr 1990 als Feiertag begangen. Die seit 1949 anhaltende Fluchtwelle erreichte 1953 ihren Höhepunkt: Fast 400 000 Menschen verließen in diesem Jahr die DDR.

Q1 Wie Ost und West es sahen: der 7. Oktober 1949

a) Die Parteizeitung der SED, Neues Deutschland, schrieb an diesem Tag:

Heute, am 7. Oktober 1949, tritt in Berlin der deutsche Volksrat zu einer historischen Tagung zusammen. Das deutsche Volk, vor allem seine schaffenden Menschen in Stadt und Land, erwartet von seinen im Kampf um Einheit und gerechten Frieden gewählten Vertretern, dass sie den Willen der Nation erfüllen und das feste Fundament für eine bessere und schönere Zukunft legen. Was ist der Wille der Nation? Der Wille der Nation ist: Die vom Deutschen Volksrat ausgearbeitete Verfassung der Deutschen Demokratischen Republik wird in Kraft gesetzt ... Die Bildung einer Regierung der Demokratischen Deutschen Republik wird eingeleitet ... Eine solche Regierung wird für ganz Deutschland sprechen, ihre Bildung ist ein Schlag gegen die Adenauers und alle ..., die unser Volk an das ausländische Monopolkapital verschachern.

b) Die Hamburger Wochenzeitung „Die Zeit" veröffentlichte unter der Überschrift „Moskaus Bastard-Regierung" schon am 6. 10. 1949 folgenden Artikel:

Die Ebert[1], Ulbricht, Grotewohl, Pieck ... haben laut die Einsetzung einer Sowjetzonenregierung verlangt, selbstverständlich ... ohne dass Wahlen abgehalten werden, vor denen nun einmal deutsche wie russische Kommunisten eine erklärliche Scheu haben. Dass sich in der Sowjetzone durch die offizielle Einsetzung einer Regierung an den vorhandenen Machtverhältnissen irgendetwas Wesentliches ändern könnte, ist nicht anzunehmen ... Damit aber stellt sich von selbst die Frage, mit welcher Instanz der Sowjetzone wir dann noch verhandeln und Verträge abschließen können, denn das hieße ja sie anerkennen ... Solange in der Sowjetzone nicht freie Wahlen durchgeführt werden, hat jede deutsche Regierung im Westen die Pflicht, alles zu tun, um die kommunistischen Usurpatoren von Karlhorsts[2] Gnaden zu stürzen.

Zit. nach Dieter Zimmer, Auferstanden aus Ruinen. Von der SBZ zur DDR. Stuttgart 1989, S. 199 ff.

[1] Friedrich Ebert: Sohn des früheren gleichnamigen Reichspräsidenten; damals Oberbürgermeister von Ost-Berlin.

[2] Karlshorst: Sitz der Sowjetischen Militäradministration (SMAD).

Q2 Die Hymne der DDR

Verfasst wurde der Text von Johannes R. Becher (1891–1958), Schriftsteller und seit 1954 Minister für Kultur der DDR. Von 1968 an wurde bei offiziellen Anlässen der Text nicht mehr gesungen, sondern nur noch die Melodie von Hanns Eisler gespielt:

Auferstanden aus Ruinen
und der Zukunft zugewandt,
lass uns dir zum Guten dienen,
Deutschland, einig Vaterland.
Alte Not gilt es zu zwingen
und wir zwingen sie vereint,
denn es muss uns doch gelingen,
dass die Sonne, schön wie nie,
über Deutschland scheint.

Glück und Freude sei beschieden,
Deutschland, unserm Vaterland!
Alle Welt sehnt sich nach Frieden,
reicht den Völkern eure Hand.
Wenn wir brüderlich uns einen,
schlagen wir des Volkes Feind,
Lasst das Licht des Friedens scheinen,
dass nie eine Mutter mehr
ihren Sohn beweint!

Lasst uns pflügen, lasst uns bauen,
lernt und schafft wie nie zuvor!
Und der eignen Kraft vertrauend,
steigt ein frei Geschlecht empor.
Deutsche Jugend, bestes Streben
unsres Volkes in dir vereint,
wirst du Deutschlands neues Leben.
Und die Sonne, schön wie nie,
über Deutschland scheint.

Zit. nach: Deutschland in Umbruch, S. 119.

Q3 Wie man mit Andersdenkenden umging

Vor allem zu Beginn der fünfziger Jahre ging die SED-Regierung mit großer Härte gegen engagierte Christen vor. Später arrangierten sich Staatsführung und evangelische Kirche:

Der Druck, der in Glaubens- und Gewissensfragen auf Glieder der evangelischen Kirche innerhalb der Deutschen Demokratischen Republik ausgeübt wird, droht untragbar zu werden. Uns ist bekannt gewor-

205.1 DDR-Flüchtlinge in einem Berliner Auffanglager, 1953.

den, dass gegen die Glieder der Jungen Gemeinde mit besonderer Härte vorgegangen wird und welche Mittel dabei angewendet werden. Wir wissen von vielen Fällen, in denen junge Menschen, die ihre Gliedschaft in der Jungen Gemeinde nicht aufgeben wollten, von der Schule verwiesen und am Abschluss ihrer Ausbildung gehindert wurden … Wir kennen diese jungen Christen und wissen, dass es nicht wahr ist, dass sie die Junge Gemeinde zu einer „Terrorgruppe zur Sabotage der Wiedervereinigung Deutschlands“ machen wollten. Terror, Verrat und Sabotage gehören nicht zu den Mitteln christlicher Wirksamkeit. Uns ist weiterhin bekannt geworden, dass Verhaftungen vorgenommen werden, ohne dass den Beschuldigten der Grund ihrer Verhaftung mitgeteilt oder den Angehörigen der Aufenthaltsort der Verhafteten bekannt gegeben wird. Wir wissen von unbegreiflich hohen Strafen in Fällen, die das allgemeine Rechtsempfinden der gesamten zivilisierten Welt völlig anders beurteilen würde. Wir erklären, dass wir diese Methode der Rechtspraxis wie auch des Vorgehens gegen junge Menschen als unmenschlich empfinden.

Erklärung der Evangelischen Bischofskonferenz zur Lage der Kirchen in der DDR 1953; aus: Hermann Weber, Kleine Geschichte der DDR, Köln 1980, S. 6.

Q4 Was sollte nach dem 17. Juni kommen?

Am 17. Juni 1953 diskutierten Mitglieder der Staatlichen Plankommission in Ostberlin mit streikenden Arbeitern. Ein ehemaliger Funktionär erinnert sich:

… keiner zweifelte daran, dass die Russen den Aufstand binnen kurzem niederschlagen würden. Sie stritten auch über die Frage, was geschehen würde, wenn die Russen nicht eingreifen und der Aufstand zu den Ergebnissen führte, die die Masse erhoffte. Die Mehrzahl meinte, es würde dann sehr schnell zur Wiedervereinigung kommen. Doch damit war keiner so richtig einverstanden. Sie wollten zwar, dass die SED-Diktatur hinweggefegt würde, aber zu einer, wie sie sagten, überstürzten Wiedervereinigung wollten sie nicht ja sagen. Sie fürchteten, dann werde sich in Deutschland der räuberische Kapitalismus breitmachen, und vielleicht käme es zu einer Wiederholung des Unheils der vergangenen Jahrzehnte. Sie waren über die Maßen ratlos.

F. Schenk, Im Vorzimmer der Diktatur, Köln/Berlin 1962, S. 205 f.

1. Erläutere die unterschiedlichen Sichtweisen, die in den Stellungnahmen zur Gründung der DDR deutlich werden (Q 1 a/b).

2. Arbeite aus Q 2 heraus, welches Bild der Zukunft im Text entworfen wird. Was könnte zum späteren „Verbot“ des Absingens geführt haben?

3. Charakterisiere die Rolle der SED im politischen System der DDR (VT, siehe auch B 213.1).

4. Beschreibe die Methoden, mit denen die SED gegen Andersdenkende vorging (VT, Q 3).

5. Arbeite die Ziele der Aufständischen des 17. Juni 1953 heraus (VT, Q 4).

7. Die Bundesrepublik zwischen Ost und West

206.1 In Tokio 1964 von west- und ostdeutschen Sportlern gemeinsam erkämpft: die Silbermedaille der 4 x 200 m Freistil-Staffel.

Zwei deutsche Staaten oder einer?

1964 starteten bei den Olympischen Spielen in Tokio die Schwimmer Gerhard Hetz und Hans-Joachim Klein aus der Bundesrepublik in einer Staffel gemeinsam mit Horst-Günther Gregor und Frank Wiegand aus der DDR und gewannen die Silbermedaille. Beim gemeinsamen Training hatten sich die Sportler angefreundet. Wiegand bat Klein sogar, bei seiner Hochzeit Brautführer zu sein, die beiden sind heute noch Freunde.

Bis 1964 durften deutsche Sportler bei Olympischen Spielen nur in einer gemeinsamen Mannschaft starten, unter einer Fahne und mit Beethovens „Ode an die Freude" als Hymne. Die Zusammensetzung der Mannschaft wurde in Ausscheidungskämpfen ermittelt. Die Geschichte der gemeinsamen Olympiamannschaften endete 1968, als die Sportler zwar immer noch mit gemeinsamer Flagge und Hymne, aber mit zwei Mannschaften starteten. Ab 1972 traten dann im Zuge der allgemeinen internationalen Anerkennung der DDR beide deutsche Staaten getrennt an. Erst 1992 gab es in Barcelona wieder eine gemeinsame Olympiamannschaft.

Außenpolitisch waren in den 40er Jahren die Weichen gestellt worden: In der beginnenden Konfrontation zwischen West und Ost schien die Zugehörigkeit der Bundesrepublik zum Westen und der DDR zum Osten unumkehrbar. Doch der Preis dieser Einbindung war hoch: Das Land – und damit auch viele Familien – war auseinandergerissen. Jeder weitere Schritt auf die Westmächte zu schien die Spaltung zu vertiefen.

Ein gleichberechtigter Partner im Westen?

1956 schuf ein Gesetz für diejenigen, die aus Gewissensgründen den Kriegsdienst mit der Waffe verweigerten, die Möglichkeit des zivilen Ersatzdienstes außerhalb der Bundeswehr.

1949 hatten die nordamerikanischen und westeuropäischen Staaten die NATO als militärisches Bündnis gegründet. Adenauer forderte zur Sicherheit der Bundesrepublik die Integration Westdeutschlands in dieses Bündnis. Er hoffte, so auch eine Einschränkung der Rechte der Besatzungsmächte und eine Erweiterung der Souveränität Westdeutschlands erreichen zu können.

Doch Adenauers Vorstoß war innen- und außenpolitisch umstritten: Mit einer Integration in die NATO stellte sich nämlich auch die Frage der Wiederbewaffnung Deutschlands. Dies führte zu heftigen Auseinandersetzungen, da viele eine Wiederbewaffnung Deutschlands ablehnten. Um den Befürchtungen der europäischen Nachbarn entgegenzutreten, wurde die Ausweitung der Souveränität und die Wiederaufrüstung mit einer engen politischen Zusammenarbeit verbunden. Ein Element davon war die europäische Integration und die damit verbundene Aussöhnung mit Frankreich (→ S. 249–252).

Stalin wollte die Westintegration der Bundesrepublik verhindern und schlug 1952 vor, die deutsche Wiedervereinigung zuzulassen und freie Wahlen in Gesamtdeutschland durchzuführen. Als Gegenleistung müsse Deutschland neutral sein. Stalins Angebot wurde von Adenauer und den Westmächten zurückgewiesen. Möglicherweise wurde damit eine Chance zur Wiedervereinigung vertan. Doch stand dem die – berechtigte – Befürchtung gegenüber, das so geeinte Deutschland könnte zum Satellitenstaat der UdSSR werden.

1955 trat die Bundesrepublik der NATO bei. Mit dem Eintritt in dieses Bündnis wurde auch der Deutschlandvertrag wirksam, der das Verhältnis zwischen der Bundesrepublik und den Westmächten neu regelte. Er beendete das Besatzungsregime und gab der Bundesregierung die Souveränität über ihre inneren und äußeren Angelegenheiten zurück. Die Alliierten behielten sich lediglich die Regelungen über Deutschland als Ganzes und damit über eine eventuelle Wiedervereinigung vor. Ein weiterer Vertrag regelte die Stationierung von Truppen der Alliierten als verbündete Streitkräfte in Westdeutschland. Im Anschluss beschloss der Bundestag die allgemeine Wehrpflicht einzuführen.

Das Verhältnis zum Ostblock

Im September 1955, kurz nach der Aufnahme der Bundesrepublik in die NATO, war Adenauer in die Sowjetunion gereist, um auch die deutsch-sowjetischen Beziehungen zu normalisieren. An einem konkreten Problem sollte die Entkrampfung deutlich werden:

Adenauer wollte die Rückkehr der letzten noch in der UdSSR inhaftierten deutschen Kriegsgefangenen erreichen. Obwohl ihm dies nach zähen Verhandlungen gelang, blieb das Verhältnis gespannt. 1955 bestätigte Chruschtschow, der Nachfolger Stalins, die Souveränität der DDR und band sie zunehmend in das Militärbündnis des Ostens ein. Provokativ verkündete er die Existenz von zwei deutschen Staaten, während Adenauer und alle späteren Bundesregierungen beanspruchten, mit der Bundesrepublik für ganz Deutschland zu sprechen.

■ Bollwerk des Friedens oder Verhandlungsobjekt?

Wie die junge Bundesrepublik ging auch die DDR anfangs davon aus, dass die Teilung vom deutschen Volk nicht gewollt, sondern von außen aufgezwungen worden war. Nach Auffassung der SED trugen die „deutschen und ausländischen Imperialisten“ die Schuld an der deutschen Spaltung – gemeint waren damit die westdeutsche Wirtschaft und die angloamerikanischen Siegermächte. Dementsprechend groß war der Wunsch nach nationaler Einheit, nicht nur bei der Bevölkerung der DDR, sondern auch innerhalb der SED, hier allerdings unter den Vorzeichen des eigenen Systems.

Bis heute umstritten ist das Angebot zur Wiedervereinigung der Deutschen in der sogenannten Stalin-Note (→ S. 206). Nach Abschluss eines Friedensvertrages sollte Deutschland als blockfreier und damit neutraler Staat die nationale Einheit wiedererlangen. Die Westmächte forderten im Gegenzug als Vorleistung freie Wahlen in der DDR. Zu einer Einigung kam es nicht. Die Bundesregierung hielt an der Westintegration fest.

Die Eingliederung der DDR in den sowjetischen Machtbereich schritt unterdessen weiter voran. Bereits 1950 war sie Mitglied im Rat für gegenseitige Wirtschaftshilfe (RGW, im Westen auch COMECON genannt) geworden. Die Verschärfung des Kalten Krieges führte auch in der DDR zur Wiederaufrüstung: Anfang 1956 wurde sie, nach Gründung der Nationalen Volksarmee (NVA), in den Warschauer Pakt aufgenommen.

207.1 Französisches Plakat zur Wiederbewaffnung, 1954.

207.2 England: Protest gegen die Wiederbewaffnung.

207.3 Karikatur aus dem Jahr 1955.

208.1 Demonstration gegen die Wiederbewaffnung.

208.2 Wahlplakat der CDU 1957.

Q1 Westintegration – ja oder nein ?

a) Denkschrift von Bundeskanzler Adenauer vom 30. August 1950:

Der ganze Ernst der Situation ergibt sich aus der Betrachtung der in der Ostzone versammelten sowjetischen Kräfte und der dort im Aufbau befindlichen Volkspolizei. …, deren in naher Zukunft zu lösende Aufgaben darin bestehen sollen, Westdeutschland von seinen „alliierten Gewalthabern" zu befreien … und es mit der Ostzone zu einem satellitenartigen Staatsgebilde zu vereinigen. …
Der Bundeskanzler hat wiederholt seine Bereitschaft erklärt, im Falle der Bildung einer internationalen westeuropäischen Armee einen Beitrag in Form eines deutschen Kontingents zu leisten. …

b) Gustav Heinemann verließ im Streit um die Wiederbewaffnung die CDU. 1969–1974 war er Bundespräsident. Er äußerte sich am 1. Januar 1952:

Westdeutsche Aufrüstung wird den Eisernen Vorhang dichter schließen. Die Deutschen in der Sowjetzone haben Kriegs- und Rüstungsdienst für die Sowjetunion als Antwort auf unsere Eingliederung in den Westblock zu erwarten. Ein Keil wird den anderen treiben, mit dem Ergebnis, dass eine friedliche Wiedervereinigung Deutschlands immer aussichtsloser wird. …

a) R. Steininger, Deutsche Geschichte 1945–1961, 1983, S. 399 f. b) G. Heinemann, Verfehlte Deutschlandpolitik. Irreführung und Selbsttäuschung, 1969, S. 25.

1. Erarbeite aus Q 1 die Argumente für oder gegen die Westintegration. Als Hilfe kannst du die Informationen zur internationalen politischen Lage aus dem Kapitel S. 148 bis 173 nutzen.

2. Interpretiere das Plakat B 207.1 und erläutere, gegen welche Beschlüsse es sich wendet und warum.

8. Die Wirtschaft der Bundesrepublik

■ Gibt es eine soziale Marktwirtschaft?

In der unmittelbaren Nachkriegszeit mussten die wenigen Lebensmittel und andere Güter des alltäglichen Bedarfs rationiert werden. Nach der Währungsreform wurden Rationierung und Festpreise jedoch weitgehend aufgehoben. Die zentralen Fragen beim Aufbau einer Wirtschaftsordnung waren nun: Wie weit sollte man den wirtschaftlichen Kräften freien Lauf lassen? Wie weit sollte der Staat lenkend eingreifen? Mit dem Ausgang der ersten Bundestagswahl fiel die Entscheidung zugunsten der „Sozialen Marktwirtschaft“. Der erste Wirtschaftsminister Ludwig Erhard setzte diese Wirtschaftspolitik durch und wurde ihre Symbolfigur.

Zentraler Gedanke seines Modells war es, die Freiheit des Marktes mit sozialer Verantwortung zu kombinieren. Kennzeichen der sozialen Marktwirtschaft sind:

- Es besteht Gewerbefreiheit und freie Wahl des Berufes und des Arbeitsplatzes.
- Jeder kann sein Eigentum frei nutzen. Die Produktionsmittel befinden sich im Privatbesitz der Unternehmer. Sie können eigenständig entscheiden, was sie produzieren.
- Wesentlich ist der freie Wettbewerb der Anbieter auf dem Markt. Im Zusammenspiel von Angebot und Nachfrage entsteht der Preis.
- Löhne und Gehälter werden von Arbeitnehmern und Arbeitgebern durch deren Vertreter in Tarifverhandlungen ausgehandelt.
- Die Marktwirtschaft kann bei Fehlentwicklungen auch korrigiert werden. Der Wettbewerb kann dadurch gewährleistet werden, dass Monopole und Kartelle unterbunden werden.
- Der Ausbau der Sozialversicherung und das Besteuerungssystem sollten soziale Ungerechtigkeiten mildern.

■ Der wirtschaftliche Aufbau – ein Wunder?

Entgegen allen Erwartungen wurde aus dem zerstörten Nachkriegsdeutschland schnell eine aufblühende Wirtschaftsmacht. Den Beobachtern erschien dies so unerklärlich, dass sie von einem deutschen „Wirtschaftswunder“ sprachen.

Doch das Wunder hatte reale Ursachen:

- Westdeutschland war 1949 arm, aber hoch entwickelt: Es besaß qualifizierte und hoch motivierte Facharbeiter. Die Demontagen der Westmächte hatten sich anders als in der Ostzone in Grenzen gehalten, sodass auch viele Fabrikanlagen sich bald wieder nutzen ließen.
- Die vielen Flüchtlinge und Vertriebenen waren räumlich mobile Arbeitskräfte mit einem großen Aufbauwillen und einem hohen Bedarf an Waren aller Art.
- Der staatliche und private Wohnungsbau sowie der vom Staat finanzierte Aufbau der Verkehrswege entwickelten sich zur Konjunkturlokomotive.

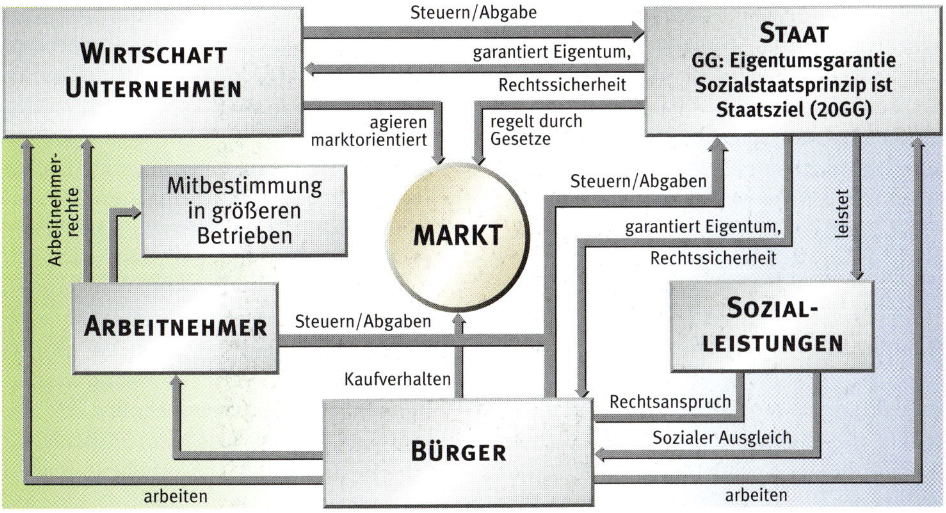

209.1 Aufbau der Sozialen Marktwirtschaft in der Bundesrepublik.

210.1 Ein Symbol des Wirtschaftswunders: der VW-Käfer. Feier anlässlich der Produktion des millionsten Käfers.

- Unternehmer erhielten Steuervergünstigungen; Währungsreform und das Vertrauen in die Marktwirtschaft schufen eine stabile Währung und günstige Rahmenbedingungen.
- Die Gelder des Marshallplanes förderten das Wirtschaftsleben.
- Die Bundesrepublik wurde im westlichen Ausland als verbündeter und friedliebender Partner anerkannt, die deutsche Exportwirtschaft konnte ihre ausländischen Absatzmärkte so zurückgewinnen.

Die Wirtschaft schuf Millionen von neuen Arbeitsplätzen, ebenso baute man unzählige Wohnungen. Einkommen und Lebensstandard stiegen schnell an. Die Menschen kauften und konsumierten. Im Mittelpunkt standen die Geräte des modernen Lebens: Radios, Staubsauger, Waschmaschinen und viele andere Konsumgüter, die seit Jahrzehnten das Leben in den USA prägten. Auch in der Mode, in der Musik oder im Kino wurde die amerikanische Lebensform häufig zum Vorbild.

Soziale Integration als Aufgabe

Das Wirtschaftswunder hatte auch Schattenseiten: So hatten beispielsweise die Kinderreichen oder die Rentner nur wenig Geld zur Verfügung. Die Vertriebenen hatten in der Regel alles, was sie besaßen, verloren und mussten buchstäblich von null anfangen, um sich eine neue Existenz aufzubauen. Die Regierung Adenauer versuchte ungleiche Vermögensverteilungen mit sozialpolitischen Maßnahmen zu mildern (→ Q 1). Integrierend wirkte eine Neuregelung der Altersversorgung, die das Parlament 1957 beschloss. Die Rente sollte nicht mehr nur entsprechend den eingezahlten Beiträgen ausgezahlt werden, sondern man passte sie an die Entwicklung der Löhne an. Durch diese dynamische Rente nahmen auch die Rentner an dem steigenden Wohlstand teil. Im anderen Fall wäre bei steigenden Löhnen und Preisen ihr Lebensstandard stark abgesunken. Die Zustimmung aller sozialen Schichten zur Marktwirtschaft und ihre Identifizierung mit der parlamentarischen Demokratie stieg.

Nachhaltige Wirkung hatte auch die Einführung der Mitbestimmung: 1951 erhielten Arbeitnehmer das Recht, in den Vorständen und Aufsichtsräten von Großbetrieben der Eisen- und Stahlindustrie gleichberechtigt vertreten zu sein. Damit war eine zentrale Forderung der Gewerkschaften nach „Demokratie im Arbeitsleben" erfüllt. Dieser Erfolg trug wesentlich dazu bei, die Gewerkschaften mit der Marktwirtschaft auszusöhnen, Forderungen nach sozialistischer Umverteilung fanden noch weniger Anklang als zuvor.

Wie lange musste ein westdeutscher Industriearbeiter arbeiten, um einzelne Konsumgüter kaufen zu können?

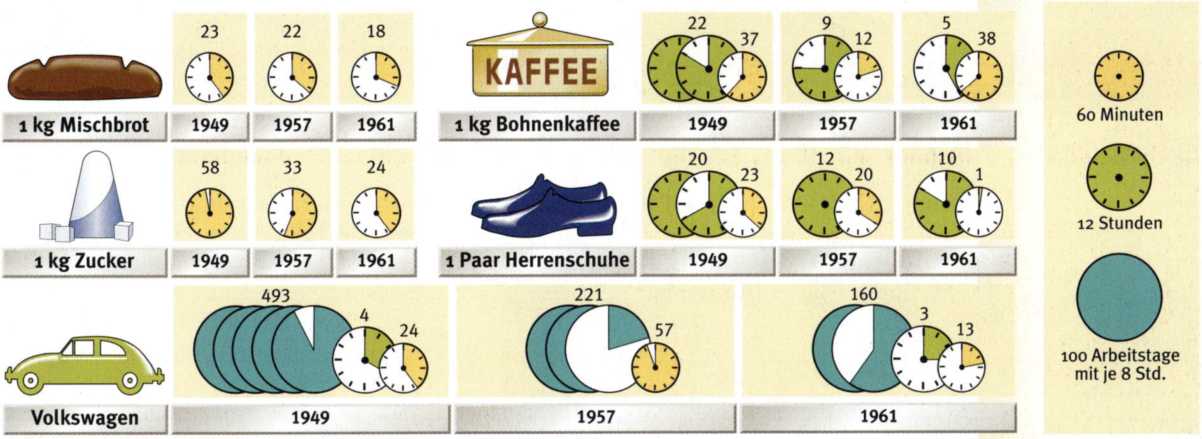

211.1 Entwicklung der Kaufkraft.

Q1 Die soziale Marktwirtschaft

Wichtige Sozialgesetze:

1950: Versorgungsgesetz für Kriegsopfer und Hinterbliebene.
1952: Lastenausgleichgesetz: Vertriebene und Flüchtlinge erhalten Entschädigungen für Verluste.
1952: Mutterschutzgesetz: Mutterschaftsurlaub und Kündigungsschutz für Mütter.
1952/56/61: Gesetze zur Wohnungsbauförderung und Vermögensbildung: Der Staat zahlt Sparprämien.
1954: Kindergeldgesetz: Familien mit drei Kindern erhalten Kindergeld. Heute erhalten Familien für jedes Kind Kindergeld.
1957: Lohnfortzahlungsgesetz: Lohnfortzahlung im Krankheitsfall.
1957: Dynamische Rente: Renten steigen entsprechend der Lohnentwicklung. Dies bedeutete einen Einkommenszuwachs von durchschnittlich 60 Prozent.
1962: Sozialhilfegesetz: Anspruch auf Sozialhilfe in Notlagen.
1971: Bundesausbildungsförderungsgesetz: (BAFöG): Schüler und Studenten, deren Eltern weniger verdienen, erhalten Anspruch auf finanzielle Unterstützung.
1986: Erziehungsgeld: Eltern erhalten während der ersten zehn Lebensmonate ihres Kindes, wenn ein Elternteil nicht arbeitet, finanzielle Unterstützung. Die Bezugszeit für das Erziehungsgeld wurde ausgedehnt.

Q2 Eine Warnung

Ludwig Erhard Ende der 50er Jahre:

Wenn die Bemühungen der Sozialpolitik darauf abzielen, dem Menschen schon von der Stunde seiner Geburt an volle Sicherheit gegen alle Widrigkeiten des Lebens zu gewährleisten, … dann kann man von solchen Menschen einfach nicht mehr verlangen, dass sie das Maß an Kraft, Leistung, Initiative und anderen besten menschlichen Werten entfalten, das die Voraussetzung einer … sozialen Marktwirtschaft ist. … Damit soll nicht geleugnet werden, dass eine Wirtschaftspolitik in modernen Industriestaaten einer Ergänzung durch sozialpolitische Maßnahmen bedarf.

L. Erhard, Wohlstand für Alle, 1957, S. 257.

211.2 Ludwig Ehrhard, Wirtschaftsminister 1949–1963.

212.1 1957: Jugendliche tanzen Rock 'n' Roll.

Q3 Eine neue Generation

Die erste Jugendgeneration nach dem Krieg, die so genannte „Jugend ohne Jugend“, die im gleichen Maß wie ihre Mütter und Väter in die Anstrengungen des Wiederaufbaus einbezogen war – auch hinsichtlich der sehr langen Arbeitszeiten –, hatte sehr ähnliche reproduktive häusliche Muster ausgebildet. Am Ende der fünfziger Jahre dann betrat die zweite Jugendgeneration der Nachkriegszeit, die bereits im Frieden sozialisiert worden war, die Bühne und profitierte von Arbeitszeitverkürzungen und Einkommenssteigerungen. … es hatten sich die Möglichkeiten erweitert, neue konsumistische Lebensstile in der Freizeit herauszubilden, z. B. durch den Erwerb von Mopeds, eigene Bestimmungen der Musikauswahl mit Kofferradio und Plattenspieler, eigene Kleidung und betont zivilistische Formen lässigen Auftretens. Vor allem um Kleidung, Frisuren und die von den Eltern gehasste „Negermusik“ oder den „Amilärm“ tobten in vielen Familien unter dem Stichwort „Halbstarke“ heftige Kämpfe. Zwar rebellierte nur eine Minderheit der Jugendlichen offen, aber in der gesamten jungen Generation wurde der Wunsch nach erweiterten Freiräumen registriert. Und es handelte sich nicht nur um eine generationsspezifische Rebellion gegen die Mütter und Väter, sondern – mit der sich ihrem Ende zuneigenden Phase des Wiederaufbaus – um eine allgemeine gesellschaftliche Suche nach neuer Orientierungssicherheit, bei der Teile der jungen Generation vorangingen.

Q4 Rock 'n Roll

In besagtem Keller tanzte man also Rock 'n Roll. Bill Haley sang Rock around the Clock, den Song aus dem Kultfilm Saat der Gewalt, der von einer Gruppe Jugendlicher aus der New Yorker Bronx handelte, die rabiat gegen Schule, Lehrer und das ganze repressive System der Erwachsenen rebellierten. Der Film wühlte die jugendlichen Zuschauer derart auf, dass vielerorts gleich ganze Kinosäle dran glauben mussten und in Stücke zerlegt wurden.

Beide Texte: Axel Schildt: Modernisierung im Wiederaufbau. Die westdeutsche Gesellschaft der fünfziger Jahre, in: Werner Faulstich (Hrsg.), Die Kultur der fünfziger Jahre, München 2002, S. 16.

1. Erläutere, welchen Ziele die einzelnen Sozialgesetze (Q 1) jeweils verfolgten. Erörtert, wie die Befürchtungen von Ludwig Erhard (Q 2) zu beurteilen sind.

2. Beschreibe die Entwicklung der Kaufkraft eines Industriearbeiters (→ S. 211). Nenne mögliche Folgen dieser Entwicklung.

3. Vergleiche die Bilder und Statistiken S. 209 ff. mit denjenigen von Kapitel 1 (S. 180 ff.). Schreibe eine Reportage über den Wandel. Geh auch auf die Gründe des Wandels ein.

4. Stelle dar, was sich für die Generationen geändert hat, die nach dem Krieg aufwuchsen. Arbeite aus dem Text heraus, auf welche Gründe dies der Autor von Q 3 zurückführt.

5. Vergleiche die Erscheinungsformen in Q 4 mit einem heutigen Pop-Konzert.

9. „Unsere Zeit trägt einen roten Stern" – das Wirtschaftssystem der DDR

„... das kapitalistische Weltsystem und die einzelnen kapitalistischen Länder, so auch Westdeutschland, werden von inneren Widersprüchen zerrissen. Die Perspektive der Menschheit ist der Sozialismus." – So heißt es in einem Text zur Schulung von Funktionären der Freien Deutschen Jugend (FDJ) aus dem Jahr 1961.

Der Glaube an die Überlegenheit der sozialistischen Produktionsweise und die Gewissheit, dass der westliche Kapitalismus an seinen Widersprüchen zerbrechen werde, bildeten den Kern des sozialistischen Denkens, so wie Karl Marx und Friedrich Engels es im 19. Jahrhundert gelehrt hatten.

Die schwierige Ausgangslage

Mit der Bodenreform und der Überführung zahlreicher Betriebe in „Volkseigentum" waren bereits in den Jahren 1945/46 die Weichen für den Aufbau eines sozialistischen Wirtschaftssystems gestellt worden. Maßnahmen wie diese stießen in der Bevölkerung auf breite Zustimmung, da man die führenden Kreise in Adel und Unternehmertum als mitverantwortlich für die Katastrophe des Zweiten Weltkriegs ansah. Hinzu kam, dass die Sowjetunion in den dreißiger Jahren bewiesen hatte, zu welchen Aufbauleistungen eine sozialistische Planwirtschaft fähig war. Die Sowjetunion war das Vorbild. Niemand erinnerte offen daran, um welchen Preis dies möglich gewesen war: Millionen von Menschen waren damals rücksichtslos geopfert worden (➔ S. 11–12).

Tatsächlich erwiesen sich Wiederbeginn und Umbau des Wirtschaftslebens als außerordentlich schwierig. Der Zerstörungsgrad der mitteldeutschen Industrie war mit 45 Prozent höher als in anderen Gebieten des ehemaligen Deutschen Reiches. Die Beschlüsse der Potsdamer Konferenz hatten die SBZ zudem von den schwerindustriellen Zentren Oberschlesiens und des Ruhrgebiets abgeschnitten – und eigene Rohstoffe waren außer Kalisalzen und Braunkohle nicht vorhanden. Darüber hinaus erschwerten die bis 1953 andauernden Demontagen und andere Reparationsleistungen für die sowjetische Besatzungsmacht den wirtschaftlichen Neubeginn.

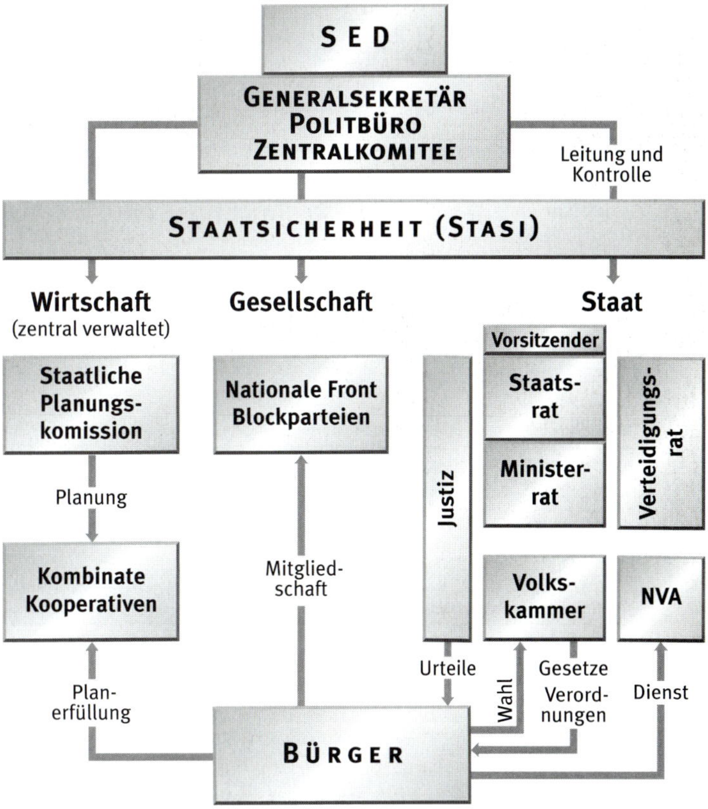

213.1 Im SED-Staat gehen Partei, staatliche Instanzen, Justiz, Gesellschaft und Wirtschaft eine Einheit ein, die von der Partei gelenkt wird. Gewaltenteilung und Kontrolle der Institutionen gegenseitig ist nicht vorgesehen.

Der planmäßige Aufbau des Sozialismus

Im Jahr 1950 verkündete die Staatsführung nach sowjetischem Vorbild einen Fünfjahresplan. Schwerpunkte beim Aufbau der Wirtschaft waren der Aufbau einer eigenen Eisen- und Stahlerzeugung sowie die Förderung der Metall verarbeitenden und chemischen Industrie. 1952 beschloss eine Parteikonferenz der SED die „planmäßige Errichtung der Grundlagen des Sozialismus in der DDR". Von der Verstaatlichung blieben vorerst nur das Handwerk und Teile des Einzelhandels ausgeschlossen. Auch die Landwirtschaft verblieb vorläufig größtenteils in privater Hand. Erst 1959/60 wurde sie, nach einer durch große Trockenheit bedingten Missernte, landesweit kollektiviert. Überall entstanden nun den sowjetischen Kolchosen nachempfundene Landwirtschaftliche Produktionsgenossenschaften (LPGs).

214.1 DDR-Abiturientenklasse nach ihrer Flucht bei der Ankunft auf dem Flughafen in Frankfurt am Main, 1957.

214.2 Ein Maurer – bewacht von einem Grenzsoldaten – schließt eine Lücke in der Mauer (Ecke Bernauer/ Schwedter Straße), Berlin 1961.

Anspruch und Wirklichkeit

Ziel von sozialistischer Produktion und Planwirtschaft war es nach offizieller Parteilehre, „die Ausbeutung des Menschen durch den Menschen" zu beenden und krisenhafte Entwicklungen, wie sie der Kapitalismus hervorgebracht hatte, für immer unmöglich zu machen. Jährliche Zuwachsraten im zweistelligen Prozentbereich schienen die Überlegenheit des sozialistischen Wirtschaftssystems zu beweisen. Doch sagten die kontinuierlich steigenden Produktionszahlen wenig über Qualität und Haltbarkeit der Produkte aus. In den Betrieben führten Unstimmigkeiten in der Planung, Probleme mit Zulieferern, das Fehlen von Ersatzteilen und Verarbeitungsmängel häufig zu Pannen und Leerlauf.

Die Bevölkerung erlebte die von den Medien gefeierten Produktionserfolge vorwiegend als Mangelwirtschaft. Die Rationierung von Lebensmitteln wurde erst 1958 aufgehoben, doch gehörten Versorgungsengpässe und das damit verbundene Schlangestehen weiterhin zum Alltag. Die Wartezeit bei Bestellung eines PKW betrug 10 bis 15 Jahre. Der Unmut darüber machte sich vor allem im Aufblühen des politischen Witzes Luft.

Der Mauerbau

Trotz wirtschaftlicher Erfolge hielt die Fluchtbewegung in den fünfziger Jahren unvermindert an. Oft waren es junge, gut ausgebildete, hoch motivierte Männer und Frauen, die über das Nadelöhr Berlin in den Westen gingen. Zwischen 1948 und 1961 verließen fast drei Millionen Menschen die DDR. In einem Interview bezifferte der Staatsratsvorsitzende Walter Ulbricht 1961 den dadurch für die DDR entstandenen wirtschaftlichen Schaden auf über 30 Milliarden Mark.

Am 13. August 1961, einem Sonntag, riegelten NVA-Soldaten ohne Vorankündigung alle Übergänge von Ost- nach Westberlin ab. Bauarbeiter begannen mit der Errichtung einer Mauer. Die Tatsache der Spaltung Deutschlands war damit besiegelt. Für viele wurde die Berliner Mauer zu einem Symbol, nicht nur für die deutsche Teilung, sondern auch für den weltweiten Ost-West-Gegensatz.

Q1 Der Sozialismus als Wirtschaftssystem

Im Jahr 1974 gab sich die DDR eine neue Verfassung:

Art. 1:
Die Deutsche Demokratische Republik ist ein sozialistischer Staat der Arbeiter und Bauern. Sie ist die politische Organisation der Werktätigen in Stadt und Land unter der Führung der Arbeiterklasse und ihrer marxistisch-leninistischen Partei.

Art. 9:
(1) Die Volkswirtschaft der Deutschen Demokratischen Republik beruht auf dem sozialistischen Eigentum an den Produktionsmitteln. Sie entwickelt sich gemäß den ökonomischen Gesetzen des Sozialismus auf der Grundlage der sozialistischen Produktionsverhältnisse …

(3) In der Deutschen Demokratischen Republik gilt der Grundsatz der Leitung und Planung der Volkswirtschaft sowie aller anderen gesellschaftlichen Bereiche. Die Volkswirtschaft der Deutschen Demokratischen Republik ist sozialistische Planwirtschaft.

R. Schuster/H.-U. Evers, Alle deutschen Verfassungen, 1985, S. 218 ff.

Q2 Versorgungslage

a) Aus einer Zeitungsmeldung (28. 1. 1953):

Vor einigen Tagen erhielt die Kreisredaktion der „Märkischen Volksstimme“ eine Zuschrift zweier um das Wohl ihrer Sprösslinge besorgter Väter. Sie fragten bei uns an, woran es liegt, dass es in Brandenburg keine Windeln gibt. Es ginge auf die Dauer nicht, dass sie ihre Hemden und Unterhosen für Säuglinge opfern, weil die DHZ Textil nicht in der Lage ist, die HO und den Konsum mit diesen dringend benötigten Artikeln zu beliefern.

DHZ = Deutsche Handelszentrale; HO = Handelsorganisation.

b) Witze aus den 50er bis 70er Jahren:

- Der nächste Parteitag findet im Harz statt, zwischen Elend und Sorge.
- Der Trabi belegte bei der letzten Designmesse einen guten zweiten Platz hinter einem Heizkörper und vor einer Schrankwand.
- Warum kostet eine S-Bahn-Fahrkarte bei uns zwanzig Pfennig und im Westen zwei Mark? Bei uns musst du zehnmal fahren, um etwas zu kriegen.

Elend, Sorge heißen zwei Ortschaften im Harz.

M. Judt, DDR-Geschichte. Dokumente, 1998, S. 192 (a), 198 (b).

215.1 Vor einem Delikatessengeschäft. Berlin, Karl-Liebknecht-Straße, 1985.

Q3 Der 13. August 1961

a) in einem DDR-Geschichtsbuch:

Der *Imperialismus* der BRD baute seine militärische Macht systematisch aus. … Offen erklärten die Militaristen ihre Absicht, die Ergebnisse des Zweiten Weltkrieges zu ihren Gunsten zu revidieren. Im Frühjahr 1961 gingen diese Kräfte verstärkt zur *Kriegsvorbereitung gegen die DDR* über … Parallel dazu forcierten Agenten und Geheimdienste ihre feindliche Tätigkeit. Sabotageakte häuften sich. …
Die militärische Kriegsvorbereitung wurde von einer *Hetzwelle gegen die DDR* begleitet. Die Bürger der BRD sollten glauben, die Mehrheit des Volkes in der DDR sei gegen den Sozialismus, und es wäre ein Gebot der Humanität, die Arbeiter- und Bauern-Macht zu beseitigen … Die *Errichtung des antifaschistischen Schutzwalls,* die in schnellem Tempo erfolgte, hatte die Westmächte, die BRD-Regierung und den Westberliner Senat völlig überrascht. Während die bestürzten Politiker in Bonn und Westberlin von einer Beratung zur anderen hetzten, ging das Leben in der Hauptstadt der DDR normal weiter …
Die Mehrheit der Werktätigen der DDR *begrüßte und unterstützte die Sicherungsmaßnahmen.* Zahlreiche Berliner besuchten in den darauf folgenden Tagen die im Einsatz befindlichen Angehörigen der bewaffneten Organe. Delegationen aus Betrieben und viele einzelne Bürger brachten Geschenke und Blumen, um auf diese Weise ihren Dank auszudrücken … Durch die Sicherung der Staatsgrenze war es nicht mehr möglich, die Werktätigen um die Früchte ihrer eigenen Arbeit zu bringen und die DDR ungestraft auszuplündern.

Geschichte – Lehrbuch für Klasse 10, Berlin (DDR) 1983, S. 160 ff.

b) … und in einem westdeutschen Geschichtsbuch:

Westberlin, als „Schaufenster der freien Welt“, war täglich das Ziel vieler Zehntausender aus der DDR, die hier am deutlichsten den Unterschied zwischen Diktatur und Demokratie feststellen und den Lebensstandard vergleichen konnten. Es war der Treffpunkt vieler durch die Zonengrenze und „Republikflucht“ auseinandergerissenen Familien und war vor allem das Ziel der Flüchtlinge, von 1948 bis 1961 waren drei Millionen aus der DDR geflohen.
Am 13. August ließ Ulbricht durch Einheiten der Volksarmee die Sektorengrenze in Berlin mit Mauer und Stacheldraht versperren; nur noch eine lebensgefährliche Flucht über die Mauer oder die innerdeutsche Grenze kann seitdem die Freiheit verschaffen. Fast ausschließlich Rentner dürfen den kommunistischen Machtbereich verlassen. Die Spaltung Deutschlands ist seit dem 13. August 1961 vollkommen. Die Bundesregierung und die Westmächte protestierten heftig, verzichteten aber auf Gegenmaßnahmen.

R. H. Tenbrock, K. Kluxen (Hrsg.), Zeiten und Menschen, Band 4. Paderborn 1984, S. 195.

216.1 Postkarte gegen die Mauer in Berlin. Berlin (West), ohne Jahr.

1. Erläutere das Selbstverständnis der DDR (VT, Q 1).
2. Nenne die Schwächen des planwirtschaftlichen Systems (VT, Q 2 a/b). Gibt es deiner Ansicht nach Vorteile gegenüber der Marktwirtschaft?
3. Vergleiche die Darstellung des Mauerbaus in den Geschichtsbüchern (Q 3 a, Q 3 b). Warum ist die Argumentation so unterschiedlich?

Q4 Schlauer und ärmer

Aus dem WSI-FrauenDatenReport des Wirtschafts- und Sozialwissenschaftlichen Instituts der Hans-Böckler-Stiftung (2005):

Lebens- und Berufschancen sind nach wie vor zwischen Frauen und Männern ungleich verteilt. ... Diese Ungleichheit äußert sich heute aber anders als noch vor fünf bis zehn Jahren. ...

- Frauen haben bei der Bildung stark aufgeholt. 2004 hatten 40,6 Prozent der 25- bis unter 30-jährigen Frauen und 37,8 Prozent der gleichaltrigen Männer ihre Schulausbildung mit dem Abitur abgeschlossen. Bei Hochschulabschlüssen sind Frauen und Männer gleich stark vertreten.
- Bei der Wahl von Ausbildungsberufen und Studienfächern gibt es nach wie vor erhebliche Differenzen. Frauen konzentrieren sich auf Sozial- und Dienstleistungsberufe sowie auf kultur- oder sprachwissenschaftliche Fächer, die in unserer Gesellschaft geringer bewertet und bezahlt werden. Damit vollzieht sich eine entscheidende Weichenstellung, die mit beeinflusst, dass Frauen später geringere Karrierechancen haben.
- Der Anstieg der Frauenerwerbstätigkeit ist seit dem Jahr 2000 fast vollständig zum Erliegen gekommen. ...
- Der Beschäftigungszuwachs der Frauen in den 90er Jahren erklärt sich allein aus Zuwächsen bei der Teilzeitarbeit. Zwischen 1991 und 2004 sank die Zahl der vollzeitbeschäftigten Frauen um 1,6 Millionen, während die Zahl der Frauen in Teilzeitjobs um 1,8 Millionen stieg. ...
- Der Anteil der Väter, die in Elternzeit gehen, hat sich seit 2001 gut verdoppelt – aber nur von zwei auf fünf Prozent. ...

Das durchschnittliche Einkommen von Frauen mit Vollzeittätigkeit liegt in Deutschland weiter erheblich unter dem der Männer. ... Der Aufholprozess ist in den letzten zehn Jahren sogar ins Stocken geraten. Daran haben die besseren formalen Bildungsleistungen der Frauen wenig ändern können. Unter den 25 EU-Ländern gibt es nur zwei, in denen die Lohnkluft zwischen den Geschlechtern noch größer ist als in Deutschland: Estland und die Slowakei.

http://www.boeckler.de

221.1 Frauendemonstration gegen § 218, Frankfurt 1974.

M5 Neue Karrieren

Joschka Fischer: Vom Straßenkämpfer zum Außenminister:

Joschka Fischer, geb. 1948, begann nach der 10. Klasse eines Gymnasiums eine Fotografenlehre, die er bald abbrach. Er verdiente seinen Lebensunterhalt mit wechselnden Arbeiten.

In Frankfurt beteiligte er sich bei vielen Demonstrationen, aber auch an Straßenschlachten mit der Polizei. Hintergrund war u. a. der „Häuserkampf“, also der Versuch, preiswerten Wohnraum vor dem Abriss zu bewahren.

Die politischen Morde der RAF leiteten bei ihm einen Umdenkungsprozess ein und er fand eine neue politische Heimat bei der Partei „Die Grünen“. 1985 wurde er der bundesweit erste Minister der „Grünen“ in der hessischen Landesregierung. Das Bild, das ihn mit Turnschuhen und Sportsakko bei der Vereidigung zeigt, löste weithin Schmunzeln, aber auch Empörung aus. Als Minister für Umwelt und Energie wollte er die Durchführbarkeit einer alternativen Umweltpolitik demonstrieren, konnte allerdings viele Ziele nur teilweise umsetzen.

In den späten 90er Jahren änderte Fischer radikal seine Lebensweise, joggte regelmäßig und bereitete sich intensiv auf das Amt des Außenministers (und Vizekanzlers) vor, das er 1998 im Kabinett Schröder übernahm und nicht in Jeans, sondern im Nadelstreifenanzug versah.

Verf.text.

221.2 Joschka Fischer nach dem Amtseid als hessischer Umweltminister, 1985.

221.3 Joschka Fischer als Außenminister, 2002.

222.1 *Metallbauerin bei ihrer Ausbildung, 1995.*

222.2 *Neue Rolle des Mannes – wirklich? (1985).*

1. Diskutiert, wie sich durch die Konsummöglichkeiten die Lebensverhältnisse verändert haben. (M 1, VT)

2. Stelle gegenüber: Was waren Ziele der Studentenbewegung? – Was hat sie erreicht? (VT, Q 2–5)

3. Stelle dar, wie sich die Beziehungen der Geschlechter seit den 60er Jahren geändert haben. (Q 3, 4). Frage deine Eltern, Großeltern oder andere Zeitzeugen.

Projektanregungen

Die Erkundung des Wandels von sozialen und politischen Verhältnissen in den 60er und 70er Jahren kann in arbeitsteiligen Projekten erfolgen. Einige Vorschläge:

1. Informiert euch in den in örtlichen Bibliotheken vorhandenen Statistischen Jahrbüchern über die Entwicklung von Abiturienten- und Studentenzahlen in der Bundesrepublik (seit 1960).

2. Vielleicht gab es an eurer Schule, eurer Stadt in den 60er und 70er Jahren wichtige Umgestaltungen. Erkundigt euch (Zeitzeugen!) über die Verkehrspolitik, über den Abriss von Häusern und andere städtebauliche Maßnahmen, über den Strukturwandel der Landwirtschaft in dieser Zeit, über die parteipolitische Entwicklung von den 50ern bis in die 90er Jahre.

3. Worum ging es bei dem Vietnamkrieg, wie wurde er in der Presse/durch die Studentenbewegung wahrgenommen?

4. Informiert euch im örtlichen Pressearchiv über den Tod des Studenten Benno Ohnesorg und den Mordanschlag auf den Studentenführer Rudi Dutschke. Welche Folgen hatten diese Anschläge?

5. Welche Ziele verfolgte die Rote Armee Fraktion und mit welchen Mitteln ging sie dabei vor?

6. Erstellt auf der Grundlage von Interviews mit Zeitzeugen ein Diskussionspapier: Was hat die Studentenbewegung/die Frauenbewegung verändert? Stellt dabei auch unterschiedliche Bewertungen gegenüber. Überlegt, warum sich verschiedene Bevölkerungsgruppen in sehr unterschiedlicher Weise an die Studentenrevolte/die Frauenbewegung erinnern.

11. Leben im Sozialismus – Gesellschaft der DDR

Im Mai 1971 wurde Erich Honecker (1912–1994) Erster Sekretär der SED und damit Nachfolger von Walter Ulbricht. Im Gegensatz zu seinem Vorgänger begrüßte Honecker die neue Politik der Entspannung, die Ende der sechziger Jahre zwischen Ost und West eingesetzt hatte. Auch nach innen plante er Reformen: Neue Konsummöglichkeiten sollten den Abstand zum Westen verringern und für mehr Zufriedenheit unter den Menschen sorgen. Zunächst war er mit dieser Politik erfolgreich: Allmählich wurde die DDR zur führenden Wirtschaftsnation in der sozialistischen Staatenwelt. Unter den Menschen nahm die Identifikation mit ihrem Staat zu und es entwickelte sich ein neuartiges Wir-Gefühl, das vielen dabei half, die Misslichkeiten des sozialistischen Alltags ein wenig gelassener hinzunehmen.

Im politischen Bereich kam es zu spürbaren Lockerungen. Besonders deutlich wurde dies während der X. Weltfestspiele der Jugend, die im Sommer 1973 in Ostberlin stattfanden: Jugendliche aus aller Welt tanzten, sangen und diskutierten in einer Atmosphäre der Fröhlichkeit und Weltoffenheit, wie man sie in der DDR noch nicht erlebt hatte. Was die Teilnehmer nicht wussten: Mitarbeiter der Staatsorgane hatten im Vorfeld landesweit Tausende von Personen kontrolliert und teilweise vorübergehend in Haft genommen, um ihre Reise nach Berlin zu verhindern.

■ Gleichheit und Kollektiv

Kennzeichnend für die sozialistische Gesellschaft der DDR war die weitgehende materielle Gleichstellung ihrer Bürgerinnen und Bürger. Aufgrund der geringen Einkommensunterschiede gab es weder ausgesprochenen Reichtum noch echte Armut. Mit Engpässen und Versorgungsmängeln hatten alle auf die gleiche Weise zu kämpfen.

Im Bereich des Grundbedarfs waren die Preise, da vom Staat hoch subventioniert, äußerst niedrig; die Ausgaben für Wohnungsmieten, Grundnahrungsmittel oder den öffentlichen Nahverkehr fielen kaum ins Gewicht. So kostete eine Dreizimmerwohnung inklusive Nebenkosten 60 bis 80 Mark Miete, ein Brötchen 5 und eine Busfahrt 20 Pfennig, ein Viertelpfund Kaffee dagegen 25 Mark und ein Farbfernseher um die 6 000 Mark.

Im Mittelpunkt der sozialistischen Gesellschaftsordnung stand der „sozialistische Mensch" als Teil der Gemeinschaft, des „Kollektivs". In nahezu allen Bereichen des Zusammenlebens wurde dieses Erziehungsziel vom Staat gefördert. Besondere Bedeutung kam dabei dem Kollektiv zu. Ob in der Arbeitsbrigade im Betrieb, der Seminargruppe an der Universität, der Schulklasse oder dem Kollegium einer Schule – stets waren die Menschen Teil einer Gemeinschaft, die miteinander arbeitete, diskutierte, feierte, Museen und Konzerte besuchte oder auch zusammen den Urlaub verbrachte.

Der „sozialistische Wohnungsbau" wurde zum sichtbaren Zeichen dieses Gesellschaftsmodells: In allen Städten des Landes entstanden in den siebziger Jahren weitläufige aus Fertigteilen gebaute Plattenbausiedlungen, in denen oft Zehntausende von Menschen wohnten. Doch wollten sich viele nicht in dieses Gleichheitsschema pressen lassen. So entstand in diesen Vierteln ein regelrechter Wettbewerb um die Gestaltung der Balkone, deren bunte Vielfalt die eintönigen Fassaden vielerorts zu einem wahren Meer aus Farbtupfern werden ließ.

■ Die „Nischengesellschaft"

In den siebziger Jahren nahm das Bedürfnis nach persönlichen Freiräumen spürbar zu. In der Öffentlichkeit hielt man die vom Staat geforderten Rituale ein. Dazu gehörten die Teilnahme an politischen Kundgebungen und öffentlich angeordneten Demonstrationen, der Gang zum „Zettelfalten" (so nannte man den Wahlvorgang) und das Anbringen der familieneigenen DDR-Flagge vor dem Wohnungsfenster am 1. Mai und am 7. Oktober, dem Staatsfeiertag. Kritik an den Verhältnissen war nur im privaten Kreis möglich. In der Familie und unter Freunden wurde die Unzufriedenheit mit dem SED-Staat und seiner Propagandamaschinerie vielfach offen artikuliert. Die westdeutschen Fernsehprogramme, an fast allen Orten der DDR zu empfangen, dienten dabei als wichtige Informationsquelle.

Der Wunsch nach individuelleren Formen der Lebensgestaltung wurde immer wichtiger. Für dieses Verhalten prägte man im Westen das Schlagwort von der Nischengesellschaft. Die eigene „Datsche", ein Gartenhäuschen mit kleinem Grundstück am Rand der Stadt, galt vielen als erstrebenswert. Gleichzeitig richtete der Staat an vielen Orten sogenannte Intershops ein, in denen man mit „Devisen", in der Regel westdeutsche Mark oder US-Dollar, begehrte Konsumgüter aus dem Westen erwerben konnte. DDR-Bürger mit Westkontakten, meist über Verwandte, waren dabei natürlich im Vorteil. Die westdeutsche Mark wurde auf diese Weise zu einer Art zweiter Währung in der DDR.

Zwischen Blauhemd und T-Shirt: die Jugend

Das Schulwesen war in der DDR einheitlich. Regelschule war die zehnklassige Polytechnische Oberschule. Etwa zehn Prozent der Jugendlichen erhielten im Anschluss daran die Möglichkeit, die zweijährige Erweiterte Oberschule zu besuchen, um dort die Hochschulreife zu erwerben. Dieser Weg blieb Schülerinnen und Schülern, die, meist aus religiösen Gründen, nicht an der Jugendweihe teilnahmen oder sich weigerten, der FDJ beizutreten, oft verwehrt.

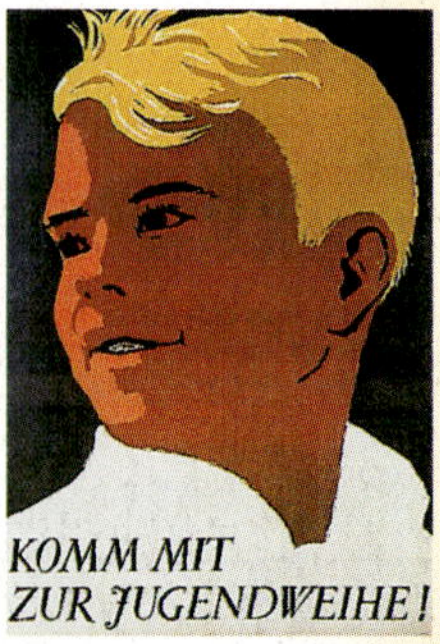

224.1 Plakat zur Jugendweihe, die von der SED 1954 eingeführt wurde, um die Konfirmation oder Firmung zu ersetzen und die Jugendlichen zum Bekenntnis zum Sozialismus und zur DDR zu verpflichten.

224.2 Jugendweihe, Beichlingen, Kreis Sömmerda, 1957.

Die FDJ (= Freie Deutsche Jugend), 1946 als „überparteiliche Organisation" gegründet, entwickelte sich in den fünfziger Jahren praktisch zur Staatsjugend der DDR. Die Mitgliedschaft war offiziell zwar freiwillig, doch lag der Organisationsgrad bei 80 bis 90 Prozent, da Nichtmitglieder sozial oft benachteiligt waren. Vom 6. bis 14. Lebensjahr gehörten die Kinder der Pionierorganisation „Ernst Thälmann" an; mit 14 wurde man (bis zum 25. Lebensjahr) Mitglied der FDJ.

Hauptaufgabe der FDJ war es, die Jugend für den Sozialismus zu schulen und politisch zu beeinflussen. So war der Alltag innerhalb und außerhalb der Schule von zahlreichen Aktionen geprägt, mit denen die Kinder und Jugendlichen zu „jungen Sozialisten" erzogen werden sollten: gegen den „Klassenfeind" im Westen, in der Liebe zu ihrem sozialistischen Vaterland und für die „internationale Solidarität", zum einen mit den anderen sozialistischen Staaten, aber auch mit den unterdrückten Völkern der Dritten Welt. Im Bereich der Wirtschaft hatte die FDJ ebenfalls wichtige Aufgaben zu erfüllen. Sie organisierte Ernteeinsätze und Arbeitsvorhaben auf Baustellen. Auf diesem Wege sollten die Jugendlichen einen Einblick in die sozialistische Arbeitswelt bekommen und schon in jungen Jahren das von ihnen erwartete Klassenbewusstsein entwickeln.

Neben der von vielen als notwendiges Übel empfundenen politischen Arbeit sorgte die FDJ für ein breites Angebot im Freizeit- und Sportbereich. Besonders beliebt waren Ferienlager und Austauschprogramme mit den „sozialistischen Bruderstaaten". Auch dem Verlangen vieler Jugendlicher nach westlicher Popkultur kam man seit den siebziger Jahren entgegen. Anders als in der Ära Ulbricht, in der westliche Beatmusik als dekadent gegolten hatte, bekamen DDR-Jugendliche auf Discoabenden jetzt auch die Musik ihrer Idole aus England und Amerika zu hören. Daneben entwickelte sich, ebenfalls durch Rundfunk und Fernsehen vom Westen beeinflusst, ab Ende der siebziger Jahre eine jugendliche Subkultur. Der politischen Führung waren diese Punks und Skinheads ein Dorn im Auge, doch wurden sie geduldet, da man ihren Protest als unpolitisch und nicht systemgefährdend ansah.

Emanzipation von oben – Frauen in der DDR

Die Gleichbehandlung der Geschlechter war schon im 19. Jahrhundert eine zentrale Forderung der sozialistischen Arbeiterbewegung gewesen. Die Frauenförderung spielte im politischen System der DDR daher eine entscheidende Rolle. Ziel der SED-Politik war es, Rahmenbedingungen für die Vereinbarkeit von Mutterschaft, Familie und Berufstätigkeit zu schaffen. So lag die Frauenerwerbsquote in den achtziger Jahren bei 90% (zum Vergleich: BRD 50%). Doch hatte dies nicht nur politische, sondern auch ökonomische Ursachen: zum einen die Bevölkerungsverluste aufgrund der massiven Abwanderung bis 1961, zum andern die niedrige Produktivität der DDR-Wirtschaft – sie lag je nach Branche zwischen 30 und 70% der westdeutschen Wirtschaft. Dies machte die Frauenarbeit zu einer ökonomischen Notwendigkeit. Doch spielte auch das Bedürfnis nach Selbstverwirklichung und wirtschaftlicher Unabhängigkeit eine wichtige Rolle.

Als Berufstätige drangen die Frauen zunehmend in klassische Männerberufe vor: Sie arbeiteten als Betriebsleiterinnen, Kranführerinnen und Busfahrerinnen. 90% aller Sparkassen wurden von Frauen geleitet. Dennoch gelang es Frauen selten, in absolute Spitzenpositionen aufzusteigen. In den unteren Lohngruppen waren wesentlich mehr Frauen als Männer vertreten. Im Politbüro der SED, dem Zentrum der Staatsmacht, saß während der gesamten DDR-Zeit nicht eine einzige Frau.

Vielfältige Sozialleistungen sollten den Wunsch nach Kindern stärken und das Elterndasein erleichtern. Ein Schwangerschaftsurlaub von 26 Wochen bei voller Entlohnung, die Freistellung für ein Jahr nach der Geburt bei 90% des Nettolohns und andere Anreize sorgten dafür, dass es in der DDR – anders als in der Bundesrepublik – in den siebziger und achtziger Jahren nicht zu einem Rückgang der Geburten kam. Ein großes Netz von Kinderkrippen und Schulhorten gab den Müttern die Möglichkeit, kurz nach der Geburt des Kindes in Ausbildung, Studium oder Beruf zurückzukehren. Feministinnen bezeichneten diese vom Staat gesteuerte Form der Emanzipation abwertend als „Muttipolitik".

Die DDR und ihre Kritiker

In den staatlichen Medien eilte die DDR angeblich von Erfolg zu Erfolg. Wer in der Öffentlichkeit Zweifel daran äußerte oder den „real existierenden Sozialismus" sogar im Grundsatz kritisierte, hatte mit Repressalien zu rechnen. Anhaltende Bespitzelung, Berufs- und Auftrittsverbote, Hausarrest und Gefängnisstrafen gehörten zu den Mitteln, mit denen der SED-Staat seine Kritiker mundtot zu machen versuchte.

Unter diesen „Dissidenten" (Andersdenkenden) waren vor allem Künstler vertreten. Wolf Biermann, als Liedermacher und Dichter in beiden Teilen Deutschlands populär, erfuhr im Sommer 1976 auf einer Tournee durch die Bundesrepublik von seiner Ausbürgerung, die ihm die Rückkehr in die DDR unmöglich machte.

Zahlreiche Künstlerkollegen bekundeten anschließend ihre Solidarität mit dem ausgebürgerten Liedermacher. Dies führte zu einer Welle von Einschüchterungsmaßnahmen. Vielen blieb, vor allem aufgrund der verhängten Berufsverbote, keine andere Wahl, als in die Bundesrepublik zu gehen; darunter waren so bekannte Künstler wie Manfred Krug und Armin Müller-Stahl. Es war eine Entscheidung, die niemandem leichtfiel.

225.1 Treffen der evangelischen „Jungen Gemeinde", Sehlis bei Leipzig, um 1960.

226.1 Jugendliche in Berlin (Ost), Lottumstraße, 1986.

Q1 Was ist ein junger Sozialist?

Aus einem Abschlusszeugnis der Polytechnischen Oberschule; neben den Noten gab es eine Gesamteinschätzung der Persönlichkeit:

Michael konnte seinen Leistungsstand im Vergleich zum Vorjahr wesentlich verbessern. Er hat es in diesem Schuljahr besser verstanden, seine Arbeit zu planen, und ist in seiner Arbeitsweise kontinuierlicher geworden. Sein Selbstvertrauen ist durch seinen besseren Leistungsstandard gewachsen. Michael ordnet sich gut in das Klassenkollektiv ein. Er hat zu seinen Mitschülern im Allgemeinen ein gutes Verhältnis. Er muss es jedoch noch lernen, in manchen Situationen beherrschter aufzutreten, um sein Ansehen zu wahren. Michael hat als Agitator der Klasse eine gute gesellschaftliche Arbeit geleistet. Auch seine Vorbereitung und seine Mitwirkung am Fest der russischen Sprache müssen hervorgehoben werden. Michael hat das Studienjahr einer 9. Klasse mitgestaltet und konnte hier für seine geleistete Arbeit gelobt werden. An den Arbeitseinsätzen der Klasse zugunsten der Solidaritätsaktion unserer Schule nahm Michael teil. Michael zeigt in Diskussionen ein parteiliches Auftreten. Er muss sich aber auch weiterhin bemühen, seine Information zu vertiefen, um noch überzeugender vom Marxismus-Leninismus ausgehend argumentieren zu können.

Zit. nach Wolfgang-Uwe Friedrich, DDR – Deutschland zwischen Elbe und Oder, Stuttgart 1989, S. 162f.

M2 Die Verlockungen des Klassenfeindes

Ende 1971, kurz nach dem Machtantritt Honeckers, gab es in den Kaufhäusern der DDR erstmals westliche Blue Jeans zu kaufen:

Als die ersten originalen „Levi's" zu relativ moderaten Preisen in den Jugendmode-Abteilungen der CENTRUM-Warenhäuser auftauchten, kam es zu regelrechten Volksaufläufen. Der Jeans-Verkauf wurde zum Happening … Sogar Büroräume wurden für die Anprobe freigeräumt, und zwischen den leeren Schreibtischen der Verwaltungsetage lernten die jungen Leute, mit den für sie neuen amerikanischen Hosenmaßen umzugehen. Auf Anordnung von oben konnte sogar die Bürokratie in der DDR ungeheuer spontan und kreativ sein …
Später kamen Jeans-Adaptationen aus der volkseigenen Produktion und Einfuhren aus den Bruderländern hinzu … Selbst FDJ-Funktionäre pressten ihr Hinterteil in die engen Jeans und verkündeten vom Rednerpult die neue Losung: „Hosen sind Hosen". Sie meinten damit, die blauen Levi's aus Amerika sind kein Sakrileg (= Verstoß) gegen das sozialistische Menschenbild.
Denn im Namen der allseitig gebildeten sozialistischen Schülerpersönlichkeit hatten bis 1971 Lehrer und Partei-Funktionäre einen Kleinkrieg gegen lange Haare und kurze Röcke geführt. Doch nach dem Machtantritt Erich Honeckers wurde dieser vergebliche Kampf eingestellt, und bald schon unterschieden sich die Oberschüler und Studenten der DDR in Haar- und Barttracht kaum von ihren Altersgenossen im Westen.

Stefan Wolle, Die heile Welt der Diktatur, Bonn 1999, S. 43 f.

Q3 Berufliche Fortbildung für Frauen

Eine Kontrolleurin aus der Elektrobranche berichtet:

Ich wollte also an dem im Jahre 1970 beginnenden Facharbeiterlehrgang teilnehmen. Aus persönlichen Gründen – Geburt meines zweiten Kindes – war mir die Teilnahme jedoch nicht möglich. Ich habe ein dreivier-

tel Jahr aussetzen müssen, da es Probleme bei der Unterbringung der Kinder gab … 1973 begann ich zunächst eine Teilausbildung im Ausbildungsberuf Elektromontierer, den ich im Oktober dieses Jahres (1974) mit Erfolg abschließen konnte. Die Ausbildung fand zweimal wöchentlich statt, wobei der Sonnabend als Unterrichtstag mit genutzt wurde.
Selbstverständlich ging diese Qualifizierung nicht problemlos vor sich. So konnte ich mehrere Male nicht am Unterricht teilnehmen, weil die Kinder krank waren oder weil mein Mann, der als Kranfahrer tätig ist und auch über die normale Arbeitszeit hinaus Fahrten durchzuführen hat, die Kinder sonnabends nicht immer betreuen konnte. Alles in allem möchte ich doch behaupten, dass diese Probleme dank unseres guten Klassenkollektivs und auch dank des Verständnisses, das mein Mann für mich aufbrachte, gelöst werden konnten.

M. Judt, a. a. O., S. 210.

227.1 Junge Frauen auf dem „Jugendfestival", Berlin (Ost), Alexanderplatz 1979.

M4 Frauenalltag in der DDR

Der Historiker Stefan Wolle schreibt über die Situation von Frauen in der DDR:

Der typische Arbeitstag einer berufstätigen Mutter sah etwa so aus: Um fünf Uhr morgens weckte sie die Kinder, machte sie für den Kindergarten oder die Schule fertig und brachte sie dorthin. Die Einrichtungen der Volksbildung hatten einen speziellen Frühhort eingerichtet, wo man die Kinder schon ab sechs Uhr abgeben konnte. Dann ging es mit einer ungeheizten und überfüllten Straßen- oder S-Bahn zur Arbeit. Nach Feierabend, also gegen 17 Uhr, holten die Mütter die übermüdeten und nervösen Kinder aus den „Einrichtungen" ab, erledigten auf dem Nachhauseweg die oft mit „Rennereien" und langem Anstehen verbundenen Einkäufe und hatten dann gerade noch Zeit für das Abendbrot. Nach dem „Sandmännchen" steckten sie die Kinder ins Bett und erledigten die wichtigsten Arbeiten im Haushalt. Entgegen allen anders lautenden Bekundungen beteiligten sich die Ehemänner an dieser Alltagsmühe nur am Rande … Die Frauen wehrten sich gegen diesen Zustand auf ihre Art. Nach Möglichkeit machten sie wichtige Erledigungen während der Arbeitszeit oder in einer „erweiterten" Mittagspause … Auch ihr Krankenstand war immer sehr hoch. Obwohl die meisten Betriebe in diesem Fall kein Geld zahlten, nutzten sie den kleinsten Schnupfen der notorisch anfälligen Krippen- und Kindergartenkinder, um sich selbst krankschreiben zu lassen.

S. Wolle, a. a. O., S. 176 f.

1. Erziehungsziel in der DDR war der „sozialistische Mensch". Arbeite anhand der VT und Q 1 seine Merkmale heraus. Vergleiche Erziehungsziele und Schulalltag in der DDR mit deinen eigenen Erfahrungen.

2. Erläutere mit eigenen Worten den Begriff der Nischengesellschaft. Überlege, ob man ihn auch auf unsere Gesellschaft anwenden könnte.

3. Die siebziger Jahre werden als Zeit der Stabilisierung der Verhältnisse in der DDR angesehen. Wie lässt sich dies begründen? (VT, M 2)

4. Diskutiert die Frage, inwieweit in der DDR die Gleichstellung der Frau und damit die volle Emanzipation erreicht war. (VT, Q 3 und M 4)

228.1 Klaus Reichert heute. Er unterrichtet das Fach Sport an einem baden-württembergischen Gymnasium.

Am 28. Juli 1983 stellte Klaus Reichert, Diplomsportlehrer an einer Polytechnischen Oberschule in Suhl, für sich und seine Familie einen Ausreiseantrag in die Bundesrepublik, verbunden mit dem Antrag auf Entlassung aus der DDR-Staatsbürgerschaft. Das an den Rat der Stadt Suhl gerichtete Schreiben blieb unbeantwortet. Wenige Tage später wurde Klaus Reichert ohne Angabe von Gründen aus dem Schuldienst entlassen. Aus dem erfolgreichen und allseits geschätzten Sportlehrer wurde über Nacht eine Zielperson der Staatssicherheit mit „feindlich-negativer Einstellung“ zur DDR. Mit Repressalien und Schikanen versuchte man, ihn von seinem Vorhaben abzubringen. Seine Akte „OV (= operativer Vorgang) Delphin“ umfasste am Ende 650 Seiten.

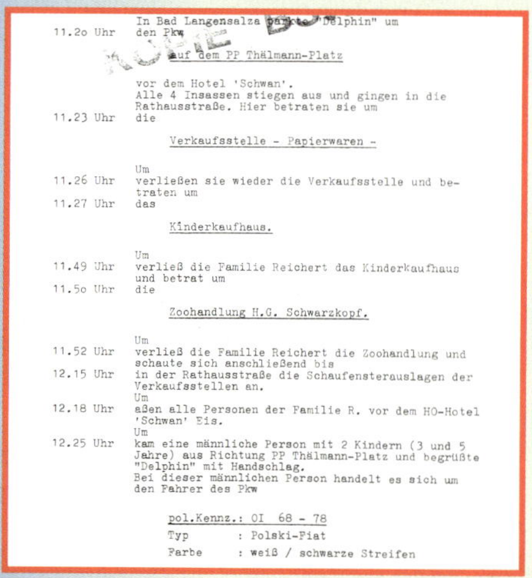

11.2o Uhr	In Bad Langensalza parkte "Delphin" um den Pkw
	auf dem PP Thälmann-Platz
	vor dem Hotel 'Schwan'. Alle 4 Insassen stiegen aus und gingen in die Rathausstraße. Hier betraten sie um
11.23 Uhr	die
	Verkaufsstelle - Papierwaren -
	Um
11.26 Uhr	verließen sie wieder die Verkaufsstelle und betraten um
11.27 Uhr	das
	Kinderkaufhaus.
	Um
11.49 Uhr	verließ die Familie Reichert das Kinderkaufhaus und betrat um
11.5o Uhr	die
	Zoohandlung H.G. Schwarzkopf.
	Um
11.52 Uhr	verließ die Familie Reichert die Zoohandlung und schaute sich anschließend bis
12.15 Uhr	in der Rathausstraße die Schaufensterauslagen der Verkaufsstellen an. Um
12.18 Uhr	aßen alle Personen der Familie R. vor dem HO-Hotel 'Schwan' Eis. Um
12.25 Uhr	kam eine männliche Person mit 2 Kindern (3 und 5 Jahre) aus Richtung PP Thälmann-Platz und begrüßte "Delphin" mit Handschlag. Bei dieser männlichen Person handelt es sich um den Fahrer des Pkw
	pol.Kennz.: OI 68 - 78
	Typ : Polski-Fiat
	Farbe : weiß / schwarze Streifen

Um nicht als „asozial“ zu gelten – so bezeichneten die DDR-Behörden nicht arbeitende Menschen –, übte Klaus Reichert mehrere Tätigkeiten aus, als Brauereifahrer, Waldarbeiter und zuletzt auch kurze Zeit als Mesner in einer evangelischen Kirchengemeinde. Die Volkspolizei beschuldigte ihn, einen Verkehrsunfall mit schwerer Körperverletzung und anschließender Fahrerflucht begangen zu haben. Mithilfe verschiedener Zeugen konnte er nachweisen, dass er sich zum fraglichen Zeitpunkt in einer Gaststätte aufgehalten hatte und sein Fahrzeug in dieser Zeit vor der Gaststätte stand. Außerdem sagte der Vater eines seiner Schüler, der in der Nähe des angeblichen Unfallorts wohnte, aus, dass sich dort zum angegebenen Zeitpunkt gar kein Unfall ereignet hätte. Mehrfach wurde Klaus Reichert von Mitarbeitern der Staatssicherheit verhört. Bei einer dieser Vernehmungen (am 30. 8. 1983) wurde er ohne Angabe von Gründen 27 Stunden lang im Untersuchungsgefängnis von Suhl festgehalten. Bei diesem Verhör sagte er über die Motive für seinen Ausreiseantrag Folgendes:

Q1 Aus Klaus Reicherts Stasi-Akte

„R., Klaus, äußerte, dass man in diesem Staat aufhöre, als Mensch zu existieren. Die Probleme, die er und seine Frau mit dem Staat und seinen Organen haben, seien unlösbar. Das Recht auf freie Meinungsäußerung stehe nur in der Verfassung und sei seiner Meinung nach nur im Rahmen dieser Verfassung möglich. Jede andere Meinung werde durch den Staat mit Repressalien beantwortet. Dies hätten er und seine Kinder bereits verspürt.
95 % unserer Bürger würden so denken wie er, diese 95 % wüssten auch, dass unsere ganze ökonomische Entwicklung eine Lüge sei. Die Zahlen, die über die Ökonomie veröffentlicht werden, seien frisiert …
Des Weiteren sagte er: Aufgeben werden wir nie, selbst wenn es bei uns zur Inhaftierung kommt. Wir wundern uns nur, wie lange wir es ausgehalten haben. Aber wer nicht hinter die Kulissen dieses Regimes sieht, schimpft zwar auf alles Mögliche, ergibt sich aber die-

229.1 Foto von Klaus Reicherts Abiturklasse (1968). Obwohl er nicht gegen das politische System der DDR eingestellt war, trug er an diesem Tag als Einziger nicht das blaue Hemd der FDJ.

ser Welt und verbarrikadiert sich hinter seinen vier Wänden. Man fragt sich nur, wann unsere Regierung aufwacht. Den Funktionären wird auch alles zugesichert, und dass diese Leute alles daran setzen, ihr wohlgefälliges Leben auf Kosten anderer beizubehalten, ist schlimm, aber logisch."

Als Klaus Reichert mit seinem Sohn eine Flugreise nach Prag unternehmen wollte, wurde er auf dem Flughafen Berlin-Schönefeld zurückgehalten. Ein kleiner Bungalow, den sich das Ehepaar Reichert auf einem gepachteten Grundstück gebaut hatte, sollte auf Betreiben der Stadt, da er angeblich nicht den Vorschriften entsprach, abgerissen werden. Herr Reichert verkaufte daraufhin diese „Datsche" an einen Mitarbeiter der Staatssicherheit – und das Haus blieb stehen. In Klaus Reicherts Stasi-Akte finden sich regelmäßige Berichte eines „Informellen Mitarbeiters", in denen dieser über die Aktivitäten der Familie informiert. Nach der Öffnung der Akten stellte sich heraus, dass die Staatssicherheit über einen „Informellen Mitarbeiter" von einer Reise nach Magdeburg erfahren hatte, wo Klaus Reichert eine Frau treffen wollte, deren Mann sich als Leistungssportler kurz zuvor bei einem Wettkampf in der Bundesrepublik dorthin abgesetzt hatte. An diesem Tag wurde die Familie Reichert von Mitarbeitern der Stasi observiert. Das Beobachtungsprotokoll umfasst fünf Seiten.

Nach über einem halben Jahr erhielt Klaus Reichert die Genehmigung zur Ausreise. Am 3. März 1984 siedelte er mit seiner Frau und den beiden Kindern in die Bundesrepublik über. Nach einer kurzen Übergangszeit in Aufnahmelagern erhielt er eine Anstellung als Sportlehrer im baden-württembergischen Schuldienst. Klaus Reichert heute: „Ich bin froh und glücklich, dass ich das damals gemacht habe. Und ich bin stolz, dass ich dem Druck, der auf mich ausgeübt wurde, nicht nachgegeben habe."

1. Versuche aus den vorliegenden Informationen Klaus Reichert als Persönlichkeit zu charakterisieren.

2. Arbeite aus den Texten der Doppelseite heraus, mit welchen Methoden die Staatssicherheit in diesem Fall vorging. Vergleiche mit Kap. 6, Q 3 (→ S. 204).

3. Die Geschichte Klaus Reicherts ist nicht die eines typischen Dissidenten (Andersdenkenden) in der DDR. Informiere dich mithilfe des Internets über die Lebensläufe einiger prominenter DDR-Dissidenten (Vorschläge: Rudolf Bahro, Wolf Biermann, Bärbel Bohley, Freya Klier, Jürgen Fuchs, Robert Havemann).

12. Entspannungspolitik der Bundesrepublik

230.1 Unterzeichnung des Grundlagenvertrages 21. 12. 1972.

Eine neue deutsche Politik: Ostverträge und Grundlagenvertrag

Nach dem Bau der Mauer in Berlin 1961 und der Kubakrise 1962 war der Höhepunkt der Konfrontationen zwischen West und Ost erreicht. Die neue Entspannungspolitik zwischen den Supermächten eröffnete auch für die deutsche Politik die Möglichkeit, die Beziehungen zur DDR und zu den anderen osteuropäischen Staaten neu zu gestalten.

In der Bundesrepublik änderte sich die politische Lage, als 1969 nach zwanzig Jahren Regierungsbeteiligung der CDU/CSU nun eine neue Bundesregierung gewählt wurde. Diese bestand aus Sozialdemokraten und Liberalen. Erstmals wurde mit Willy Brandt ein Sozialdemokrat Bundeskanzler.

Konstruktives Misstrauensvotum: Die Opposition versucht, das Parlament zu überzeugen, den amtierenden Kanzler abzusetzen und zugleich einen eigenen Kandidaten zum Bundeskanzler zu wählen.

Mit dem neuen Kanzler war eine innenpolitische Liberalisierung („Mehr Demokratie wagen“) und die Bereitschaft, auch von deutscher Seite Entspannungspolitik zu betreiben, verbunden. Dabei sollten konkrete Verbesserungen im Verhältnis mit der DDR erreicht werden. Zugleich wollte man die Frage nach der deutschen Wiedervereinigung langfristig offenhalten.

Schon in seiner Regierungserklärung hat Willy Brandt die Bereitschaft erkennen lassen, den Status quo in Europa sowie die Existenz der DDR als Staat anzuerkennen. Grundlage der in den folgenden Jahren abgeschlossenen Ostverträge ist der Moskauer Vertrag vom 12. August 1970. Vereinbart werden Gewaltverzicht und die Achtung der bestehenden Grenzen. Bis 1973 werden auf dieser Basis Verträge mit Polen, der ČSSR und der DDR geschlossen.

Am 3. Juni 1972 wurde das Vier-Mächte-Abkommen über Berlin unterzeichnet, das Erleichterungen für den Transitverkehr nach Westberlin vorsah und Besuche von Westberlinern im Ostteil der Stadt sowie in der DDR ermöglichte. Zugleich wurde die Anbindung von Westberlin an die Bundesrepublik bestätigt.

Am 21. Dezember 1972 wurde der deutsch-deutsche Grundlagenvertrag unterzeichnet. In ihm wurden erstmals die Beziehungen der beiden deutschen Staaten zueinander geregelt. Der Vertrag ermöglichte 1973 den Eintritt der Bundesrepublik und der DDR in die Vereinten Nationen. Nach langen Jahren der Trennung vieler Familien eröffnete er wieder Besuchsmöglichkeiten von Westdeutschen in der DDR.

Die parlamentarische Auseinandersetzung um die Ostverträge

Die Ostpolitik der neuen Bundesregierung war von Beginn an mit innenpolitischen Auseinandersetzungen von äußerster Schärfe verbunden. Viele Bundesbürger, aber auch einer Mehrheit innerhalb der CDU/CSU-Opposition wollten die Anerkennung der DDR als Staat und der Oder-Neiße-Grenze nicht akzeptieren. Ein Versuch der CDU/CSU, mit einem konstruktiven Misstrauensvotum die Regierung zu stürzen, scheiterte. Nachdem in der „Gemeinsamen Entschließung des Deutschen Bundestages“ und einem „Brief zur deutschen Einheit“ entsprechende Vorbehalte formuliert wurden, konnten die Ostverträge im Bundestag angenommen werden. Die sozialliberale Regierung ging aus diesen Auseinandersetzungen in der Wahl 1972 gestärkt hervor.

Für seine Entspannungspolitik erhielt Willy Brandt 1971 den Friedensnobelpreis.

215.1 Demonstration der Vertriebenenverbände in Bonn. Foto, 1972.

215.2 Ostern 1972 an einem Grenzübergang in Berlin. Foto, 1972.

Q1 Die neue Ostpolitik

a) Aus einem Referat Egon Bahrs, eines engen Vertrauten Willy Brandts, am 15. Juli 1963:

Die Änderung des Ost-West-Verhältnisses, die die USA versuchen wollen, dient der Überwindung des ↗Status quo, indem der Staus quo zunächst nicht verändert werden soll. Das klingt paradox, aber es eröffnet Aussichten, ….

Das Vertrauen darauf, dass unsere Welt die bessere ist, die im friedlichen Sinne stärkere, die sich durchsetzen wird, macht den Versuch denkbar, sich selbst und die andere Seite zu öffnen und die bisherigen Befreiungsvorstellungen zurückzustellen. …

Die Politik des Alles oder Nichts scheidet aus. Entweder freie Wahlen oder gar nicht, entweder gesamtdeutsche Entscheidungsfreiheit oder ein hartes Nein, … das alles ist nicht nur hoffnungslos antiquiert und unwirklich, sondern in einer Strategie des Friedens auch sinnlos.

Heute ist klar, dass die Wiedervereinigung nicht ein einziger Akt ist, der durch einen historischen Beschluss an einem historischen Tag auf einer historischen Konferenz ins Werk gesetzt wird, sondern ein Prozess mit vielen Schritten und vielen Stationen. … Das ist eine Politik, die man auf die Formel bringen könnte: Wandel durch Annäherung.

Keesings Archiv der Gegenwart, 1963, S. 10700 f.

b) 1982 urteilte Alois Mertes, CDU:

Der wesentliche Unterschied zwischen menschlichen Erleichterungen und Menschenrechten besteht in der jederzeitigen Widerrufbarkeit der Gewährung solcher Erleichterungen. Die Erhöhung der Zwangsumtauschsätze für Besucher in der DDR, … die Störung von westlichen Rundfunksendungen, die Unterbrechungen des Telefonverkehrs, die brutale Zerschlagung der Helsinki-Gruppen durch Moskau sind Beispiele dafür, wie brüchig die These vom „Wandel durch Annäherung“ ist.

Gleichzeitig offenbarten diese Vorgänge und die anschließenden Auseinandersetzungen über notwendige westliche Reaktionen das grundlegende Dilemma der Entspannungspolitik:

Mit der Stabilisierung östlicher Regime durch Hinnahme des Status quo … sollte den kommunistischen Herrschern der Spielraum für Lockerungen des Drucks im Inneren und nach außen eingeräumt werden.

Die Grenzen dieser Konzeptionen wurden sehr bald deutlich. Nicht unsere Verteidigungswaffen, sondern die reale Existenz von Freiheit und Menschenrechten im Westen und die davon ausgehende Ansteckungsgefahr empfinden die kommunistischen Regime als fundamentale Bedrohung ihrer Herrschaft. Was werden sie tun?

A. Mertes, Aus Politik und Zeitgeschichte, 18.12.1982, S. 6.

232.2 „Die Unterschrift des Jahres", 1970. Karikatur der FAZ auf die Unterzeichnungen des Vertrages mit Polen.

Q2 Willi Brandt zur neuen Ostpolitik in seiner Regierungserklärung 1969

Diese Regierung geht davon aus, dass die Fragen, die sich für das deutsche Volk aus dem Zweiten Weltkrieg und aus dem nationalen Verrat durch das Hitlerregime ergeben haben, abschließend nur in einer europäischen Friedensordnung beantwortet werden können. Niemand kann uns jedoch ausreden, dass die Deutschen ein Recht auf Selbstbestimmung haben, wie alle anderen Völker auch.

Aufgabe der praktischen Politik in den jetzt vor uns liegenden Jahren ist es, die Einheit der Nation dadurch zu wahren, dass das Verhältnis zwischen den Teilen Deutschlands aus der gegenwärtigen Verkrampfung gelöst wird. …

20 Jahre nach Gründung der Bundesrepublik Deutschland und der DDR müssen wir ein weiteres Auseinanderleben der deutschen Nation verhindern, also versuchen, über ein geregeltes Nebeneinander zu einem Miteinander zu kommen.

Dies ist nicht nur ein deutsches Interesse, denn es hat seine Bedeutung auch für den Frieden in Europa und für das Ost-West-Verhältnis. Unsere und unserer Freunde Einstellung zu den internationalen Beziehungen der DDR hängt nicht zuletzt von der Haltung Ostberlins selbst ab. Im übrigen wollen wir unseren Landsleuten die Vorteile des internationalen Handels und Kulturaustausches nicht schmälern. …

Anknüpfend an die Politik ihrer Vorgängerin erklärt die Bundesregierung, dass die Bereitschaft zu verbindlichen Abkommen über den gegenseitigen Verzicht auf Anwendung oder Androhung von Gewalt auch gegenüber der DDR gilt.

Die Bundesregierung wird den USA, Großbritannien und Frankreich raten, die eingeleiteten Besprechungen mit der Sowjetunion über die Erleichterung und Verbesserung der Lage Berlins mit Nachdruck fortzusetzen. Der Status der unter der besonderen Verantwortung der Vier Mächte stehenden Stadt Berlin muss unangetastet bleiben. Dies darf nicht daran hindern, Erleichterungen für den Verkehr in und nach Berlin zu suchen. …

http://www.dhm.de

Q3 Artikel 3 des Moskauer Vertrages vom 12. 8. 1970:

In Übereinstimmung mit den vorstehenden Zielen und Prinzipien stimmen die Bundesrepublik Deutschland und die Union der Sozialistischen Sowjetrepubliken in der Erkenntnis überein, dass der Friede in Europa nur erhalten werden kann, wenn niemand die gegenwärtigen Grenzen antastet. …

Sie betrachten heute und künftig die Grenzen aller Staaten in Europa als unverletzlich, wie sie am Tage der Unterzeichnung dieses Vertrages verlaufen, einschließlich der Oder-Neiße-Linie, die die Westgrenze der Volksrepublik Polen bildet, und der Grenze zwischen der Bundesrepublik Deutschland und der Deutschen Demokratischen Republik.

http://www.dhm.de

1. Erkläre, was mit „Wandel durch Annäherung" gemeint ist. Fasse die beiden Positionen in Q 1 zusammen.

2. Erläutere, welche Ziele der neuen Ostpolitik bereits in der Regierungserklärung in Q 2 erwähnt werden.

13. Krise und Niedergang der DDR – die achtziger Jahre

Die verschleierte Wirtschaftskrise

In ihren Medien präsentierte sich die DDR auch in den achtziger Jahren weiter als erfolgreiche Wirtschaftsnation. Meldungen über stetiges Wirtschaftswachstum, Übererfüllung von Plänen und technologischen Fortschritt beherrschten die Schlagzeilen. Die ökonomische Wirklichkeit sah ganz anders aus: Bereits 1982 drohte dem SED-Staat aufgrund leerer Kassen der Staatsbankrott. Nur mithilfe eines durch den bayrischen Ministerpräsidenten Franz-Josef Strauß vermittelten D-Mark-Milliardenkredits gelang es der DDR schließlich, ihre Zahlungsverpflichtungen gegenüber den westlichen Geldgebern einzuhalten. Die Bürgerinnen und Bürger erlebten trotz des gestiegenen Lebensstandards den Alltag weiterhin als Mangelwirtschaft. Da Geld in der Regel vorhanden war, kaufte man, was zufällig angeboten wurde. Dies führte dazu, dass die Läden oft leer und die Vorratskammern gut gefüllt waren.

Die Ursachen dieses Niedergangs waren vielfältig. Anfang der achtziger Jahre hatte die Sowjetunion infolge der weltweiten Ölkrise ihre Rohöllieferungen an die DDR um zehn Prozent gekürzt. Dies war ein schwerer Schlag für die Wirtschaft des Landes. Das weiterhin praktizierte System der Preissubventionen für den Grundbedarf und hoher Sozialleistungen war durch die Leistungskraft der Wirtschaft nicht gedeckt. Der technologische Rückstand gegenüber dem Westen wurde zunehmend größer, da betriebliche Investitionen, z. B. für Neuentwicklung und Kauf moderner Maschinen, kaum mehr möglich waren. Gleichzeitig musste man Exportgüter an westliche Abnehmer unter den Herstellungskosten verkaufen, um Devisen zu erhalten.

In der Staatsführung gab es warnende Stimmen, die Erich Honecker zu einer wirtschaftlichen Kurskorrektur aufforderten, was dieser jedoch kategorisch ablehnte. Die notwendigen Reformen blieben aus. Für die Bevölkerung wurde der Verfall, nicht nur in den Städten, sondern auch in den Betrieben immer deutlicher sichtbar. In Anlehnung an einen Slogan der Friedensbewegung („Frieden schaffen ohne Waffen“) sprach man spöttisch vom „Ruinen schaffen ohne Waffen“.

233.1 Plattenbausiedlung in Ostberlin, Hohenschönhausen. Foto: 90er Jahre.

Zunehmende Umweltprobleme

Der Mangel an Investitionskapital ließ wenig Raum für umweltschonende Produktionsverfahren. Die Abwässer der Fabriken wurden unbehandelt in Flüsse und Seen geleitet, sodass Ende der achtziger Jahre nur noch drei Prozent der fließenden und ein Prozent der stehenden Gewässer ökologisch intakt waren. Die als Hauptenergieträger dienende Braunkohle wurde in den Kraftwerken ungefiltert verbrannt, sodass die DDR den weltweit höchsten Ausstoß an Schwefeldioxid und Kohlestaub hatte. Da Strom und Heizungswärme praktisch zum Nulltarif zu haben waren, gab es in der Bevölkerung wenig Interesse am Energiesparen. Das in der Bundesrepublik heiß diskutierte Waldsterben existierte offiziell in der DDR nicht, obwohl

233.2 Ecke Dimitroffstraße / Schönhauser Allee, Ostberlin 1985.

234.1 Braunkohlekraftwerk Espenhain in Sachsen, Foto 1991.

234.2 Einleitung von Abwässern bei Bitterfeld, der Hochburg der DDR-Chemieindustrie, Foto 1991.

Bilder aus Harz und Erzgebirge deutlich sichtbare Schäden am Baumbestand zeigten. Wer privat Nachforschungen anstellte, musste damit rechnen, von den Organen des Staates kriminalisiert zu werden.

■ Wie die Menschen reagierten

In den Jahren nach dem Mauerbau war das Verlassen der DDR nur über eine meist lebensgefährliche Flucht möglich gewesen. Im Zuge der internationalen Anerkennung und wachsender Zustimmung in der Bevölkerung ließ die Staatsführung ab Mitte der siebziger Jahre auch die legale Ausreise zu. Diejenigen, die einen Ausreiseantrag, meist in die Bundesrepublik, stellten, mussten eine oft langwierige und demütigende Prozedur über sich ergehen lassen. In der Regel war damit eine sofortige berufliche Rückstufung verbunden. So konnte man sich als Ingenieur plötzlich in der Rolle eines Pförtners oder Hilfsarbeiters wiederfinden. Trotz solcher Schikanen verließen bis 1989 etwa 150 000 Menschen die DDR auf diese Weise.

Andere versuchten den sozialistischen Staat durch soziales und politisches Engagement von innen her zu verändern. Vor dem Hintergrund des sich erneut verschärfenden Ost-West-Gegensatzes entstand eine unabhängige Friedensbewegung, die sich auch kritisch mit den Verhältnissen im eigenen Land auseinandersetzte. So übte man Kritik am Wehrkundeunterricht in den Schulen und forderte auch von den sozialistischen Staaten Abrüstungsmaßnahmen („Schwerter zu Pflugscharen"). Die Friedensgruppen trafen sich zumeist in Räumen der evangelischen Kirche, die sich jedoch offiziell in diesen Fragen zurückhielt.

Anders als in Polen, wo die Gewerkschaft Solidarność zu einer Massenbewegung geworden war, fanden die Dissidenten in der DDR nur wenig Rückhalt in der Bevölkerung. Auch wenn viele Menschen den staatlichen Medien und der Partei misstrauten, hatten sie sich doch mit dem Leben im „real existierenden Sozialismus" arrangiert. Das hohe Maß an sozialer Sicherheit und die vorhandenen Möglichkeiten zur Entfaltung im privaten Raum stellten für viele eine akzeptable Alternative zum Leben im Westen dar.

234.3 Symbol der Friedensbewegung in der DDR, 1982 von der Regierung verboten.

Q1 Die Methoden der Staatssicherheit

Ende der achtziger Jahre hatte das Ministerium für Staatssicherheit (MfS) ca. 90 000 hauptamtliche und 174 000 inoffizielle Mitarbeiter („IMs"). Ihr Ziel war es, oppositionelle Kräfte auszuspionieren und dingfest zu machen:

Stasi-Mitarbeiter hörten flächendeckend Telefonate ab, öffneten Briefe, installierten Wanzen in den Wohnungen verdächtiger Personen, richteten konspirative Wohnungen ein, beobachteten heimlich mit Videokameras öffentliche Plätze und hielten selbst die banalsten erlauschten oder beobachteten Details akribisch in Aktenvermerken fest …
Das MfS infiltrierte alle Vereine, Institutionen und Organisationen mit Spitzeln … Die inoffiziellen Mitarbeiter, geworben, geschult und geführt von den hauptamtlich Tätigen, bespitzelten ihr persönliches und berufliches Umfeld und lieferten Berichte über Familienmitglieder, Freunde, Hausbewohner, Nachbarn und Arbeitskollegen …
Die Stasi beschädigte tausende Lebensläufe und zerstörte viele Menschen durch „Zersetzung" … Intrigen, Gerüchte, Schikanen, Drohungen hatten den Zweck, „Zielpersonen" zu verunsichern, zu isolieren und dadurch in psychische Nöte zu bringen. Viele Opfer leiden noch heute unter den Folgen dieser Bedrängnis.

Einsichten. Diktatur und Widerstand in der DDR, Zeitgeschichtliches Forum, Leipzig 2001, S. 186f.

Q2 Bericht über die wirtschaftliche Lage

Am 27. Oktober 1989 legten führende Wirtschaftsfunktionäre folgenden Bericht vor:

Die Feststellung, dass wir über ein funktionierendes System der Leitung und Planung verfügen, hält einer strengen Prüfung nicht stand. Es entwickelte sich ein übermäßiger Planungs- und Verwaltungsaufwand … Im Vergleich der Arbeitsproduktivität liegt die DDR gegenwärtig um 40 % hinter der BRD zurück … Die Konzentration der ohnehin zu geringen Investitionen auf ausgewählte

235.1 Erich Honecker beim Abschreiten der Ehrenformation mit Helmut Kohl beim Staatsbesuch in Bonn 1987.

Zweige hat zum Zurückbleiben in anderen Bereichen, darunter der Zulieferindustrie geführt … In bestimmten Bereichen der Volkswirtschaft sind die Ausrüstungen so verschlissen, woraus sich ein überhöhter und ökonomisch uneffektiver Instandhaltungs- und Reparaturbedarf ergibt …
Insgesamt geht es um die Entwicklung einer an den Marktbedingungen orientierten Planwirtschaft … Allein das Stoppen der Ver-

235.2 Arbeiterin bei der PKW-Montage in der DDR, Foto aus den achtziger Jahren.

236.1 Entfaltung im privaten Raum: in der Datsche, Foto aus den achtziger Jahren.

schuldung würde im Jahre 1990 eine Senkung des Lebensstandards um 25–30% erfordern und die DDR unregierbar machen. Aus diesem Grunde wird vorgeschlagen: ein konstruktives Konzept der Zusammenarbeit mit der BRD und mit anderen kapitalistischen Ländern auszuarbeiten.

M. Judt, DDR-Geschichte in Dokumenten, Bonn 1998, S. 145 ff.

Q3 Arbeit im Sozialismus

Die Realität in vielen Betrieben:

In den Betrieben herrschten paradiesische Sitten und Gebräuche, und die am niedrigsten qualifizierten Kollegen bis hin zu den ungelernten hatten am meisten davon: ... eine halbe Stunde vor Schichtschluss bereits in Richtung Dusche zu verschwinden, gehörte zum guten Ton; zum Feierabend wollte man mindestens schon am Werktor sein ... Alkohol wurde besonders in der Nachtschicht in erheblichen Mengen konsumiert, und kein Ingenieur durfte es wagen, wegen solcher Kleinigkeiten einem Hilfsarbeiter zu nahe zu treten. Der konnte nämlich jederzeit „in den Sack hauen“ und als begehrte Kraft den Betrieb wechseln.

S. Wolle, Die heile Welt der Diktatur, Bonn 1999, S. 229.

Q4 Alltag in der DDR

Ein Dresdner Gymnasiallehrer blickt zurück:

Für ein „Arbeiterkind“ war studieren noch etwas Besonderes. Und der „Arbeiter- und Bauernstaat“ machte es möglich. Die Treue zu ihm sollte allerdings durch ideologische Festigkeit bekundet werden. „Westsenderhören“ war verpönt – also machten wir's. Bundesliga und Schlagerparade bestimmten die Gespräche. Allerdings drückten wir immer unseren Klubs die Daumen – so z. B. 1973, als Dynamo Dresden auf Bayern München traf und fast die Sensation schaffte.

Nicht vergessen werden sollte die alltägliche Meckerei auf Mangelerscheinungen wie z. B. bei Südfrüchten, Bekleidung, Sportartikeln und technischen Konsumgütern. Dabei spielte der Wohlstand auf der „anderen Seite“ – durchs Fernsehen täglich veranschaulicht – natürlich eine große Rolle.

Trotzdem hielt man mehrheitlich an den in der Schule und Presse vermittelten Idealen fest – man meckerte zwar, tat dies aber kollektiv. Dazu trug sicher bei, dass wir uns über den Lebensunterhalt oder die medizinische Versorgung keine Sorgen machen mussten ...

Ich glaube, es ist völlig legitim, dass es verschiedene Sichtweisen auf die Jahre zwischen 1949 und 1989 bezüglich der DDR gibt. Gleichzeitig denke ich aber auch, dass nicht alle Erfahrungen bezüglich einer sozial gerechten Ordnung zu verwerfen sind.

Aufzeichnungen, 2002; im Privatbesitz des Verfassers.

1. Fasse Ziele und Methoden der Stasi zusammen (Q 1). Vergleiche deine Ergebnisse mit den Erfahrungen von K. Reichert (→ S. 228–229).

2. Versetze dich in die Lage eines Bürgers/einer Bürgerin der DDR: Welche Folgen hätte ein solches Kontrollsystem für dein Verhalten?

3. Welche Gründe für die problematische Wirtschaftslage der DDR lassen sich aus Q 2, Q 3 und dem VT herausarbeiten?

14. „Deutschland, einig Vaterland" – die deutsche Einheit

Von der Sowjetunion lernen?

Nach seinem Machtantritt verkündete der neue sowjetische Staatsschef Michail Gorbatschow im Jahr 1985 einen grundlegenden Richtungswechsel für das politisch verkrustete und wirtschaftlich ineffizient gewordene Sowjetsystem. „Perestrojka" (Umgestaltung) und „Glasnost" (Offenheit), so lauteten die Schlagworte, die nicht nur im eigenen Land, sondern auch in den anderen sozialistischen Staaten und im Westen große Hoffnungen weckten. Die Staatsführung der DDR zeigte jedoch wenig Bereitschaft, dem von der Sowjetunion eingeschlagenen Reformkurs zu folgen.

Deutlich wurde die dogmatische Haltung der Partei an zwei Ereignissen des Frühjahrs 1989. Die Kommunalwahlen vom Mai brachten mit 98,89 Prozent Zustimmung das seit Jahrzehnten gewohnte hohe Ergebnis. Bürgerrechtsgruppen gelang es nachzuweisen, dass in einzelnen Wahlbezirken bis zu 20 Prozent gegen die Einheitsliste gestimmt hatten. Der staatliche Wahlbetrug war damit offenkundig. Viele Bürger, die über die westlichen Medien von diesen Vorgängen erfuhren, reagierten empört und verbittert. Beschleunigt wurde dieser Gärungsprozess durch die Reaktion von Staatsführung und DDR-Presse auf die Ereignisse in China. Dort hatte die Armee in Peking ein Massaker an friedlich demonstrierenden Studenten verübt. Politbüromitglied Egon Krenz sandte der Parteiführung in Peking ein Glückwunschtelegramm.

Im Sommer des Jahres setzte eine Fluchtwelle ein, in der Tausende von DDR-Bürgern zunächst über Ungarn und Österreich, dann auch über die bundesdeutschen Botschaften in Prag und Warschau in die Bundesrepublik kamen. Immer mehr junge und qualifizierte Arbeitskräfte verließen in den folgenden Monaten die DDR. Die ohnehin angeschlagene DDR-Wirtschaft geriet dadurch an den Rand des Zusammenbruchs.

„Wir sind das Volk"

Vor dem Hintergrund wachsender Ablehnung begann die Opposition, die bis dahin mehr oder weniger isoliert in kleinen Gruppen gearbeitet hatte, sich landesweit zu organisieren. „Neues Forum", „Demokratie jetzt", „Demokratischer Aufbruch" – so nannten sich die Bewegungen, in denen sich kritische Bürgerinnen und Bürger aus der Friedensbewegung, ökologisch orientierte Kreise und Bürgerrechtler zusammenschlossen. Sie forderten neue Freiheiten und Rechte, eine umfassende Demokratisierung, vor allem aber einen offenen und ehrlichen Dialog mit Partei und Staatsführung. Davon scheinbar unbeeindruckt beging die offizielle DDR am 7. Oktober den 40. Jahrestag der Staatsgründung mit den gewohnten Ritualen. Demonstranten, die sich vor dem Palast der Republik[1] versammelt hatten, wurden von Polizeikräften und Angehörigen der Staatssicherheit niedergeknüppelt und auseinandergetrieben.

Am Montag, den 9. Oktober, zogen nach einem Friedensgebet in verschiedenen Leipziger Kirchen etwa 70 000 Menschen durch die Straßen der Stadt mit Rufen wie „Wir sind das Volk" und „Keine Gewalt", Parolen, die sich gegen den Machtmissbrauch und die Ignoranz der SED-Führung richteten. Es handelte sich um eine spontane, nicht angemeldete und damit auch nicht genehmigte Demonstration, etwas, was seit dem 17. Juni 1953 in der DDR nicht mehr geschehen war. Der Staatsapparat, über die drohende Gefahr bereits im Voraus bestens informiert, hatte in der gesamten Stadt Sicherheitskräfte in Stel-

237.1 Demonstration, 4. November 1989, Ostberlin, Alexanderplatz.

[1]Palast der Republik: Nach der Sprengung des Stadtschlosses geplantes, 1976 eingeweihtes Mehrzweckgebäude am Marx-Engels-Platz in Berlin; Tagungsort der Volkskammer der DDR.

237.2 Ein ungarischer Grenzsoldat zerschneidet symbolisch den „Eisernen Vorhang" zur österreichischen Grenze, Mai 1989.

238.1 Trabis überqueren die Grenze nach Westen, 10. November 1989.

lung gebracht. Zu einem gewaltsamen Eingreifen kam es jedoch nicht, genauso wenig wie auf den folgenden Montagsdemonstrationen, bei denen die Teilnehmerzahlen in die Hunderttausende gingen.

Die Wende: die Mauer fällt

Die in der ganzen Republik einsetzende Massenmobilisierung zeigte Wirkung. Am 18. Oktober setzte das Politbüro der SED Erich Honecker als Generalsekretär der Partei ab und ernannte den wesentlich jüngeren Egon Krenz zu seinem Nachfolger. Obwohl Krenz in seiner Antrittsrede von einem „innenpolitischen Dialog" und einer politischen „Wende" sprach, sah ihn die Mehrheit der Bevölkerung als Repräsentanten der alten marxistisch-leninistischen Parteidoktrin an. Am 4. November kam es auf dem Berliner Alexanderplatz zur bis dahin größten Massendemonstration. Vor über einer halben Million Zuhörer forderten Künstler und Intellektuelle in ihren Reden vom Staat tief greifende Reformen, etliche in der Hoffnung, die DDR auf diese Weise als sozialistischen Staat erhalten zu können.

Am 9. November kündigte Günter Schabowski, Politbüromitglied der SED, in einer Pressekonferenz das Inkrafttreten eines neuen Reisegesetzes an. Er schien selber nur unzureichend über die Einzelheiten des neuen Gesetzes informiert zu sein. Obwohl die neue Regelung förmliche Reiseanträge und staatliche Genehmigungen vorsah, strömten noch am selben Abend Tausende Ostberliner Bürger zu den Grenzübergängen an der Mauer, wo ab 22.30 Uhr durch die unklare Nachrichtenlage verunsicherte Beamte die einzelnen Kontrollstellen nach und nach öffneten. Hunderttausende feierten dieses Ereignis in der folgenden Nacht in Westberlin.

In den folgenden Tagen und Wochen nutzten Millionen DDR-Bürger die neu gewonnene Reisefreiheit, um sich einen persönlichen Eindruck von den Verhältnissen im Westen zu verschaffen. Viele von ihnen blieben in der Bundesrepublik, die meisten aber kehrten nach Hause zurück.

„Wir sind ein Volk" – einer oder zwei deutsche Staaten?

Für die bundesdeutsche Öffentlichkeit kam die politische Entwicklung in der DDR völlig unerwartet. Bundeskanzler Helmut Kohl legte dem Bundestag am 28. November einen 10-Punkte-Plan vor, der einen schrittweisen Ausbau der Zusammenarbeit und als letztes Ziel, nach Reformen in der DDR, einen staatlichen Zusammenschluss vorsah.

Diese auf ein langfristiges Zusammenwachsen angelegten Pläne wurden jedoch bald von der Wirklichkeit überrollt. Auf den Montagsdemonstrationen in Leipzig und anderen Städten war nun immer häufiger der Ruf nach einer raschen Herstellung der deutschen Einheit zu hören („Wir sind ein Volk!"). Die in die Defensive gedrängte SED benannte sich auf einem Sonderparteitag in SED-PDS („Partei des demokratischen Sozialismus") um. Bei einem Besuch in Dresden wurde Bundeskanzler Kohl mit Jubel empfangen.

Die internationalen Reaktionen waren unterschiedlich. Während die Vereinigten Staaten den Plan einer Wiedervereinigung unterstützten, verhielten sich die Regierungen in Paris und London eher ablehnend. Der schärfste Widerstand regte sich in Moskau, wo zwischen Präsident Gorbatschow und der altkommunistischen Führungsriege tief greifende Gegensätze bestanden.

■ Der Weg in die Einheit

Am 18. März 1990 fanden in der DDR erstmals freie Volkskammerwahlen statt. Die von der CDU geführte „Allianz für Deutschland“ siegte mit großem Abstand vor SPD, PDS und FDP. Die neue Mehrparteienregierung unter Ministerpräsident Lothar de Maizière (CDU) formierte sich mit dem Ziel, die staatliche Einheit Deutschlands so rasch wie möglich herzustellen, nicht zuletzt, da der Strom der Übersiedler unvermindert anhielt.

Am 1. Juli 1990 trat die Wirtschafts-, Währungs- und Sozialunion in Kraft. Durch sie wurde die D-Mark gesetzliches Zahlungsmittel in der noch existierenden DDR. Die Aufgabe, die DDR-Wirtschaft zu privatisieren, wurde in die Hände einer Treuhandanstalt gelegt. Am 23. August beschloss die Volkskammer (gegen die Stimmen der PDS) den Beitritt der fünf neu gebildeten Länder der DDR zum Geltungsbereich des Grundgesetzes (nach Artikel 23 GG). Am 31. August trat der ↗ Einigungsvertrag in Kraft.

Das außenpolitisch größte Problem war die Haltung der Sowjetunion. Einer Einheit Deutschlands wollte sie zunächst nur zustimmen, wenn Deutschland aus der NATO austräte. Dies lehnte Kohl ab. Mitte Juli 1990 gelang bei einem Treffen Kohls mit Gorbatschow im Kaukasus der Durchbruch: Die UdSSR stimmte einer NATO-Mitgliedschaft zu und war bereit, ihre Truppen aus Deutschland abzuziehen. Im Gegenzug verpflichtete sich Deutschland, diesen Truppenabzug finanziell zu unterstützen und die deutsche Bundeswehr deutlich zu reduzieren. Damit konnten die Verhandlungen der beiden deutschen Staaten mit den vier Siegermächten des Zweiten Weltkrieges (Zwei-plus-Vier-Verhandlungen), am 12. September erfolgreich abgeschlossen werden.

■ Die innere Einheit

Am 3. Oktober kam es zum formellen Zusammenschluss. Damit war Wirklichkeit geworden, was noch ein Jahr zuvor kaum jemand für möglich gehalten hatte: die staatliche Einheit Deutschlands.
Das Ausmaß der Probleme, die sich ergaben, wurde erst deutlich, als sich Euphorie und Jubel gelegt hatten. Das Erbe von vierzig Jahren Diktatur ließ sich nicht einfach über Nacht abschütteln. Besonders die Stasi-Hinterlassenschaft machte es für viele Menschen schwierig, offen und unvoreingenommen miteinander umzugehen. Die Treuhandanstalt stand vor der beispiellosen Aufgabe, das zentral verwaltete Wirtschaftssystem eines ganzen Landes zu privatisieren. Betriebe, die nicht wettbewerbsfähig waren, mussten schließen, in anderen gingen im Zuge der Sanierung Tausende von Arbeitsplätzen verloren. Westliche Investoren ließen sich oft nur mit großzügigen Zuschüssen anlocken. Ungeklärte Eigentumsfragen verschärften die Probleme vielerorts

239.1 Der westdeutsche Außenminister Hans-Dietrich Genscher, der sowjetische Regierungschef Michail Gorbatschow und Bundeskanzler Helmut Kohl bei einem Treffen im Kaukasus, 15./16. Juli 1990.

Zwei-plus-Vier-Vertrag: anstelle eines Friedensvertrags von den vier Siegermächten des Zweiten Weltkriegs mit den beiden deutschen Staaten geschlossener Vertrag, durch den das vereinte Deutschland die volle Souveränität über seine inneren und äußeren Angelegenheiten erhielt.

239.2 Feier zur deutschen Einheit. Berliner Reichstag, 3. Oktober 1990.

zusätzlich. Die Produkte aus ostdeutschen Betrieben hatten ihre Absatzmärkte in Osteuropa verloren, weil sie nicht konkurrenzfähig waren. Resignation, die Verklärung des Lebens in der alten DDR („Ostalgie") und eine Neigung zu politischem Extremismus, besonders unter Jugendlichen, waren vielfach die Folgen. Die hohe Arbeitslosigkeit löste zudem eine massive Abwanderungswelle in den Westen aus.

Für den Staat und vor allem für die Sozialsysteme bedeutete die Einheit auch eine enorme finanzielle Herausforderung, die am Anfang unterschätzt wurde. Am Vorabend der Einheit hatte Bundeskanzler Helmut Kohl vom Entstehen „blühender Landschaften" in den neuen Bundesländern gesprochen. Die politisch Verantwortlichen erklärten die Herstellung gleicher Lebensverhältnisse zum Hauptziel der „inneren Einheit". Mit großen Geldtransferleistungen wurden Straßen und Schienenwege erneuert, ein modernes Telekommunikationssystem geschaffen und zahlreiche Innenstädte saniert. Doch trotz der lang ersehnten D-Mark, der neu gewonnen Reisefreiheit und der Überwindung des diktatorischen SED-Regimes hatten viele Menschen, und nicht nur arbeitslos Gewordene, Schwierigkeiten, sich mit den neuen Verhältnissen anzufreunden. Die SED-Nachfolgepartei PDS wurde immer mehr zum Sprachrohr der Enttäuschten und Unzufriedenen. Auch zehn Jahre nach der Einheit bezeichneten sich in Umfragen fast siebzig Prozent der Ostdeutschen als Deutsche zweiter Klasse.

In den neunziger Jahren entstand angesichts der offenkundigen Probleme das Schlagwort von der „Mauer in den Köpfen". Die Westdeutschen („Wessis") wurden von den Ostdeutschen oft als arrogant und besserwisserisch angesehen, während viele Westdeutsche der Meinung waren, die Ostdeutschen („Ossis") besäßen zu wenig Selbstbewusstsein, seien passiv und hätten ihre Schwierigkeiten selbst verursacht. Doch sind solche Ansichten und Vorurteile vorwiegend in Bevölkerungskreisen verbreitet, die das geteilte Deutschland noch erlebt haben. Die nachwachsende Generation geht wesentlich offener und unbefangener mit den Problemen der Einheit um. Ihre Aufgabe wird es sein, den Weg zur inneren Einheit zu vollenden.

Q1 Die evangelische Kirche übt Kritik

Am 19. September 1989 verabschiedete eine Synode der evangelischen Kirchen in der DDR in Eisenach folgende Erklärung:

Die Massenauswanderung von Bürgern der DDR in die Bundesrepublik Deutschland zwingt dazu, Ursachen dafür zu benennen, dass offensichtlich viele, besonders auch junge Menschen in unserem Land keine Zukunft mehr sehen. In der Synode wurden vielfältige Erfahrungen genannt:

- erwartete und längst überfällige Reformen werden offiziell als unnötig erklärt;
- die Mitverantwortung des einzelnen Bürgers und seine kritische Einflussnahme sind nicht ernsthaft gefragt;
- den Bürgern zustehende Rechte werden vielfach als Gnadenerweis gewährt;
- hier geweckte und von außen genährte Wohlstandserwartungen können nicht befriedigt werden;
- ökonomische und ökologische Missstände erschweren zunehmend das Leben;
- Alltagserfahrungen und Berichterstattung der Medien klaffen weit auseinander ...;
- offizielle Äußerungen zu den Vorgängen in China ... wecken Befürchtungen und Ängste für die Zukunft;
- gewaltlose Demonstrationen junger Menschen werden gewaltsam unterdrückt; Beteiligte werden zu Unrecht und überdies unangemessen bestraft;
- Freizügigkeit im Reiseverkehr wird nicht gewährt.

Aus diesen und anderen Gründen sind viele Hoffnungen auf Veränderungen in der DDR erloschen.

M. Judt, DDR-Geschichte in Dokumenten, S. 397.

Q2 Für eine neue DDR

Am 26. November 1989 erschien im Neuen Deutschland der Aufruf „Für unser Land", unterzeichnet von 31 prominenten DDR-Bürgerinnen und Bürgern aus Kunst, Politik, Wissenschaft und anderen Bereichen:

Unser Land steckt in einer tiefen Krise. Wie wir bisher gelebt haben, können und wollen wir nicht mehr leben ... Gewaltfrei, durch Massendemonstrationen erzwungen, hat das Volk den Prozess der revolutionären Erneuerung erzwungen, der sich in atemberaubender Geschwindigkeit vollzieht … Entweder können wir auf der Eigenständigkeit der DDR bestehen und versuchen, … in unserem Land eine solidarische Gesellschaft zu entwickeln, in der Frieden und soziale Gerechtigkeit, Freiheit des Einzelnen, Freizügigkeit aller und die Bewahrung der Umwelt gewährleistet sind. Oder wir müssen dulden, dass, veranlasst durch starke ökonomische Zwänge und durch unzumutbare Bedingungen, an die einflussreiche Kreise aus Wirtschaft und Politik ihre Hilfe an die DDR knüpfen, ein Ausverkauf unserer materiellen und moralischen Werte beginnt und über kurz oder lang die Deutsche Demokratische Republik durch die Bundesrepublik Deutschland vereinnahmt wird. Lasst uns den ersten Weg gehen. Noch haben wir die Chance, in gleichberechtigter Nachbarschaft zu allen Staaten Europas eine sozialistische Alternative zur Bundesrepublik zu entwickeln. Noch können wir uns besinnen auf die antifaschistischen und humanistischen Ideale, von denen wir einst ausgegangen sind.

M. Judt, a. a. O., S. 544 f.

Q3 Konföderation statt Einheit

Günter Grass in einem Interview vom 27. Februar 1990 (in alter Rechtschreibung):

Der Politiker muß dem Volk antworten, ja, wir sind ein Volk. Aber die Geschichte hat uns auferlegt, daß wir in zwei Staaten leben. Wir müssen eben versuchen, dennoch ein Volk zu sein und eine Form zu finden, die all dem Rechnung trägt, was auf uns lastet. Und dazu gehört in erster Linie Auschwitz. Trotz Auschwitz muß es möglich sein – und das ist unseren Nachbarn zuzumuten – eine Form zu finden, die erträglich ist. Deswegen schlage ich die Konföderation vor. Sie ist keine Machtballung, sie ist etwas, das sich viel leichter in ein zukünftiges Europa integrieren läßt als der 80-Millionen-Staat, der all denen vorschwebt, die aus ihrer Not heraus in der DDR „Deutschland, einig Vaterland“ rufen.

taz vom 27. Februar 1990.

241.1 Montagsdemonstration am 13. November 1989 in Leipzig. Beachte das Symbol der beiden Hände auf dem Plakat – ursprünglich ein Zeichen der SED (bezüglich des Zusammenschlusses von KPD und SPD).

Q4 Schüler aus Ost und West begegnen einander

Nach dem 9. November 1989 luden sich Schulen aus Ost- und Westberlin gegenseitig zu gemeinsamem Unterricht ein. Eine Ostberliner Schülerin schildert ihre Eindrücke:

Heute sollten die Kinder aus Kreuzberg in unsere Schule kommen und mit uns zusammen Sport machen. Wir saßen schon fertig umgezogen in unseren graublauen Gymnastikanzügen, dazu die blau-weißen Turnschuhe und streng hochgebundene Haare. Wir quatschten noch ein bisschen herum und warteten auf die Westkinder. Da kamen sie! Wir verstummten und sahen sie an!!! Die kamen angeschlendert, albern und cool und knallbunt! Sie sahen uns herablassend an. Sie nahmen aus ihren schicken rosa Sporttaschen ihre sozusagen für sie normalen Sportsachen. Wir starrten sie an! Sie holten knallenge, neonfarbene, glänzende Pantalons heraus, tolle bunte Micky-Maus-Jogginganzüge, lässige Riesennickis, Wahnsinns-Turnschuhe … Manche trugen sogar offene Haare! Das war bei uns verboten beim Sport … Die Westkinder sahen uns irgendwie verwirrt, verwöhnt und fieslich an. Aber sie guckten uns nicht direkt an, so wie wir sie, sondern mit so schnellen Blicken, die auf uns huschten. Die Sportlehrerin mit ihrem

242.1 Karikatur von Klaus Stuttmann, 2006.

blauen, schon fusseligen Trainingsanzug pfiff. Sofort sprangen wir auf, stellten uns der Größe nach in Reih und Glied auf, während die Westkinder sich lässig und langsam vorwärts bewegten.

Die Sportstunde verlief normal. Als wir hochgingen, um uns wieder umzuziehen, sahen wir noch mal zu den bunten Wessis ... Dann gingen wir schweigend, ohne dass wir zusammen gesprochen hatten, nach Hause.

Kindheit im Osten, in: Zeit-Magazin vom 9. 11. 1990, S. 84.

Q5 Zehn Jahre danach

Zehn Jahre nach dem Fall der Mauer sagte Wolfgang Thierse, der Präsident des Deutschen Bundestags, in einem Interview:

Neun Jahre nach der staatlichen Wiedervereinigung, zehn Jahre nach dem wunderbaren friedlichen Herbst, sind wir im gesellschaftlichen, ökonomischen, politischen Alltag angekommen. Und dieser Alltag ist rau, ist problembeladen, ist konfliktreich, und da werden die Unterschiede, die es zwischen den Deutschen gibt aufgrund 40-jähriger getrennter, ja gegenläufiger Entwicklung – die verschiedenen Prägungen –, sie werden eben nicht als etwas Bereicherndes, Erheiterndes, Glückliches empfunden, sondern als Belästigung, als etwas, was wie eine Zumutung wirkt. Das ist die Situation. Wir sind fremd, wir sind unterschiedlich geprägt, aber zum Glück sind wir uns auch zugleich unendlich ähnlich. Zum Beispiel unendlich ähnlich darin, dass wir manches übertreiben, über vieles jammern und die rechten Maßstäbe über die Größe dieses oder jenes Problems immer mal wieder aus dem Auge verlieren.

Interview mit dem Deutschlandfunk vom 7. 11. 1999 aus: http://www.dradio.de.

1. Entwirf, ausgehend von der in Q 1 geübten Kritik, ein Reformprogramm für eine Erneuerung der DDR.
– Welche Chancen hätte eine weiter existierende DDR gehabt? Beziehe Q 2 in deine Überlegungen ein.

2. Informiere dich über Meinungen zur Wiedervereinigung in Westdeutschland 1989 und 1990 und ordne die Aussagen von Günter Grass (Q 3) ein.

3. Diskutiert die Frage, warum man in der DDR, anders als 1953, nicht gewaltsam gegen die Demonstranten vorging.

4. Schreibe als jemand, der die Begegnung in Q 4 miterlebt hat, einen Artikel für eine Schülerzeitung. Frage dabei nach den Gründen für die gegenseitige Fremdheit.

5. Wie charakterisiert Wolfgang Thierse die deutsch-deutsche Problematik? (Q 5)

6. Vergleiche die Bilder B 241.1 und 242.2 und erläutere, welche Entwicklung zwischen diesen beiden Bildern liegt.

15. Zuwanderer, Ausländer, Gastarbeiter und Asylsuchende in Deutschland

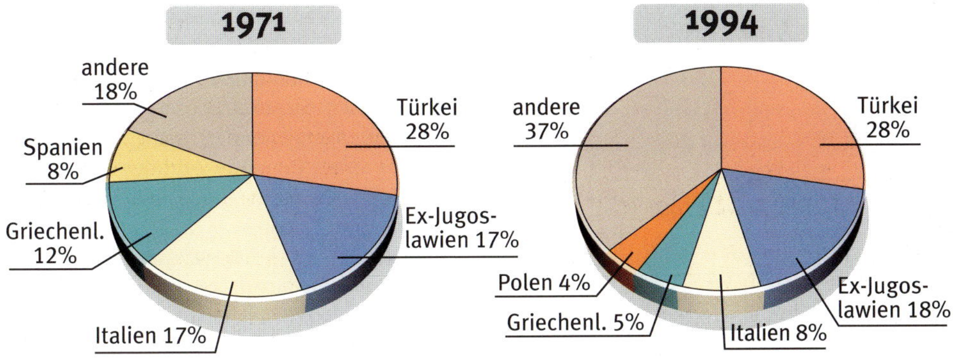

243.1 Ausländer in Deutschland nach Staatsbürgerschaft (in %), 1971/1994.

Gastarbeiter und andere Zuwanderer

In der Nachkriegszeit sank die Arbeitslosigkeit von 1,6 Millionen (1950) auf unter 200 000 (1961) – dies wird als Vollbeschäftigung verstanden, der Arbeitsmarkt war angesichts des hohen Wirtschaftswachstums völlig leergefegt. Um die hohen Wachstumsraten zu sichern, wurden weitere Arbeitskräfte gesucht. Daher warben Kommissionen der Bundesanstalt für Arbeit im Ausland Arbeitskräfte an. 1955 schloss die Bundesrepublik mit Italien das erste Abkommen zur Anwerbung von „Gastarbeitern". In der Folgezeit kamen weitere Vereinbarungen mit Spanien und Griechenland (1960) sowie mit der Türkei (1961) hinzu. Es folgten Verträge mit Portugal, Tunesien, Marokko und Jugoslawien.

Die Ausländerbeschäftigung wurde zunächst als kurz- oder mittelfristige Übergangserscheinung unter ausschließlich arbeitsmarktpolitischen Aspekten betrachtet, es gab keine „Gastarbeiter-" oder „Ausländerpolitik". An längere Arbeitsaufenthalte hatte niemand gedacht, auch nicht die Gastarbeiter selber.

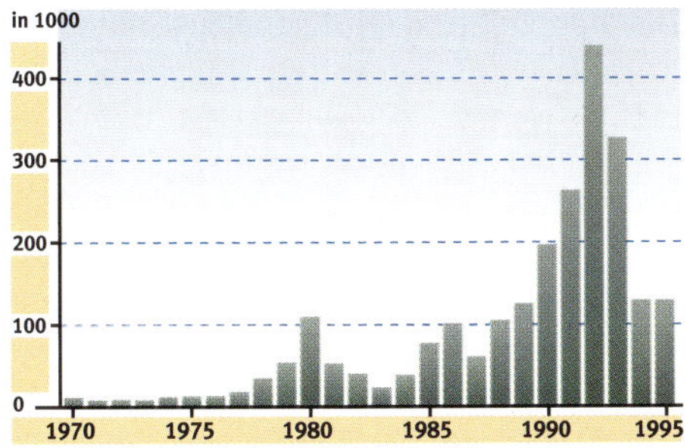

243.2 Asylanträge in Deutschland, 1970 – 1995.

Tatsächlich kehrten von den 14 Millionen zwischen 1955 und 1973 angeworbenen Gastarbeitern elf Millionen wieder in ihre Heimat zurück. Die anderen aber richteten sich auf einen längeren Aufenthalt ein und holten daher auch ihre Frauen und Kinder nach Deutschland.

Zu diesen Gastarbeitern kamen zwischen 1950 und 2000 noch 4,8 Millionen Aussiedler hinzu, also Deutsche, deren Vorfahren im 18. oder 19. Jahrhundert vor allem nach Osteuropa (Russland, Rumänien etc.) ausgewandert waren. Zu diesen Aussiedlern gesellte sich noch bis zum Mauerbau 1961 die große Zahl der Übersiedler aus der DDR. Nach dem Zusammenbruch der osteuropäischen kommunistischen Staaten im Jahr 1989 stieg die Zahl der Zuwanderer erneut stark an, darunter waren viele russische Juden. In den neunziger Jahren wuchs auch die Zahl der in Deutschland Asylsuchenden von jährlich ca. 100 000 auf über 400 000 an, bis der Deutsche Bundestag 1993 das Grundrecht auf Asyl einschränkte.

Migration und Einwanderung

Unter „Migration" verstehen viele etwas Endgültiges. Dies ist jedoch falsch, wie ein Blick auf die Wanderungsstatistik zeigt: Zwischen 1950 und 1995 kamen etwa 28 Millionen Menschen als Arbeitsmigranten, Aussiedler, Asylsuchende u. a. nach Deutschland. Aber im gleichen Zeitraum verließen rund 20 Millionen Menschen (Ausländer, aber auch Deutsche) das Land.
Angesichts der seit Jahrzehnten kontinuierlich sinkenden Geburtenrate in Deutschland

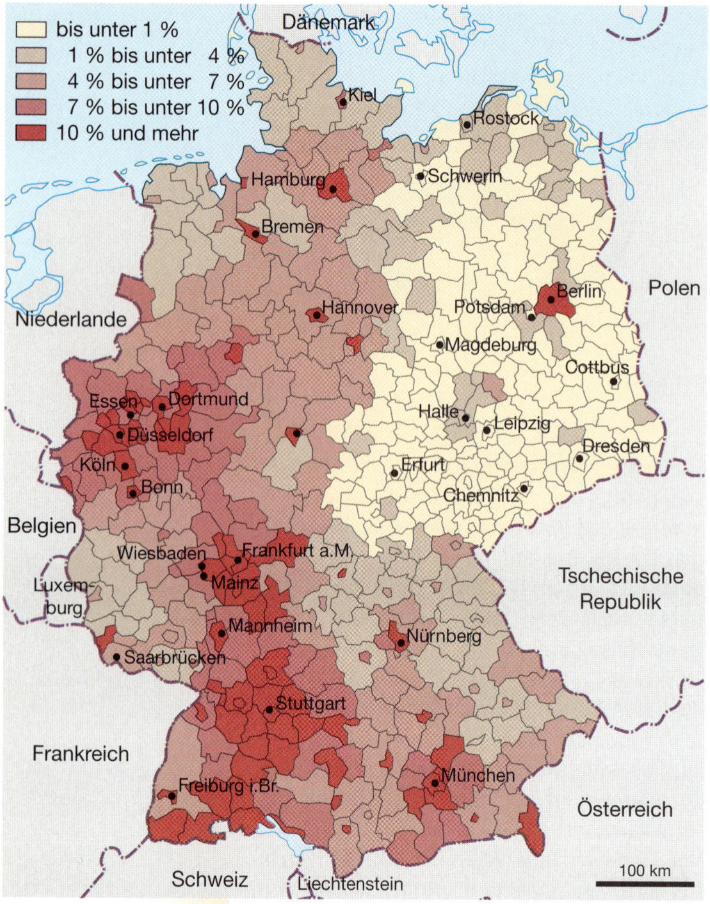

244.1 Ausländeranteil in Deutschland nach Kreisen, in Prozent, 1993.

244.2 Fließbandarbeiter aus Eritrea im Mercedes-Benz-Werk Sindelfingen. Beginn der 90er Jahre.

fordern immer mehr Repräsentanten der Wirtschaft und der Politik eine systematische und gezielte Einwanderungspolitik, weil sonst bald die sozialen Sicherungssysteme (vor allem die Rentenversicherung) nicht mehr finanzierbar seien. Denn die Zahl der Kinder und Jugendlichen und damit die künftigen Arbeitnehmer und Einzahler in die Rentenversicherung geht stetig zurück, während die Zahl der älteren Menschen angesichts der steigenden Lebenserwartung immer größer wird. Ohne eine kontinuierliche Zuwanderung nach Deutschland würden die künftigen Renten und andere sozialstaatliche Leistungen drastisch sinken.

Zuwanderung und Arbeitslosigkeit

Problemverschärfend kam hinzu, dass sich seit den 80er Jahren eine Massenarbeitslosigkeit entwickelte, die bis auf über 4 Millionen Arbeitslose anstieg. Es gibt Prognosen, dass unsere Gesellschaft diese Massenarbeitslosigkeit kaum in den Griff bekommen wird. Denn niedrig bezahlte, unsichere Arbeitsplätze für un- oder geringqualifizierte Menschen werden auf dem Arbeitsmarkt kaum nachgefragt.

Probleme der Zuwanderung bestehen auch darin, dass in einigen Teilen der Bevölkerung ein diffuses Unbehagen, ein Gefühl der „Überfremdung“ angesichts eines wachsenden Ausländeranteils entstand, der – zu Unrecht – für die wachsende Arbeitslosigkeit verantwortlich gemacht wird. Rechtsextremistische Gruppen haben seit den 90er Jahren Vorurteile gegen Ausländer gezielt aufgegriffen oder geschürt. Sie versuchten durch gewalttätige und kriminelle ausländerfeindliche Aktionen, die bis zu Mordanschlägen reichten, öffentliche Aufmerksamkeit zu erlangen. Erstaunlicherweise ist aber eine ausländerfeindliche Haltung gerade dort am meisten verbreitet und wurden Anschläge vor allem da verübt, wo der Ausländeranteil eher gering ist oder kaum Ausländer leben und wo von einem Gefühl der „Bedrohung“ oder „Überfremdung“ kaum die Rede sein kann.

Immer mehr der in Deutschland lebenden Ausländer wollen sich hier dauerhaft einrich-

245.1 Türkinnen in Berlin Kreuzberg, 1995.

ten und sehen trotz mancher ausländerfeindlicher Stimmungen in Deutschland ihre neue Heimat. Hinzu kommt, dass vor allem die Angehörigen der zweiten und dritten Generation der Zuwanderer das Land ihrer Eltern oder Großeltern nur noch von Urlaubsreisen kennen. Sie sprechen allenfalls gebrochen türkisch oder arabisch, aber fließend schwäbisch.

Sehr unterschiedlich ist der Grad der Integration in die deutsche Gesellschaft. Hoch ist immer noch der Anteil der ausländischen Jugendlichen, die über keinen qualifizierten Schulabschluss verfügen und daher deutlich schlechtere Chancen auf dem Arbeitsmarkt haben. Aber umgekehrt besuchen immer mehr Ausländerkinder erfolgreich weiterführende Schulen und studieren. Der Prozess der sozialen Integration der Zuwanderer ist vor allem eine Frage der Zeit.

■ Einwanderungspolitik

Erst seit wenigen Jahren wird über eine Einwanderungspolitik nachgedacht. Vor allem die Informationstechnologie-Branche klagt über einen Mangel an qualifizierten Arbeitskräften. Nach amerikanischem Vorbild erließ daher die Bundesregierung im Jahr 2000 eine Green-Card-Verordnung, mit der vor allem Programmierer und Informatiker angeworben werden und eine befristete Arbeitserlaubnis erhalten sollten. Bis zum Frühjahr 2001 erwarben etwa 5 000 Menschen aus dem Ausland (vor allem aus Indien, den GUS-Staaten und Rumänien) eine Green Card. 20 000 sollen insgesamt ausgegeben werden.

Die Angeworbenen arbeiteten vor allem in Bayern, Baden-Württemberg und Hessen, in Brandenburg waren es im Frühjahr 2001 nur 19, in Sachsen-Anhalt nur zwei.

M1 Phasen deutscher Migrationsgeschichte 1945 bis 2000

1945 – 1949	Zuwanderung deutsch-stämmiger Flüchtlinge und Vertriebener; Rückwanderung von nichtdeutschen Zwangsarbeitern in ihre Heimat, Rückkehr von deutschen Kriegsgefangenen.
1949 – 1961	Wanderung von Ost- nach Westdeutschland bis zum Mauerbau.
1961 – 1973	Anwerbung von Gastarbeitern
1973 – 1988/89	Anwerbestopp, Ausländer holen ihre Familien nach Deutschland nach.
1988 – 1991	Immer mehr Aussiedler kommen aus Osteuropa, ferner Asylbewerber, Bürgerkriegsflüchtlinge, Millionen Menschen wandern nach der deutsch-deutschen Vereinigung aus den neuen in die alten Bundesländer.
Seit 1992	Einschränkungen des Grundrechts auf Asyl, Begrenzung der Zuwanderung von Aussiedlern.
Seit 2000	Einbürgerungserleichterungen für Ausländer; Green Card für Experten der Informationstechnologie.

M2 Fluchtbewegung aus der DDR (Angaben gerundet)

Jahr	Flüchtlinge		
1949	129 000	1955	253 000
1950	198 000	1956	279 000
1951	166 000	1857	262 000
1952	182 000	1958	204 000
1953	331 000	1959	144 000
1954	184 000	1960	199 000
		1961	155 000

Informationen zur politischen Bildung, Heft 231, S. 61.

M3 Berufsstatus von Anwerbeausländern 1999 in Deutschland (in %)

Berufsstatus Angaben in %	Türkei	ehem. Jugoslawien	Italien	Spanien	Griechenland
Ungelernte Arbeiter	16	12	6	10	9
Angelernte Arbeiter	39	31	23	20	24
Angestellte	17	23	30	34	33
Facharbeiter und (unselbstständige) Handwerker	23	32	26	28	22
Selbstständige und Freiberufler	5	6	13	7	12

Landeszentrum für Zuwanderung NRW 1999 auf Basis von Daten der Marplan-Forschungsgesellschaft. Zit. n. Sozialwissenschaftliche Informationen 1/2001, S. 30.

Q4 Aufwachsen in Deutschland

Nuray, geboren 1968 in Anatolien (Türkei), eine Angehörige der zweiten Generation türkischer Zuwanderer, berichtet:

Mein Vater kam 1969 nach Deutschland, sodass ich ihn bis zum siebten Lebensjahr so gut wie nicht kannte, während meine Mutter mich mit fünf Jahren bei meinen Großeltern in der Türkei ließ. Da ich von klein auf im Hause meiner Großeltern lebte, entstand keine Lücke und ich vermisste keine elterliche Liebe. Ich lebte bis zum 11. Lebensjahr in der Türkei bei meinen Großeltern. ... Für mich war die Oma die Mutter und der Opa mein Vater. Ich war Nesthäkchen; weil die Eltern nicht da waren, bin ich verwöhnt worden. ...
Ich bin eingeschult worden, hatte viele Freunde, von der Schule aus, konnte spielen und machen, was ich wollte. ... In der Schule war ich gut. Ich konnte mit Jungs genauso zusammen sein wie mit Mädchen. ... In der Zeit habe ich meinen Vater nur zweimal gesehen, das war in der Türkei bei meiner Großmutter, und er hat sich mir da mit einer Ohrfeige vorgestellt, als ich ihn einen Onkel aus Deutschland nannte. ... Im Juni 1979 bekam ich meinen Grundschulabschluss ... in der Türkei und wurde anschließend von meinen Eltern nach Deutschland geholt. ... Als ich hier in Deutschland war, wusste ich schon, warum ich hier war. Ich war das Hausmädchen, sollte auf die Geschwister aufpassen. Ich ging ja die erste Zeit überhaupt nicht zur Schule. Der Bruder war drei Jahre alt. Da fing meine Mutter an zu arbeiten. ... Es entstand einfach kein Eltern-Kind-Verhältnis, es war unmöglich. Ich durfte die ersten sechs Monate nicht zur Schule, da war ich dann mehr oder weniger eingesperrt und musste meine Geschwister betreuen, und später, als mein Vater es dann mit der Polizei zu tun kriegte (wegen Schulversäumnis), durfte ich endlich zur Schule. Ich konnte kein Wort Deutsch. ... Da ich in der Türkei von meinen Großeltern außergewöhnlich verhätschelt worden bin, kam mir die Art und Weise, wie meine Eltern mich behandelten, wie ein Albtraum vor. Sie zwangen mich, Kopftuch zu tragen und in die Moschee zu gehen. Von diesem Zeitpunkt an begann ich Aversionen gegen meine Eltern bzw. Türken zu entwickeln. ... Es war mir äußerst peinlich, mit Kopftuch in der Schule zu erscheinen, und ich wurde eine Außenseiterin. Hinzu kam, dass ich aufgrund meiner Deutschkenntnisse in eine Klasse musste, die ausschließlich nur aus türkischen Schülern bestand.

Zit. n. E. Kultus, Der Preis der Freiheit, 1998, S. 19–30.

M5 Gefährliche Konfliktpotenziale?

Ein Sozialwissenschaftler schreibt:

Migration und ihre sozialen Folgen gelten als konfliktverursachender Sachverhalt. Entsprechend wird davon ausgegangen, dass es durch die Geschichte der Zuwanderungen in der Bundesrepublik Deutschland zahl-

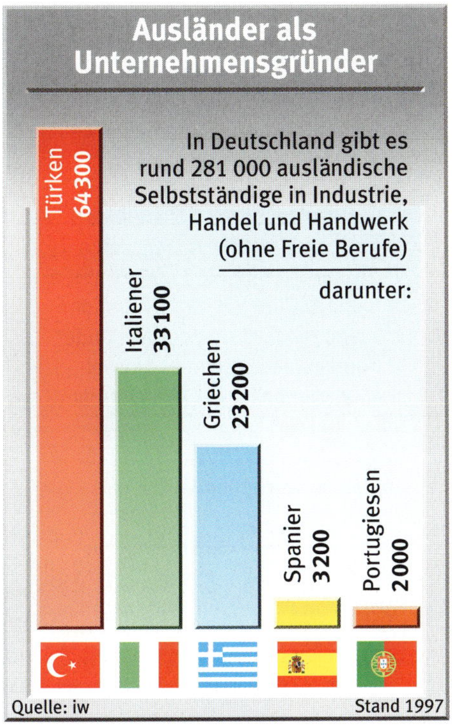

247.1 Selbstständige Ausländer, 1997.

reiche und bedeutsame Konflikte gab und gibt. … Seit Mitte der 1980er Jahre handelt es sich dabei aber eher um Alltagskonflikte. Diese besitzen kaum ein darüber hinaus gehendes gesellschaftliches oder politisches Konfliktpotenzial – trotz gegenteiligen Anscheins. …

Dies dokumentiert sich in einer alltäglichen Gleichgültigkeit gegenüber der Anwesenheit von Migranten, auch der Türken. Sie nehmen zunehmend selbstverständlicher an den alltäglichen Bereichen der Lebensführung in Betrieben, Behörden, Verwaltungen, Gerichten, Krankenhäusern, Schulen, Kaufhäusern usw. teil. Dieser Prozess wird politisch seit Ende der 1980er Jahre mit der Einführung und Ausdehnung von Einbürgerungsrechten für länger hier lebende Ausländer nachvollzogen und führt zu langsam, aber stetig wachsenden Einbürgerungszahlen.

M. Bommes, Ethnische Konflikte, in: Sozialwissenschaftliche Informationen 1/2001, S. 33, 39 (sprachlich vereinfacht).

Q6 Integrationsprobleme

Eine türkische Bankkauffrau berichtet:

Ich hab mir alles erkämpfen müssen … Ich muss da an einen Berufsschullehrer denken, der damals zu mir knallhart gesagt hat: „Du hast keine Chance als Ausländerin; die Banken sind total konservativ und stellen dich nicht ein.“ In dem Moment habe ich gedacht: Dem wirst du es zeigen.

Also bin ich auf eigene Faust zu den Banken gegangen. Bei einer bekam ich gleich wieder die alte Leier zu hören, dass Türkinnen immer ein Kopftuch tragen, dass Türkinnen alle jung heiraten und dann massenweise Kinder bekommen und zu Hause hocken. Dass ich sehr gute Schulnoten hatte, interessierte kaum. Aber dann habe ich mir einen Platz erkämpft, ich hatte bei der Bewerbung – als Türkin! – den besten Deutschaufsatz geschrieben. … Das war 1986. In der Zwischenzeit hat sich einiges geändert. Jetzt wundert sich niemand mehr in Deutschland über eine selbstbewusste und erfolgreiche Türkin.

Stuttgarter Zeitung, 19. 2. 2000.

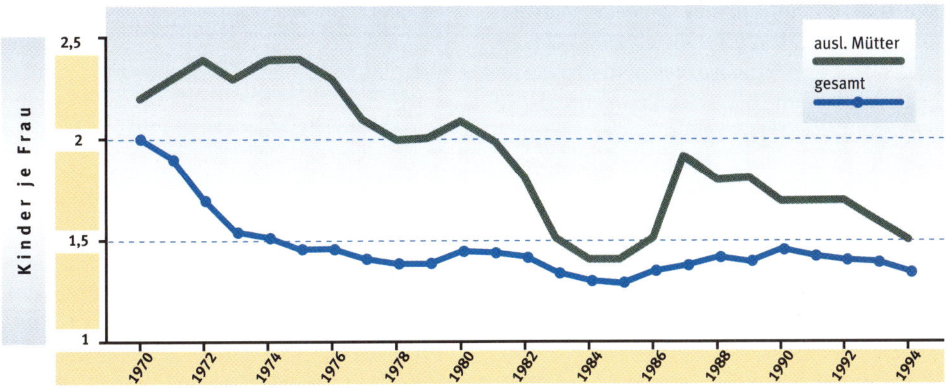

247.2 Durchschnittliche Kinderzahl ausländischer und aller Mütter in Deutschland, 1970–1994.

Vergleichszahlen: nur Westdeutschland

M7 Gegenseitige Vorurteile

In einem Artikel der Süddeutschen Zeitung heißt es:

Was ist typisch deutsch, was typisch türkisch? Die Antworten scheint jeder zu kennen, und doch sind sie häufig falsch. Selbst deutsche „Ausländerexperten" haben sich kräftig an der Produktion irreführender Stereotypen beteiligt. So gilt die Ausländerin gern als „dreifach diskriminiert" – in Beruf, Gesellschaft und Familie. …

Der rasante gesellschaftliche Wandel in den jeweiligen Herkunftsländern der Migranten wird meist schlicht übersehen. So wäre Forschungen aus der Türkei beispielsweise zu entnehmen: Das Land hat zwar vergleichsweise viele ältere Analphabetinnen, dem steht aber der weltweit höchste Anteil von Professorinnen und Frauen in freiberuflichen akademischen Berufen gegenüber. Oder: Großfamiliäre Lebensformen sind nicht die Regel, sondern ebenfalls eine Ausnahme. Die Forscher sollten also die Augen öffnen. …

Generell sind die Unterschiede in der häuslichen Aufgabenverteilung bei Migranten und Deutschen eher erstaunlich gering: Geputzt wird bei Deutschen zu 83 Prozent von den Frauen allein, bei Türken zu 88 Prozent, bei Italienern zu 96 Prozent. Die Entscheidung über die Schulwahl der Kinder treffen in fast 90 Prozent der deutschen Familien die Eltern gemeinsam, bei den Türken sind es 75 Prozent, bei Italienern und Griechen 63 Prozent. Türkische Frauen können häufiger auf ihre Männer zählen, wenn es um die Betreuung der Kinder geht, als deutsche.

Die Aufstiegshoffnungen in vielen Migrantenfamilien in Bezug auf die eigenen Kinder sind hoch. Erwartungsdruck und Versagen liegen aber häufig dicht beieinander. In Rollen- und Loyalitätskonflikte geraten besonders die Söhne türkischer Eltern. In dieser Gruppe zeigt sich am ehesten auch das Phänomen einer „Re-Ethnisierung". Wie wichtig ein differenziertes Bild vom anderen ist, zeigt etwa ein Blick auf die Heirats-Statistik. Etwa jede sechste Ehe, die vor einem deutschen Standesbeamten geschlossen wird, ist binational.

C. Schlötzer, in: Süddeutsche Zeitung vom 21. 10. 2000.

1. Stelle die Ursachen zusammen, warum Deutschland nach dem Zweiten Weltkrieg zum Einwanderungsland wurde. (VT)

2. Untersuche die Schaubilder 243.1/243.2, die Karte 244.1, den Verfassertext und die Tabellen M 1, 2: Wie und warum hat sich die nationale Zusammensetzung der Ausländer in Deutschland verändert? In welchen Regionen ist der Ausländeranteil besonders hoch oder sehr gering? Suche nach Ursachen für diese ungleiche Verteilung.

3. Untersuche die Statistik zur Berufsstruktur von Ausländern (M 3). Formuliere Deine Beobachtungen in kurzen Thesen.

4. Stelle die Probleme zusammen, mit denen die kleine und die heranwachsende Nuray in ihrer Familie und in der Schule in Deutschland konfrontiert wird. (Q 4)

5. Diskutiert, inwiefern die in Deutschland lebenden Ausländer tatsächlich ein großes Konfliktpotenzial bilden oder ob es sich bei Konflikten mit Ausländern eher um Alltagskonflikte handelt. (M 5, Q 6)

6. Diskutiert anhand des Artikels aus der Süddeutschen Zeitung die Vorurteile, die deutschen bzw. türkischen Frauen gelten. (M 7)

7. Die durchschnittliche Kinderzahl deutscher und ausländischer Paare hat sich stark angenähert. Suche nach Ursachen für diese Entwicklung. (B 247.2)

8. Informiert euch über die Gründe und Motive der Menschen, die in Deutschland Asyl suchen. Erkundigt euch bei der Ausländerbehörde, welche Gründe anerkannt werden, welche nicht?

16. Die deutsch-französische Freundschaft – Keimzelle der europäischen Union

249.1 Oben links: Franzosen und Deutsche im Ersten Weltkrieg. Unten links: Deutsche und französische Eurokorps-Soldaten proben 1994 für die gemeinsame Parade zum französischen Nationalfeiertag. Mitte: Der französische Staatspräsident Charles de Gaulle begrüßt 1962 den deutschen Bundeskanzler Konrad Adenauer. Rechts: Der französische Staatspräsident François Mitterrand und Bundeskanzler Helmut Kohl 1984 in Verdun.

Unmittelbar nach Kriegsende äußerte sich General de Gaulle, der spätere Präsident Frankreichs: „Europa ist verwüstet worden, materiell und moralisch. Ohne dieses Europa wird man aber weder den Frieden wiederherstellen und garantieren, noch einen Wohlstand für alle Menschen oder erneut eine freiheitliche politische Ordnung errichten können. Europa ist daher unser wichtigstes Problem."

Die europäische Einigung ist ein einmaliger Vorgang in der Weltgeschichte. Souveräne Staaten schließen sich zusammen, um gemeinsam Frieden zu garantieren und Wohlstand zu erarbeiten. Dieser Prozess ist noch nicht abgeschlossen und erfordert von den beteiligten Nationen vielfach ein Umdenken. Unterschiedliche Interessen müssen zu einem Kompromiss gebracht werden, Souveränitätsrechte an eine übergeordnete Instanz (das europäische Parlament und den Ministerrat) abgegeben werden.

Innerhalb der europäischen Friedensordnung sollte die Aussöhnung zwischen Deutschland und Frankreich eine besondere Rolle spielen. Beide Staaten hatten sich in den vergangenen Jahrhunderten in mehreren Kriegen gegenübergestanden. 1870/71 war die Feindschaft besonders geschürt worden, als Bismarck infolge des deutsch-französischen Krieges das Deutsche Reich gegründet hatte.

■ Aussöhnung mit Frankreich

Die Neuordnung der Welt nach dem Zweiten Weltkrieg stand vor der Herausforderung, ein gutes Verhältnis zwischen den Nachbarn Deutschland und Frankreich herzustellen. Nicht Strafe wie 1919, sondern Zusammenarbeit sollte die Grundlage der Beziehungen sein. Der französische Außenminister Schuman entwickelte 1950 einen Plan, der diese voranbringen sollte. Die Kohle- und Stahlindustrie beider Länder sollte von einer gemeinsamen Behörde verwaltet und kontrolliert werden (→Q1). Der Vorschlag wurde aufgegriffen, es kam zu Verhandlungen, an denen sich auch Belgien, die Niederlande, Luxemburg und Italien beteiligten. 1951 gründeten diese sechs Staaten die „Europäische Gemeinschaft für Kohle und Stahl", auch Montanunion genannt. Der Keim für eine europäische Einigung, deren Motor das besondere Verhältnis zwischen Westdeutschland und Frankreich sein sollte, war gelegt.

Teil der deutsch-französischen Aussöhnung sollte die persönliche Begegnung von Franzosen und Deutschen sein. Gefördert wurde sie durch den deutsch-französischen Freundschaftsvertrag, den Bundeskanzler Adenauer und der französische Präsident de Gaulle am 22. Januar 1963 unterzeichneten. Kurz darauf wurde das deutsch-französische Jugendwerk

250.1 Formen der Zusammenarbeit in der Europäischen Union.

250.2 Europa-Plakat, 1948.

gegründet. Kontakte entstanden auf allen, nicht nur der höchsten politischen Ebene. Städte- und Schulpartnerschaften führten zu Millionen von Begegnungen.

EG = Europäische Gemeinschaft.

EU = Europäische Union.

Die Verpflichtung beider Regierungen von 1963 zu gegenseitiger Information und Absprache (Konsultationen), ist zu einem wichtigen Bindeglied geworden. Dennoch blieben die Beziehungen nicht immer gänzlich frei von Spannungen. Während Frankreich den Einfluss der USA in Europa begrenzen wollte, pflegte die Bundesrepublik ein besonderes Verhältnis zu den Vereinigten Staaten. Doch mittlerweile haben über 100 Gipfeltreffen zwischen französischen und deutschen Regierungschefs stattgefunden. Die europäische Integration wurde durch die enge Zusammenarbeit zwischen Deutschland und Frankreich entschieden vorangetrieben.

■ Die europäische Integration

Die sechs Mitgliedsstaaten der Montanunion bemühten sich, über die Bereiche Kohle und Stahl hinaus einen gemeinsamen Markt zu schaffen. Am 25. Mai 1957 unterzeichneten sie in Rom den Vertrag zur Gründung der Europäischen Wirtschaftsgemeinschaft (EWG). Durch die Abschaffung der Zölle innerhalb der EWG stiegen der Handel und der Wohlstand in der Gemeinschaft. Ihr anzugehören war auch für die übrigen Staaten Europas attraktiv, 1973 wurde sie erstmals erweitert.
Bis 1990 standen vor allem wirtschaftliche Ziele im Zentrum der EG. Allmählich aber entwickelte sie sich auch zu einer politischen Gemeinschaft. Am 1. November 1993 unterzeichneten die Mitgliedsstaaten in Maastricht den Vertrag zur Gründung der Europäischen Union. Zu den Veränderungen gehörten seitdem der Wegfall der Grenzkontrollen innerhalb der EU und die Einführung des Euro als gemeinsamer Währung.

Aber die Europäische Kommission in Brüssel kann nicht ohne Weiteres in die Politik der Einzelstaaten eingreifen. Soll die Integration weiterschreiten, müssen Souveränitätsrechte aufgegeben werden. Dies ist mit der Tradition des Nationalbewusstseins der einzelnen Staaten häufig nur schwer zu verbinden. Um hier größere Akzeptanz zu schaffen, ist es wichtig, dass Entscheidungsprozesse in der EU für die Bürger nachvollziehbar ablaufen und die Kompetenz vor allem des Parlaments gestärkt wird.

Q1

Denkschrift von Jean Monnet

Jean Monnet fasste in seiner Denkschrift vom 3. Mai 1950 die Grundlagen der französischen Außenpolitik zusammen:

- Die schlechte Lage in Deutschland kann sich in naher Zukunft zu einer gefährlichen Krebskrankheit für den Frieden und für Frankreich entwickeln, wenn diese Entwicklung nicht so gelenkt wird, dass die Deutschen Hoffnung schöpfen und mit den freien Völkern zusammenarbeiten. …
- Die Wiederaufrichtung Frankreichs wird nicht mehr weitergehen, wenn die Frage der industriellen Produktion Deutschlands und seiner Konkurrenzüberlegenheit nicht schnell eine Regelung findet. Die Grundlage für diese Überlegenheit … liegt darin, dass es Stahl zu einem Preis produziert, mit dem Frankreich nicht konkurrieren kann. …
  Mit der vorgeschlagenen Lösung, der Gründung einer Montanunion, verschwindet die Frage der Herrschaft der deutschen Industrie, deren Existenz in Europa Furcht verursacht, die Grund ständiger Unruhe ist, schließlich die Vereinigung Europas verhindert und Deutschland erneut in den Abgrund stürzt. Diese Lösung schafft im Gegensatz dazu für die Industrie sowohl in Deutschland als auch in Frankreich Bedingungen gemeinsamer Expansion in der Konkurrenz, wobei jede Form von Beherrschung fortfällt. …
- Im gegenwärtigen Zeitpunkt kann Europa nur aus Frankreich geboren werden. Nur Frankreich kann sprechen und handeln. Wenn aber Frankreich jetzt nicht spricht und handelt, was wird dann geschehen? Um die Vereinigten Staaten wird dann eine Ansammlung zustande kommen mit dem Ziel, den Kalten Krieg mit größerer Kraft zu führen. Der einleuchtende Grund dafür ist darin zu suchen, dass die Länder Europas Angst haben und Hilfe suchen. …
  Wenn Frankreich jetzt die Initiative ergreift, welche die Furcht beseitigt, die Hoffnung in die Zukunft neu belebt, die Schaffung einer Kraft des Friedens ermöglicht, dann wird es Europa befreit haben.

G. Ziebura, Die deutsch-französischen Beziehungen seit 1945, 1997, S. 498–504.

251.1 Triumphbogen. Karikatur von Josef Partykiewicz, 1962.

Q2

Adenauer und de Gaulle

Am 14. /15. September 1958 trafen sich Konrad Adenauer und Charles de Gaulle in Colombey-les-deux-Eglises (Lothringen):

Auf Bitten de Gaulles trug ich [Adenauer] meine Einschätzung der Weltlage vor:
Es sei nun einmal eine Tatsache, dass Supermächte wie die Vereinigten Staaten und Sowjetrussland existieren. Das sei der Grund, warum Europa sich zusammenschließen und warum auch in erster Linie die Freundschaft und Zusammenarbeit zwischen Frankreich und Deutschland verstärkt werden müsse. Ich sei von der absoluten Notwendigkeit dieses Zusammenschlusses überzeugt. Die Schaffung Europas sei für die Weltpolitik sehr wichtig.
Die wirtschaftlichen Bande müssten als erste hergestellt werden. Dies sei normal, da unmittelbar nach dem Zweiten Weltkrieg keine gemeinsamen politischen Grundlagen möglich waren. Heute handele es sich darum, sie zu finden. Hierzu notwendig sei ein gutes Einvernehmen zwischen Frankreich und Deutschland. Frankreich und Deutschland müssten in eine Ära des ständigen Gespräches eintreten. Es solle sich dabei nicht nur um Konsultationen über Einzelfälle handeln. Ich wünschte, dass unsere beiden Länder sehr enge, ständige und dauerhafte Kontakte über die internationalen Probleme unterhielten. …

1950 war die Kohle die Hauptenergiequelle Europas (70 % Marktanteil). Die förderstärksten Kohlegruben Europas lagen im Ruhrgebiet.

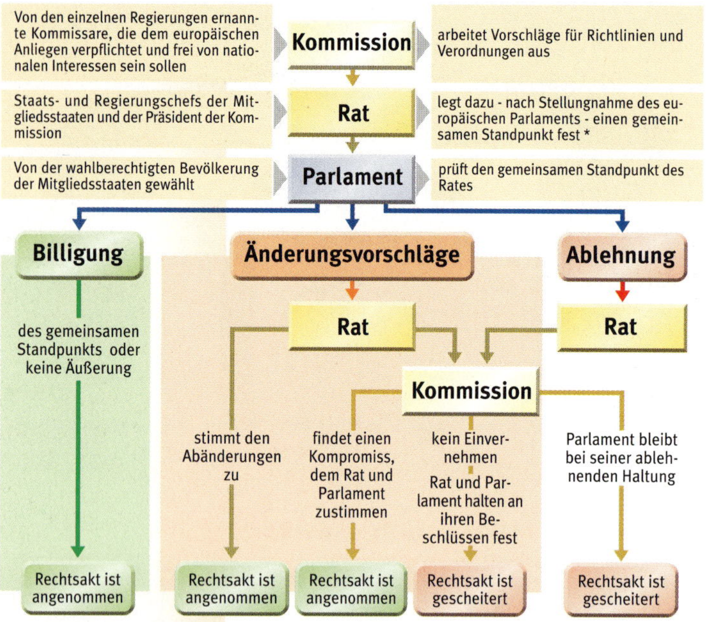

* Der Rat fasst seine Beschlüsse mit qualifizierter Mehrheit; will er sich über das Votum der Kommission hinwegsetzen, ist Einstimmigkeit erforderlich. Die Mitgliedsstaaten haben unterschiedlich viele Stimmen.

252.1 Die EU-Gesetzgebung: Ablauf des Entscheidungsverfahrens.

De Gaulle hatte sehr aufmerksam zugehört. Nunmehr nahm er das Wort: …
Vom französischen Volk sagt de Gaulle, dass es eine schwere Krankheit durchgemacht habe. Es sei ein großes Volk gewesen … Es habe sich aber noch nicht der neuen Situation angepasst. Es könnte nicht vergessen, dass es diese Rolle nicht mehr spiele. …
In seiner Ansicht über die Weltlage stimme er mit mir überein. Er stimme mir vor allem auch zu, dass Deutschland und Frankreich in enger Freundschaft verbunden sein müssten. Nur durch diese Freundschaft zwischen Deutschland und Frankreich werde es möglich sein, Westeuropa zu retten.

K. Adenauer, Erinnerungen, 1963, S. 345.

Q3 Die Zukunft der deutsch-französischen Konföderation

Protokoll eines öffentlichen Gesprächs der EU-Kommissare Pascal Lamy und Günther Verheugen am 21. Januar 2002:

Beide waren sich einig, dass die deutsch-französische Zusammenarbeit auch in Zukunft die Schlüsselrolle für eine weitere Integration in Europa spielen wird.

Verheugen betonte …, dass die Qualität der deutsch-französischen Beziehungen eine andere sei als die der beiden Staaten mit anderen Nachbarn. Es ist dabei wichtig, dass eine Balance zwischen beiden Staaten bestehen bleibt. Die „Geschäftsgrundlage“ für diese Balance ist die Gleichrangigkeit beider Staaten. Verheugen erteilte in diesem Zusammenhang deutschen Forderungen nach mehr Stimmen im Rat aufgrund des höheren deutschen Bruttosozialproduktes oder der größeren Bevölkerungszahl eine klare Absage. Lamy teilte die Auffassung Verheugens, dass die deutsch-französische Zusammenarbeit auch weiterhin die zentrale Rolle im Integrationsprozess spielen wird. Aus seiner Sicht ist es dabei sogar von Vorteil, dass beide Staaten zum Teil sehr unterschiedliche Positionen vertreten. Deutschland wolle häufig eine weitere Integration der Institutionen und weniger Integration von Politikbereichen, wie z. B. Polizei oder Bildung (auch aufgrund seiner föderalen Struktur). Frankreich hingegen würde umgekehrt mehr Gewicht auf verstärkte Integration der Politiken legen, ohne aber bereit zu sein, weitere Kompetenzen an die europäischen Institutionen abzutreten. Diese unterschiedlichen Positionen bewirken aber, dass ein Kompromiss zwischen diesen beiden EU-Mitgliedstaaten häufig auch für die anderen Mitglieder tragbar wird. …

O. Stehmann, 21. 1. 2002, Futurum. Die Zukunft der Europäischen Union © EG 1995 – 2002.

1. Erläutere, welche Motive das politische Handeln Monnets, de Gaulles und Adenauers bestimmen und welche Maßnahmen sie vorschlagen? (Q 1, Q 2)
2. Wie beurteilt der Karikaturist die deutsch-französische Aussöhnung? (B 251.1)
3. Angesichts der Erweiterung der EU stellt sich die Frage, ob Deutschland und Frankreich weiterhin eine besondere Beziehung haben werden. Erörtert die Stellungnahme der Politiker in Q 3.

17. Die Osterweiterung der EU – das Beispiel Polen

253.1 *Bundeskanzler Willy Brandt vor dem Mahnmal im ehemaligen Warschauer Ghetto. Foto, 1970.*

253.2 *Polen und seine Nachbarn, 2002.*

Nach dem Zusammenbruch des Ostblocks nach 1990 begannen sich insbesondere die ost-mitteleuropäischen Länder am Westen zu orientieren. Sie gingen über zur privaten Marktwirtschaft und zur pluralistischen Demokratie. Einige kamen dabei so gut voran, dass sie sich erfolgreich um die Aufnahme in die EU bewerben konnten. 2004 wurden Estland, Lettland, Litauen, Tschechien, Ungarn und Polen in die EU aufgenommen, mit weiteren Ländern wird verhandelt. Damit beginnt eine neue Form des Zusammenlebens zwischen Deutschland und seinen östlichen Nachbarn, z. B. Polen.

Ein Blick zurück

Polen und Deutsche verbindet eine über tausendjährige Geschichte der Nachbarschaft. In Preußen, Polen, Litauen, Russland und anderen Ländern Osteuropas lebten Polen und Deutsche über lange Zeiträume hinweg friedlich in einem Staat zusammen. Die preußisch-polnische Grenze war viele Jahrhunderte lang eine der friedlichsten in Europa.

Im 17. und 18. Jahrhundert erlebte Polen schwere innere Krisen. Sie boten den benachbarten aufstrebenden Großmächten Preußen, Österreich und Russland die Möglichkeit, sich immer wieder auf Polens Kosten zu vergrößern. 1795 verschwand der polnische Staat für über hundert Jahre von der politischen Landkarte.

Erst 1916 konnte während des Ersten Weltkrieges die staatslose polnische Nation ein neues Polen gründen. Das Verhältnis des neuen Staates zu seinen Nachbarn im Westen und Osten, zu Deutschland und zur Sowjetunion, blieb allerdings belastet – beide stellten ihre Grenze mit Polen infrage. Im Hitler-Stalin-Pakt teilten die beiden Staaten Polen unter sich auf.

Nach dem Zweiten Weltkrieg bemühte sich Deutschland um eine Versöhnung mit seinen Nachbarn. Doch das Verhältnis zu Polen war 1945 denkbar schlecht. 1939 hatte Deutschland Polen überfallen und bis zum Kriegsende besetzt. Während des Krieges hatten deutsche Soldaten und die SS in Polen Millionen Menschen grausam ermordet und Städte verwüstet. Nach dem Krieg hatte die Sowjetunion unter den Alliierten die Westverschiebung Polens durchgesetzt, als Grenze zwischen Deutschland und Polen wurde die Oder-Neiße-Linie festgelegt (→ S. 180 ff.). Die Deutschen, die im Gebiet des heutigen Polen wohnten, wurden vertrieben. Zwar sollte diese Umsiedlung auf „humane Weise“ geschehen, doch im Zuge der letzten Kriegsereignisse war dies nicht zu gewährleisten und die Vertreibung verlief zum Teil unmenschlich und grausam.

254.1 Das Collegium Polonicum in Slubice an der Oder.

254.2 Arbeiter der Lenin-Werft in Danzig gründeten 1980 die unabhängige Gewerkschaft Solidarność.

Deutsche und polnische Studenten können an der Europa-Universität in Frankfurt/Oder und am Collegium Polonicum im benachbarten Slubice gemeinsam ein Europa-Studium (Rechtswissenschaft, Wirtschaftswissenschaften oder Umweltschutz) studieren.

■ Bemühung um Aussöhnung im Kalten Krieg

Die DDR pflegte schon bald nach ihrer Gründung Kontakte zur Volksrepublik Polen. Da die DDR jedoch jegliche Verantwortung für die Zeit des Nationalsozialismus ablehnte, konnten die beiden Staaten kein wirklich positives Verhältnis zueinander entwickeln. Die Beziehungen Westdeutschlands zu Polen waren während des Kalten Krieges durch die Einbindung beider Staaten in unterschiedliche Machtblöcke gespannt. Die Aussöhnungsbemühungen der Bundesrepublik konzentrierten sich daher zunächst auf den Nachbarn im Westen, Frankreich.

Im Zuge einer weltpolitischen Entspannung in den 60er Jahren begann eine politische Öffnung gegenüber den östlichen Nachbarn. Die beiden großen Kirchen waren hier die Vorreiter. Im Oktober 1965 veröffentlichte die Evangelische Kirche Deutschlands eine Denkschrift über „Die Lage der Vertriebenen und das Verhältnis des deutschen Volkes zu seinen östlichen Nachbarn". Darin wurde in der deutschen Öffentlichkeit um Verständnis für die polnische Forderung nach sicheren Grenzen geworben. Diese (vor allem die Oder-Neiße-Linie) wurden in den Ostverträgen (→ S. 230) garantiert, die die Regierung unter Willy Brandt abschließen konnte.

■ Eine neue Partnerschaft

Seit 1980 setzten sich in Polen viele Bürger unter der Führung der Gewerkschaft Solidarność und der Kirche für Demokratie ein. Die polnische Regierung aber versuchte diese Protestbewegung zu unterdrücken, erst die Politik des sowjetischen Parteichefs Gorbatschow ermöglichte ab 1986 eine Wende in Polen.

Im Herbst 1989 war die Partnerschaft mit Deutschland bereits polnisches Regierungsprogramm. Tadeusz Mazowiecki, der erste nicht-kommunistische Ministerpräsident, sprach sich für eine „echte Aussöhnung" aus, „die den Rang der zwischen Deutschen und Franzosen bereits herbeigeführten" haben sollte.

Heute ist Polen durch die Mitgliedschaft in NATO und EU einer der wichtigsten Partner der Bundesrepublik. Der Austausch von Waren und Dienstleistungen zwischen beiden Ländern hat seit 2004 deutlich zugenommen. Neue Aufgaben werden aufgeworfen. Die polnischen Landwirte arbeiten häufig noch ohne jegliche moderne Technik, ihre Einkommen liegen weit unter denjenigen der übrigen Polen oder der Bauern Westeuropas. Die EU-Integration könnte ihnen ebenso wie der deutschen und polnischen Industrie neue Entwicklungschancen bieten.

Umfang des deutsch-polnischen Handels:

1992	8,4 Mrd. €
1997	17,9 Mrd. €
1999	21,4 Mrd. €
2000	26,5 Mrd. €

Polnisches Defizit im Handel mit Deutschland:

1998	3,9 Mrd. €
1999	3,2 Mrd. €
2000	2,5 Mrd. €

Polnischer Außenhandel:

mit EU-Staaten: 70 % der Exporte,
über 60 % der Importe
mit Russland: 3 % der Exporte,
9 % der Importe

255.1 Der deutsch-polnische Handel.

255.2 „Also, ' ne Frühgeburt ist es nicht." Karikatur von Horst Haitzinger, 1990.

Q1

Die Oder-Neiße-Grenze

a) Görlitzer Vertrag zwischen Polen und der DDR, 6. 7. 1950:

Polen und die DDR erkennen an …, dass die in Potsdam festgelegte und bestehende Grenze unantastbar … Staatsgrenze zwischen Polen und Deutschland ist.

b) Erklärung des Alterspräsidenten Paul Löbe (SPD, Reichstagspräsident 1920–1932) im Namen des Bundestages, 13. 6. 1950:

Gemäß dem Potsdamer Abkommen ist das Gebiet östlich von Oder und Neiße … der Republik Polen nur zur einstweiligen Verwaltung übergeben worden. … Niemand hat das Recht, aus eigener Machtvollkommenheit Land und Leute preiszugeben und eine Politik des Verzichtes zu treiben. Die Regelung … aller Grenzfragen Deutschlands … kann nur durch einen Friedensvertrag erfolgen, der von einer demokratisch gewählten deutschen Regierung … geschlossen werden muss.

c) Warschauer Vertrag zwischen Polen und der Bundesrepublik Deutschland, 7. 12. 1970:

Die Bundesrepublik Deutschland und die Volksrepublik Polen …, eingedenk dessen, dass in beiden Ländern inzwischen eine neue Generation herangewachsen ist, der eine friedliche Zukunft gesichert werden soll …, in dem Bestreben, den Frieden und die Sicherheit in Europa zu festigen …, sind … übereingekommen:

Art. I (1) Beide Staaten stellen übereinstimmend fest, dass die bestehende Grenzlinie der Potsdamer Konferenz … die westliche Staatsgrenze der Volksrepublik Polen bildet.

(2) Sie bekräftigen die Unverletzlichkeit ihrer bestehenden Grenzen. …

(3) Sie erklären, dass sie gegeneinander keinerlei Gebietsansprüche haben und solche auch in Zukunft nicht erheben werden.

Art. II (2) Entsprechend der Charta der Vereinten Nationen werden sie alle ihre Streitfragen ausschließlich mit friedlichen Mitteln lösen und sich … der Anwendung von Gewalt enthalten.

Q2

Neue Ziele

Nachbarschafts-Vertrag vom 17. Juni 1991:

Die Bundesrepublik Deutschland und die Republik Polen in dem Bestreben, die leidvollen Kapitel der Vergangenheit abzuschließen und entschlossen, an die guten Traditionen und das freundschaftliche Zusammenleben in der jahrhundertelangen Geschichte Deutschlands und Polens anzuknüpfen; … sind übereingekommen; …

Art. 2 Sie achten gegenseitig ihre souveräne Gleichheit, ihre territoriale Integrität …

Nach der Wiedervereinigung wurde 1990 ein deutsch-polnischer Vertrag geschlossen, der die Anerkennung der Oder-Neiße-Grenze bestätigte.

Landwirtschaftliche Nutzfläche Polens: 18,4 Mio ha (EU: 135,8 Mio ha)

Anteil der in der Landwirtschaft Beschäftigten an allen Erwerbstätigen (2001): 18,1 % (EU: 4,5%)

Anteil der Landwirtschaft am Bruttoinlandsprodukt (2001): 3,3 % (EU: 1,8%)

Sie betrachten Minderheiten als natürliche Brücken zwischen dem deutschen und dem polnischen Volk …

Art. 8 (1) Sie messen dem Ziel der Europäischen Einheit auf der Grundlage der Menschenrechte, Demokratie und Rechtsstaatlichkeit höchste Bedeutung bei und werden sich für die Erreichung dieser Einheit einsetzen. (2) Die Heranführung der Republik Polen an die Europäische Gemeinschaft wird von der Bundesrepublik Deutschland im Rahmen ihrer Möglichkeiten nach Kräften gefördert.

Q3 Chance und Herausforderung

Annegret Haase und Andreas Wust (bpb) über Polen als neues Mitglied in der EU:

Mit diesem historischen Datum wird durch die EU-Ost-Erweiterung die politische und wirtschaftliche Spaltung Europas überwunden. Im polnischen Bewusstsein war das Land immer Teil der europäischen Familie. Seit 1989 haben alle Regierungen konsequent den politischen Kurs der Integration in westliche Institutionen wie EU, aber auch die NATO verfolgt. Bereits 1991 hatte Polen mit der EG ein Assoziierungsabkommen abgeschlossen. … Im April 1994 stellte Polen den EU-Aufnahmeantrag. Die erst im März 1998 begonnenen Beitrittsverhandlungen erwiesen sich als schwierig und langwierig. Sie wurden erst im Dezember 2002 abgeschlossen. In einem Referendum im Juni 2003 sprachen sich schließlich 77 Prozent der Polen für den EU-Beitritt aus (bei einer Wahlbeteiligung von 59 Prozent). Polen wird in der erweiterten Union eine besondere Rolle spielen. Mit fast 39 Millionen Einwohnern leben hier ungefähr so viele Menschen wie in den anderen Beitrittsländern zusammengenommen. Im Nizza-Vertrag wurde Polen daher auch ein entsprechend großer Stimmenanteil bei der Entscheidungsfindung zugesichert. Die nachträgliche Änderung der Stimmengewichtung war ein Grund, warum Polen die Annahme der EU-Verfassung 2003 blockierte. Das starke polnische Selbstbewusstsein erwächst aus der großen Symbolik, den der EU-Beitritt für das Land hat. Aufgrund der kulturhistorischen Zugehörigkeit zu Europa und den das Land prägenden christlichen Traditionen wird der Beitritt zur EU im Land oft als eine Selbstverständlichkeit und auch als eine historische Wiedergutmachung angesehen. Die konkreten Herausforderungen bei der Erfüllung der Kopenhagener Beitrittskriterien führten dann aber auch zu einer gewissen Ernüchterung.

www.bpb.de.

256.1 November 2000 in Komorow, nahe der deutsch-polnischen Grenze. Viele kleinbäuerliche Betriebe sind nach einem EU-Beitritt Polens nicht mehr wettbewerbsfähig.

1. Verfolge die Geschichte der Anerkennung der Oder-Neiße-Grenze. Nenne die in den Dokumenten Q 1 a bis Q 1 c genannten Motive und Ziele und erkläre deren historischen Hintergrund (s. auch B 251.1).

2. Erläutere die Regelungen des deutsch-polnischen Vertrags von 1991 (Q 2).

3. Diskutiere, welche Aspekte für Polen beim EU-Beitritt wichtig waren (Q 3).

4. Polen erwartete vom EU-Beitritt eine Öffnung des Arbeitsmarktes der Union und einen gleichberechtigten Anteil an den Strukturhilfen für Landwirtschaft, Umweltschutz und Verkehr. Recherchiere, welche Bedingungen vereinbart wurden und was sie für Deutschland und Polen bedeuten.

18. Deutschlands Rolle in internationalen Konflikten

Eine neue deutsche Außenpolitik? – Eine Umfrage vom Oktober 2001

Ist der Einfluss Deutschlands in der Welt zu groß, zu klein oder gerade richtig?

	2000	2001
zu groß	5	4
zu klein	22	18
gerade richtig	68	75
weiß nicht	5	3

Welches Land ist als Partner für Deutschland wichtiger? USA oder Frankreich?

	2000	2001
USA	52	58
Frankreich	41	36
weiß nicht	7	7

Sind Sie dafür, dass Deutschland in der Wirtschafts- und Finanzpolitik die führende Rolle in Europa für sich beansprucht, oder sind Sie dagegen?

	1999	2001
dafür	45	58
dagegen	44	34
weiß nicht	11	8

Sind Sie dafür, dass Deutschland in der Außen- und Sicherheitspolitik die führende Rolle in Europa für sich beansprucht, oder sind Sie dagegen?

	1999	2001
dafür	25	35
dagegen	63	57
weiß nicht	12	8

257.1 Umfrage zur deutschen Außenpolitik, in: inter esse, hrsg. vom Bundesverband deutscher Banken, 11/2001, S. 4.

Am 6. März 2002 starben zwei deutsche Soldaten bei der Entschärfung einer russischen Fliegerbombe in Afghanistan. Es war ein Unfall – ein Unfall allerdings, der für deutsche Soldaten bald zum regelmäßigen Risiko werden könnte. Denn seit 1998 wandelt sich das Aufgabenfeld der Bundeswehr.

In Erinnerung an das im Zweiten Weltkrieg begangene Unrecht war bis 1990 der militärische Einsatz deutscher Soldaten außerhalb des Gebietes der NATO undenkbar. Doch Anfang der 90er Jahre wandelte sich das öffentliche Bewusstsein allmählich. Mit der Vereinigung wuchs das internationale Gewicht Deutschlands. Gleichzeitig führte das Ende des Ost-West-Konflikts nicht zu einem allgemeinen Frieden. Vielmehr kennzeichnet seitdem der Ausbruch kleiner und mittlerer Krisen das internationale Geschehen. Die NATO-Partner Deutschlands forderten nun, dass Deutschland sich an der Bewältigung dieser Gefahren auch militärisch beteiligen solle.

Deutschland übernimmt damit eine neue Rolle in der internationalen Politik. Die vorherigen Versuche, in Europa eine Hegemonialstellung zu erreichen, hatten Europa und die ganze Welt in fürchterliche Kriege gestürzt. Heute geht es der deutschen Außenpolitik darum, im Rahmen der EU, der NATO und der vereinten Nationen zur friedlichen Lösung von Konflikten beizutragen. Militärische Einsätze im Ausland sind nur mit Zustimmung des Bundestages und in internationalem Auftrag möglich.

■ Frieden durch Verhandlungen

Um Bedrohungen abzuwenden oder gar nicht erst entstehen zu lassen, arbeitet Deutschland in zahlreichen internationalen Sicherheitssystemen mit. So ist die Bundesrepublik seit 1973 Mitglied der UNO, deren zentrales Anliegen die Friedenserhaltung ist. 1992 legte ihr Generalsekretär eine Agenda für den Frieden vor, in der er Maßnahmen zur Sicherheitspolitik der UNO vorschlug (→ B 258.1). Als UNO-Mitglied nimmt die Bundesrepublik an solchen Konfliktregelungen teil.

Für Europa hat es sich die OSZE (Organisation für Sicherheit und Zusammenarbeit in Europa) zur Aufgabe gemacht, schnell auf Krisen zu reagieren. Sie sendet Experten und Beobachter in Krisengebiete und berät die betroffenen Staaten. Sie versucht damit vor allem, ein Frühwarnsystem aufzubauen, um

1. Vorbeugende Diplomatie

ZIEL Das Entstehen von Streitigkeiten zu verhüten, den Ausbruch offener Konflikte zu verhindern, oder Konflikte, die bereits ausgebrochen sind, rasch wieder einzugrenzen

MITTEL Diplomatische Gespräche; Vertrauensbildende Maßnahmen; Frühwarnsysteme, die rechtzeitig auf Spannungen hinweisen; formelle Tatsachenermittlung; vorbeugender Einsatz von UN-Truppen; vorsorgliche Einrichtung entmilitarisierter Zonen

2. Friedensschaffung

ZIEL Nach Ausbruch eines Konflikts die feindlichen Parteien zu einer Einigung bringen

MITTEL
Friedliche Mittel
z. B. Vermittlung, Verhandlungen, Schiedsspruch, Entscheidungen durch den internationalen Gerichtshof
Gewaltlose Sanktionen
z. B. Wirtschafts- und Verkehrsblockade, Abbruch der Beziehungen
Friedensdurchsetzung
durch speziell ausgebildete, ständig abrufbereite bewaffnete UN-Truppen
Militärische Gewalt
zur Aufrechterhaltung oder Wiederherstellung des Weltfriedens und der internationalen Sicherheit, wenn alle friedlichen Mittel versagen

3. Friedenssicherung

ZIEL Die Lage in einer Konfliktzone zu entschärfen oder zu stabilisieren; die Einhaltung der Vereinbarungen zwischen den Konfliktparteien zu überwachen und durchzusetzen

MITTEL Entsendung von Beobachtungsmissionen; Einsatz von UN-Friedenstruppen zur Untersuchung von Grenzverletzungen, zur Grenzkontrolle, zur Beobachtung von Wahlen, Überwachung von Waffenstillstands- und Friedensvereinbarungen, Bildung einer Pufferzone zwischen gegnerischen Mächten, Wahrnehmung von Polizeiaufgaben, Sicherung humanitärer Maßnahmen usw.; umfassendes Konfliktmanagement

4. Friedenskonsolidierung

ZIEL Den Frieden nach Beendigung eines Konflikts zu konsolidieren; die Konfliktparteien zum friedlichen Wiederaufbau anzuhalten

MITTEL
Nach einem Konflikt innerhalb eines Landes
z. B. Entwaffnung der verfeindeten Parteien, Wiederherstellung der öffentlichen Ordnung, Einsammeln der Waffen, Minenräumung, Repatriierung von Flüchtlingen, Ausbildung und Beratung von Sicherheitskräften, Wahlüberwachung, Schutz der Menschenrechte, Reform oder Neuaufbau staatlicher Institutionen

258.1 Die Agenda für den Frieden der UNO, 1992.

eine Eskalation zu verhindern. Sowohl die UNO als auch die OSZE behalten es sich vor, notfalls den Einsatz bewaffneter Friedensmissionen zu fordern. Den eingreifenden internationalen Truppen geht es aber nicht um die Durchsetzung nationaler Interessen, sondern um die Schaffung von Voraussetzungen für eine friedliche Konfliktlösung.

Der Jugoslawienkonflikt – ein Beispiel

Der Konflikt im ehemaligen Jugoslawien forderte seit 1990 die internationale Gemeinschaft heraus. Drei Teilrepubliken – Slowenien, Kroatien und Bosnien-Herzegowina – erklärten ihre Unabhängigkeit. Die Europäische Union erkannte die Souveränität an, doch die Serben in Rest-Jugoslawien weigerten sich, die Abtrennung hinzunehmen, sie griffen die neuen Staaten militärisch an. In der Folge arbeiteten UNO und EG/EU im Konfliktmanagement zusammen. 1992 entschloss sich die UNO zur Entsendung von Soldaten, die allerdings nicht in die Kämpfe eingreifen durften. Unter diesen waren auch deutsche Bundeswehrsoldaten. Die Truppen bildeten Schutzzonen für die Angegriffenen, die aber teilweise missachtet wurden: Serbische Milizen verübten Massaker an der bosnischen Bevölkerung.

1998 begann Serbien im Kosovo, wo sich nun auch die Albaner abspalten wollten, mit äußerster Brutalität gegen die Zivilbevölkerung vorzugehen. Daraufhin entschloss sich die NATO zu Luftangriffen gegen Serbien und zwang es damit zum Abzug aus dem Kosovo. 1999 begann die Stationierung der Friedensüberwachungstruppe KFOR (Kosovo Force) zum Schutz der Zivilbevölkerung. Erstmals waren hier deutsche Soldaten an einem Kampfeinsatz außerhalb des NATO-Gebietes, der nicht der Selbstverteidigung diente, beteiligt. Hatte die NATO damit eine gefährliche Schwelle überschritten oder war dies zur Durchsetzung der Menschenrechte legitim?

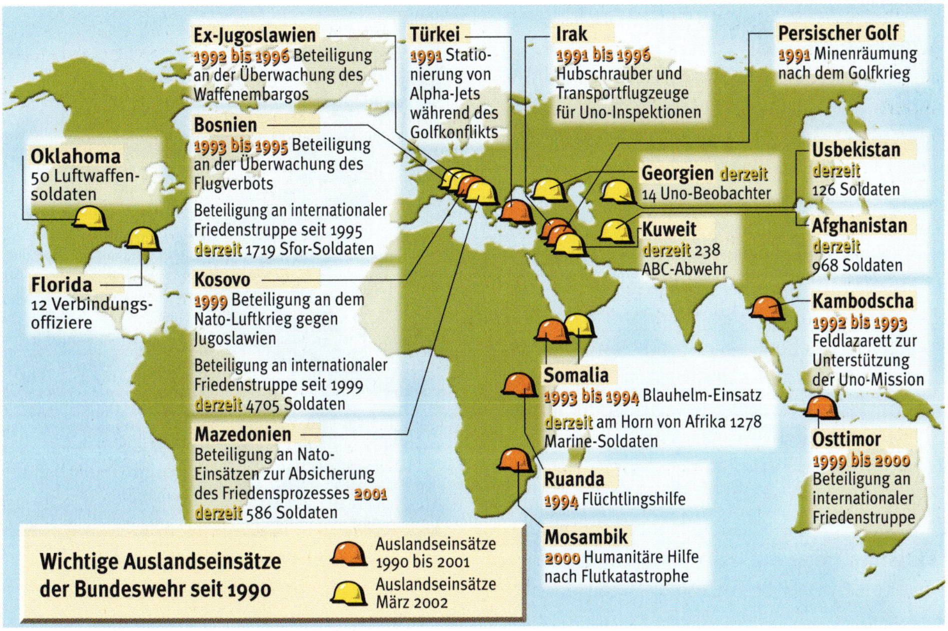

259.1 Weltweite Einsäze der Bundeswehr; Stand März 2002.

Q1

Der Krieg im Kosovo

Der deutsche Außenminister Joschka Fischer in einer Rede vor der UN-Vollversammlung vom 22. September 1999:

Der Kosovokonflikt stellt in mehrfacher Hinsicht eine Zäsur dar. Die Weltgemeinschaft hat es dort nicht mehr akzeptiert, dass Krieg gegen die eigene Bevölkerung geführt und Terror und Vertreibung als Mittel der Politik eingesetzt werden. Keine Regierung hat, wie Generalsekretär Kofi Annan … gesagt hat, das Recht, sich hinter dem Prinzip der staatlichen Souveränität zu verstecken, um die Menschenrechte zu verletzen. Die Nichteinmischung in „innere Angelegenheiten“ darf nicht länger als Schutzschild für Diktatoren und Mörder missbraucht werden. Der Kosovokonflikt stellt zugleich aber auch eine Wegscheide für die Entwicklung der internationalen Beziehungen dar.

- Entweder es bildet sich eine Praxis „humanitärer Interventionen“ außerhalb des UN-Systems heraus. Dies wäre sehr problematisch. Das Eingreifen im Kosovo erfolgte in einer Situation der Selbstblockade des Sicherheitsrats nach dem Scheitern aller Bemühungen um eine friedliche Lösung. …
  Der nur in dieser besonderen Lage gerechtfertigte Schritt darf jedoch nicht zu einem Präzedenzfall für die Aufweichung des Monopols des UN-Sicherheitsrats zur Autorisierung von legaler internationaler Gewaltanwendung – und schon gar nicht zu einem Freibrief für die Anwendung äußerer Gewalt unter humanitärem Vorwand – werden.
- Der Ausweg aus dem Dilemma kann deshalb nur darin liegen, das bestehende System der Vereinten Nationen derart weiterzuentwickeln, dass diese künftig im Falle schwerster Menschenrechtsverletzungen rechtzeitig eingreifen können, allerdings … in einem rechtlich strikt begrenzten und kontrollierten Rahmen. Der einzelne Mensch und seine Rechte müssen im 21. Jahrhundert neben den Rechten der Staaten stärker in das Zentrum des Sicherheitsbegriffes der internationalen Staatengemeinschaft rücken. …

Frankfurter Rundschau, 24. 09. 1999, S. 12.

M2

Möglichkeiten einer deutschen Außenpolitik

Ein Politikwissenschaftler schrieb:

Deutschland kann seine zukünftige Rolle in der internationalen Politik entweder in den

Kategorien einer traditionellen Großmacht definieren und sich damit einer Normalität anpassen, wie sie von den USA, Großbritannien oder Frankreich verkörpert wird, oder aber einen ganz anderen Kurs verfolgen: den einer Zivilmacht nämlich, orientiert am Leitbild des „Handelsstaates" …
Als geeignete Rahmen für die Einbindung der Sicherheitspolitik eines Handelsstaates Deutschland in multilaterale institutionelle Zusammenhänge böten sich dann vor allem kollektive Sicherheitssysteme an, die Sicherheit nicht allein militärisch definieren. In der Intensivierung der Mitarbeit innerhalb solcher Institutionen käme ein Rollenverständnis als zivile „Weltmacht" zum Ausdruck …
Die sicherheitspolitische Orientierungsdebatte hat bisher in Deutschland kein umfassendes Konzept für ein ziviles „Weltmacht"-Verständnis hervorbringen können. Vielleicht wendet sich die Diskussion mit den Argumenten der „Verantwortung" wie selbstverständlich den militärischen Optionen zu, mit denen das neue Deutschland als Akteur auf die Weltbühne treten sollte.

K. D. Wolf, Machtstaat oder Handelsstaat? Eine neue Rolle Deutschlands?, in: Der Bürger im Staat 1 / 1995, S. 39 ff.

M3 Eine europäische Außenpolitik?

Ein Politikwissenschaftler äußerte sich so:

Es ist eine Illusion, zu erwarten, die Mitgliedsstaaten der EU gäben ihre sicherheitspolitische Entscheidungsautonomie ausgerechnet in Zeiten an die Brüsseler Institutionen ab, in denen es um Krieg und Frieden geht.
Wenn Entscheidungen von dieser Tragweite zu treffen sind, wenn es um die Bereitstellung und den Einsatz von Truppen geht, reagieren die Staaten auf herkömmliche Weise. Dazu, zur Abwägung von militärischen Risiken und außenpolitischen Interessen, sind sie demokratisch legitimiert, dazu haben sie ein Mandat – „Europa" besitzt ein solches Mandat noch nicht. …
Was die Europäische Union wirklich braucht, ist eine grundsätzliche Verständigung ihrer Mitglieder über ihre außenpolitischen und strategischen Interessen, über deren Bündelung und Strategien zu deren Implementierung [= Einbau in die EU].
Aber die Stärkung der Handlungsfähigen kann nur gelingen, wenn sie eingebettet ist in eine hinreichende demokratische Legitimierung.

K.-D. Frankenberger, Mehr Schein als Sein. Europäische Außenpolitik in der Krise, in: Internationale Politik 1/2002, S. 23 ff.

260.1 Bundeswehrsoldat in Kabul, März 2002.

1. Welche Möglichkeiten der deutschen Außenpolitik werden in Q 1 und M 2 beschrieben? Berücksichtige auch B 257.1.
2. Erörtert, ob die EU eine gemeinsame Außenpolitik entwickeln kann (M 3).
3. Informiere dich über die sicherheitspolitischen Ziele der EU, der OSZE und der UNO.
4. Diskutiert: Unter welchen Bedingungen sollte die Bundeswehr an internationalen Einsätzen teilnehmen?
5. Informiere dich über nichtmilitärische Konfliktinterventionen Deutschlands.

Nach dem Krieg waren vor allem die Großstädte und ein Teil der Industrie in Deutschland zerstört. Zudem war die Versorgung der Bevölkerung prekär. Deutschland wurde in **vier Besatzungszonen** aufgeteilt. Viele Deutsche wurden aus den ehemaligen Ostgebieten und der Tschechoslowakei **vertrieben** oder waren bereits vor der Roten Armee geflohen. Ebenso wurden Russen und Polen nach Westen vertrieben. Zwangsarbeiter, Häftlinge und andere von den Deutschen Verschleppte kehrten nun in ihre Länder zurück.

Die Alliierten setzten zunächst eine begrenzte **Selbstverwaltung** ein und **entnazifizierten** die deutsche Gesellschaft. Während in den westlichen Besatzungszonen Hilfsleistungen durch **Care-Pakete** und später die Kreditvergabe durch den **Marshallplan** erfolgten, fanden in der sowjetischen Zone zunächst Demontagen und Verfolgung von politisch Missliebigen statt.

1948 führten die Amerikaner in den Westzonen die **DeutschMark** ein. Die SU reagierte darauf mit der **Abriegelung Berlins** und ihrerseits mit der Einführung einer Währung, der Deutschen Mark. Eine Luftbrücke versorgte Westberlin weiterhin.

1949 wurden die beiden deutschen Staaten gegründet, das **Grundgesetz** der Bundesrepublik trat am 23. 5. 1949 in Kraft, am 7. 10. 1949 die **Verfassung der DDR**. Auch wenn die Bundesregierung unter Konrad Adenauer den Anspruch auf die Einheit Deutschlands aufrechterhielten, standen die wirtschaftliche Stabilisierung und die **Westintegration** der Bundesrepublik im Vordergrund.

In der DDR entwickelte sich die **Sozialistische Einheitspartei (SED)** zur Staatspartei, die die Gesellschaft mithilfe der Staatssicherheit (MfS, Stasi) kontrollierte. Ein Aufstand, der sich an Erhöhungen der Arbeitsnorm entzündete, wurde am **17. Juni 1953** blutig niedergeschlagen. Immer mehr Menschen flohen nun aus der DDR. Dies war der Grund für den **Bau der Mauer** am 13. August 1961. Den Bürgern der DDR war es fortan in der Regel nicht mehr möglich, ins westliche Ausland zu reisen oder ihren Staat zu verlassen.

In der Bundesrepublik wurde die **soziale Marktwirtschaft** entwickelt, die marktorientierte Wirtschaftsweise mit einem starken sozialen Ausgleich verband. In der DDR wurde die **Wirtschaft zentral geplant** und gelenkt. Produktivität und Qualität der Industriegüter blieben hinter denen des Westens zurück.

Bereits in den 50er Jahren entwickelte sich in der Bundesrepublik eine neue – von Amerika inspirierte – **Jugendkultur**. Seit **1968** rebellierte die erste Nachkriegsgeneration gegen starre Konventionen und die noch nicht aufgearbeitete NS-Vergangenheit. Es entstanden Außerparlamentarische Opposition und neue politische Gruppen. In den 70er Jahren beeinflusste auch die neue **Frauenbewegung** die Gesellschaft.

In der DDR entstand eine **Nischengesellschaft**. Menschen, die öffentlich den Sozialismus oder Partei- bzw. Staatsfunktionäre kritisierten oder ausreisen wollten, wurden verfolgt.

Die sozialliberale Koalition unter Willy Brandt entwickelte die **Entspannungspolitik**, die sowohl mit der DDR als auch mit den anderen osteuropäischen Staaten neue politische Beziehungen anstrebte. Mit den **Ostverträgen** und dem **Grundlagenvertrag** wurden die Grenzen im Nachkriegseuropa anerkannt.

In den 80er Jahren befand sich die Wirtschaft der DDR in einem fortgeschrittenen Niedergang. Die SU war nicht mehr bereit, das Regime mit Gewalt aufrechtzuerhalten. So kam es zur **friedlichen Revolution von 1989**. Am 9. November 1989 fiel in Berlin die Mauer. Als es Bundeskanzler H. Kohl schließlich gelang, von Gorbatschow die Zusicherung für die Mitgliedschaft in NATO und EU zu erhalten, wurde Deutschland wiedervereinigt, indem die neuen Länder beschlossen, der Bundesrepublik beizutreten. Dies geschah am **3. Oktober 1990**.

Heute ist der Osten wirtschaftlich immer noch schwächer als die Länder der alten Bundesrepublik. Die seit den 60er Jahren erfolgten Einwanderungswellen veränderten die deutsche Gesellschaft. Mit einer gestärkten EU findet ein Teil der politischen Gestaltung nun auf europäischer Ebene statt. Ehemalige Länder des Ostblocks sind nun Mitglieder der EU und der NATO.

Der **internationale Terrorismus** und der Versuch der Staatengemeinschaft, Konflikte, Bürgerkriege und Hunger vor Ort einzudämmen, haben auch die Bundesrepublik vor neue Aufgaben gestellt. Bundeswehrsoldaten sind nun in vielen Auslandseinsätzen bei friedenserhaltenden Missionen beteiligt.

Recherchemöglichkeiten im Internet

Viel Spreu und wenig Weizen

Für historische Recherchen bietet das Internet eine scheinbar unerschöpfliche Fundgrube: Wenn man bei einer Suchmaschine das Stichwort „Nationalsozialismus" oder „Dritte Welt" eingibt, wird man Zehntausende von Adressen finden. Welche lohnen einen Blick? Die erstbeste muss nicht die beste sein.

Kein Medium zur Informationsbeschaffung kann, was die Informationsfülle und die Geschwindigkeit der Informationsvermittlung betrifft, mit dem Internet konkurrieren. Aber diese Chancen haben ihren Preis: Der Internetnutzer muss bei der unübersehbaren Informationsfülle, die das Internet bietet, die Spreu vom Weizen trennen.

Aber dafür gibt es keine einfachen Rezepte. Informationen garantieren noch lange keine gesicherten Erkenntnisse. Denn im Internet kann jeder seine Texte, Bilder, seine Botschaften veröffentlichen, ohne dass irgendjemand deren Verlässlichkeit oder Solidität überprüft. Dadurch entstehen für den Internetnutzer gewaltige Chancen, sie oder er geht aber auch Risiken ein.

Internetnutzung und historisches Arbeiten

Es gibt einen großen Unterschied zwischen Tatsachen und Erkenntnissen. Im Netz kann man nach beidem suchen. Nur ein Beispiel: Die Nationalsozialisten kamen 1933 an die Macht. Das stellt eine Tatsache dar. Aber warum gelang ihnen das, welche Umstände trugen dazu bei? Dies wird mit dieser Tatsache noch nicht erfasst. Historisches Wissen besteht aber in dem Erkennen solcher Hintergründe. Informationen, die ihr aus dem Internet bezieht, sind stets daraufhin zu befragen, ob sie auch Erklärungen für bestimmte historische Tatbestände oder Entwicklungen bieten. Diese müssen kritisch diskutiert werden. Allein dass bestimmte Aussagen im Internet gefunden wurden, sagt noch nichts über deren Gültigkeit aus. Vor allem die Quellen, aus denen die gefundenen Informationen stammen, müssen im Internet kritisch geprüft werden:

- Wer hat die Publikation der Information veranlasst?
- Handelt es sich um Informationen von offiziellen Stellen (z. B. Regierungen, Internationalen Organen), von Nicht-Regierungs-Organisationen (NGOs, z. B. Amnesty International) oder von Einzelpersonen oder Gruppen?
- Welche politischen Absichten könnten diese jeweils mit der Publikation dieser Information im Internet verfolgen?
- Könnte dies Folgen für den Wahrheitsgehalt und die Tendenz der Information haben?

Wenn man Informationen aus seriösen wissenschaftlichen Institutionen bezieht, z. B. von Archiven, Museen, Gedenkstätten oder Bibliotheken, die auf ihren Ruf achten, kann man mit einer gewissen Sicherheit davon ausgehen, dass sie einer Überprüfung standhalten.

Die Suche

Die Internet-Adressen von Institutionen findet man über Suchmaschinen ohne größere Mühen. Bei diesen Suchmaschinen kann man freilich auch direkt Stichwörter eingeben, z. B. den Namen von historischen Persönlichkeiten, Ereignissen (z. B. „Bizone", „Marshallplan", „Reichstagsbrand" oder „Goldene Bulle") oder historischen Schauplätzen.

Wichtige Suchmaschinen:

www.google.de
www.fireball.de
www.altavista.com
www.yahoo.de
http://web.de
www.lycos.de
www.excite.com
www.sharelook.com

Nachrichtendienst für Historiker:
http://www.historiker.de

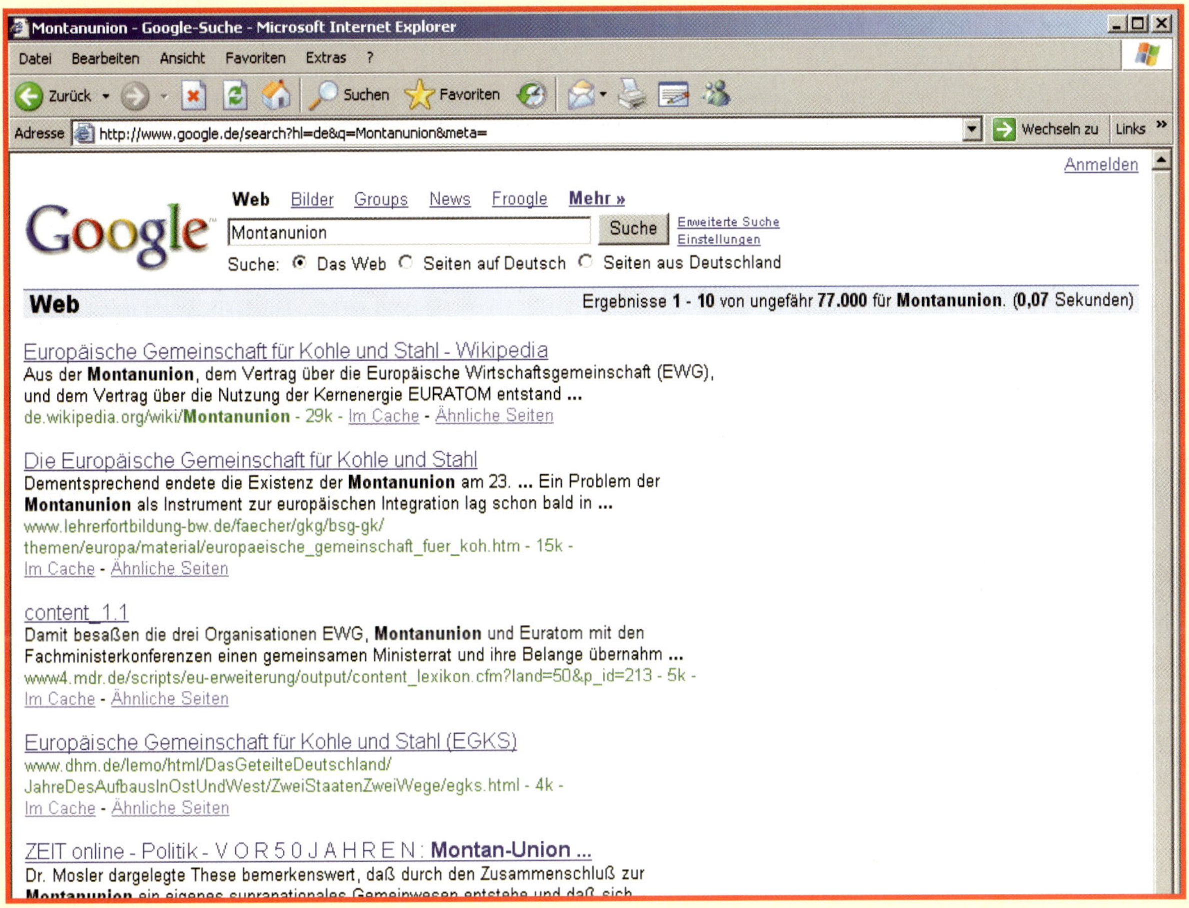

263.1 Eine Internetseite mit Ergebnissen der Suche „Montanunion".

Beispiel Europäische Gemeinschaft

Bei einer Internet-Recherche ist es empfehlenswert, sich vorab in einem Lexikon oder dem Geschichtsbuch über das Thema zu orientieren. Ihr findet dann in dem entsprechenden Artikel wichtige Begriffe, die bei der Internet-Recherche als Suchbegriffe dienen können. Sucht ihr Informationen zur Europäischen Gemeinschaft, werdet ihr rasch auf Begriffe wie Montanunion oder Europäische Wirtschaftsgemeinschaft stoßen, auf Namen wie Jean Monnet oder Robert Schuman.
Wenn man solide Informationen erlangen will, so bieten sich die Seiten von Museen oder wissenschaftlichen Institutionen an, z. B. vom Deutschen Historischen Museum (www.dhm.de) oder von der Bundeszentrale für politische Bildung (www.bpb.de). Rasch wird man fündig, wenn man etwa die Suchbegriffe „bpb" und „Montanunion" eingibt oder die Wortkombination „dhm" und „Montanunion". Dabei stoßt ihr auf farbig gedruckte oder unterstrichene Begriffe, die sogenannten Links, also Verbindungen zu Internetseiten, die weitere Informationen zu dem jeweiligen Begriff bieten.

> Die Internet-Recherche eignet sich gut als Aufgabe für Gruppenarbeiten. Während eine Gruppe die Motive verschiedener Zeitgenossen untersucht, die Montanunion – einen Vorläufer der Europäischen Union – zu gründen, so könnten andere sich mit der Rolle Frankreichs befassen, mit der Haltung der Amerikaner oder mit dem Prozess der Westintegration der Bundesrepublik.

Lexikon

■ Abrüstung: Begrenzung und Verringerung von Waffensystemen und Streitkräften mit dem Ziel der internationalen Entspannung und damit auch größerer nationaler Sicherheit. Versuche zur Abrüstung verstärkten sich im Zeichen der modernen Massenvernichtungswaffen. Am Ende des Kalten Krieges zeigten sich erste Erfolge. Die USA und die UdSSR verständigten sich in verschiedenen Verträgen über Kontrolle und Abbau ihrer nuklearen Waffensysteme. Einen Durchbruch stellte 1987 der INF-Vertrag zur Verringerung der nuklearen Mittelstreckenraketen dar.

■ Abschreckung: Ein umstrittenes Konzept der Kriegsvermeidung. Durch Anhäufung von Waffen in den eigenen Händen soll ein potenzieller Gegner von einem Angriff abgehalten werden. Insbesondere die gegenseitige Abschreckung mit Atomwaffen war als militärisch-politische Strategie ein zentrales Element des → Kalten Krieges.

■ Appeasement: „Befriedungspolitik", auch als „Beschwichtigungspolitik" interpretiert. Bezeichnung für die britische Außenpolitik 1933–1939 gegenüber der nationalsozialistischen Revisions- und Expansionspolitik. Sie zielte auf die Bewahrung des Friedens ab und war bereit, dafür Kompromisse zu schließen.

■ Bipolarität: Das Existieren zweier etwa gleich starker Einflussbereiche, die von Hegemonialmächten kontrolliert werden. Die bipolare Machtkonstellation zwischen Ost und West während des Kalten Krieges entwickelte sich bereits mit der Einigung auf der Konferenz in Moskau 1944, auf der sowjetische und britische Einflusszonen in Ost- und Südosteuropa definiert wurden.

■ Blockbildung: Der freiwillige oder erzwungene Zusammenschluss von Staaten zur Wahrnehmung ihrer Interessen. Für den Ost-West-Konflikt entstanden seit 1945 der kommunistische Ostblock unter Führung der Sowjetunion (militärische Organisation: Warschauer Pakt) und der demokratische Westen unter Führung der USA (militärische Organisation: NATO und ähnliche Bündnisse im mittleren und fernen Osten). Demgegenüber entwickelte sich in den 70er Jahren die Organisation der „blockfreien" Staaten, vor allem Ländern der Dritten Welt.

■ Breschnew-Doktrin: Sie geht davon aus, dass der Sowjetunion die Führungsrolle in der sozialistischen Gemeinschaft zustehe und für die übrigen Mitgliedsstaaten nur eine „beschränkte Souveränität" gelte. Mit dieser Erklärung sollte nachträglich das militärische Eingreifen des Warschauer Paktes unter Führung der Sowjetunion in der Tschechoslowakei im August 1968 gerechtfertigt werden. Aus dieser Grundannahme leitete der sowjetische Staatschef Breschnew das Recht der Sowjetunion und ihrer Verbündeten ab, militärisch einzugreifen, wenn in einem der sogenannten Bruderländer der Sozialismus bedroht sei. Die Breschnew-Doktrin rechtfertigte auch den Einmarsch sowjetischer Truppen nach Afghanistan (1979).

■ Ebert-Groener-Abkommen: Bündnis zwischen dem Rat der Volksbeauftragten unter der Führung Friedrich Eberts und der militärischen Führung unter General Wilhelm Groener vom 10. November 1918. Ziel des Abkommens war die Abwehr des Kommunismus und der Erhalt der staatlichen Ordnung. Eine Anerkennung der neuen Staatsform durch das gesamte Militär erfolgte dadurch aber nicht.

■ Einigungsvertrag: Im Sommer 1990 zwischen der deutschen Bundesregierung und der ersten frei gewählten Regierung der DDR ausgehandelter Vertrag, der alle Fragen des Beitritts der DDR zur Bundesrepublik regeln sollte. Offen blieb die Frage nach der Finanzausstattung der neuen Bundesländer und die Regelung des Abtreibungsrechts auf dem Boden der ehemaligen DDR.

■ Faschismus, Faschisten, faschistische Partei (von lat. fasces: die Rutenbündel der antiken römischen Liktoren, Amtszeichen der hohen römischen Beamten): Ab 1921 die Bezeichnung für die antidemokratische, antikommunistische und nationalistische Bewegung in Italien unter ihrem Führer Mussolini. Der Begriff wurde in der Folge auf andere Parteien mit ähnlichem Programm ausgedehnt.

■ Frauenemanzipation: (abgeleitet von lat. emancipare = befreien): Im 19. Jahrhundert entstand eine bürgerliche und sozialistische Frauenbewegung. Ihre Ziele waren: die Gleichberechtigung der Frau in der Politik; die rechtliche Gleichstellung der Frau mit dem Mann; das Recht der Frau darauf, eigenständig über Eigentum verfügen zu dürfen und gleiche Chancen in Ausbildung und Beruf zu haben.

■ Friedliche Koexistenz: Nachdem Nikita Chruschtschow 1956 die Nachfolge Stalins angetreten hatte, veränderte er die Grundlagen der sowjetischen Außenpolitik. Er ging nicht mehr ausschließlich davon aus, dass der Gegensatz zwischen Kommunismus und Kapitalismus in einer Weltrevolution enden musste, aus der der Kommunismus siegreich hervorginge, sondern von der Möglichkeit eines friedlichen Nebeneinanders der beiden politischen Systeme. Gleichzeitig versuchte Chruschtschow mit seiner Außenpolitik Stärke zu zeigen, die keine Zweifel an der Macht der Sowjetunion aufkommen lassen sollte (Niederschlagung des Aufstands in Ungarn, 1956, und Bau der Berliner Mauer, 1961). Die These von der „friedlichen Koexistenz" führte zum Bruch zwischen der Volksrepublik China und der Sowjetunion (1960).

■ Genozid (griech: genos = das Geschlecht; lat. caedere = töten, erschlagen): Der Begriff bezeichnet den Mord an nationalen, rassischen oder religiösen Gruppen (Völkermord).

■ Holocaust: Der Begriff stammt aus dem Griechischen (holos = ganz; kaustos = verbrannt) und bezeichnet in vorchristlicher Zeit und auch in griech. Bibelübersetzungen Brandopfer, bei denen das Opfer vollständig verbrannt und so ganz den Göttern dargeboten wurde, während sonst der größere Teil des Opfers für ein religiöses Mahl der Priester und Anhänger eines Kultes verwendet wurde. Im Englischen setzte sich seit dem 15. Jh. die weltliche Bedeutung von holocaust durch im Sinne von vollständiger Zerstörung durch Feuer, bedeutet aber auch großes Abschlachten, Massaker, Blutbad, Inferno. Seit ca. 1978, nicht zuletzt durch die Ausstrahlung des amerikanischen Spielfilms „Holocaust", bezeichnet der Begriff „Holocaust" die Verfolgung, Ghettoisierung und den Massenmord (→ Genozid) an den europäischen Juden. In Israel wird diese Katastrophe des jüdischen Volkes mit → „Shoa(h)" bezeichnet.

■ Inflation (abgeleitet von lat. inflare = aufblähen): Eine länger anhaltende starke Preissteigerung, die eine Geldentwertung bedeutet, wird als Inflation bezeichnet. Sie entsteht, wenn der Wert des umlaufenden Geldes den Wert der angebotenen Güter übersteigt. Der Grund kann z. B. darin liegen, dass ein Staat zur Finanzierung eines Krieges nicht die Steuern erhöht, sondern mehr Geldscheine druckt.

■ Kalter Krieg: Zwischen den beiden Supermächten USA und Sowjetunion kam es nach 1945 zu keiner direkten militärischen Auseinandersetzung. Die Konflikte zwischen den beiden Systemen und ihren Verbündeten spielten sich wirtschaftlich, diplomatisch und ideologisch ab. Ausgangspunkt war ein gegenseitiges Misstrauen, verbunden mit dem Versuch, sich nach Ende des Zweiten Weltkriegs Einflusssphären in Europa und der Welt zu sichern. Zum Teil trugen die Sowjetunion und die USA ihren Gegensatz in Drittländern (Stellvertreterkriege) militärisch aus (Beispiel: Koreakrieg). Der Begriff „Kalter Krieg" wurde 1947 von dem Journalisten Walter Lippmann geprägt.

■ Koexistenz → Friedliche Koexistenz.

■ Kollektive Friedenssicherung: Bemühungen, den Frieden durch internationale politische Zusammenschlüsse zu sichern. Diese Idee reicht in ihren Wurzeln bis in die Frühe Neuzeit zurück. Angesichts der verheerenden Weltkriege verstärkten viele Staaten ihre Bemühungen um internationale Zusammenschlüsse. Die Gründung des Völkerbundes 1919 war ein erster Schritt. Dessen Nachfolgeorganisation, die UNO, entwickelt sich seit 1945 zu einer der erfolgreichsten Institutionen der kollektiven Friedenssicherung.

■ Kollektivschuld: Einer Gruppe oder Nation wird von einer (großen) Öffentlichkeit die Schuld an geschichtlichen Verbrechen oder Untaten insgesamt zugeschrieben, ohne dass unterschiedliche individuelle Schuldverstrickungen berücksichtigt werden. Nach rechtsstaatlichen Grundsätzen setzt die Zuschreibung von Verbrechen individuelle Schuld voraus.

■ Kominform: Das „Kommunistische Informationsbüro" gründeten die kommunistischen Parteien der Sowjetunion, Bulgariens, Polens, Jugoslawiens, der Tschechoslowakei, Ungarns, Italiens und Frankreichs am 30. September 1947 in Warschau. Aufgabe des Informationsbüros sollte es sein, den Austausch von Erfahrungen und eine freiwillige Koordination der Tätigkeiten seiner Mitglieder zu ermöglichen und zu fördern. In der Praxis wurde das Büro allerdings von der KPdSU beherrscht und von Stalin für außenpolitische Zwecke benutzt, vor allem gegen Jugoslawien und dessen Staats- und Parteichef Tito, der es ablehnte, die Ziele und Strategien der eigenen kommunistischen Partei an die der Sowjetunion anzugleichen und auf einem „eigenen Weg zum Sozialismus" bestand. 1948 wurde Jugoslawien aus dem Kominform ausgeschlossen, der bisherige Sitz des Büros in Belgrad wurde nach Bukarest verlegt. Unter dem Einfluss der Entstalinisierung löste sich das Kominform 1956 auf Betreiben Chruschtschows auf.

■ Nationalsozialismus: Die deutsche Variante des → Faschismus entstand um 1920 als politische Bewegung und führte zur nationalsozialistischen Diktatur unter Adolf Hitler zwischen 1933 und 1945. Die nationalsozialistische Weltanschauung basierte auf der Unterscheidung zwischen verschiedenen angeblich unterschiedlich wertvollen Rassen, deren Differenz im Blut liege. Andere Merkmale waren übersteigerter Nationalismus, Antiparlamentarismus, Antiliberalismus, Antisemitismus und Antibolschewismus, der Glaube an die uneingeschränkte Macht eines Führers sowie der Idee der „Volksgemeinschaft", die eine Klassengesellschaft überwinden könne. Die nationalsozialistischen Machthaber betrieben eine aggressive Expansionspolitik, die zum Zweiten Weltkrieg mit mehr als 50 Millionen Toten führte, und sie vernichteten systematisch 6 Millionen Juden und Sinti und Roma.

■ New Deal (engl. = neue Runde im Spiel) meint die Reform- und Wirtschaftspolitik des amerikanischen Präsidenten Roosevelt in den 30er Jahren. Durch Arbeitsbeschaffungsmaßnahmen, Verringerung der Überproduktion, Arbeitszeitverkürzungen sollten die Folgen der Weltwirtschaftskrise bekämpft und die Lage der von ihr hart betroffenen Arbeiter und Farmer verbessert werden. Diesem Ziel dienten auch sozialstaatliche Maßnahmen wie Erhöhung der Mindestlöhne und die Arbeitslosenunterstützung. Der Staat griff auf diese Weise in das „freie Spiel der Kräfte" ein, der bislang vorherrschende Wirtschaftsliberalismus wurde ergänzt durch wohlfahrtsstaatliche Maßnahmen. Die tatsächliche Wirkung dieser New-Deal-Politik ist umstritten.

■ **Nukleares Gleichgewicht:** Während des Wettrüstens zwischen den USA und der Sowjetunion kam es zu einer Situation, in der beide Mächte über ausreichend atomare Waffen verfügten, um den „Erstschlag“ des Gegners mit einem „Zweitschlag“ zu beantworten. Die wechselseitige Fähigkeit zur Vernichtung der Existenz des anderen verhinderte den Einsatz von Nuklearwaffen. Durch den Zusammenbruch des Ostblocks (1991) und das Verhalten von z. B. Staaten wie Indien und Pakistan, die eigene Atomwaffen produzierten, bedarf es neuer Anstrengungen, die Ausbreitung und den Einsatz von Atomwaffen zu verhindern.

■ **Parlamentarismus:** Ein politisches System, bei dem ein Parlament aus Abgeordneten, die von allen volljährigen Staatsangehörigen frei und geheim gewählt werden, als Repräsentant des Volkes durch Gesetzgebung und Kontrolle die wichtigste Rolle im politischen Leben einnimmt.

■ **Parteienstaat:** Demokratische Staatsform, in der die politische Willensbildung und Machtausübung über die politischen Parteien erfolgt.

■ **Pazifismus:** Politische Idee und persönliche Haltung, die durch unbedingten Gewaltverzicht und absolute Kriegsgegnerschaft gekennzeichnet ist. Die völlige und bedingungslose Bereitschaft zum Frieden soll hierbei den Krieg verhindern. Die Antriebe des Pazifismus können religiöser, ethischer oder politischer Natur sein.

■ **Planwirtschaft/Zentralverwaltungswirtschaft:** Wirtschaftssystem, in dem eine zentrale Behörde Pläne für die Volkswirtschaft aufstellt und ihre Durchführung kontrolliert. Die Planwirtschaft war die in den sozialistischen Staaten des 20. Jahrhunderts übliche Wirtschaftsform. Als Schwächen der Planwirtschaft erwiesen sich der fehlende Wettbewerb, ihr Mangel an Effizienz und die zu geringe Berücksichtigung von Wünschen und Bedürfnissen der Bevölkerung (Nachfrage).

■ **Präsidialregime:** Bei einem Präsidialregime liegt die Macht bei dem vom Volk direkt gewählten Präsidenten, der die Regierung unabhängig vom Vertrauen des Parlaments aufstellt.

■ **Rassismus:** Der Begriff bezeichnet eine diskriminierende Haltung, durch die Menschen in minderwertige und höherwertige Rassen eingeteilt werden. Mithilfe von Rassentheorien und pseudowissenschaftlichem Material soll die Überlegenheit der eigenen Rasse bewiesen werden. Solche zielorientierten Rassentheorien gab es seit dem 18. Jh. in Deutschland, England, Frankreich und Amerika. Im Antisemitismus wird die Diskriminierung von Juden nicht religiös, sondern rassistisch begründet.

■ **Rätesystem:** → Sowjetsystem

■ **Reparationen:** Schadenersatzleistung des Verlierers eines Krieges an die Sieger in Form von Geld, Waren, Fabriken (Demontage).

■ **Shoa(h):** Der Begriff ist religiös-hebräischen Ursprungs und bedeutet im engeren Sinne Unheil, Verderben. In Israel bezeichnet man mit „Shoa(h)“ die Katastrophe des jüdischen Volkes durch den Völkermord der Nazis. Seit 1951 gibt es in Israel den „Jom HaShoa Wehagvura“ den Tag des Gedenkens an den → Holocaust und an den Heldenmut. Mit zwei Schweigeminuten im ganzen Staat im öffentlichen und privaten Bereich wird der Massenverfolgung und der Massenvernichtung der Juden durch die Nationalsozialisten gedacht und gleichzeitig an jüdische Aufstände gegen die nationalsozialistische Gewaltherrschaft erinnert, vor allem an den Aufstand vom April 1943 im Warschauer Ghetto.

■ **Sowjetsystem / Rätesystem** (abgeleitet von russisch Sowjet = Rat): Form der direkten Demokratie, in der gesellschaftliche Gruppen (z. B. Betriebe) Vertreter wählen, die an die Weisungen ihrer Wähler gebunden sind (imperatives Mandat) und deren Kontrolle unterstehen. Mehrere Räte wählen einen Rat auf höherer Ebene bis zur höchsten Ebene des Zentralrats. Räte wurden in den russischen Revolutionen von 1917 erstmals wichtige Entscheidungsorgane. Die bolschewistische Partei entmachtete sie allerdings bald und ließ sie nur formal weiterbestehen.

■ **Soziale Marktwirtschaft:** Wirtschaftspolitische Konzeption, bei der eine freie Marktwirtschaft mit einer begrenzten Intervention des Staates verbunden wird. In einer Marktwirtschaft werden Art und Menge der Produktion sowie die Löhne und die Verteilung der Güter über den Markt (mit Angebot und Nachfrage) und die dort erfolgende Preisbildung gesteuert. In einer sozialen Marktwirtschaft hat der Staat die Aufgabe, sozial nicht erwünschte Ergebnisse der Marktwirtschaft zu korrigieren. Maßnahmen können sein: Kartellverbote, begrenzte Einkommensumverteilung durch Steuerpolitik und Sozialgesetze, Strukturpolitik, Bildungspolitik. → Planwirtschaft, → New Deal.

■ **Stalinismus:** Diktatur der Kommunistischen Parteiführung unter Josef Stalin in der Sowjetunion und in den von ihr abhängigen Staaten zwischen 1928 und 1953. Grundlagen waren die brutale Ausschaltung politischer Gegner, der allgegenwärtige Personenkult um Stalin, die zentralistische wirtschaftliche Organisation.

■ **Status quo** (lat. = der gegenwärtige Zustand): Unter einer „Politik der Erhaltung des Status quo“ wird eine Politik verstanden, deren Ziel es ist, die aktuellen Machtverhältnisse festzuschreiben.

■ **Stinnes-Legien-Abkommen:** Am 15. November 1918 gründeten die Gewerkschaften und die Unternehmerverbände eine Arbeitsgemeinschaft, die die Arbeitsverhältnisse in der Republik regeln sollte. Die Unternehmer erkannten das Koalitionsrecht der Arbeiter an, beide Gruppen vereinbarten unter anderem die Einführung von Tarifverträgen sowie die Einführung des Acht-Stunden-Tages. Dieses Bündnis war nicht zuletzt durch den persönlichen Einsatz von Carl Legien, dem Vertreter der Gewerkschaften, und Hugo Stinnes, einem Großindustriellen, zustande gekommen. Allerdings versuchte der „Reichsverband der Deutschen Industrie" ab 1920 immer wieder Zusagen und Kompromisse von 1918 rückgängig zu machen, was häufig zu heftigen Arbeitskämpfen führte.

■ Totaler Krieg: Vernichtungskrieg, den ein Volk mit allen militärischen, wirtschaftlichen und psychischen Mitteln führt. Der Unterschied zwischen „friedlicher Heimat" und „kämpfender Front" ist aufgehoben.

■ Totalitäre Herrschaft: Herrschaftsform, in der alle gesellschaftlichen Bereiche vom Staat erfasst und kontrolliert werden. Beispiele sind der Stalinismus und der Nationalsozialismus.

■ Vereinte Nationen, UN, UNO (**U**nited **N**ations oder früher **U**nited **N**ations **O**rganization): Sie wurden 1945 als Nachfolgeorganisation des Völkerbunds gegründet und stellen eine Organisation von Staaten dar, die die Erhaltung des Weltfriedens, die Förderung der internationalen Zusammenarbeit, die wirtschaftliche und soziale Entwicklung aller Staaten und die Verwirklichung der Menschenrechte zum Ziel hat. Grundlagen aller Unternehmungen hierzu sind die Gleichberechtigung und Selbstbestimmung der Völker. Der Hauptsitz der Vereinten Nationen befindet sich in New York (Nebensitze in Genf, Wien und Nairobi). Die Vereinten Nationen haben zurzeit 190 Mitgliedsstaaten, stehen aber der Mitgliedschaft eines jeden Staates offen, der sich auf die Ziele und Regeln der Charta der Vereinten Nationen verpflichtet. Der Vatikanstaat, Taiwan (Republik China) und die Demokratische Arabische Republik Sahara (DARS) gehören ihnen nicht an.

■ Völkerbund: Der 1919 gegründete Völkerbund (aufgelöst: 1946) war ein internationaler Zusammenschluss von Staaten, dessen Ziel die Erhaltung des Friedens und die Garantie der Grenzen der Mitgliedsländer war. Die USA, die den Plan zur Gründung des Völkerbunds am eifrigsten verfochten hatte, traten ihm nicht bei, was sein Ansehen und seine Einflussmöglichkeiten sehr schmälerte.

■ Währungsreform: Neuordnung des Geldwesens, z. B. durch Bestimmung einer neuen Grundlage für die ausgegebenen Noten und Münzen.

■ Weimarer Kompromisse: → Ebert-Groener-Abkommen; → Stinnes-Legien-Abkommen.

■ Westintegration: Die Integration der Bundesrepublik Deutschland in die politischen und militärischen Zusammenschlüsse der westlichen Staaten ab 1950, z. B. die Integration in die Montanunion, in die EWG (EG, EU) und in die NATO.

■ Widerstand: Als Widerstand bezeichnet man Haltungen und daraus resultierende Handlungen, die sich gegen ein Unrechtsregime und seine Politik richten. Widerstand im engeren Sinne bedeutete zur NS-Zeit politische Opposition und Aktion Einzelner und Gruppen mit dem Ziel der Beseitigung der NS-Diktatur. Widerstand im weiteren Sinne meint alle Formen der individuellen und institutionellen Verweigerung gegenüber dem Totalitätsanspruch der NS-Herrschaft.

■ Zentralverwaltungswirtschaft → Planwirtschaft.

■ Zwei-Plus-Vier-Vertrag → Friedensvertrag.

Lesehinweise und Tipps

Gesellschaftsmodelle der Zukunft? / Die Republik von Weimar – Entwurf einer demokratischen Gesellschaft?

Leseempfehlungen:

- Hans-Jürgen Perey, Serjoscha der Bandit, Stuttgart, Hoch, 1991.
  Der Junge Serjoscha ist mit seiner Mutter, einer Sozialdemokratin, vor der Polizei in die Schweiz geflohen. 1917 verändert die Revolution Russland, Serjoscha und seine Mutter fahren im versiegelten Zug mit Lenin zurück nach Russland. Nachdem Lenin im Oktober die Macht übernommen hat, werden aber wieder Kritiker verhaftet, darunter auch Serjoschas Mutter. Er selbst schließt sich einer Kinderbande an.

- Bertolt Brecht, Trommeln in der Nacht, Komödie, Erste Veröffentlichung: 1919.
  Krieg und Revolution.

- Erich Maria Remarque, Im Westen nichts Neues, Roman. Erste Veröffentlichung: 1929.
  Krieg und Revolution.

- Erich Kästner, Pünktchen und Anton, Roman. Erste Veröffentlichung: 1931.
  Soziale Gegensätze in der Weimarer Zeit.

- Hans Fallada, Kleiner Mann – was nun?, Roman. Erste Veröffentlichung: 1932.
  Soziale Gegensätze in der Weimarer Zeit.

- Oskar Maria Graf, Anton Sittinger, Roman. Erste Veröffentlichung: 1934/35.
  Unpolitisches Verhalten.

Ausstellungen:

- Deutsches Historisches Museum, Unter den Linden 2, D-10117 Berlin, Tel.: 0 30/2 03 04-0, Fax: 0 30/2 03 04-543.

- Ausstellung „Fragen zur deutschen Geschichte" im Deutschen Dom, Gendarmenmarkt, Berlin

12 Jahre Nationalsozialismus – Diktatur, Krieg und Völkermord

Leseempfehlungen:

- Ingeborg Bayer, Ehe alles Legende wird, Der Nationalsozialismus in Deutschland von Weimar bis heute, Berichte und Dokumente, Würzburg, Arena, 1995.
  Durch den Abdruck vieler Bild-und Textquellen wird die Zeit des Terrors dem Leser eindringlich vor Augen geführt und auf Nachwirkungen bis heute hingewiesen.

- Horst Burger, Warum warst du in der Hitlerjugend? Reinbek, Rowohlt, 1990.
  Ein Vater versucht seinem Sohn den Charakter des Unrechtsregimes deutlich zu machen, indem er ihm erzählt, was er in der Zeit des Nationalsozialismus erlebt hat. Mit Material für den Unterricht.

- Janina David, Ein Stück Himmel, München, dtv, 2000.
  Erinnerung an eine Kindheit in Polen zwischen 1930 und 1944. Die jüdische Polin Janina muss aus einem behüteten bürgerlichen Elternhaus in das Warschauer Ghetto. Das Buch endet mit der Rettung Janinas.

- Fania Fenelon, Das Mädchenorchester in Auschwitz, München, dtv, 1998.
  Die Verfasserin, Jüdin und französische Widerstandskämpferin, kam im Januar 1944 nach Auschwitz und wurde Mitglied des dort bestehenden Gefangenenorchesters, das aus jungen Frauen bestand. Sie beschreibt aus dieser Sicht Alltag und Grauen des Lagerlebens mit all seinen Ritualen und Methoden des Tötens, der Grausamkeit und Entmenschlichung.

- Anne Frank, Tagebuch, Frankfurt, Fischer-Taschenbuch-Verlag, 2001.
  Ein jüdisches Mädchen vertraut sich ihrem Tagebuch an.

- Lina Haag, Eine Handvoll Staub, Widerstand einer Frau 1933–1945, Frankfurt, S. Fischer, 1996.
  In diesem Buch beschreibt Lina Haag ihre eigene Verfolgung als Kommunistin und Frau eines schon 1933 verhafteten KPD-Abgeordneten, der 7 Jahre in Konzentrationslagern verbringen muss, dann an die Ostfront geschickt wird und 1948 aus sowjetischer Kriegsgefangenschaft heimkehrt. Sie schreibt ihren Bericht 1944 in Form eines Briefes an ihren vermisst geglaubten Mann. Durch diese Darstellungsform ergibt sich eine faszinierende Gefühlsdichte, der sich der Leser kaum entziehen kann und will.

- H. G. Haasis, Den Hitler jag' ich in die Luft, Der Attentäter Georg Elser, Eine Biographie, Berlin, Rowohlt, 1999.

- Rolf Hochhuth, Der Stellvertreter, Ein christliches Trauerspiel, Reinbek, Rowohlt, 2002.
  Das 1959 geschriebene und 1963 uraufgeführte Theaterstück erregte weltweites Aufsehen und anhaltende Kontroversen. Durch den Vorwurf, trotz genauer Informationen nichts gegen den Holocaust unternommen zu haben, wird in dem Stück die Moralität und Autorität des Papsttums in Frage gestellt.

- Rudolf Höss, Kommandant in Auschwitz, Autobiograhische Aufzeichnungen, hrsg. v. M. Broszat, München, dtv, 1978.
Während seiner Haftzeit 1946/1947 schrieb der ehemalige Kommandant von Auschwitz diesen kalt-distanzierten Bericht über seine Tätigkeit, sein Wissen und seine Einstellung als Lagerleiter von Auschwitz.

- Judith Kerr, Als Hitler das rosa Kaninchen stahl, Ravensburg, Ravensburger Buchverlag, 1997.
Anna muss als Jüdin mit ihrer Familie Deutschland verlassen. Über die Schweiz geht die Flucht nach Paris und nach London.

- Thomas Keneally, Schindlers Liste, München, Goldmann, 1994.
Während der Zeit des Nationalsozialismus gelingt es dem Idustriellen Oskar Schindler immer wieder, jüdische Arbeiter in seiner Fabrik zu beschäftigen, die er so vor der Vernichtung bewahrt. Die authentische Geschichte wurde von Steven Spielberg verfilmt.

- Victor Klemperer, Das Tagebuch 1933–1945. Eine Auswahl für junge Leser, Berlin, Aufbau Verlag, 1997.
Wie erlebten die Zeitgenossen den Holocaust? Tag für Tag hielt der deutsche Jude Victor Klemperer fest, was er beobachtete und erlebte. Ein Dokument über den Alltag der Judenverfolgung in Deutschland.

- Ruth Klüger, Weiter leben, Göttingen, Wallstein Verlag, 1992.
„Über Auschwitz ist immer noch nicht alles gesagt, wenn man es so sagen kann wie Ruth Klüger – lakonisch, ohne Pathos, mit unbedingter Aufrichtigkeit, Gefühlsgenauigkeit und Schonungslosigkeit, auch gegen sich selbst." So urteilt die Literaturkritikerin S. Löffler in der Wochenzeitung „Die Zeit" über dieses Buch.

- Klaus Kordon, Mit dem Rücken zur Wand, Weinheim, Beltz & Gelberg, 2002.
Ein 15-Jähriger muss Entscheidungen treffen, z. B. für oder gegen seinen Bruder, einen Kommunisten.

- Michail Krausnick, Da wollten wir frei sein! Weinheim, Beltz & Gelberg, 1993.
Vier Generationen einer deutschen Sinti-Familie erzählen aus ihrem Leben.

- Felicia Langer, Miecus später Bericht, Eine Jugend zwischen Ghetto und Theresienstadt, Göttingen 1999, Taschenbuch.
Die Autorin, eine in Polen geborene Jüdin, 1990 ausgezeichnet mit dem Alternativen Nobelpreis, gibt in diesem Buch die Erlebnisse ihres Mannes Moshe zur Zeit der Naziherrschaft in Polen wieder, über die er jahrzehntelang geschwiegen hat.

- Legenden, Lügen, Vorurteile, Ein Wörterbuch zur Zeitgeschichte, hrsg. v. W. Benz, München, dtv, 2002.
Die Autoren wollen durch fundierte Sachinformation, gebündelt in 91 Artikeln zu wichtigen Schlagworten und Begriffen der NS-Zeit, Vorurteilen und Fehlinformationen über diese Zeit den Nährboden entziehen und gleichzeitig Argumentationshilfen geben für politische Diskussionen in der Öffentlichkeit, in der Schule, in der Familie oder mit Freunden.

- Isabella Leitner, Isabella, Ravensburg, Ravensburger Buchverlag, 1999.
Mit dem Titel meint die Autorin sich selbst. 1944 wurde sie zusammen mit ihrer Mutter und ihren Schwestern nach Auschwitz deportiert. Sie erzählt vom monatelangen Überlebenskampf im Konzentrationslager bis zur Befreiung durch die Rote Armee, Erzählungen, die ihr zunächst niemand glauben wollte.

- Primo Levi, Ist das ein Mensch? (ungekürzte Ausgabe) München, dtv, 2002.
Der Verfasser, italienischer Jude und Widerstandskämpfer, wurde im Dezember 1943 verhaftet und nach Auschwitz deportiert. Er beschreibt mit erschütternder Sachlichkeit, Genauigkeit und Menschlichkeit die Hölle des Lagerlebens, die er bis zum Tag der Befreiung erlebte. Ob er 1987 Selbstmord beging, ist ungeklärt.

- Myron Levoy, Der gelbe Vogel, München, dtv, 1999.
Die 12-jährige Jüdin Naomi muss im besetzten Frankreich mit ansehen, wie ihr Vater von Deutschen erschlagen wird. In New York hat sie zunächst große Probleme.

- Lexikon des Widerstands 1933–1945, hrsg. v. P. Steinbach und J. Tuchel, München, Beck, 1998.
Ein Nachschlagewerk über die wichtigsten Personen, Ereignisse und Ideen des Widerstands gegen den Nationalsozialismus.

- Hans-Georg Noack, Die Webers. Eine deutsche Familie 1932–1945, Ravensburg, Ravensburger Buchverlag, 1999.
Eine Familie zerbricht daran, dass der Vater überzeugter Sozialdemokrat, der Sohn ein fanatischer Hitlerjunge ist.

- Mirjam Pressler, Ich sehne mich so, Die Lebensgeschichte der Anne Frank, Weinheim, Beltz & Gelberg, 1995 (4. Aufl.).
Die Autorin, die auch die Tagebücher der A. Frank ins Deutsche übersetzt hat, analysiert und beschreibt in diesem Buch die Lebens- und Zeitumstände der Familie Frank und der anderen vier im Hinterhaus in Amsterdam untergetauchten jüdischen Mitbewohner.

Im Mittelpunkt der Darstellung steht der Versuch einer einfühlsamen Charakterstudie der jungen Anne Frank.

- Hans Peter Richter, Damals war es Friedrich, München, dtv, 1974.
  Zwei Jungen wachsen im selben Haus auf, einer der beiden ist Jude.

- Carlo Ross, Aber Steine reden nicht, München, dtv, 1991.
  Der 10-jährige Jude David und seine Mutter ziehen 1938 in ein Armeleuteviertel von Hagen, wo sie zunehmend diskriminiert werden.

- Carlo Ross, Im Vorhof der Hölle. Ein Buch gegen das Vergessen, München, dtv, 1994.
  Fortsetzung von „Aber Steine reden nicht". Der 14-jährige Jude David wird ins Konzentrationslager Theresienstadt deportiert.

- Agnes Sassoon, Überlebt. Weinheim, Beltz & Gelberg, 2000.
  Die Geschichte eines jüdischen Mädchens, das die Konzentrationslager Dachau und Bergen-Belsen überlebt.

- Art Spiegelman, Maus I und Maus II, Die Geschichte eines Überlebenden, Hamburg 2001 (2. Aufl.), rororo-Taschenbuch, 2 Bände.
  Der Verfasser, heute in New York lebender Künstler Karikaturist und Comic-Schreiber, beschreibt, nachdem er monatelang die Erzählungen seines Vaters protokolliert hat, im Comic-Strip den Holocaust; Juden sind als Mäuse, Nazis als Katzen dargestellt. Diese Art der Darstellung für dieses Geschehen ist nicht nur verfremdend, sondern auch ungewöhnlich und befremdlich. Doch: „Art Spiegelman misstraut der Wirkung von Dokumenten und vertraut ganz den Möglichkeiten seiner Kunst. Sein Comic hat die Kraft eines großen, komplexen Romangebildes. Er hat ein einzigartiges Werk visueller Literatur geschaffen, welches das immer noch existierende Vorurteil der Trivialität gegenüber diesem Genre auf das Glänzendste widerlegt." So urteilte ein Rezensent der Süddeutschen Zeitung.

- Peter Steinbach und Johannes Tuchel (Hrsg.), Widerstand in Deutschland 1933–1945, Ein historisches Lesebuch, München, Beck 1994.
  Das Buch vermittelt Kenntnis von der Vielfalt des deutschen Widerstands und gibt einen Eindruck von den Menschen, die diesen Widerstand getragen haben. Wichtige Zeugnisse wie z. B. Briefe, Tagebuchnotizen, Aufrufe oder Verhörprotokolle lassen Motive und Ziele ihres Widerstandshandelns deutlich werden.

- *Vinke, Hermann, Das kurze Leben der Sophie Scholl, Ravensburg, Ravensburger Verlag, 1997.*
  In Berichten, Dokumenten, Zeugenaussagen, Briefen und Fotos wird das Leben der 21-jährigen Sophie Scholl vorgestellt, die im Februar 1943 hingerichtet wurde. Sie war Mitglied der „Weißen Rose", einer Studentengruppe, die mit Flugblättern zum Widerstand gegen Hitler aufgerufen hatte.

- Tatjana Wassiljewa, Ab jetzt zählt jeder Tag, Weinheim, Beltz & Gelberg, 2001.
  Eine 13-jährige Russin wird als Zwangsarbeiterin nach Deutschland verschleppt.

- Ursula Wölfel, Ein Haus für alle, Stuttgart, Hoch, 1991.
  Robbi ist geistig behindert. Das NS-Euthanasieprogramm sieht seinen Tod vor, was sogar sein Vater unterstützt. Die Mutter und ihre Freunde müssen Robbi verstecken.

- Arnulf Zitelmann, Paule Pizolka oder Eine Flucht durch Deutschland, Weinheim, Beltz & Gelberg, 2002.
  Der 16-jährige Paule entzieht sich während des Zweiten Weltkriegs der Musterung und flieht quer durch Deutschland.

Intenetadressen:

Folgende Sites von Gedenkstätten zum Holocaust und Widerstand führen über Links weiter sowohl zu allgemeinen grundlegenden Informationen als auch zu Informationen zur Regionalgeschichte und spezifischen Themen.

- www.gedenkstaettenforum.de
  Dieses Forum, eingerichtet von der Stiftung Topographie des Terrors, versteht sich als interaktive Diskussionsplattform für den Gedenkstättenbereich und bietet neben einer Gedenkstättenübersicht (s. auch Link „Mitglieder"), Hinweise zur neueren Forschung, zu Projekten und Veranstaltungen zum Themengebiet „Holocaust".

- www.ghwk.de
  (Gedenkstätte Haus der Wannseekonferenz) Neben Grundinformationen zur Geschichte der Ausgrenzung, Vertreibung und Vernichtung des jüdischen Volkes können u. a. die Originaldokumente der Wannseekonferenz in Bild und Übersetzung eingesehen werden. Ein virtueller Gang durch die Dauerausstellung gibt viele Informationen und Eindrücke.

- www.gdw-berlin.de
  (Gedenkstätte deutscher Widerstand) Hier gibt es grundlegende Erstinformationen über viele Widerständler und z. T. auch detaillierte Darstellungen ihrer Widerstandsarbeit, Hinweise auf Forschungsprojekte, Veranstaltungen und Literatur.

- *Materialien zum Widerstand in München:* www.widerstand.musin.de

- Die Nürnberger Kriegsverbrecher-Prozesse (1945–1949): www.justiz.bayern.de/olgn/fr_imt.htm

- Haus der Geschichte der Bundesrepublik Deutschland: www.hdg.de

Gedenkstätten und Ausstellungen:

- Jüdisches Museum, Berlin-Kreuzberg, Lindenstraße 61 (Nähe Checkpoint Charlie)

- Gedenkstätte Haus der Wannsee-Konferenz, Am Großen Wannsee 56–58, 14109 Zehlendorf, Tel: 0 30/8 05 00 10, www.ghwk.de, info@hwk.de.

- Gedenkstätte Topographie des Terrors, Niederkirchnerstr. 8, 10963 Berlin, Tel: 0 30/25 48 67 03. www.topographie.de
  Ausstellung über die Zentralen des NS-Terrors, Ausstellung Faszination und Gewalt.

- Gedenkstätte Deutscher Widerstand Bendlerblock, Stauffenbergstraße 13–14, (Eingang über den Ehrenhof), 10785 Tiergarten, Tel: 0 30/2 69 95 00, www.gdw-berlin.de

- Gedenkstätte Plötzensee, Hüttigpfad, 13627 Charlottenburg. www.gdw-berlin.de
  Gedenk- und Dokumentationsraum in der Hinrichtungsstätte von über 2900 Menschen.

- Gedenkstätte Buchenwald, 99427 Weimar-Buchenwald, Tel: 0 36 43/43 02 00. www.buchenwald.de buchenwald@buchenwald.de

- Ausstellung Faszination und Gewalt. Dokumentationszentum Reichsparteitagsgelände, Bayernstraße 110, 90471 Nürnberg, Tel: 09 11/2 31 56 66, www.museen.nuernberg.de/reichsparteitag dokumentationszentrum@ref4.stadt.nuernberg.de

- KZ-Gedenkstätte Dachau, Alte Römerstraße 75, 85221 Dachau, Tel: 0 81 31/66 99 70, www.kz-gedenkstaette-dachau.de info@kz-gedenkstaette-dachau.de

- Juden in Buttenhausen: Ständige Ausstellung in der Bernheimer'schen Realschule Buttenhausen. Zwiefalter Str. 30, 72525 Buttenhausen, Tel: 0 73 81/18 21 15.
  89 jüdische Bürger lebten 1933 in Buttenhausen. Auf dem jüdischen Friedhof befinden sich beinahe 400 Gräber vom Ende des 18. Jhs. bis 1940.

- Dokumentationszentrum Oberer Kuhberg e. V. – KZ Gedenkstätte, Postfach 2066, 89066 Ulm, Tel: 07 31/2 13 12. www.dzokulm.telebus.de, dzok@gmx.de.
  Einziges KZ in Süddeutschland, das in seiner baulichen Substanz erhalten ist. Zwischen 1933 und 1935 waren über 600 politische Gegner aus dem Land Württemberg-Hohenzollern hier eingekerkert, darunter Kurt Schumacher, der Wiederbegründer der SPD in Deutschland.

- Gedenkstätte Grafeneck, Samariterstift, 72532 Gomadingen, Tel: 0 73 85/96 62 06.
  Die Gedenkstätte Grafeneck wurde in Erinnerung an die über 10500 Opfer der sog. „Euthanasie" in Grafeneck als offene Kapelle konzipiert. Im Foyer des Grafenecker Schlosses befindet sich eine Ausstellung.

Filme

- Schindlers Liste. USA 1993, Regie: Steven Spielberg.
  Der Film schildert die Geschichte des deutschen Kaufmanns Oskar Schindler, der 1100 Juden zunächst aus Vernunft und Kalkül, dann aus moralischer Verantwortung und unter eigener Lebensgefahr vor dem Tod in den Gaskammern rettet. Durch die Geschichte und behutsam inszenierte Details vermittelt der Film einen Eindruck von der Realität des Grauens des nationalsozialistischen Terrorsystems.

- Die letzten Tage. USA 1998, Regie: James Moll, Produktion: Steven Spielberg.
  Steven Spielberg gründete 1994 die „Survivors of the Shoah Visual History Foundation", die alle Zeugnisse von Überlebenden des Holocaust sammeln, archivieren und der Öffentlichkeit zugänglich machen will. „Die letzten Tage" ist der erste Kinodokumentarfilm der Shoah-Foundation und zeigt das Portrait von 5 jüdischen Zeitzeugen, die den Holocaust in Ungarn überlebt haben und heute in den USA leben.

- Das Leben ist schön. Italien 1998, Regie: Roberto Benigni.
  Der erste Teil des Films zeigt in der Atmosphäre von Märchen und Slapstik eine anrührende Romanze, die sich im zweiten Teil zur Tragödie wandelt, in der das Holocaustgeschehen in Form einer surrealen Fabel vermittelt wird. Der mit seinem Sohn in einem KZ inhaftierte jüdische Vater Guido, gespielt

von dem großen Komiker R. Benigni, will seinen Sohn vor den Schrecken der Realität schützen und ihm den Glauben erhalten, dass das Leben schön sei. Er stellt ihm das KZ und das Lagerleben als großes Theaterstück vor. So rettet er für den Sohn ein Stück Poesie in dem Grauen, in dem er selbst umkommt.

- Comedian Harmonists. BRD 1997, Regie: Joseph Vilsmaier.
  Der Film zeigt auf dem Hintergrund der Weltwirtschaftskrise die Karriere des Musikersextetts „Comedian Harmonists". Da drei Mitglieder „nichtarisch" sind, ist die Gruppe nach Hitlers Machantritt bedroht von Bespitzelung, Verhaftung und erhält Auftrittsverbot. Der Film zeigt die Konflikte in der Gruppe und vermittelt durch die Darstellung der privaten Ereignisse und Schicksale der Gruppenmitglieder die schleichende Barbarisierung des zeithistorischen Umfelds und gibt einen Eindruck von der Rolle von Künstlern vor und während des Dritten Reichs.

- Die Weiße Rose. BRD 1982, Regie: Michael Verhoeven.
  Der Film erzählt die Geschichte der kleinen Münchener Studentengruppe um Hans und Sophie Scholl, die sich den Namen „Weiße Rose" gab und im Jahr 1942 durch Flugblattaktionen zum Widerstand gegen Hitler aufrief, was alle Mitglieder mit dem Tod bezahlen mussten.

- Der Stellvertreter. Amen. Frankreich 2001, Regie: Costa Gavras.
  Vorlage des Films ist das Theaterstück „Der Stellvertreter" von Rolf Hochhuth. Es wird gezeigt, wie vergeblich zwei Männer, der Waffen-SS-Offizier Kurt Gerstein und Pater Ricardo, ein junger Jesuit, versuchen, durch ihr Wissen vom die Massenmord an den Juden die Kirche und auch alliierte Stellen für den Kampf gegen diese Verbrechen zu gewinnen.

CD-ROM

- Die weiße Rose. Eine mulitmediale Dokumentation des Widerstands, 1995
- Erinnern für Gegenwart und Zukunft. Überlebende des Holocaust berichten, 2000.

Der Ost-West-Konflikt / Deutschland seit 1945

Leseempfehlungen:

- Peter Härtling, Krücke, Weinheim, Beltz & Gelberg, 1991.
  Kriegsende 1945. Thomas hat seine Mutter auf der Flucht verloren. Er schließt sich Krücke an, der ein Bein verloren hat und dennoch stark und lebenstüchtig ist.

- Rudolf Herfurtner, Mensch Karnickel, München, dtv, 1993.
  1950 taucht ein Junge zerlumpt bei seiner Mutter in Bayern auf. Er hat den ganzen Weg von Polen dorthin allein zurückgelegt. Eine Spätheimkehrergeschichte, die hilft, die Nachkriegszeit zu verstehen. Mit Materialien für den Unterricht.

- Anna Wimschneider, Herbstmilch, München, Piper, 1984.
  Erinnerungen der Bäuerin Anna Wimschneider an an ein mühseliges Leben. Nicht überall prägte wachsender Wohlstand das Leben der jungen Bundesrepublik. Das Buch wurde verfilmt und ist in den Landesmedienzentren erhältlich.

Ausstellungen

- → Weimarer Republik.

- Haus der Geschichte der Bundesrepublik Deutschland: http://www.hdg.de

- Deutsches Historisches Museum, Unter den Linden 2, D-10117 Berlin; www.dhm.de
  Neueröffnung 2003; Geschichte der DDR als Teil der allgemeinen deutschen Geschichte.

- Deutscher Bundestag im Reichstag: Besichtigung der Kuppel und Dachterasse: 8–24 Uhr, letzter Einlass 22 Uhr. Plenarsaal 9–16 Uhr zur vollen Stunde, Anmeldung empfehlenswert, Personalausweis nötig, Tel.: 0 30/22 73 27 62.

- Zeitgeschichtliches Forum Leipzig (Stiftung Haus der Geschichte der Bundesrepublik Deutschland) Grimmaische Straße 5, D-04109 Leipzig; www.hdg.de
  Ausstellung zur Geschichte von Diktatur und Widerstand in der DDR.

- Der (die) Bundesbeauftragte für die Unterlagen des Staatssicherheitsdienstes der ehemaligen Deutschen Demokratischen Republik („Gauck-Behörde"), Otto-Braun-Str. 70/2, D-10178 Berlin; www.bstu.de
  Dauerausstellung zur Geschichte der Staatssicherheit/„Stasi" in der DDR.

- Museum Haus am Checkpoint Charlie (Mauermuseum), Friedrichstraße 43–45, D-10969 Berlin-Kreuzberg; www.mauer-museum.com
  Ausstellung zur Geschichte der Berliner Mauer.

Quellenverzeichnisse

Textquellenverzeichnis:

S. 14, M 1: Hans-Heinrich Nolte, Kleine Geschichte Russlands, Reclam, Stuttgart 1998, S. 234; S. 14, Q 2: Lew Kopelew, Und schuf mir einen Götzen. Lehrjahre eines Kommunisten. Steidl Verlag, Göttingen 1996, S. 232. Aus dem Russ. von Heddy Pross-Weerth und Heinz-Dieter Mendel; S. 14/15, Q 3: Geschichte der Kommunistischen Partei der Sowjetunion (Bolschewiki). Kurzer Lehrgang, unter Redaktion einer Kommission des Zentralkomitees der KPdSU(B), gebilligt vom ZK der KPdSU(B). 1938, Verlag Neuer Weg, Berlin 1945, S. 361 f.; S. 15 Q 4: Raissa Orlowa-Kopelew, Eine Vergangenheit, die nicht vergeht. Rückblicke aus fünf Jahrzehnten, Knaus, München 1985, S. 95–97; S. 16, Q 5: Wladimir Majakowski, Werke 2, hrsg. von Leonhard Kossuth, Suhrkamp, Frankfurt am Main, 1974, S. 423 f.; S. 16, M 6: Andreas Kappeler, Russische Geschichte, C. H. Beck, München 1997, S. 52; S. 20, Q 1: Herbert Schambeck u. a., Dokumente zur Geschichte der Vereinigten Staaten von Amerika, Duncker & Humblot, Berlin 1993, S. 447 f.; S. 20, Q 2 a: Brockhaus Enzyklopädie, Verlag F. A. Brockhaus, Wiesbaden 1968, S. 406; S. 20/21, Q 2 b: Egon Erwin Kisch, Paradies Amerika, Aufbau-Verlag, Berlin 1962, S. 265–272; S. 21/22, Q 3: The Gilder Lehrman Institute of American History, 2001, Hollywood's America. Übers. Stephan Schröder (Autor/Schroedel); S. 25, Q 1 a: Giorgio Alberto Chiurco, Storia della rivoluzione fascista 1919–1922, Bd. 2, Firenze 1929, S. 240–242. (Übers.: Ernst Nolte, Der Faschismus. Von Mussolini zu Hitler. Texte, Bilder und Dokumente, Verlag Kurt Desch, München 1968, S. 32 und S. 34); S. 25/26, Q 1 b: Benito Mussolini, Der Geist des Faschismus. Ein Quellenwerk, hrsg. von Horst Wagenführ, 5. Auflage, Beck Verlag, München 1943, S. 2–24; S. 26, Q 2: Dino Montanara, Illegal durch Italien, Übers. Lisa Dome, Mopr-Verlag, Berlin 1932, S. 32; S. 31: Erich Kästner, Ausgewählte Schriften, Teil 1, Deutscher Bücherbund, Stuttgart 1990, S. 165–167; S. 34, Q 1 a: Ingrid Gräfin Lynar (Hrsg.), Facsimile-Querschnitt durch die Frankfurter Zeitung, Scherz Verlag, München/Bern 1964, S. 98 f.; S. 34, Q 1 b: SPD-Zeitung Vorwärts, Nr. 331 vom 2. 12. 1918, in: Richard Müller, Die Novemberrevolution, Berlin 1973, S. 286; S. 35 Q 2: Wilhelm Hoegner, Die verratene Republik, München 1979, S. 54 ff.; S. 37: Kurt Tucholsky, Gesammelte Werke Bd. 2, Rowohlt Verlag, Reinbek 1960, S. 107; S. 39, Q 1: Günter Schönbrunn (Bearb.), Geschichte in Quellen, Weltkriege und Revolutionen 1914–1945, bsv, München 1979, S. 134; S. 39, Q 2 a: Kurt Tucholsky, Gesammelte Werke Bd. 3 (1921–1924), hrsg. v. Mary Gerold-Tucholsky u. Fritz J. Raddatz, Rowohlt Verlag, Reinbek 1975, S. 50; S. 40, Q 2 b: Klaus Epstein, Matthias Erzberger und das Dilemma der deutschen Demokratie, Ullstein, Frankfurt am Main 1976, S. 433; S. 40 Q 3 a: Sebastian Haffner, 1918/19 Eine deutsche Revolution, Rowohlt Verlag, Reinbeck 1981, S. 34. S. 40 Q 3 b: Albrecht von Thaer, Generalstabsdienst an der Front und in der O. H. L., aus Briefen und Tagebuchaufzeichnungen 1915–1919, unter Mitarbeit von Helmuth K. G. Rönnefarth herausgegeben von Siegfried A. Kaehler, Abhandlungen der Akademie der Wissenschaften in Göttingen, philologisch-historische Klasse, dritte Folge, Nr. 40, Göttingen (Vandenhoeck und Ruprecht) 1958, S. 234–235; S. 47, Q 1: Walther von Molo, So wunderbar ist das Leben. Erinnerungen und Begegnungen, Verlag Deutscher Volksbücher, Stuttgart 1957, S. 236 f.; S. 47 Q 2: Peter Longerich, Deutschland 1918–1933. Die Weimarer Republik, Fackelträger Verlag, Hannover 1995, S. 155; S. 51, Q 1: Hedda Eulenberg, Im Doppelglück von Kunst und Leben, Verlag Die Fähre, Düsseldorf 1953, S. 339 f.; S. 51, Q 2: Gustav Stresemann, Vermächtnis, Bd. 3, Ullstein Verlag, Berlin 1933, S. 385; S. 52/53, Q 4 a: Peter Schirmbeck, „Morgen kommst du nach Amerika“, Dietz Verlag, Berlin 1988, S. 58 f.; S. 53, Q 4 b: Karl August Kroth, Das Werk Opel, Verlag Schröder, Berlin 1928, S. 71; S. 57, M 1 Annette Kuhn (Hrsg.), Die Chronik der Frauen, Harenberg Verlag, Dortmund 1992, S. 437; S. 57, Q 2: Mascha Kaléko, Das lyrische Stenogrammheft, Rowohlt, Reinbek 1974; S. 58, M 3: Ute Frevert, Frauen-Geschichte. Zwischen Bürgerlicher Verbesserung und Neuer Weiblichkeit, Suhrkamp, Frankfurt 1986, S. 290 f.; S. 62, Q 1: Kurt Tucholsky, Dr. Caligari, in: Gesammelte Werke Bd. Kurt Tucholsky, Gesammelte Werke Bd. 2 (1919–1920), hrsg. v. Mary Gerold-Tucholsky u. Fritz J. Raddatz, Rowohlt Verlag, Reinbek 1975, S. 292; S. 62, Q 2: Carl von Ossietzky, Der Film gegen Heinrich Mann, in: Rechenschaft, Publizistik aus den Jahren 1913–1933, Fischer Verlag, Frankfurt 1972, S. 127 f.; S. 63, Q 3 a: Géza von Cziffra, Kauf Dir einen bunten Luftballon, Herbig Verlag, München/Berlin 1975, S. 345; S. 63, Q 3 b: Der Angriff, 12. Dez. 1930, nach: Ruth Glatzer, Berlin in der Weimarer Zeit, Siedler Verlag, Berlin 2000, S. 411; S. 69, Kasten: Übersicht gestaltet nach Angaben aus Rudolf Herbig: Notizen aus der Sozial-, Wirtschafts- und Gewerkschaftsgeschichte vom 14. Jahrhundert bis zur Gegenwart, Wolframs-Eschenbach (RMG Werbe- und Verlagsgesellschaft), 6. Aufl. 1978, S. 202–205; S. 70, M 1 oben: Eva Cornelia Schöck, Arbeitslosigkeit und Rationalisierung, Campus Verlag, Frankfurt/M. 1977, S. 166; S. 70, M 1 unten: Dietmar Petzina: Arbeitslosigkeit in der Weimarer Republik, in: Werner Abelshauser (Hrsg.): Die Weimarer Republik als Wohlfahrtsstaat, Steiner Vlg., Wiesbaden 1987, S. 242; S. 70, M 2: Detlef Junker, Weltwirtschaft, New Deal, Zweiter Weltkrieg. 1925–1945, in: Länderbericht USA I, Bundeszentrale für politische Bildung, Bonn 1992, S. 169 und 171; S. 71, Q 3: Marie Jahoda, Paul F. Lazarsfeld u. a., Die Arbeitslosen von Marienthal, Suhrkamp, Frankfurt 1975, S. 69; S. 72, M 4: Herbert Matis und Dieter Stiefel, Die Weltwirtschaft. Struktur und Entwicklung im 20. Jahrhundert, Ueberreuter Verlag, Wien 1991, S. 140 ff.; S. 77, Q 1: Bernd Klemm (Hrsg.), „...durch polizeiliches Einschreiten wurde dem Unfug ein Ende gemacht.“ Geheime Berichte der politischen Polizei über Linke und Rechte in Offenbach 1923–1930, Campus Verlag, Frankfurt/New York 1982, S. 274, 287 f., 315; S. 78, Q 2: Joseph Goebbels, Vom Kaiserhof zur Reichskanzlei, Eher Verlag, München 1934, S. 100 f.; S. 78/79, M 3: Michael H. Kater, Generationskonflikt als Entwicklungsfaktor in der NS-Bewegung vor 1933, in: Geschichte und Gesellschaft (Zeitschrift für historische Sozialwissenschaft. Vandenhoeck & Ruprecht, Göttingen) 11 (1985), S. 220, 223 f.; S. 88, Q 1: Reichsgesetzblatt 1933, Teil I, S. 83; S. 88, Q 2 a): Reichsgesetzblatt 1933, Teil I, S. 141; S. 88, Q 2 b): Günter Schönbrunn (Bearb.), Geschichte in Quellen, Weltkriege und Revolutionen 1914 1945, bsv, München 1979, S. 282 f.; S. 88, Q 2 c): Werner Ripper (Hrsg.), Weltgeschichte im Auf-riss 3/1, Diesterweg, Frankfurt am Main 1976, S. 368 f.; S. 88, Q 2 d): (Rede Prälat Dr. Klaas, Zentrum, 23. 3. 1933, in:) Frankfurter Zeitung, 24. März 1933; S. 89, Q 3: (Rede Joseph Goebbels, 12. 6. 1933, in: Der Zeitspiegel. Halbmonatsschrift für politische Bildung 2/1933, S. 198; S. 89 a)/b)): Günter Schönbrunn (Bearb.), Geschichte in Quellen, Weltkriege und Revolutionen 1914–1945, bsv, München 1979, S. 310; S. 90/91 Völkischer Beobachter, 31. 1. 1933 S. 94, Q 1: Hans-Adolf Jacobsen/Werner Jochmann (Hrsg.), Ausgewählte Dokumente zur Geschichte des Nationalsozialismus, Verlag Neue Gesellschaft, Bielefeld 1966, Loseblatt-Ausgabe AF, S. 1 ff.; S. 94, Q 2 a): Nationalpolitische Erziehungsanstalt Naumburg (Hrsg.), Aufriss der deutschen Geschichte im 19. Jahrhundert, Nationalpolitische Erziehungsanstalt, Naumburg, Saale/Fachgemeinschaft für Geschichte. Leipzig, 1938, S. 104 f.; S. 94, Q 2 b): Günter Schönbrunn (Bearb.), Geschichte in Quellen, Weltkriege und Revolutionen 1914–1945, bsv, München 1979, S. 294; S. 94, Q 3): Günter Schönbrunn (Bearb.), Geschichte in Quellen, Weltkriege und Revolutionen 1914–1945, bsv, München 1979, S. 285; S. 94, Q4a): Adolf Hitler, Mein Kampf (Zwei Bde. in einem Bd.), Eher, München 825.–829. Aufl. 1943, S. 420f.; S. 94/95, Q4b): Günter Schönbrunn (Bearb.), Geschichte in Quellen, Weltkriege und Revolutionen 1914–1945, bsv, München 1979, S. 298; S. 95, Q4c): Werner Ripper (Hrsg.), Weltgeschichte im Aufriss 3/1, Diesterweg, Frankfurt am Main 1976, S. 340f.; S. 95/96., Q5a): Hitlers Zweites Buch: ein Dokument aus dem Jahr 1928, eingel. u. komm. von Gerhard L. Weinberg, Quellen und Darstellungen zur Zeitgeschichte 7, Veröffentlichungen des Instituts für Zeitgeschichte, Dt. Verlags-Anstalt, Stuttgart 1961, S. 62; S. 96, Q5b): Adolf Hitler, Mein Kampf (Zwei Bde. in einem Bd.), Eher, München 825.–829. Aufl. 1943, S. 728, 742f.; S. 96, Q6: Max Domarus (Hrsg.), Hitlers Reden und Proklamationen, Quellenverzeichnisse Bd. I, Süddeutscher Verlag, München 1962, S. 450ff.; S. 96, Q7: [Alfred Krink], Leben im Dritten Reich, hrsg. v. d. Bundeszentrale für politische Bildung, [Franzis Verlag in Kommission], Bonn 1981, S. 12. S. 96, Q8: Adolf Hitler, Mein Kampf (Zwei Bde. in einem Bd.), Eher, München 825.–829. Aufl. 1943, S. 44, 198, 371, 525f. S. 98, M2: Eberhard Aleff (Hrsg.), Das Dritte Reich, Fackelträger Verlag, Hannover, 9. Aufl. 1970, S. 66; S. 98, Q2: Ian Kershaw, Hitler 1889–1936, Wiss. Buchgesellschaft, Darmstadt [Lizenz der Dt. Verl.-Anst., Stuttgart] 1999, S. 665; S. 101, Q1: Liedtext. „Unsre Fahne flattert …", in: Harald Focke/Uwe Reimer, Alltag unterm Hakenkreuz, Rowohlt, Reinbek 1979, S. 52; S. 101, Q2: Irmgard Zecher, Aufzeichnungen, 2000 [Zeitzeugin, private Niederschrift, unveröffentlicht]; S. 101, Q3: Karl-Heinz Janßen, in: Hermann Glaser/Axel Silenius (Hrsg.), Jugend im Dritten Reich, Tribüne Verlag, Frankfurt 1975, S. 90; S. 102, Q4a): Kreisleiter NSDAP, Saarburg 18.5.1935 an Schullteiter, in: Harald Focke/Uwe Reimer, Alltag unterm Hakenkreuz, Rowohlt, Reinbek 1979, S. 28; S. 102, Q4a): Beitrittserklärung HJ 1933, in: Harald Focke/Uwe Reimer, Alltag unterm Hakenkreuz, Rowohlt, Reinbek 1979, S. 30–31; S. 102, Q5: Ulrich von Hassel, Tagebucheintrag 15.12.1939, in: Heinz Boberach, Jugend unter Hitler, Droste, Düsseldorf 1982, S. 68; S. 102/103, Q6: Denkschrift Reichsjugendführung Sept. 1942, in Arno Klönne, Jugend im Dritten Reich. Die Hitlerjugend und ihre Gegner, PapyRossa Verlag, Köln 1999, S. 255–257; S. 103, Q7: Reichsführer SS Heinrich Himmler an R. Heydrich, 16.1.1942, als Faksimile in: Entartet? Kunst und Musik in der Zeit des Nationalsozialismus. Arbeitsheft v. Erika Kern u. a., Klett, Stuttgart 1977, S. 33; S. 107, Q1a)/b): Walther Hofer (Hrsg.), Der Nationalsozialismus, Fischer TB Verlag, Frankfurt am Main 1993, S. 284f.; S. 107, Q2: Victor Klemperer, Ich will Zeugnis ablegen bis zum letzten. Tagebücher 1933–1945, hrsg. v. Walter Nowojski unter Mitarbeit von Hadwig Klemperer, Berlin, Aufbau-Verlag 1995, S. 408f., S. 417; S. 108, Q3: Wolfgang Benz, (Hrsg.), Die Juden in Deutschland 1933–1945, Beck, München, 4. Aufl. 1996, S. 236; S. 108, Q4: Michael Burleigh, Die Zeit des Nationalsozialismus, Fischer, Frankfurt am Main 2000, S. 446; S. 108/109, Q5: Peter Steinbach/Jürgen Tuchel (Hrsg.), Widerstand in Deutschland 1933–1945, Beck, München 1994, S. 132f.; S. 113, Q1a), b): Ian Kershaw, Hitler. 1936–1945, Wissenschaftliche Buchgesellschaft, Darmstadt 2000, S. 252; S. 113, M2: Bundeszentrale für politische Bildung (Hrsg.), Der Nationalsozialismus, in: Informationen zur politischen Bildung, Heft 123/126/127, Franzis, München, Nachdr. 1991, S. 41; S. 113, M3–M5: Wolfgang Michalka (Hrsg.), Das Dritte Reich: Dokumente zur Innen- und Außenpolitik, dtv [Orig.-Ausg.], München1985, S. 303; S. 116, Q1a): Wolfgang Michalka (Hrsg.), Das Dritte Reich: Dokumente zur Innen- und Außenpolitik, dtv [Orig.-Ausg.], München 1985, S. 19; S. 116, Q1b): Hans-Adolf Jacobsen und Werner Jachmann, Ausgewählte Dokumente zur Geschichte des Nationalsozialismus: 1933–1945, Verlag Neue Gesellschaft, Bielefeld 1961–1966, Loseblatt-Ausgabe, CEF [ohne Seitenz.]; S. 116, Q2: Joseph Goebbels, Tagebücher 1924–1945, hrsg. von Rolf Georg Reuth, Bd. 3, Piper, München 1992, S. 933–935; S. 117, Q3a): Philipp W. Fabry, Mutmaßungen über Hitler: Urteile von Zeitgenossen, Athenäum Verlag, Königstein/Ts. 1979, S. 216f. [urspr. Droste, Düsseldorf 1969]; S. 117, Q3b): Wulf Schwarzwäller, Ein Volk, ein Reich, ein Führer. Dokumentation: Das Dritte Reich, Pawlak, Herrsching 1989, S. 191; S. 117, Q3c): Gottfried Niedhart, Appeasement: die britische Antwort auf die Krise des Weltreichs und des internationalen Systems vor dem Zweiten Weltkrieg, Historische Zeitschrift 227, 1978, S. 74; S. 117, Q3e): Gottfried Niedhart, Internationale Beziehungen 1917–1947, Schöningh, Paderborn 1989, S. 113; S. 117, Q3f): A[lan] J[ohn] P[ercivale] Taylor, Erneute Betrachtungen, in Gottfried Niedhart (Hrsg.), Kriegsbeginn 1939: Entfesselung oder Ausbruch des Zweiten Weltkrieges, Wiss. Buchgesellschaft, Darmstadt 1976, S. 49; S. 122/123, Q1: Joseph Goebbels, Sportpalastrede: 18. Febr. 1943, in: Iring Fetscher, Joseph Goebbels im Berliner Sportpalast 1943 „Wollt ihr den totalen Krieg?", Europäische Verlagsanstalt, Hamburg 1998, S. 94–96, 98; S. 123, Q2: H. Breloer, Geheime Welten, Eichborn, Eichborn Verlag Frankfurt a. M. 1999, S. 134f. S. 123/124, Q3a), 2b): Dieter Bach (Hrsg.), Kriege enden nicht im Frieden, Hammer, Wuppertal 1991, S. 78; S. 24; S. 124, Q4): Dieter Bach (Hrsg.), Kriege enden nicht im Frieden, Hammer, Wuppertal 1991, S. 26; S. 124, Q5): Dieter Bach (Hrsg.), Kriege enden nicht im Frieden, Hammer, Wuppertal 1991, S. 63f.; S. 125, Q6a): Südwestpresse, Metzinger Volksblatt, Nr. 153, Freitag, 6. Juli 2001; S. 125, Q6b): Rundschreiben Innenministerium 1940 u. Äußerung Göring 1941, in: Annette Schäfer, Zwangsarbeiter im Gau Württemberg-Hohenzollern 1939–1945, Diss. FU Berlin 1997 [Microfiche-Ausgabe], S. 25; S. 129, Q1: Walther Hofer (Hrsg.), Der Nationalsozialismus, Fischer TB Verlag, Frankfurt am Main 1993, S. 303f.; S. 129/130, Q2: Jürgen Löwenstein [über seine Deportation 1.3.1943], 1985: in: Juden in Berlin: 1671–1945. Ein Lesebuch, mit Beiträgen von Annegret Ehmann u. a., Nicolai, Berlin 1988, S. 314 u. S. 316; S. 130/131, Q3: Gerstein-Bericht [Kurt Gerstein,]: in: Walther Hofer (Hrsg.), Der Nationalsozialismus, Fischer TB Verlag, Frankfurt am Main 1993, S. 308f.; S. 136, Q1: Stiftung „Neue Synagoge Berlin – Centrum Judaicum" (Hrsg.), „Tuet auf die Pforten". Die Neue Synagoge 1866–1995. Begleitbuch zur ständigen Ausstellung der Stiftung „Neue Synagoge Berlin – Centrum Judaicum", Stiftung „Neue Synagoge Berlin – Centrum Judaicum"; Museumspädagogischer Dienst, [Bearb.: Hermann Simon ; Jochen Boberg], Berlin 1995, S. 245f.; S. 136, Q2: Kommunistisches Flugblatt 1942, in. Peter Steinbach/Jürgen Tuchel (Hrsg.), Widerstand in Deutschland 1933–1945, Beck, München 1994, S. 74f.; S. 136, Q3: Ernst Gross zur Rosenstraßenaktion, 28.2.1943, in: Juden in Berlin: 1671–1945. Ein Lesebuch, mit Beiträgen von Annegret Ehmann u. a., Nicolai, Berlin 1988, S. 310; S. 137, Q4: Alexander Schmorell [in Haft 1943 an die Gestapo], in: Peter Steinbach/Jürgen Tuchel (Hrsg.), Widerstand in Deutschland 1933–1945, Beck, München 1994, S. 247; S. 137, Q5: Henning v. Tresckow zum Attentat 20. Juli 1944, in: Peter Steinbach/Jürgen Tuchel (Hrsg.), Widerstand in Deutschland 1933–1945, Beck, München 1994, S. 326; S. 140, M1: Elie Wiesel, Erinnerung führt uns zusammen. Rede im ehemaligen deutschen Reichstag am 10. November 1987, in: Nicht der Geschichte letztes Wort. 21 ausgewählte Berliner Reden aus dem Jahr 1987, hrsg. v. Eberhard Diepgen, Nicolai, Berlin 1987; S. 140/141, M2a): Eva Elisabeth Fischer, Süddeutsche Zeitung v. 27.1.1997; S. 141, M2b): Wolfgang Benz, In: Erinnern gegen den Schlussstrich. Zum Umgang mit dem Nationalsozialismus, [Jahrbuch der Geschichtswerkstatt Tübingen] Haug, Freiburg 1997, S. 48; S. 150, Q1a): UNO-Charta: in Frieden und Sicherheit 1, Informationen zur politischen Bildung Nr. 149, [Franzis Verlag München in Kommission], Bonn 1972, S. 11ff.; S. 150, Q1:

Winston S. Churchill, Der Zweite Weltkrieg Bd. VI, 1. Buch, Alfred Scherz Verlag, Bern 1950 ff., S. 269; S. 153, M 1: Verfassertext: Michael Holste/Schroedel; nach: Stéphane Courtois u. a., Das Schwarzbuch des Kommunismus. Unterdrückung, Verbrechen und Terror, Piper München 4. Auflage 1998, S. 445 f.; S. 153, Q 2: Harry S. Truman, Memoiren, Band 2, dt. Ausgabe, Scherz & Goverts, Stuttgart 1956, S. 114 f.; S. 153, Q 3: George Marshall, Rede 5. 6. 1947, in: Ernst-Ulrich Huster u. a. Determinanten der westdeutschen Restauration 1945–1949, Suhrkamp, Frankfurt am Main, 7. Aufl. 1980, S. 341 ff.; S. 153/154, Q 5: Andrej A. Shdanow, Referat vor kommunistischen Parteien in Polen, Sept. 1947, in: Geschichte in Quellen. Die Welt seit 1945, Bayer. Schulbuchverlag, München 1980, S. 460 f.; S. 154, M 5: Wilfried Loth, Was war der Kalte Krieg? Annäherungen an ein unbewältigtes Erbe, in: Praxis Geschichte 5/1991, S. 6 f.; 154 Q 4: W. Churchill, Der zweite Weltkrieg, Bd. IV, Hamburg, Toth Verlag 1954, S. 742 f.; S. 161, Q 1: Die Volkserhebung in Ungarn, 23. 10. 1956 – 4. 11. 1956, Chronologie der Ereignisse im Spiegel ungarischer Rundfunkmeldungen, Free Europe Committee, München 1956, S. 78 – 80; S. 161, Q 2: Alexander Fischer/Adolf Karger, Die Sowjetunion, Politische Weltkunde II, Klett, Stuttgart 1985. S. 122; S. 161/162, M 3: Jan Pauer, Prag 1968. Der Einmarsch des Warschauer Paktes. Hintergründe – Planung – Durchführung, Ed. Temmen, Bremen 1995, S. 381; S. 162, Q 4: Bernd Greiner, Kuba-Krise. 13. Tage im Oktober, Greno, Nördlingen 1988, S. 319 ff.; S. 163: Marc Frey, Geschichte des Vietnamkriegs Die Tragödie in Asien und das Ende des amerikanischen Traums, Beck, München 1998, S. 231 f.; S. 166 Q 1: http://www.osce.org/documents/mcs/1975/ 08/4044_de.pdf (30. 9. 2006); S. 166 Q 2: Dieter S. Lutz, in: Hamburger Abendblatt, 31. 07. 2000; S. 167, Q 3: Manfred Görtemaker/Gerhard Wettig, USA – UdSSR. Dokumente zur Sicherheitspolitik, Leske+Budrich, Opladen 1987, S. 147 f.; S. 171, Q 1: Aktionsprogramm der polnischen Gewerkschaft „Solidarität", 17. 4. 1981, in: Hermann Volle (Hrsg.), Krise in Polen, Beiträge und Dokumente aus dem Europa-Archiv, Verlag für internationale Politik, Bonn 1982, S. 228 f.; S. 171/172, Q 2: Michail Gorbatschow, Ausgewählte Reden und Aufsätze, Bd. 2, Dietz, Berlin 1987, S. 173 f., 177, 186; S. 172, Q 3: Vaclav Havel, Neujahrsansprache zum 1. 1. 1990: in: Europa-Archiv, 45 Jg., 1990, S. 171 ff.; S. 177 (oben): Wiesbadener Kurier, 18. 10. 1946; S. 182 Q 1: Quellen zur Entstehung der Oder-Neisse-Linie in den diplomatischen Verhandlungen während des Zweiten Weltkrieges. Hg. v. Gotthold Rhode und Wolfgang Wagner, 2. erw. Auflage, Brentano Verlag Stuttgart 1959, S. 159; S. 182 Q 2 a/b: Albrecht Lehmann, Im Fremden ungewollt zuhause, Flüchtlinge und Vertriebene in Westdeutschland; 1945–1990, C. H. Beck Verlag München 1991, S. 209–211; S. 182/183 Q 3: Peter Härtling, Reise gegen den Wind. Wie Primel das Ende des Krieges erlebt, Beltz & Gelberg Weinheim 2000, S. 8 f.; S. 183 Q 4: Charta der Heimatvertriebenen, Hrsg. vom Bundesministerium für Angelegenheiten der Vertriebenen, Bonn o. J.; S. 185 Friedberg Meurer, Unter Polen (Teil 12), Sendung im Deutschlandfunk, http://www.dradio.de/dlf/sendungen/fluchtundvertreibung/329205/; S. 188, Q 1: Hansmartin Schwarzmaier, Der deutsche Südwesten zur Stunde Null, Hrsg. vom Generallandesarchiv Karlsruhe, Karlsruhe 1975, S. 160 f.; S. 192, Q 1: Wolfgang Leonhard, Die Revolution entlässt ihr Kinder, Kiepenheuer & Witsch, Köln 1955, S. 356 f.; S. 192, Q 2 a: Ursachen und Folgen. Vom deutschen Zusammenbruch 1918 und 1945 bis zur staatlichen Neuordnung Deutschlands in der Gegenwart. Hrsg. und bearb.: Herbert Michaelis und Ernst Schraepler. Dokumenten Verlag Wendler, Berlin 1976, Bd. 24, S. 26 ff.; S. 193, Q 2 b: Geschichte in Quellen. Die Welt seit 1945, bearb. v. Helmut Krause/Karlheinz Reif, Bayer. Schulbuchverlag, München 1980, S. 93–97; S. 193, Q 3: Rolf Steininger, Deutsche Geschichte 1945–1961, Fischer Verlag, Frankfurt, 1983, S. 242 f.; S. 197 Q 1: Paul Sauer (Hrsg.), Die Entstehung des Landes Baden-Württemberg, Hrsg. vom Landtag von Baden-Württemberg, Sueddt. Verlagsgesellschaft Ulm: 1977, S. 156; S. 197 Q 2: Paul Sauer (Hrsg.), Die Entstehung des Landes Baden-Württemberg, Hrsg. vom Landtag von Baden-Württemberg, Sueddt. Verlagsgesellschaft Ulm : 1977, S. 28; S. 200 Q 1: Geschichte in Quellen. Die Welt seit 1945, bearb. v. Helmut Krause/Karlheinz Reif, Bayer. Schulbuchverlag, München 1980, S. 147; S. 200, Q 2. Geschichte in Quellen. Die Welt seit 1945, bearb. v. Helmut Krause/Karlheinz Reif, Bayer. Schulbuchverlag, München 1980, S. 169 ff.; S. 200, Q 3: Hermann Glaser, Deutsche Kultur, Ein historischer Überblick von 1945 bis zur Gegenwart, Bonn 1997, S. 200 f.; S. 204 Q 1 a): Neues Deutschland, 7. 10. 1949; S. 204, Q 1 b): Die Zeit, 6. 10. 1949, zit. n. Dieter Zimmer, Auferstanden aus Ruinen. Von der SBZ zur DDR, Deutsche Verlagsanstalt, Stuttgart 1989, S. 199 ff.; S. 204, Q 2: Johannes R. Becher, „Auferstanden aus Ruinen", Hymne der DDR, zit nach: Anton Egner u. a., Deutschland im Umbruch. Geschichte Deutschlands 1933–1945, Schroedel, Hannover 1997, S. 119; S. 205, Q 3: Erklärung der Evangelischen Bischofskonferenz zur Lage der Kirchen in der DDR 1953; aus: Hermann Weber, Kleine Geschichte der DDR, Edition Deutschland Archiv im Verlag Wissenschaft und Politik. Berend von Nottbeck, Köln 1980, S. 6; S. 205, Q 4: Fritz Schenk, Im Vorzimmer der Diktatur. Kiepenheuer & Witsch, Köln/Berlin 1962, S. 205 f.; S. 208, Q 1 a: Rolf Steininger, Deutsche Geschichte 1945–1961, Fischer Verlag, Frankfurt am Main, 1983, S. 399 f.; S. 208, Q 1 b: Gustav Heinemann, Verfehlte Deutschlandpolitik. Irreführung und Selbsttäuschung, Artikel und Reden, 2. Auflage, Stimme Verlag, Frankfurt 1969, S. 25; S. 211, Q 2: Ludwig Erhard, Wohlstand für Alle, Econ Verlag, Düsseldorf 1957, S. 257; S.212, Q 3: Axel Schildt, Modernisierung im Wiederaufbau. Die westdeutsche Gesellschaft der fünfziger Jahre, in: Werner Faulstich (Hrsg.), Die Kultur der fünfziger Jahre, München 2002, S. 16; S. 212, Q 4 Axel Schildt: Modernisierung im Wiederaufbau. Die westdeutsche Gesellschaft der fünfziger Jahre, in: Werner Faulstich (Hrsg.), Die Kultur der fünfziger Jahre, München 2002; S.215, Q 1: DDR-Verfassung v. 1974, in: Rudolf Schuster/Hans-Ulrich Evers, Alle deutschen Verfassungen, Goldmann [Bertelsmann, Gütersloh], München 1985, S. 218 ff.; S. 215, Q 2 a)/b): Matthias Judt, DDR-Geschichte in Dokumenten, Bundeszentrale für politische Bildung, Bonn 1998, S. 192 bzw. 198; S. 215, Q 3 a): Geschichte – Lehrbuch für Klasse 10, Berlin (DDR) 1983, S. 160 ff.; S. 215, Q 3 b): R. H. Tenbrock, K. Kluxen (Hrsg.), Zeiten und Menschen, Band 4, Schöningh, Paderborn 1984. S. 195; S. 220, M 1: Arne Andersen, Der Traum vom guten Leben. Alltags- und Konsumgeschichte vom Wirtschaftswunder bis heute, Campus Verlag, Frankfurt am Main 1997, S. 108, S. 141; S. 220, Q 2: D. Michel, Maos Sonne über Mönchengladbach, in: Eckhard Siepmann (Red.), Heiß und kalt. Die Jahre 1945–1969, Elefanten Press. Berlin 1993, S. 608; S. 220, Q 3: Alice Schwarzer, So fing es an!, dtv München 1983 (Lizenz des Emma-Frauenverlags, Köln), S. 126; S. 221, Q 4: WSI-Report, Bothfeld, S./Klammer, U./Klenner, Ch./Leiber, S./Thiel, A./Ziegler, A.:WSI-FrauenDatenReport 2005 – Handbuch zur wirtschaftlichen und sozialen Situation von Frauen, Forschung aus der Hans-Böckler-Stiftung, Bd. 66 (http://www.boeckler.de); S. 226, Q 1: Abschlusszeugnis einer POS, DDR: Wolfgang-Uwe Friedrich, DDR: Deutschland zwischen Elbe und Oder, Kohlhammer, Stuttgart 1989, S. 162 f.; S. 226; M 2: Stefan Wolle, Die heile Welt der Diktatur. Bundeszentrale für politische Bildung, Bonn 1999, S. 43 f.; S. 226/227, Q 3: Matthias Judt, DDRGeschichte in Dokumenten, Bundeszentrale für politische Bildung, Bonn 1998, S. 210; S. 227, M 4: Stefan Wolle, Die heile Welt der Diktatur. Bundeszentrale für politische Bildung, Bonn 1999, S. 176 f.; S. 231, Q 1: Keesings Archiv der Gegenwart, Siegler Verlag, Königswinter 1963, S. 10700 f.; S. 231,

Q1b): Alois Mertes, Bilanz der Entspannungspolitik, in: Aus Politik und Zeitgeschichte (Bundeszentrale für pol. Bildung), 18. Dez. 1982, S. 6; S. 232, Q2: http://www.dhm.de/lemo/html/dokumente/KontinuitaetUndWandel_erklaerungBrandtRegierungserklaerung1969/index.html; S. 232, Q3: http://www.dhm.de/lemo/html/dokumente/KontinuitaetUndWandel_vertragMoskauerVertrag/index.html; S. 235, Q1: Stiftung Haus der Geschichte der Bundesrepublik Deutschland/ Zeitgeschichtliches Forum Leipzig (Hrsg.) [Redaktion: Anne Martin], Einsichten. Diktatur und Widerstand in der DDR, Reclam, Leipzig 2001, S. 186f.; S. 235/236, Q2: Matthias Judt, DDR-Geschichte in Dokumenten, Bundeszentrale für politische Bildung, Bonn 1998, S. 145 ff.; S. 235, Q3: Stefan Wolle, Die heile Welt der Diktatur. Bundeszentrale für politische Bildung, Bonn 1999, S. 229; S. 235, Q4: Zeitzeugenbericht eines Dresdner Gymnasiallehrers: Archiv des Verfassers (Herbert Kohl/Schroedel); S. 240, Q1: Matthias Judt, DDRGeschichte in Dokumenten, Bundeszentrale für politische Bildung, Bonn 1998, S. 397; S. 240/241, Q2: Matthias Judt, DDR-Geschichte in Dokumenten, Bundeszentrale für politische Bildung, Bonn 1998, S. 544 f.; S. 241, Q3: taz vom 27. Februar 1990; S. 241/242, Q4: Kindheit im Osten, Zeit-Magazin v. 9.11.1990, S. 84; S. 242, Q5: Wolfgang Thierse, Präsident des Deutschen Bundestages, Interview mit dem Deutschlandfunk v. 7. 11. 1999, aus: http://www.dradio.de; S. 245 M1, M2 Tabellen: Geschichte der DDR, Informationen zur politischen Bildung (hrsg. v. d. Bundeszentrale für politische Bildung), Heft 231, S. 61; S. 246 M3 Tabelle: Berufsstatus von Anwerbeausländern 1999, Landeszentrum für Zuwanderung NRW 1999, auf Basis von Daten der Marplan-Forschungsgesellschaft, zit. nach: Sozialwissenschaftliche Informationen 1/2001, S. 30; S. 246, Q4: Autobiografischer Zeitzeugenbericht, in: Eva Kultus, Der Preis der Freiheit. 10 Jahre im Leben einer jungen Frau türkischer Herkunft, IKO – Verlag für interkulturelle Kommunikation, Frankfurt am Main 1998, S. 19–30; S. 246/247, M5: M Bommes, Ethnische Konflikte, in Sozialwissenschaftliche Informationen 1/2001, S. 33, 39, sprachlich vereinfacht; S. 247, Q6: Stuttgarter Zeitung, 19. 2. 2000; S. 248, M7: C. Schlötzer, in: Süddeutsche Zeitung vom 21. 10. 2000; S. 251, Q1: Gilbert Ziebura, Die deutsch-französischen Beziehungen seit 1945, Neske Verlag, Stuttgart 1997, S. 498–504; S. 251/252, Q2: Konrad Adenauer, Erinnerungen, Band 3. 1955–1959, Deutsche Verlagsanstalt, Stuttgart 1963, S. 345; S. 252, Q3: Oliver Stehmann, 21. 1. 2002, Futurum. Die Zukunft der Europäischen Union © Europäische Gemeinschaften, 1995–2002; S. 256, Q3: Bundeszentrale für politische Bildung, http://www.bpb.de/themen/DELKPW,o,o,Chance_und_Herausforderung_f%FCr_unser_Nachbarland_ Polen.html (2. 10. 2006); S. 257 (Tabelle): Inter esse, hg. vom Bundesverband deutscher Banken, 11/2001,S. 4; S. 259, Q1: J. Fischer, Frankfurter Rundschau, 24. 9. 1999, S. 12; S. 260 M2: Klaus Dieter Wolf; Machtstaat oder Handelsstaat? Eine neue Rolle Deutschlands? In: Der Bürger im Staat (Landeszentrale für politische Bildung, Baden-Württemberg), 45. Jahrgang, Heft 1. Februar 1995, S. 39 ff.; S. 260, M3: Klaus-Dieter Frankenberger, „Mehr Schein als Sein. Europäische Außenpolitik in der Krise", in Internationale Politik 1/Januar 2002, S. 23 ff.

Bildquellenverzeichnis:

Action Press: 237.2; AKG-images: 7, 15.1, 20.1, 21.1, 31.1, 32.1, 38.1, 38.3, 45.2, 46.2, 57.1 (rechts), 59.1 (Erich Lessing), 59.2 (Hilbich), 61.3 (Hilbich), 62.1, 63.1, 66.2, 76.2, 83 (unten), 93.1, 133.1, 137.1, 143.1, 149.1, 175 (unten rechts), 180.2, 187.3, 192.1, 193.1, 199.4, 201.1, 202.2, 202.3, 207.2, 208.2, 219.1, 241.1; Artothek (Foto: Hans Hinz)/ VG Bild Kunst Bonn 2003: Umschlag, 29 (oben); Archiv Gerstenberg: 40.1, 45.1; Archiv des Staatlichen Museums Auschwitz-Birkenau: 130.1, 131.1; Associated Press 9; Bertelsmann, Unser Jahrhundert im Bild, 1964: 121.4; Bildarchiv Abraham Pisarek, Dr. Ruth Gross: 106.1, 107.1; bpk 10.2, 12.1, 19.1, 24.2, 34.1, 37.2, 51.2 (oben), 55.2, 75.2, 76.1, 77.1 (Heinrich Hoffmann), 79.2, 91.1, 91.2 (Heinrich Hoffmann), 93.1, 99.3, 103.1, 120.2, 134.1, 134.2, 158,1, 250.1, 253.1; Bridgeman Art Library 149.2; Bundesarchiv Koblenz 81.1, 112.1, 165.2 (beide), 167.1, 189.1 (alle), 199.2, 199.3, 200.1, 211.1, 239.1; Bundesarchiv Berlin: 234.1, 234.2; CCC/Haitzinger: 145 (Mitte), 255.1, CCC/E. H. Köhler 156.1, 232.1, CCC/Peter Leger 157.1, CCC/Schönfeld 165.1, CCC 207.3, CCC/Klaus Stuttmann 242.1, CCC/Josef Partykiewicz 251.1; Corbis 17.1, 18.1, 22.1, 140.1; Die Zeit 168.1; DHM (Deutsches Historisches Museum): 34.2, 47.1, 48.1, 49.1, 50.1, 58.1, 71.1, 100.1, 100.2, 142.1, 175 (unten links), 191.1 (rechts) (Gerhard Gronefeld), 208.1, 216.1; dpa picture-alliance: 122.1, 159.1, 168.2 (Lehtikuva Oy), 174 (oben) (Anja Niedringhaus), 217.1, 221.1, 222.2, 233.1, 238.1, 246.1 (Mitte, rechts, links unten), 254.1 (Patrick Pleul Zentralbild), 254.2 (Lehtikuva Oy), 256 (Patrick Pleul Zentralbild), 260.1 (Anja Niedringhaus); Erich Schmidt Verlag: 98.1, 99.1, 190.1, 258.1; Harald Schmidt (Stern) 227.1; Haus der Bayerischen Geschichte: 188.1, 188.2; Haus der Geschichte der Bundesrepublik Deutschland 191.1 (links), 207.1; Heinrich Beencken Verlag „Der Türmer" Berlin: 39.1; Institut für Zeitungsforschung Dortmund: 39.2, 46.3, 54.2, 59.3, 60.2, 61.1; Jürgens Ost- und Europa Photo 11.1, 124.1, 174 (unten), 235.1, 237.1; Katzmann Verlag Tübingen 110 (links u. rechts); Keystone: 239.2; Kersnowskaja, J, Ach Herr, wenn unsere Sünden uns verklagen, Neuer Malik Verlag Kiel 1991, S. 242: 13.1; Kuhn, A., Die Chronik der Frauen, Chronik Verlag Dortmund 1992: 56.1; Landesbildstelle Berlin: 80.1; Landesmedienstelle Baden-Württemberg: 194.1, 195.1 (beide); Leiser, E., „Mein Kampf", eine Bilddokumentation der Jahre 1914–1945, Beltz, Athenäum Weinheim 1995: 126.1, 126.2; Life/Time-Pix/Intertopics (Magaret Bourke-White) 138.1; Loewy, H., Holocaust: die Grenzen des Verstehens, Rowohlt Reinbeck 1992: 128.1; Matz, Reinhard, Die unsichtbaren Lager, Rowohlt Reinbeck 1993: 139.1; Nolte, E., Der Faschismus, Von Mussolini zu Hitler, Verlag Kurt Desch München 1968: 23.1, 25.1 (links), 26.1; Ostkreuz (Hauswald): 215.1, 226.1, 233.2, 236.1, Ostkreuz (Mahler): 235.2; Palmer, Neubauer, Die Weimarer Zeit in Pressefotos und Fotoreportagen, Köln Könemann 2000: 28 (unten), 29 (unten), 52.1, 52.2; Picture Press: 87.1; Presse- und Informationsamt der Bundesregierung/Bundesarchiv: Umschlag; Privatarchiv May-Hildesheim: 147 (beide); Reichert, Klaus: 228.1, 228.1, 229.1 (Privatarchiv); Sawka, Jan 171.1; Schwarberg, G., Das Ghetto, Steidl Verlag Göttingen: 126.3, 126.4; Stadtarchiv Lörrach: 108.2; Stadtarchiv Ratingen: 178.1, 179.1; Stadtarchiv Stuttgart 111.1, 121.2; Stuttgarter Gesellschaft für Kunst und Denkmalpflege: 55.3; SV-Bilderdienst: Umschlag, 7, 12.2, 25.1 (rechts), 32.2, 38.2 (Scherf), 42.1, 57.1 (links), 68.1, 68.2, 74.2, 79.1, 82–83, 85.1, 99.2, 100.4, 105.1, 120.1, 121.1, 123.1, 132.1, 144, 145 (oben), 177.1, 181.1, 183.1, 185.1, 186.1, 187.1, 210.1, 212.1, 214.2, 218.1, 218.2, 230.1, 231.1, 231.2, 244.1, 245.1, 246.1 (oben links); Ullstein Bilderdienst 16.1, 24.1, 28 (oben), 36.1, 37.1, 44.1, 49.2, 51.1, 51.2 (unten), 53.1, 54.1, 55.1, 56.2, 56.3, 60.1, 64.1, 67.2, 69.1, 75.1, 113.1, 119.1, 121.3, 202.1, 203.1, 205.1, 214.1, 222.1, 224.2; VG Bild Kunst Bonn: 6 (2003), 46.1 (2003), 48.2 (Arnold), 60.2 (2003), 61.1 (2003); Weißenhof Informations-Center Stuttgart: 61.2 (beide); Weiße Rose Stiftung München 135.1; Wunderer, Hartmann, 222.2.

Register

Die **halbfett** gesetzten Stichworte sind im Glossar wichtiger Begriffe (S. 264 ff.) erklärt.